오만과 편견

세계교양전집 39

오만과 편견

제인 오스틴 지음

최유경 옮김

올리버

제인 오스틴Jane Austen

• 차례 •

• 1장 •

아직 결혼하지 않은 재산 많은 남자가 주위에 있다면 어떨까. 누구나 그가 응당 아내를 구할 거라고 생각할 것이다. 그래서 부유한 남자가 근처에 이사를 오면 이웃들은 이런 생각에 빠져서 그를 자신의 딸이나 혹은 다른 여자가 갖게 될 하나의 재산으로 보게 된다. 실제로 그의 의향이 어떤지는 몰라도 말이다.

"여보, 네더필드 파크에 입주할 사람이 드디어 결정됐다던데 들었어요?" 어느 날 베넷 부인이 남편 베넷 씨에게 물었다.

베넷 씨는 듣지 못했다고 대답했다.

"결정됐대요. 롱 부인이 방금 와서 그 얘길 전해줬어요."

베넷 씨는 아무 대꾸도 하지 않았다.

"누가 세 들었는지 알고 싶지 않아요?" 베넷 부인은 참지 못하고 남편을 재촉하며 물었다.

"알려주고 싶으면 말해요, 들어줄 테니."

이는 듣고 싶다는 반응으로 여기기에 충분했다.

"그래요 여보, 당신도 알아야 해요. 롱 부인이 그러는데 네더필드에 세 든 건 영국 북부에서 온 부자 청년이래요. 월요일에 사두마차를 타고 왔는데 네더필드 저택을 보고 나서는 너무 만족해하며 바로 모리스 씨와 계약했다네요. 성 미카엘 축일 전에 완전히 이사를 끝낼 거고 그 사람 하인들 중 일부가 다음 주말까지 먼저 집에 와 있을 거라고 해요."

"그 사람 이름이 뭐라고 했소?"

"빙리예요."

"기혼이라오? 아니면 미혼이라오?"

"오! 미혼이라니까요, 확실해요. 큰 재산을 가진 독신남이라고 했어요. 일 년에 4, 5천 파운드를 번대요. 우리 딸들에게는 정말 좋은 일 아니에요?"

"그게 애들과 무슨 관계가 있소?"

"무슨 관계는요, 당신 참 답답한 양반이네. 그가 우리 애들 중 하나와 결혼할 수도 있단 말이죠." 베넷 부인이 대답했다.

"그가 아내를 구할 목적으로 이사 오는 거라고 했소?"

"목적은 무슨, 단지 우리 애들 중 한 명과 사귈 가능성이 크단 얘기죠. 그러니까 그 사람이 오면 당신이 얼른 방문 좀 해봐요."

"그럴 일은 없소. 당신이 애들이랑 가면 되지. 애들끼리 보내면 더 좋고. 당신은 애들 못지않게 예쁘니 그 빙리라는 사람이 당신을 가장 좋아할지도 모르겠군."

"오, 듣기 좋은 말이군요. 물론 내 미모도 내세울 만하긴 했죠. 하지만 더 이상 미모를 뽐낼 일이 없어요. 다 큰 딸이 다섯이나 있는데 그럴 상황이 아니잖아요?"

"그래, 그쯤 되면 미모가 남아 있기도 힘들겠지."

"아무튼 여보, 빙리 씨가 이사 오면 꼭 보러 가야 해요."

"난 못 가니 그렇게 알아요."

"네? 하지만 당신의 딸들을 생각해야죠. 애들 중 한 명에게 얼마나 좋은 신랑감이 될지 생각해 보세요. 윌리엄 경과 루카스 부인도 방문할 거라던데 그들도 당연히 그런 이유로 가는 거 아니겠어요? 당신도 알잖아요. 그들이 보통 새로 이사 온 사람들에게는 방문 안 한다는 걸요. 아무튼 당신이 먼저 가지 않으면 우리가 나서서 방문할 수가 없어요. 꼭 당신이 가야 한다고요."

"당신 지나치게 신경 쓰는 거 아니오? 장담하건대 빙리 씨가 당신을 만나면 매우 기뻐할 테니 당신이 가요. 그가 우리 애들 중 누구와 결혼하든 내가 진심으로 동의한다고 몇 줄 적어서 당신 편에 보내면 되잖소. 물론 우리 귀여운 리지(엘리자베스의 애칭)에 대해 좋은 말을 좀 더 추가하겠지만."

"오, 그러지 말아요. 리지는 다른 애들보다 조금도 나은 게 없어요. 외모는 제인의 절반도 못 따라가고 유머 감각은 리디아의 절반도 못 따라가죠. 그런데도 당신은 항상 리지를 우선하는군요."

"우리 애들은 모두 남달리 추천할 만한 점이 없소." 그가 대답했다. "모두 다른 집 애들처럼 어리석고 무지하지. 하지만 리지는 그나마 제 자매들보다는 뭔가 좀 영특한 데가 있잖소."

"당신은 어떻게 당신 자식들을 그렇게 무시할 수 있어요? 당신은 나를 괴롭히는 게 그렇게 즐거워요? 연약한 내 신경에는 신경도 쓰지 않는군요."

"오해요, 여보. 나만큼 당신의 신경을 높이 평가하는 사람도 없을 거요. 당신의 신경은 내 오랜 친구 아니오. 당신이 당신 신경에 대해 근심하는 걸 적어도 20년은 들어왔는데."

"아, 정말 당신은 내가 어떤 고통을 겪는지 모르는군요."

"알아요. 나는 당신이 다 이겨내고, 연봉 4천 파운드를 버는 청년들이 이웃으로 이사 오는 걸 자주 보게 되길 누구보다 바라고 있다오."

"그런 젊은이가 스무 명이 온들, 당신이 그들을 찾아가지 않는다면 무슨 소용이 있겠어요?"

"여보, 내 약속하건대, 정말 스무 명이 오면 그들을 한 번에 싹 방문하겠소."

베넷 씨는 재치 있는 사람이었지만 유머 감각이 남달라 비꼬기를 잘했고 신중함과 변덕스러움이 오가는 스타일로 성격이 매우 독특했다. 그래서 그의 아내 베넷 부인은 20년 하고도 3년을 더 옆에서 봐왔어도 남편을 이해하기에 역부족이었다. 반면 베넷 부인은 알기 쉬운 사람이었다. 그녀는 이해력이 떨어지고 아는 것도 별로 없었으며 기분이 자주 오락가락하는 여자였다. 그녀는 불만족스러울 때는 자신이 신경과민이라고 생각했다. 그녀의 인생 최대 사업은 딸들을 결혼시키는 것이었고, 인생의 낙은 이웃을 방문해 수다를 떨고 이런저런 소식을 듣는 것이었다.

• 2장 •

베넷 씨는 빙리 씨를 일찌감치 방문한 사람들 중 하나였다. 아내에게는 끝까지 가지 않겠다고 말했지만 사실 그는 빙리 씨를 방문할 생각이 있었던 것이다. 베넷 부인은 그날 저녁까지도 그 사실을 알지 못했다가 다음의 일로 남편이 방문했다는 것을 알게 되었다. 둘째 딸이 모자를 다듬는 모습을 보고 베넷 씨가 갑자기 이렇게 말했던 것이다.

"빙리 씨가 이 모자를 마음에 들어 하면 좋겠구나, 리지."

"빙리 씨가 뭘 좋아할지 어떻게 알아요? 우리는 그를 방문할 수도 없는데." 베넷 부인이 원망스러운 소리로 말했다.

"하지만 엄마, 우리는 모임에서 빙리 씨를 보게 될 거잖아요. 롱 부인이 그를 소개해 주기로 약속했으니까요." 엘리자베스가 말했다.

"롱 부인이 그렇게 해줄 거라는 생각이 안 드는구나. 그 여자도 조카딸이 둘이나 있잖니. 게다가 이기적이고 위선적인 성격이고. 난 그 여자가 싫더라."

"나도 그렇게 생각한다." 베넷 씨가 말했다. "당신이 그녀를 믿지 않는다니 다행이군."

베넷 부인은 더 이상 대답하지 않았지만, 결국 참지 못하고 딸 중 한 명을 꾸짖기 시작했다.

"키티, 그렇게 기침하지 말랬지! 엄마의 신경을 좀 가엾이 여겨줄 순 없겠니? 너 때문에 신경이 다 찢어지는 것 같구나."

"키티가 기침할 때 신중하지 못한 건 맞아. 기침을 할 때도 때를 가려서 하거라." 아버지도 거들었다.

"제가 뭐 재미로 기침하는 것도 아니고 어쩌라고요." 키티가 짜증스럽게 대답했다.

"언니, 다음 무도회는 언제지?"

"보름 후야."

"아, 그래? 그런데 롱 부인은 그 전날까지 돌아오지 못할 텐데 어떻게 소개를 해준다는 거지?"

"아이고, 아무래도 롱 부인에게 소개받는 건 물 건너간 것 같구

나. 자기도 빙리 씨에 대해 잘 모를 텐데 어떻게 우리에게 소개를 해 주겠니."

"그렇다면 여보, 당신이 먼저 그녀에게 빙리 씨를 소개하게 될 수도 있겠군."

"불가능해요. 저도 그 사람을 잘 모르는데, 어떻게 그럴 수 있겠어요? 당신 왜 그렇게 나를 놀려요?"

"하기사 누군가를 알아가기에 두 주는 너무 짧지. 어떻게 고작 두 주 만에 사람을 잘 알게 될 수 있겠소. 하지만 우리가 모험을 하지 않으면 다른 누군가가 먼저 할 것 아니오. 결국 롱 부인과 그녀의 조카들이 우리보다 먼저 기회를 잡게 되겠지. 당신이 먼저 그와 친분을 쌓지 않는다면 롱 부인은 오히려 고맙게 생각할 거요. 그러니 이 일은 내가 맡아서 해야겠군."

소녀들은 놀라 아버지를 바라보았다. 베넷 부인은 단지 "말도 안 돼, 말도 안 돼!"라는 말만 했다.

"그렇게 말도 안 된다고 강조하는 건 무슨 뜻이오? 내가 그를 소개하는 게 말도 안 된다는 거요, 아니면 누가 먼저 소개하는지는 중요치 않다는 거요? 당신이 왜 그러는 건지 나는 이해가 안 가는군." 아버지는 말하고 나서 메리에게 덧붙였다. "어떻게 생각하니, 메리? 넌 항상 깊이 생각하고 훌륭한 책을 읽고 발췌도 많이 하니까 네 생각을 한번 들어보자꾸나."

메리는 뭔가 의미 있는 말을 하고 싶었지만 어떻게 해야 할지 몰랐다.

"그럼 메리가 생각을 정리하는 동안 빙리 씨 얘기로 돌아가 보자." 아버지가 말했다.

"저는 빙리 씨 이야기가 이제 지겨워요." 그의 아내가 외쳤다.

"지겹다고? 그렇게 말하다니 정말 유감이군. 그렇다면 왜 미리 말하지 않았소? 오늘 아침에만 알았어도 나는 절대 그를 만나러 가지 않았을 텐데 말이오. 정말 불행한 일이군. 하지만 내가 이미 방문했으니, 이제 그와의 인연을 피할 수는 없소."

베넷 씨가 바랐던 대로 그의 아내와 딸들은 깜짝 놀랐다. 아마도 베넷 부인의 놀라움은 딸들보다 더 컸을 것이다. 기쁨에 들떠서 혼란스럽던 분위기가 가라앉자 베넷 부인은 이것이야말로 자신이 계속 바랐던 일이라고 크게 떠들기 시작했다.

"오, 여보, 당신은 정말 좋은 사람이에요. 결국 당신이 내 말을 들어줄 줄 알았어요. 당신이 당신 딸들을 얼마나 사랑하는데 이런 인연을 소홀히 할 리 없죠. 이렇게 기쁠 수가. 오늘 아침에 갔으면서 지금까지 아무 말도 안 하다니. 이렇게 놀라게 해주니 기쁨이 배가 되었네요."

"키티, 이제 마음껏 기침해도 좋다." 베넷 씨는 아내가 열광하는 모습에 진절머리가 난 기색이 역력한 채 키티에게 이렇게 말하며 방을 나가버렸다.

"너희들은 정말 훌륭한 아버지를 두었구나, 얘들아!" 문이 닫히자 어머니가 말했다. "너희가 아버지의 친절에 어떻게 보답할 수 있을지 모르겠어, 나도 마찬가지고. 우리 나이 정도 되면 매일 새로운 사람을 사귀는 것이 즐겁지만은 않단다. 하지만 너희들을 위해서라면 뭐든 할 거야. 리디아, 우리 딸, 엄마가 장담하는데 네가 막내이긴 하지만 빙리 씨가 다음 무도회에서 너와 춤을 출 거다."

그러자 리디아가 단호하게 말했다. "물론이에요. 제가 제일 어리지만 키는 제일 크잖아요."

그들은 남은 저녁 시간을 빙리 씨가 얼마나 빨리 베넷 씨의 방문에 대해 화답할지 추측하는 데 보냈다. 빙리 씨가 언제쯤 집을 방문할지, 언제 저녁을 먹자고 제안해야 할지 의논하느라 바쁜 저녁이었다.

• 3장 •

베넷 부인은 다섯 딸들을 시켜 빙리 씨가 어떤 사람이었는지 남편에게 물어보려 했지만 아무리 해도 만족스러운 답을 얻을 수가 없었다. 그들은 솔직하게 묻기도 하고, 기발한 추측을 하면서 빙 둘러 베넷 씨를 떠보기도 했지만 어떤 기술도 통하지 않았다.

결국 그들은 이웃인 루카스 부인에게 간접적으로 빙리 씨에 대한 이야기를 들을 수밖에 없었다. 루카스 부인은 빙리 씨에 대해 매우 호의적이었으며 윌리엄 경도 그를 흐뭇하게 여겼다. 빙리 씨는 아주 젊고, 놀랍도록 잘생겼으며, 매우 유쾌했고, 무엇보다도 다음 무도회에 손님들을 많이 데려올 예정이라고 했다. 이보다 더 기쁜 소식은 없었다! 춤을 좋아한다면 자연히 그다음 단계인 연애로 쉽게 나아갈 수 있을 테니까. 이 소식을 들은 어머니와 딸들은 모두 빙리 씨 마음을 얻을 수 있을 거라는 활기찬 희망을 품었다.

"우리 딸들 중 한 명이 빙리 씨와 결혼해서 네더필드에 정착해 행복하게 살고 나머지 딸들도 모두 결혼해서 잘 산다면 나는 더 바랄 것이 없겠어요." 베넷 부인은 말했다.

며칠 후 빙리 씨가 베넷 씨의 방문에 대한 답례로 집에 찾아와 서재에서 10분 정도 머물렀다. 그는 아름답다고 들었던 젊은 숙녀들을 보기를 기대했지만 오직 베넷 씨만을 만나고 돌아가야 했다.

하지만 숙녀들 쪽은 운 좋게도 위층 창문에서 그가 푸른 코트를 입고 검은 말을 타고 왔다는 것을 확인할 수 있었다.

곧 저녁 식사 초대장이 빙리 씨에게 전달되었고 베넷 부인은 자신의 살림 솜씨를 자랑할 수 있도록 저녁 요리 코스를 계획했다. 그러나 막상 빙리 씨는 초대받은 날짜 다음 날에 런던에 가야 해서 영광스러운 초대에 응하지 못할 것 같다는 답장을 보내왔다. 몹시 당황한 베넷 부인은 그가 하트퍼드셔에 이사를 오자마자 런던에 갈 일이 뭐가 있는지 생각해 보았다. 어쩌면 그가 항상 이곳저곳을 떠돌아다니며 네더필드에 정착하지 못하는 것은 아닐까, 두려운 생각마저 들었다. 다행히 루카스 부인이 빙리 씨가 런던에 간 건 무도회에 많은 사람들을 초대해 데려오기 위해서일 거라고 말해주어서 두려움을 조금 가라앉힐 수 있었다.

이어 곧 빙리 씨가 열두 명의 숙녀와 일곱 명의 신사를 데려올 거라는 소문이 들려왔다. 네더필드의 젊은 여자들은 그렇게 많은 숙녀가 온다는 소식에 풀이 죽었지만 무도회 전날 빙리 씨가 런던에서 데려온 건 누이 다섯 명과 사촌 한 명까지 여섯 명뿐이라고 소식이 정정되자 안도했다.

그러나 막상 무도회가 시작되자 빙리 씨가 데려온 사람들은 그의 누나와 여동생, 누나의 남편, 그리고 또 다른 청년 한 명, 이렇게 넷뿐이었다.

빙리 씨는 잘생기고 신사다웠으며, 유쾌한 얼굴에 편안하고 꾸밈없는 매너를 갖춘 청년이었다. 그리고 그의 누이들은 단정하고 세련된 분위기를 풍겼다. 그의 매형 허스트 씨는 그저 신사처럼 보였을 뿐 별 건 없었지만 또 한 명의 남자인 그의 친구 다아시 씨는 훤칠한 키와 잘생긴 외모, 고상한 매너를 갖추고 있었다. 그가 일 년에 만 파운드를 번다는 말이 돌면서 그는 무도회장에 입장한 지 단 5분 만에 엄청난 주목을 받았다. 신사들은 다아시 씨가 훌륭한 남자라고 평가했고, 숙녀들은 다아시 씨가 빙리 씨보다 훨씬 잘생겼다고 했다. 그러나 그러한 감탄도 오래가지 못했다. 사람을 질색하게 만드는 그의 태도 탓에 인기의 흐름이 바뀌었던 것이다. 다아시 씨는 너무 잘난 체하고 같이 있는 사람들을 무시하며 까다롭게 굴었다. 더비셔에 있다는 그의 큰 재산도 단점을 덮을 수 없을 정도였다. 그의 기분 나쁘고 불쾌한 태도는 그의 친구와 비교되어 더욱더 가치 없어 보였다.

반면 빙리 씨는 곧 그 무도회장의 모든 주요 인사들과 친해졌고, 모든 곡에 맞춰 활기차고 거침없이 춤을 추었으며, 무도회가 너무 빨리 끝난다며 화를 낼 정도로 무척 아쉬워했다. 그리고 나중에 네더필드의 자신의 집에서 무도회를 열겠다고 했다. 사람들은 그가 그렇게 다정한 성격임을 다 알아보게 되었다. 그의 친구와는 얼마나 대조적인 모습인가! 다아시 씨는 빙리의 누이들인 허스트 부인과 한 번, 빙리 양과 한 번만 춤을 췄을 뿐 다른 여인은 아예 소개도 받으려 하지 않았다. 나머지 저녁 시간은 방을 돌아다니며 가끔씩 자신의 일행 중 한 명과 이야기를 나누는 게 다였다. 이것만 봐도 그의 성품이 어떤지는 이미 판명 난 거나 다름없었다. 그는 세상에서 가장 교만하고 불쾌한 사람이었고, 모든 이들이 그가 다시는 그곳에 오지 않기를 바랐다. 특히 다아시 씨를 격렬하게 싫어한 사람은 베넷 부인이었는데 그가 그녀의 딸 중 한 명에게 경멸하듯 대했기 때문이었다. 이 일로 베넷 부인은 그에게 혐오감을 느끼게 되었고 나중에는 그녀만의 특별한 신경증까지 발발하고 말았다.

엘리자베스 베넷은 무도회에 신사의 수가 부족해서 두 곡의 춤이 끝날 때까지 자리에 앉아 있어야만 했다. 그 시간 동안 다아시 씨도 근처에 서 있어서 마침 춤을 추고 온 빙리 씨가 그에게 무도회에 합류하라고 재촉하는 것을 들을 수 있었다.

"이리 와, 다아시. 나는 자네가 춤을 추게 해야겠어. 무도회장에서 이렇게 멍하게 왔다 갔다만 하다니 정말 보기 싫군. 차라리 춤을 춰."

"싫어. 잘 아는 파트너가 아니면 춤추기 싫어하는 거 잘 알잖아. 이런 모임에서는 힘들지. 자네 누이들은 다 춤출 파트너가 정해져 있고, 그 외에는 같이 춤추는 게 무슨 벌을 받는 것처럼 여겨지는 여자들뿐인걸."

"영국을 다 가진 사람이라도 자네만큼 까다롭지는 않을 거야. 나는 오늘 내 평생에 이렇게 유쾌한 여성들을 많이 만난 적이 없는 것 같은데 말이야. 그리고 그들 중 몇 명은 보기 드물게 예쁘기도 하고."

"자네는 이 방에서 유일하게 예쁜 여자와 춤을 추고 있으니까 그렇겠지." 다아시 씨는 베넷 집안의 맏딸을 바라보며 말했다.

"오! 확실히 그녀는 지금까지 내가 본 사람 중에서 가장 아름답더군! 하지만 네 바로 뒤에 앉아 있는 그녀의 동생도 무척 예쁘고 마음에 드는걸. 내가 내 파트너에게 소개해 달라고 부탁할게."

"누구 말하는 거야?" 그는 뒤를 돌아보았다가 잠시 엘리자베스를 주시했다. 그러다가 그녀와 눈이 마주치자 이내 시선을 거두고 냉정하게 말했다.

"그럭저럭 봐줄 만하지만 유혹할 정도는 아니군. 지금은 다른 남자들이 거들떠보지도 않는 젊은 숙녀들을 기쁘게 해줄 기분도 아니고. 자네는 그만 파트너에게 돌아가서 그녀의 미소를 만끽하게.

나랑 시간 낭비하지 말고 말이야."

빙리 씨는 친구 말대로 했고 다아시 씨는 어디론가 걸어가 버렸다. 그 이야기를 엿들은 엘리자베스는 당연히 기분이 나빴지만 이내 털어버리고 친구들에게 그 일에 대해 신나게 떠들었다. 그녀는 본래 활달하고 장난스러운 성격이라 이렇게 우스꽝스러운 일이 생기면 한껏 즐겼던 것이다.

저녁 시간은 대체로 베넷 가족 모두에게 즐겁게 흘러갔다. 베넷 부인은 자신의 맏딸 제인이 파티에서 관심을 한 몸에 받는 것을 목격했다. 빙리 씨는 그녀와 두 번이나 춤을 추었고 빙리 씨의 누이들도 그녀에게 각별한 관심을 표했다. 제인 자신도 어머니만큼이나 이 사실에 기뻐했지만 대놓고 드러내진 않았다. 하지만 엘리자베스는 언니 제인이 기뻐하는 걸 느낄 수 있었다.

메리는 누군가 빙리 씨 누이에게 자신을 이 동네에서 가장 교양 있는 여자라고 소개하는 걸 직접 들었다고 했다. 그리고 캐서린과 리디아는 운 좋게 무도회 내내 파트너와 함께 춤출 기회가 있어서 새로운 곡이 나올 때마다 춤을 추느냐 마느냐에만 신경 쓰며 만족스러운 시간을 보냈다. 그래서 베넷 가족은 기분 좋게 그들의 집이 있는 롱본으로 돌아왔다. 그들이 돌아왔을 때 베넷 씨는 아직 자지 않고 있었다. 책을 읽느라 시간 가는 줄 몰랐고, 기대를 불러일으켰던 저녁 무도회가 어떻게 되었을지 궁금하기도 했기 때문이다. 그는 아내가 새로 이사 온 청년에게 실망해서 투덜거릴 거라 예상했지만 의외의 반응이 돌아왔다.

"오! 여보, 우리는 무척 즐거운 저녁을 보냈어요. 정말 훌륭한 파티였죠. 당신도 거기에 계셨다면 얼마나 좋았을까요. 오늘만큼 제인이 사람들한테 사랑받은 적이 있었나 싶을 정도였다니까요. 모두 우리 제인이 너무 예쁘다고 감탄했고 빙리 씨도 제인에게 홀딱 반해서 두 번이나 같이 춤을 췄어요! 생각해 보세요, 여보. 그가 진짜로 제인과 두 번이나 춤을 췄다고요! 그 무도회에서 빙리 씨가 두 번이나 춤을 청한 여자는 우리 제인밖에 없었어요. 처음에는 빙리 씨가 루카스 양에게 춤을 추자고 하더라고요. 둘이 함께 일어나는 걸 보고 얼마나 화가 나던지! 그렇지만 빙리 씨는 그녀를 전혀 좋아하지 않았어요. 당신도 아시겠지만 누가 그 애를 좋아하겠어요. 아무튼 그러고 나서 빙리 씨가 춤추러 아래쪽으로 내려온 제인을 처음 본 거예요. 그리고는 완전히 홀린 것 같았어요. 빙리 씨는 제인이 누군지 묻고 소개를 받더니 다음 곡에 같이 춤을 추자고 권하더군요. 그다음 세 번째는 킹 양과 춤을 췄고, 네 번째는 마리아 루카스, 그리고 다섯 번째는 다시 제인과, 그리고 다음은 리지, 그리고 불랑제는…."

"만약 빙리 씨가 나에게 자비를 베풀었다면 그렇게 춤을 많이 추지는 않았겠지! 오 제발, 이제 그만. 그가 춤을 춘 파트너 이름을 내가 왜 일일이 알아야 하지? 이제 제발 그만 좀 말해요. 빙리 씨가 처음에 발목이라도 삐었다면 이런 일이 없었을 텐데!" 베넷 씨는 참지 못하고 말했다.

"오! 여보, 나는 빙리 씨한테 정말이지 감탄했어요. 그는 너무나 잘생겼고 누이들도 매력적인 숙녀들이더군요. 그렇게 우아한 드레스는 난생처음이었다니까요. 나는 허스트 부인의 드레스 레이스가…."

베넷 씨는 이쯤 해서 다시 아내의 말을 잘랐다. 그는 원래도 옷차림에 대해 이러쿵저러쿵 이야기하는 걸 듣기 싫어했다. 그래서 베넷 부인은 하려던 이야기에서 벗어나 다아시 씨가 보여줬던 충격적인 무례함에 대해서 약간의 과장을 섞어 늘어놓기 시작했다.

"하지만 내가 장담하건대, 리지가 그의 취향에 맞지 않는다고 해서 잃을 건 없어요. 그는 세상에서 가장 불쾌하고 끔찍한 사람이에요. 그런 사람의 마음에 들어서 뭐 하겠어요. 자만심이 어찌나 대단한지 자신이 최고라고 생각하는 것 같더라고요. 잘난 체하면서 여기저기 돌아다니는 꼴이라니. 같이 춤출 만큼 잘생긴 것도 아니었다고요! 정말이지 당신이 거기 있었어야 했어요. 그랬으면 당신이 따끔하게 한소리 해주었을 텐데 말이에요. 진짜 싫은 남자라니까요."

· 4장 ·

제인은 여태 빙리 씨에 대한 칭찬을 아꼈지만 엘리자베스와 단둘이 있게 되자 자신의 마음을 분명히 털어놓았다.

"그는 이상적인 젊은 신사 그 자체야. 분별력 있고 유머 감각도 뛰어나고 활기찬 사람 같더라. 그렇게 유쾌한 태도는 본 적이 없어. 어쩌면 그렇게 물 흐르듯 자연스레 예의를 갖추던지!"

"그리고 잘생기기까지 했잖아. 젊은 남자라면 가능한 한 잘생겨야지. 그래야 그 인격이 완벽해지는 법이지." 엘리자베스가 대답했다.

"그가 나한테 두 번째로 춤을 신청했을 때 정말 기분 좋았어. 그런 대접을 받을 줄은 꿈에도 몰랐거든."

"기대 안 했다고? 나는 당연히 그가 언니를 좋아할 거라 생각했어. 그게 우리의 큰 차이점 중 하나지. 언니는 칭찬받으면 항상 놀라지만 나는 안 그렇잖아. 그가 언니에게 다시 춤을 청한 건 너무나 자연스러운 일이었어. 그 사람도 언니가 그 자리에 있는 다른 여자들보다 다섯 배쯤 예쁘다고 생각했을 테니까. 그러니 그가 언니에게 잘해줬다고 너무 고마워할 것 없어. 어쨌든 유쾌한 사람인 것 같으니 그를 좋아해도 된다고 허락할게. 언니가 그동안 좋아했던 멍청한 남자들보단 낫잖아.”

“애는 정말…. 그래도 고맙다, 리지!”

“언니는 너무나도 쉽게 사람들을 좋아하는 경향이 있어. 알지? 언니는 다른 사람의 결점을 보지 않아. 언니 눈에는 세상 사람들이 다 착하고 호의적으로 보이지. 평생 언니가 누굴 비난하는 걸 들어본 적이 없는 것 같아.”

“나는 누구든지 성급히 판단해서 비난하고 싶지 않아. 그렇지만 내 생각은 항상 말하잖아.”

“언니가 그런다는 건 알지. 그래서 놀라워. 그렇게 감이 뛰어난데도 다른 사람들의 어리석음과 억지를 눈치채지 못하잖아. 솔직한 척 가식을 부리는 사람들은 흔해. 그런 사람들은 어디에서나 볼 수 있어. 하지만 언니는 그런 가식이나 의도 없이 늘 솔직하잖아. 그런 사람은 언니뿐이야. 언니는 빙리 씨 누이들도 마음에 들지? 내가 볼 때 그 여자들은 빙리 씨랑 같은 과는 아닌 것 같던데.”

“나도 처음 볼 때는 좀 그랬는데 대화를 나눠 보니 유쾌한 사람들이더라. 빙리 양도 여기서 빙리 씨와 함께 살면서 집안 살림을 돌볼 거래. 그렇게 매력적인 여자가 우리 이웃이 되면 좋지 뭐.”

엘리자베스는 말없이 듣긴 했지만 언니 말에 수긍하는 건 아니었다. 무도회에서 그 여자들이 보여준 행동은 일반적으로 보았을 때 절대 좋다고 할 만한 것이 아니었다. 언니보다 관찰력이 뛰어나고 순종적인 성격도 아닌 데다 남들에게 관심을 받아도 흔들리지 않는 냉철한 판단력을 가진 그녀로서는 빙리 씨의 누이들을 좋게 생각하지 않았다. 사실 빙리 씨의 누이들은 겉보기엔 꽤나 멋진 여성들이었다. 기분 좋을 땐 유머 감각도 넘치고, 마음이 내키면 꽤 상냥하기도 했다. 하지만 그 밑바탕엔 교만과 자만심이 가득했다.

그들은 용모도 뛰어났고 런던 최고의 사립 신학교를 나온 데다 2만 파운드나 되는 재산까지 있었기 때문이다. 그들은 돈을 물 쓰듯 쓰고, 항상 지위 높은 사람들하고만 어울리려 들었으며, 뭐든 자기들이 최고라고 믿고 다른 사람들은 안중에도 없이 행동했다. 게다가 잉글랜드 북부의 명문가 출신이라는 자부심도 대단했다. 사실 빙리 가의 재산은 전부 장사로 벌어들인 것이었는데도 그들의 머릿속에는 '우리는 명문가 출신'이라는 생각이 가득했다.

빙리 씨는 거의 10만 파운드에 달하는 재산을 아버지에게 상속받았다. 그의 아버지는 본래 빙리 가문의 영지를 매입하려 했는데 생전에 그 뜻을 이루지 못하고 죽었다. 그래서 빙리 씨가 그 유지를 이어받아 고향에 땅을 알아보았으나 지금은 네더필드에서 좋은 저택과 영지 이용권에 수렵권까지 얻은 것이었다. 이렇게 됐으니 빙리 씨의 느긋한 성격을 아는 사람들은 이제 그가 여생을 네더필드에서 보내고 영지를 사는 건 후손에게 미룰 거라고 생각했다.

빙리 씨의 누이들은 그가 가문의 영지를 마련하기를 바랐다. 하지만 빙리 씨가 세입자로서 이제 겨우 자리를 잡았을 뿐인데도 빙리 양은 기꺼이 집안 살림을 관리하겠다고 나섰다. 재산은 없고 사교에만 능한 남자와 결혼해서 허스트 부인이 된 누이도 네더필드 저택에 눌러살 생각이 가득했다. 본래 빙리 씨가 네더필드 저택에 온 것은 우연이었다. 그는 성년이 된 지 2년 정도 지났을 때 이곳을 방문해 보라는 권유를 받고 우연히 이곳에 왔는데 저택의 큰 방들과 주변 환경이 마음에 쏙 들었다. 그러던 차에 집주인이 이 저택이 얼마나 좋은지 입에 발린 말을 늘어놓자 솔깃해서 30분 만에 여기에 세 들기로 결정을 내렸던 것이다.

이렇듯 빙리와 다아시는 성격이 크게 달랐지만 둘 사이의 우정은 무척 견고했다. 다아시는 자신과는 대조적인 빙리의 편안하고 개방적이며 유연한 성격에 매력을 느꼈기에 그를 무척 아꼈다. 빙리역시 그런 다아시의 배려를 받아 그에게 의지했기에 늘 불만 없이친구의 판단을 따랐다. 지성에 있어서는 다아시가 월등했다. 빙리가부족한 것이 아니라 다아시가 뛰어난 것이었다. 동시에 그는 거만하고, 내성적이었으며, 까다로웠다. 잘 교육받고 자라 예의는 발랐지만호감을 주지는 않았다. 호감을 주는 면에서는 빙리가 월등했다. 어딜 가든 빙리는 사람들에게 좋은 평가를 받았지만 다아시는 비호감으로 낙인찍히기 일쑤였다.

그들이 메리턴 무도회에 대해 말하는 방식만 봐도 각자의 특징이 충분히 드러난다. 빙리는 그의 인생에서 이토록 유쾌한 사람들과 아름다운 여인들을 만난 적이 없다며 찬양했다. 모든 사람이 그에게 무척 친절하고 관심이 많았으며, 무도회도 형식적이거나 딱딱한 면이라곤 전혀 없이 물 흐르듯 자연스럽게 진행되었다. 그는 곧방의 모든 이들과 교분을 텄고 베넷 양에 관해서는 어떤 천사도 그녀보다 아름다울 수 없다고 생각했다. 반면 다아시는 같은 사람들을 보았지만 그들이 아름답거나 세련되었다고 생각하지 않았다. 그는 누구에게도 관심을 주지 않았으며, 그 자신 또한 누구에게도 관심이나 호의를 받지 못했다. 베넷 양은 예쁘다고 인정했지만 지나치게 웃음이 많다고 지적했다.

사실 빙리의 누이들인 허스트 부인과 빙리 양도 베넷 양이 지나치게 웃는다고 생각은 했으나, 그래도 여전히 그녀를 존중하고 좋아했으며 앞으로 더 알아가고 싶은 사랑스러운 사람이라고 생각했다. 따라서 베넷 양은 사랑스러운 여인으로 인정을 받았고, 빙리는 누이들의 그런 칭찬에 힘입어 그녀를 마음껏 좋아해도 되겠다고 생각했다.

· 5장 ·

롱본에서 가까운 곳에는 베넷 가족과 특별히 친한 한 가족이 살았다. 윌리엄 루카스 경은 예전에 메리턴에서 무역을 하던 사람이었는데, 그곳에서 상당한 재산을 모았다. 시장으로 재직할 때 했던 연설로 국왕에게 기사 작위를 받기도 했다. 아마도 그 명예가 그에게 너무 큰 의미로 다가왔던 것인지, 루카스 경은 이내 자신이 사업을 하고 시장이 열리는 작은 마을에 사는 것에 혐오감을 느끼게 되었다. 그래서 모든 것을 그만두고 메리턴에서 약 1마일 떨어진 곳으로 가족과 함께 이사했는데, 그때부터 그 집은 루카스 로지라고 불리게 되었다. 그곳에서 그는 더 이상 사업에 얽매이지 않고 자신이 중요한 존재가 되었다는 생각을 한껏 만끽하면서 모든 사람을 그에 맞는 예의 바른 태도로 대하는 데 집중할 수 있었다. 비록 루카스 경은 자신의 높아진 지위에 고무되어 있었지만 절대 거만한 태도를 보이지는 않았다. 오히려 그는 모든 사람에게 세심한 배려를 기울였다. 성격상 싫은 소리를 잘 못하고, 친절하며 남을 잘 돕는 그는 세인트 제임스에서 국왕을 알현한 이후로 더욱 예의 바르게 행동하게 되었다.

루카스 부인은 좋은 여자였지만 그렇게 현명하지는 않았다. 하지만 그런 점 때문에 오히려 베넷 부인에게는 소중한 이웃이 되었다. 그들에게도 자녀가 여럿 있었다. 그중 스물일곱 살인 장녀는 현명하고 똑똑한 여성으로 엘리자베스의 친한 친구였다.

루카스 집안 딸들과 베넷 집안 딸들이 같이 무도회에 참석했으니 그 후에 만나서 무도회 일로 수다를 떠는 것은 당연했다. 이번에도 무도회 다음 날 아침 루카스 집안 딸들이 롱본으로 찾아왔다.

"샬럿, 넌 어제저녁에 시작이 좋더구나. 네가 빙리 씨의 첫 번째 춤 파트너였잖니." 베넷 부인이 루카스 양에게 예의를 갖춰 말했다.

"네, 하지만 그는 두 번째로 선택한 파트너를 더 좋아하는 것 같았어요."

"아! 제인 말이니? 하기야 두 번이나 같이 춤을 췄으니까. 확실히 그가 제인을 좋아하는 것처럼 보이긴 했어. 로빈슨 씨와 뭔가 말했다고 들었는데 정확히는 모르겠고…."

"아, 빙리 씨와 로빈슨 씨가 주고받은 대화를 말씀하시는 건가요? 그거라면 제가 엿들었어요. 제가 말씀드리지 않았나요? 로빈슨 씨가 빙리 씨한테 우리 메리턴 무도회를 어떻게 생각하는지 물었어요. 무도회에 아름다운 여인들이 많지 않냐고 하면서 어떤 숙녀가 제일 아름답다고 생각하는지 물어봤거든요. 빙리 씨가 마지막 질문에는 즉답을 하더라고요. 이렇게요. '오! 의심할 여지 없이 베넷 가의 장녀분이요. 이견이 있을 수 없죠.'"

"정말이니? 그 청년이 정말 딱 부러지는 대답을 했구나. 그래도 뭐 그것만으로 우리 제인이랑 앞으로 잘될지는 알 수 없는 거니까…."

"엘리자, 이거 봐. 네가 엿들은 것보다는 내가 엿들은 대화가 훨씬 더 중요한 내용이었지?" 샬럿이 엘리자베스에게 말했다. "다아시 씨 말을 엿들은 건 잊어버려. 아무 가치도 없는 말이니까. 불쌍한 엘리자! 그래도 넌 그런 말에 개의치 않는 애니까."

"샬럿, 괜히 그 무례한 작자 얘기를 꺼내서 리지 속을 뒤집지 말아다오. 그렇게 불쾌한 사람한테 호의를 받아봤자 오히려 불행한 일 아니겠니. 어젯밤 롱 부인이 말하길 그가 자기 옆에 앉아 있었는데 30분 동안 입 한 번 떼지 않았다더구나."

"그래요? 엄마가 잘못 아신 것 같은데요. 다아시 씨가 롱 부인에게 말하는 걸 제가 분명 봤거든요." 제인이 말했다.

"그건 롱 부인이 더 견디지 못하고 먼저 그에게 네더필드가 어떠냐고 물었기 때문이란다. 대답하지 않을 수 없었을 거야. 하지만 롱 부인이 말하길 자기가 말을 걸어서 화가 난 것 같았단다."

"빙리 양 말로는 그분은 친한 지인들 아니면 아예 말을 하지 않는다더라고요. 하지만 친한 사람들과 있으면 놀랍도록 다정하대요." 제인이 말했다.

"나는 그 말을 하나도 안 믿는다, 딸아. 그가 정말 다정한 사람이라면 롱 부인에게 먼저 말을 걸었을 거야. 모두들 그가 오만의 결정체라고 하잖니. 내 생각에는 롱 부인이 자기 마차가 없어서 전세 마차를 타고 온 걸 어떻게 듣고 그런 식으로 나온 것 같아."

"롱 부인과 얘기하지 않은 건 큰 문제가 아니죠. 엘리자랑 춤을 추지 않은 게 문제인 거지." 루카스 양이 말했다.

"혹시 다음번에는 어떻게 될지 모르겠지만 리지, 내가 너라면 나는 그런 작자와 춤을 출 일은 없을 거다." 어머니가 말했다.

"걱정 마요, 엄마. 그 남자와는 절대 춤추지 않을 거예요."

"그래도 보통 오만한 사람을 보면 짜증이 나는데 다아시 씨한테는 그런 느낌이 안 들더라. 오만할 만하니까 그런 거 아닐까? 좋은 가문, 재산, 모든 것을 가진 젊고 잘생긴 남자가 자신을 높이 평가하는 건 당연하지. 이렇게 표현해도 될지 모르겠는데, 그는 오만할 권리가 있잖아." 샬럿이 말했다.

"그건 맞는 말이야. 그가 나한테 굴욕을 주지만 않았다면 오만하다는 것쯤은 용인할 수 있었을 거야." 엘리자베스가 대답했다.

"오만은 정말 흔한 단점이야." 메리는 마치 자신만의 확고한 생각을 자랑하듯 끼어들었다. "내가 지금까지 읽은 바로는, 오만한 태도를 보이는 건 아주 흔한 일이래. 인간의 본성은 그런 경향이 특히 강하거든. 실제든 상상이든 자신이 어떤 자질을 가지고 있다는 데 만족하지 않는 사람은 거의 없어. 허영심과 오만은 종종 같은 의미로 사용되지만, 사실 둘은 분명히 달라. 사람은 허영심 없이도 오만할 수 있어. 오만은 자기 자신을 어떻게 생각하는지와 더 관련이 깊고, 허영심은 다른 사람들이 자신을 어떻게 생각하는지와 관련이 있거든."

"내가 다아시 씨만큼 부자였다면 나는 내가 오만한지 아닌지 신경 쓰지 않을 것 같아요. 나라면 그저 폭스하운드 한 무리를 키우면서 매일 와인 한 병씩 마실 거예요." 누이들과 함께 온 어린 루카스가의 아들이 외쳤다.

"그렇게 많이 마시면 되겠니. 내가 너 술 마시는 걸 보면 병을 당장 빼앗아 버릴 거다." 베넷 부인이 말했다.

어린 루카스는 베넷 부인에게 그러면 안 된다고 항의하고 그녀는 계속 그렇게 하겠다고 을러대느라 시간이 훌쩍 지나갔다. 그렇게 루카스 자녀들의 방문은 마무리되었다.

• 6장 •

롱본의 여인들은 곧 네더필드의 여인들을 방문했다. 그리고 네더필드 여인들도 답례로 롱본에 방문했다. 맏딸 베넷 양의 싹싹한 태도에 허스트 부인과 빙리 양은 그녀가 점점 좋아졌다. 그녀들은 베넷 부인은 참기 힘든 성격이고 여동생들은 말할 가치가 없다고 생각했지만 맏딸 제인과 둘째 딸 엘리자베스에게는 더 잘 알고 지내고 싶다는 소망을 표현했다. 제인은 이러한 관심을 큰 기쁨으로 받아들였지만 엘리자베스는 그들이 모든 사람을 대하는 태도에서 거만함을 보았다. 심지어 좋아한다는 언니에게까지도 그렇게 대하는 모습을 보였기에 그 여자들을 좋아할 수는 없었다. 그들이 제인에게 베푼 대단치 않은 친절은 아마도 그들의 남매인 빙리 씨가 제인을 좋아하기 때문에 영향을 받은 것이라는 점에서 의미가 있을 뿐이었다.

빙리 씨는 만날 때마다 항상 제인을 좋아하는 것이 분명해 보였고, 엘리자베스가 보기에는 제인도 처음부터 그에게 호감을 품은 것이 분명했다. 어떻게 보면 완전히 사랑에 빠진 게 확실해 보이기도 했다. 다만 제인은 풍부한 감정뿐 아니라 침착한 기질, 항상 쾌활한 태도를 지녀서 사람들이 그녀가 사랑에 빠진 걸 알아보기는 대체로 쉽지 않았다. 엘리자베스는 이를 다행스럽게 여겼고, 친구 루카스 양에게 이에 대해 얘기했는데, 루카스 양은 이렇게 대꾸했다.

"사람들에게 자신의 감정을 들키지 않는 게 유리할 수도 있지만, 이런 능력에는 조심해야 할 단점도 있어. 만약 여자가 이런 기술로 좋아하는 사람에게까지 자신의 애정을 숨기려 한다면 기회를 완전히 놓칠 수도 있거든. 그럴 경우, 다른 사람들이 그 사실을 알든 모르든 무슨 의미가 있겠어. 대부분의 애정에는 감사나 자존심 같은 요소들이 섞여 있어서 애정을 표현하지 않고 가만히 두는 건 별로 안전하지 않아. 사람들은 대개 자연스럽게 가벼운 호감에서 시작하지만, 이런 호감은 주변 환경이 뒷받침해 줄 때 사랑으로 발전하기 쉽거든. 그래서 여성의 경우 열에 아홉은 자신이 느끼는 것보다 더 적극적으로 애정을 표현하는 것이 낫다고 말할 수 있어. 빙리는 분명히 너희 언니를 좋아해. 하지만 빙리가 더 감정을 표현하도록 너희 언니가 이끌어 주지 않으면 빙리의 마음은 단순한 호감에 머물고 아무런 변화 없이 끝날 수도 있어."

"그래도 언니 성격으로는 최선을 다해 그의 감정을 거들고 있다고 생각해. 그에 대한 언니의 감정이 내 눈에도 보이는데 둔한 곰탱이가 아니고서야 그걸 못 볼 리가 있겠어?"

"엘리자, 그가 너희 언니 성격을 너처럼 잘 알지 못한다는 걸 생각해야 해."

"그렇다 해도 여자가 남자에게 호의가 있고 그것을 숨기려고 노력하지 않는데 남자가 그걸 모른다는 게 말이 돼?"

"아마도 그가 그녀를 자주 본다면 모를 수가 없겠지. 하지만 빙리 씨와 너희 언니는 비교적 자주 만나기는 하지만, 함께 많은 시간을 보내지는 않잖아. 그리고 여러 사람들과 어울리는 자리에서 보기 때문에 매 순간 둘만 대화하기도 힘들고. 그러니까 너희 언니는 빙리 씨의 관심을 끌 수 있는 짧은 시간들을 최대한 잘 활용해야 해. 그가 완전히 빠졌다고 확신이 들면 언니도 원하는 만큼 마음대로 사랑에 빠질 여유를 가질 수 있을 거야."

"그건 맞는 것 같다. 내 말은 결혼을 잘하고 싶다는 욕망만이 관건일 때는 그렇다는 말이야. 만약 내가 부유한 남편이나 아니면 다른 목적으로 어떤 남편을 얻기 위해 결심했다면 너의 의견에 따르 겠어. 하지만 언니의 감정은 그게 아니야. 계획적으로 행동하는 게 아니잖아. 언니는 자기 자신도 관심의 정도가 어떤지, 그 관심이 합 리적인 것인지 확신할 수 없는 거야. 그를 만난 지 고작 보름밖에 안 되었어. 메리턴에서 그와 네 번 춤을 췄고 그의 집에서 아침에 한 번 그를 보았고, 그 후에 네 번 그와 다른 사람들이랑 다 같이 식사 를 한 게 전부지. 이 정도로는 언니가 그의 성격을 이해하기에 충분 하지 않아." 엘리자베스가 대답했다.

"그렇지 않아. 단순히 저녁 식사만 했다면 언니는 그가 식욕이 좋은지 어땠는지 정도만 알 수 있겠지. 하지만 그들은 네 번이나 식 사 후 저녁 시간을 함께 보냈잖아. 네 번의 저녁이 아무것도 아니라 고 할 순 없지."

"그래, 이 네 번의 저녁은 그들이 카드놀이 중 커머스보다는 벵텡 을 더 좋아한다는 것 정도는 서로 확인할 수 있는 시간이었지. 하지 만 다른 어떤 중요한 특성들을 알아낼 수 있는 시간은 아니었어."

"글쎄, 나는 진심으로 너희 언니가 잘되기를 바라고 있어. 하지만 언니가 내일 그와 결혼하든, 1년 동안 그의 성격을 알아본 후에 결 혼하든, 행복할 가능성은 똑같다고 생각해. 결혼에서의 행복은 결 국 운에 달린 일이야. 당사자들이 서로를 아무리 잘 알고 성격이 비 슷하다고 해도, 그게 꼭 행복을 보장하는 건 아니거든. 사람의 성향 은 시간이 지나면서 변하기 마련이라 나중엔 오히려 서로 다른 점 때문에 짜증이 날 수도 있어. 그러니 평생을 함께할 사람의 단점에 대해서는 가능한 한 많이 알지 않는 편이 좋아." 샬럿이 말했다.

"너 웃기려고 하는 얘기지, 샬럿? 그건 건전하지 않아. 너도 그걸 알잖아. 너 자신이 그런 방식으로 행동하지는 않을 거 아냐."

엘리자베스는 빙리 씨가 언니에게 보이는 관심에 정신이 팔려서 자신이 빙리 씨 친구의 눈에 관심의 대상이 되고 있다는 사실을 까맣게 몰랐다. 다아시 씨는 처음에는 그녀가 예쁘다는 생각을 전혀 하지 않았다. 무도회에서도 아무런 호감 없이 그녀를 바라보았다. 다음에 만났을 때도 흠잡을 거리만 보였다. 그러나 그가 엘리자베스의 얼굴에 반반한 부분이 하나도 없다는 사실을 자신이나 친구들에게 공언하자마자 그녀의 아름다운 까만 눈이 남다른 지성을 풍긴다는 사실을 발견하게 되었다. 그리고 이 사실을 알아낸 후에는 굴욕적이지만 인정할 수밖에 없는 또 다른 사실들도 알게 되었다. 그녀의 몸매에 완벽한 대칭을 망치는 단점들이 많다는 것을 그 예리한 눈으로 발견했음에도 그 모습이 민첩하고 보기 좋다는 것을 인정하지 않을 수가 없었던 것이다. 그리고 그녀의 매너가 상류층의 그것이 아니라고 단언하면서도 편하고 장난스러운 매너에 빠져드는 것을 느꼈다. 엘리자베스는 이런 사실을 전혀 모르고 있었다. 그녀에게 그는 그저 어디에서나 상냥하지 않은 사람, 자신을 같이 춤출 정도로 예쁘다고 생각하지 않는 사람일 뿐이었다.

다아시 씨는 엘리자베스에 대해 더 알고 싶었고 그녀와 대화를 나눠 보려는 계획의 일환으로 그녀와 다른 사람들과의 대화에 귀를 기울였다. 엘리자베스는 윌리엄 루카스 경의 집에 사람들이 많이 모였을 때 그러한 그의 태도에서 뭔가 이상한 게 있음을 눈치 챘다.

"나와 포스터 대령 사이의 대화를 자세히 들으려는 다아시 씨의 의도가 뭘까?" 엘리자베스는 샬럿에게 말했다.

"그거야 내가 어찌 알겠니. 다아시 씨만이 대답할 수 있는 질문인걸."

"그래, 하지만 한 번만 더 그러면 그가 무슨 수작을 부리는지 내가 보고 있다는 걸 확실히 알게 해주겠어. 그의 눈빛이 워낙에 시니컬해서 내가 먼저 묻지 않으면 계속 그 눈빛에 끌려다닐 것 같아."

그 대화가 있고 나서 곧 다아시가 다가왔지만 말을 걸려는 것 같지는 않았다. 샬럿은 엘리자베스에게 당사자 앞에선 절대 그런 말을 꺼내지 말라고 충고했지만 그 충고가 오히려 도발이 되었는지 그녀는 그를 향해 말했다.

"좀 전에 제가 포스터 대령에게 메리턴에서 무도회를 열어 달라고 조르는 거 보셨죠? 남달리 잘 조른다고 생각하지 않으셨나요?"

"네, 아주 열심히 조르시더군요. 하기사 그런 문제에 숙녀분들은 언제나 열을 내죠."

"오, 말씀이 가혹하시군요."

"이제 우리가 엘리자베스를 조를 차례예요. 엘리자, 피아노 뚜껑을 열 테니 다음엔 뭐해야 할지 알겠지?" 샬럿이 끼어들었다.

"얘가 정말 왜 이래? 항상 나보고 남 앞에서 피아노를 치라고 강요하고 말이야. 물론 나에게 음악적으로 성공하고 싶은 허영이 있다면 넌 좋은 친구겠지. 하지만 난 최고의 연주가들이 하는 연주에 익숙한 분들 앞에서는 피아노 앞에 앉지 못하겠다."

그런데도 샬럿이 끈질기게 청하자 엘리자베스는 "꼭 그래야 한다면 뭐, 그래야지"라고 덧붙이더니 다아시 씨를 엄중한 눈빛으로 힐끗 보고는 말했다. "여기 계시는 분 모두 아시는 좋은 속담이 있죠. 쓸데없는 말을 하지 말라는 속담이요. 저도 제 노래가 잘 나오도록 쓸데없는 말은 하지 않겠습니다."

그녀의 노래는 뛰어나지는 않았지만 듣기 좋았다. 한두 곡을 부른 후, 여러 사람들이 앙코르 요청을 하기도 전에 피아노 의자 자리를 열성적인 동생 메리에게 빼앗겨 버렸다. 메리는 가족 중 유일하게 평범한 외모를 지닌 탓에 지식과 교양을 쌓기 위해 열심히 노력해 왔고, 항상 그런 자신의 실력을 보여주려고 했다.

그러나 메리에게는 재능도 취향도 없었다. 허영심이 그녀에게 노력하는 자세를 주긴 했지만, 동시에 현학적인 분위기와 자만심 넘치는 태도도 주었다. 이런 태도는 그녀가 열심히 해서 더 높은 수준에 올랐다 해도 그걸 다 깎아 먹었을 것이다. 반면 엘리자베스는 편안하고 꾸밈없는 태도로 연주해서, 실력은 메리의 절반밖에 되지 않았지만 듣는 사람들은 훨씬 더 즐거웠다. 긴 협주곡을 끝낸 메리는 동생들의 요청으로 스코틀랜드와 아일랜드 민요를 연주했고 그에 대한 칭찬과 감사의 말을 들어 기뻐했다. 그새 동생들은 루카스가의 몇몇 사람들, 그리고 두세 명의 장교들과 함께 방 한쪽 끝에서 열정적으로 춤을 추고 있었다.

다아시는 대화는 아예 없이 저녁 시간을 음악을 듣고 춤추며 보내는 것에 화가 났지만 조용히 그들 곁에 서 있었다. 그는 너무 자기 생각에만 몰두해서 윌리엄 루카스 경이 다음과 같이 말하고서야 그가 곁에 다가온 것을 알았다.

"젊은 사람들에게는 참 매력적인 놀이 아니오, 다아시 씨! 결국엔 춤만 한 게 없지요. 나는 춤이 상류층 사회에선 가장 세련된 교양이라 생각하오."

"물론입니다, 선생님. 그리고 춤의 장점은 덜 세련된 사회에서도 유행한다는 점입니다. 모든 야만인도 춤을 출 수 있으니까요."

윌리엄 경은 그저 미소만 지었다. 그러다 빙리가 춤추는 무리에 합류하는 것을 보고 잠시 후 말을 이었다. "당신의 친구는 아주 멋지게 춤을 추는군요. 의심할 여지 없이 당신도 이 기술에 능숙할 거라 생각되네요, 다아시 씨."

"메리턴에서 제가 춤추는 것을 보셨잖습니까?"

"봤지요. 그 광경에서 상당한 즐거움을 얻었답니다. 세인트 제임스 궁에서 자주 춤을 추시나요?"

"전혀 안 춥니다."

"춤을 추는 것이 세인트 제임스 왕궁에 적절한 찬사를 보내는 거라 생각하지 않소?"

"피할 수만 있다면 저는 어떤 장소에도 그런 찬사를 보내고 싶지 않군요."

"추측건대 런던에 집이 있으시죠?"

다아시 씨는 고개를 끄덕였다.

"저도 한때 런던에 정착할 생각을 했었죠. 상류층 사람들과 사귀어 보고 싶기도 했고요. 하지만 런던의 공기가 아내에게 좋을지 확신을 못 하겠더라고요."

그는 대답을 기대하며 잠시 말을 멈췄다. 하지만 다아시 씨는 대답할 생각이 없어 보였다. 그때 엘리자베스가 그들 쪽으로 걸어오는 것을 보고 윌리엄 경은 신사의 모습을 보일 기회라 생각하며 외쳤다.

"친애하는 엘리자베스 양, 왜 춤을 추고 있지 않나요? 다아시 씨, 제가 이 젊은 숙녀를 매우 바람직한 춤 파트너로 소개하겠소. 이렇게 아름다운 분이 눈앞에 있는데 춤을 거절할 수는 없을 거예요." 그리고 그녀의 손을 잡아 다아시 씨에게 건네려고 했다. 다아시 씨는 매우 놀랐지만 그 손을 받아들일 마음이 없지는 않았다. 그때 엘리자베스가 즉시 뒤로 물러나며 약간 당황한 듯이 윌리엄 경에게 말했다.

"저는 춤출 생각이 전혀 없어요. 제가 이쪽으로 온 게 춤 파트너를 구하기 위해서라고 생각하지 말아 주세요."

다아시 씨는 엄숙하고 예의 바르게 그녀의 손을 잡을 영광을 요청했지만 헛수고였다. 엘리자베스는 단호했고, 윌리엄 경이 설득해도 결심이 흔들리지 않았다.

"엘리자베스 양은 춤을 너무나 잘 추는데, 그 모습을 보는 행복을 허락해 주지 않다니 잔인하군요. 이 신사분은 일반적으로 춤을 좋아하지 않지만, 우리를 위해 30분 정도 춤추는 데는 반대하지 않으실 거예요."

"네, 다아시 씨는 정말 예의 바르시니까요." 엘리자베스가 미소 지으며 말했다.

"그건 맞아요. 하지만 엘리자베스 양, 이런 멋진 파트너가 왔는데 예의 바른 건 당연하죠. 누가 엘리자베스 양을 거절할 수 있겠어요?"

그러나 엘리자베스는 재밌다는 양 쳐다보고는 돌아서 가버렸다. 다아시 씨는 거절당했음에도 나쁜 인상을 받지 않았고 오히려 어느 정도 만족스러운 마음으로 그녀를 생각하고 있었다. 그때 빙리 양이 이렇게 말을 걸어왔다.

"당신이 무슨 생각을 하는지 짐작이 가요."

"모르실걸요."

"많은 저녁 시간을 이런 식으로 보내는 게 견딜 수 없다고 생각하는 중 아닌가요? 저런 사람들 사이에서요. 그리고 저도 진정 당신의 의견에 동의해요. 정말 이보다 짜증 날 수는 없어요. 무미건조하지만 시끌벅적하고, 아무것도 없지만 다들 자신이 제일 중요한 줄 아는 사람들! 당신이 그들을 맹비난하는 걸 다 들어줄게요!"

"당신 추측은 완전히 틀렸군요. 제 마음은 더 즐거운 생각에 잠겨 있었어요. 예쁜 여인의 총명한 눈빛이 보내는 커다란 즐거움에 대해 명상하고 있었죠."

빙리 양은 즉시 그의 얼굴에 시선을 고정한 채 어떤 아가씨가 그런 명상을 하도록 영감을 주었는지 물었다. 그러자 다아시 씨는 대담하게 대답했다.

"엘리자베스 베닛 양입니다."

"엘리자베스 베닛 양!" 빙리 양이 되풀이했다. "정말 놀랍군요. 언제부터 그녀가 그렇게 마음에 들었죠? 제가 언제쯤 결혼 축하를 드려야 할까요?"

"그 질문을 할 줄 예상했어요. 숙녀의 상상력은 매우 빠르죠. 순식간에 감탄에서 사랑으로, 또 사랑에서 결혼으로 뛰어넘으니까요. 빙리 양이 내게 축하 인사를 할 거라고 이미 예상했어요."

"아니, 다아시 씨가 정말 진지하다면 저는 완전히 결정된 문제라고 생각하겠어요. 그리고 그렇게 되면 다아시 씨는 정말 매력적인 장모님을 얻게 되실 거예요. 물론 그녀는 항상 펨벌리에서 당신과 함께 있겠지요."

그녀가 이렇게 놀리며 즐거워하는 동안 다아시 씨는 듣는 둥 마는 둥 완벽한 무관심으로 일관했다. 그리고 빙리 양은 그의 침착한 표정을 보며 계속해서 놀려댈 뿐이었다.

• 7장 •

베닛 씨의 재산은 연간 2천 파운드를 버는 부동산이 거의 전부였는데, 불행하게도 아들 상속인이 없는 경우 딸들에게는 그 재산이 상속되지 않고 먼 친척에게 넘어가게 되어 있었다. 그리고 그들 어머니 쪽 재산은 그녀의 사회적 지위에는 충분했지만, 부족한 아버지 재산을 보충하기에는 역부족이었다. 베넷 부인의 아버지는 메리턴에서 변호사로 일했으며, 그녀에게 4천 파운드를 남겼다.

그녀에게는 여동생과 남동생이 있었는데 여동생은 아버지의 사업을 계승한 아버지의 서기였던 필립스 씨와 결혼했고, 남동생은 괜찮은 무역 사업을 하며 런던에 정착해 살고 있었다.

롱본 마을은 메리턴에서 불과 1마일 거리에 있었다. 베넷 씨의 젊은 딸들이 그들의 이모도 보고 길 건너편의 여성용 모자 가게에도 갈 겸 일주일에 서너 번 들르기에는 적당한 거리였다.

가족 중 가장 어린 두 사람인 캐서린과 리디아는 특히 여기에 관심이 많았다. 그들의 정신세계는 언니들 것보다는 훨씬 알차지 못했기에, 더 나은 할 일이 없을 때는 메리턴으로 산책하러 갔다. 그러면 아침 시간을 즐겁게 보내고 저녁에는 대화거리를 제공할 수 있었다. 시골이라 대체로 뭐 대단한 소식이 없더라도 자매는 항상 뭔가를 생각해 내어 이모에게 배우곤 했다. 마침 최근에 이웃 지역에 군부대가 도착해서 즐겁게도 새로운 소식이 많았다. 군부대는 겨울이 끝날 때까지 머물 예정이었는데 그 본부가 메리턴이었다.

그래서 이모인 필립스 부인을 방문하는 것은 이제 그들에게 가장 흥미로운 정보의 원천이 되었다. 매일매일 장교들의 이름이나 인맥에 대한 정보를 들을 수 있었다. 그들의 거처도 곧 알게 되었고, 마침내 장교들을 직접 만나게 되었다. 필립스 씨는 모든 장교를 방문했으며, 이는 그의 조카들에게 이전에는 경험해 보지 못한 행복의 원천이 되었다. 그들은 이제 장교들에 대한 이야기밖에 하지 않왔다. 빙리 씨의 많은 재산에 관한 이야기는 자매의 어머니를 활기차게 할 수 있어도 그들에게는 소위의 제복과 비교하면 무의미한 것에 불과했다.

어느 아침, 이 주제에 대해 딸들이 이런저런 이야기들을 떠들어 대는 걸 듣고 베넷 씨는 차분하게 말했다.

"나는 말이지, 너희가 말하는 방식을 보면 너희 둘이 이 나라에서 가장 어리석은 두 소녀가 아닐까 한다. 이런 생각을 한 지 좀 되었다만, 오늘 특히 그런 확신이 드는구나."

캐서린은 당황해 아무 대답도 하지 못했고, 리디아는 신경도 쓰지 않고 계속해서 카터 대위 칭찬을 하며 그가 다음 날 런던으로 가기 전에 볼 수 있기를 바랐다.

"여보, 당신은 자기 자식들한테 어리석다는 말을 참 쉽게도 하네요. 아무리 젊은 애들을 무시한다 해도 어떻게 자기 자식들한테까지 그래요." 베넷 부인이 말했다.

"만약 내 아이들이 어리석다면, 나는 항상 그 사실을 알고 있어야 한다고 생각하오."

"네, 하지만 우리 애들은 모두 매우 똑똑해요."

"우리는 모든 면에서 의견이 일치할 거라 생각했는데 이 점에선 의견이 다르군. 물론 이것만 그래서 다행이기도 하지만 말이오. 나는 우리 넷째랑 막내가 유난히 어리석다는 생각을 버릴 수가 없다오."

"여보, 당신은 저 애들이 자기네 부모처럼 지혜로울 거라 생각하면 안 돼요. 그들이 우리 나이가 돼도 장교들 얘기를 할까요? 나도 예전엔 붉은 제복을 좋아했어요. 사실 지금도 마음속으로는 여전히 좋아한답니다. 만약 연봉이 5천에서 6천 파운드인 멋진 젊은 대령이 내 딸 중 한 명을 원한다면, 그 제안을 절대 거절 안 할 거예요. 지난밤 윌리엄 경의 집에서 포스터 대령의 제복 입은 모습도 얼마나 멋졌는지 몰라요."

"엄마! 이모가 그러는데 포스터 대령과 카터 대위가 그들이 처음 왔을 때처럼 왓슨 양 집에 자주 가지는 않는대요. 지금은 그들이 클라크 도서관에 자주 서 있는 걸 보신다네요." 리디아가 말했다.

베넷 부인은 대답하려 했으나 그때 하인이 베넷 양에게 온 편지를 가져왔다. 그 편지는 네더필드에서 온 것으로, 하인은 답신을 기다렸다. 베넷 부인의 눈은 기쁨으로 반짝였고, 딸이 편지를 읽는 동안 간절히 외쳤다.

"오, 제인! 누구에게서 온 거야? 무슨 내용이야? 그가 뭐래? 얘야, 빨리 좀 말해다오."

"빙리 양에게서 온 거예요." 제인이 대답하며 편지를 소리내어 읽기 시작했다.

사랑하는 친구에게

오늘 동정심을 발휘해 루이자 언니와 저와 함께 저녁을 먹지 않을래요? 그렇지 않으면 우리는 평생 서로를 미워할 위험에 처할 것 같아요. 두 여자가 하루 종일 대화하여 다툼으로 끝나지 않는 경우는 없으니까요. 이 편지를 받는 즉시 가능하면 빨리 와 주세요. 빙리 오빠와 신사분들은 장교들과 저녁 식사를 하러 나갈 예정입니다.

당신의 영원한 친구

캐롤라인 빙리

"장교들과 함께라고! 이모가 왜 그 얘기를 해주지 않았지?" 리디아가 소리쳤다.

"남자들은 나가서 먹는다고? 그건 참 아쉽구나." 베넷 부인이 말했다.

"마차를 빌릴 수 있을까요?" 제인이 물었다.

"아니, 비가 올 것 같으니 말을 타고 가는 게 좋겠어. 그러면 너는 거기서 어쩔 수 없이 하룻밤 묵어야 하는 일이 생기는 거야."

"그것참 좋은 계책이지만, 그 누이들이 언니가 올 때 집에 데려다주겠다고 하면 어떡하려고요." 엘리자베스가 말했다.

"오, 하지만 신사들은 빙리 씨의 마차를 타고 메리턴으로 갈 거고, 허스트 부부도 말이 없어서 마차를 못 몰걸."

"아니에요, 마차를 타고 가는 게 훨씬 낫겠어요." 제인이 말했다.

"하지만 제인, 아버지께서 마차 몰 말을 빼내기 힘드실 거야. 농장에서 필요하니까. 여보, 맞죠?"

"농장에서는 말이 필요하지. 내가 맘대로 쓸 수 없다고."

"오늘 아버지가 말을 못 빼면 엄마의 목적이 이루어지겠군요." 엘리자베스가 말했다.

결국 엘리자베스는 아버지에게서 농장에 말들이 다 예약되어 있다는 확인을 받아냈다. 그래서 제인은 결국 말을 타고 가야 했고, 어머니는 그녀를 문까지 배웅하며 날씨가 궂을 것 같은 징조들에 기뻐했다. 그리고 어머니의 소망은 이루어졌다. 제인이 떠난 지 오래되지 않아 비가 쏟아지기 시작했다. 자매들은 언니를 걱정했지만, 어머니는 매우 기뻐했다. 비는 저녁 내내 쉴 새 없이 계속되었고, 제인이 그날 돌아오는 건 분명히 힘들어 보였다.

"내가 한 생각이지만 정말 행운의 아이디어다!" 마치 비가 내린 게 완전 자신의 공로인 양 베넷 부인은 계속해서 이 말을 했다. 하지만 다음 날 아침까지 그녀는 자신의 계책이 가져온 행복을 다 깨닫지 못하고 있었다. 아침 식사가 끝나기도 전에 네더필드에서 하인이 엘리자베스에게 보낸 제인의 편지를 가져왔다.

사랑하는 리지에게

오늘 아침 몸이 매우 좋지 않아. 어제 비에 젖은 탓인 것 같아. 여기 친절한 친구들이 내가 나을 때까지 집에 돌아가는 걸 허락하지 않네. 그들은 또 내가 존스 선생님을 만나야 한다고 고집하고 있어. 그러니 그 의사가 나를 보러 방문했다는 소식을 듣더라도 놀라지 마. 목이 아프고 두통이 있을 뿐, 큰 문제는 없으니까.

언니가

"이런, 여보." 엘리자베스가 편지를 소리내어 읽은 후 베넷 씨가 말했다. "당신 딸이 위험한 병에 걸리거나 죽게 된다면, 그건 모두 당신 말을 따라 빙리 씨를 좇다가 벌어진 일이니 당신에겐 참으로 위안이 되겠군요."

"저는 제인이 죽을까 봐 걱정하지 않아요. 사소한 감기로 죽는 사람은 없어요. 제인은 잘 보살핌을 받을 거예요. 그녀가 거기 있는 한 모든 게 괜찮아요. 마차를 구하면 그 애를 보러 갈게요."

엘리자베스는 언니가 정말로 걱정이 되어 그녀를 보러 가기로 결심했지만 마차를 쓸 수 없었고, 말을 탈 줄 모르기 때문에 걷는 것이 유일한 방법이었다. 그녀는 걸어서 네더필드에 가 언니를 보겠다고 말했다.

"어떻게 그렇게 바보 같을 수 있니? 이런 궂은 날씨에 그런 생각을 하다니! 거기 도착했을 때 너의 꼴이 어떻겠니?" 어머니가 소리쳤다.

"언니를 보는 데 문제만 없으면 되죠. 언니 보려는 게 목적인데."

"나한테 하는 소리냐, 리지? 말 부르라고?" 아버지가 말했다.

"아니요, 정말로 걸어가도 괜찮아요. 목적이 있으면 좀 멀어도 아무것도 아니에요. 그리고 겨우 3마일인걸요. 저는 저녁때까지 돌아올 거예요."

"큰언니에 대한 사랑이 정말 대단하네. 하지만 감정의 모든 충동은 이성으로 조절되어야 해. 그리고 내 생각에 노력은 항상 요구되는 것에 비례해야 하지." 메리가 말했다.

"우리가 메리턴까지 같이 가 줄게." 캐서린과 리디아가 말했다.

엘리자베스는 같이 가자 했고, 그렇게 세 젊은 숙녀들은 함께 출발했다.

"서둘러야 해." 리디아가 함께 걸으면서 말했다. "카터 대위가 떠나기 전에 잠깐 볼 수 있을지도 모르니까."

메리턴에 도착해 그들은 헤어졌다. 캐서린과 리디아는 한 장교 아내의 집으로 갔고, 엘리자베스는 혼자서 걷기를 계속했다. 그녀는 빠른 걸음으로 들판을 가로지르고, 울타리와 물웅덩이 등을 뛰어넘으며 마침내 목적지 가까이 왔다. 결국 그녀의 발목은 시큰거리고 스타킹은 다 더러워졌으며, 얼굴은 벌겋게 달아오른 채 네더필드 집에 도착했다.

그녀는 아침 식사실로 안내받았는데, 제인을 제외한 모든 이가 모여 있다가 그녀의 등장에 크게 놀랐다. 이렇게 궂은 날씨에 혼자서 3마일을 걸어온다는 것은 허스트 부인과 빙리 양에게는 믿기 어려운 일이었다. 엘리자베스는 그들이 자신을 경멸하고 있다고 확신했다. 하지만 그들은 그녀를 매우 공손하게 맞이했다. 그리고 빙리 씨의 태도는 단순한 공손함을 넘어서 유머와 친절함까지 느껴졌다. 다아시 씨는 거의 말을 하지 않았고, 허스트 씨는 아예 입 한 번 떼지 않았다. 다아시 씨는 격하게 달려오느라 달아오른 그녀의 얼굴이 보기 좋았지만 혼자서 이렇게 멀리 걸어오는 것이 맞는 행동인가 하는 생각을 했다. 허스트 씨는 오직 아침 식사 생각뿐이었다.

엘리자베스는 언니의 상태에 대해 물었지만 그리 좋지 못하다는 답변을 들었다. 제인은 잠을 잘 자지 못했고, 일어나긴 했지만 아직 열이 올라서 방을 나올 만큼 상태가 좋지 않다고 했다. 엘리자베스는 바로 언니에게 안내되었다. 제인은 걱정과 불편을 주지 않기 위해 편지에 다 표현은 못했지만 가족을 간절히 기다렸던 터라 엘리자베스의 방문에 기뻐했다. 그러나 제인은 많은 대화를 나눌 수 있는 상태가 아니었다. 그래서 빙리 양이 그들만 남겨두고 방을 나갈 때 특별히 친절하게 돌봐준 것에 대한 감사의 표현 외에는 별다른 말을 할 수 없었다. 엘리자베스는 조용히 그녀를 돌보았다.

아침 식사가 끝난 후, 빙리의 누이들이 방으로 왔고 엘리자베스는 제인에 대한 그들의 애정과 배려를 보면서 그들이 점차 좋아지기 시작했다. 이윽고 도착한 의사는 환자를 진찰한 후, 그녀가 심한 감기를 앓고 있다면서 낫기 위해 이런저런 노력을 해야 한다고 조언했다. 그는 제인에게 침대에 잘 누워 있으라고 권하고, 약을 지어주겠다고 했다. 제인은 열과 두통이 더 심해지자 그 조언을 기꺼이 따랐다. 엘리자베스는 단 한 순간도 방을 떠나지 않았고, 누이들도 자주 자리를 비우지는 않았다. 남자들은 외출했기에 사실상 다른 할 일도 없었다.

시계가 세 시를 치자, 집에 갈 시간이라 생각한 엘리자베스는 마지못해 가겠다고 했다. 빙리 양은 그녀에게 마차로 데려다 주겠다고 했고 엘리자베스도 크게 반대하지 않았다. 하지만 제인이 엘리자베스가 가는 것을 너무 섭섭해하는 모습을 보이자 빙리 양은 마차로 데려다주겠다는 제안을 자기네 집에 더 머물러 달라는 초대로 바꿔야 했다. 엘리자베스는 기꺼이 동의했고, 빙리 양은 하인을 롱본에 보내 엘리자베스가 더 머물 것임을 알리고 옷가지를 좀 챙겨 돌아오도록 했다.

• 8장 •

다섯 시에 누이들은 옷을 갈아입기 위해 물러났고, 여섯 시 반에 엘리자베스는 저녁 식사를 하러 오라는 말에 식사 자리에 참석했다. 제인의 상태가 어떠냐는 질문이 쏟아졌고 기쁘게도 빙리 씨의 진심 어린 걱정은 남달랐지만 그에 대해 긍정적인 대답을 할 수는 없었다. 제인은 전혀 나아지지 않았다. 누이들은 이 말을 듣고는 제인이 아파서 걱정된다며 또 감기가 그렇게 끔찍할 수 있다는 게 충격적이고 자신들은 아픈 건 정말 싫다는 말을 서너 번 반복했지만 그 후 더 이상은 그 문제에 대해 생각하지 않았다. 빙리 누이들이 제인 앞에서는 그러지 않더니 제인이 보지 않는 곳에서는 저렇게 무관심한 태도를 보이는 것에 엘리자베스는 예전처럼 다시 그들이 싫어졌다. 다시 싫어지자 오히려 속이 다 시원했다.

빙리 씨는 엘리자베스가 기분 좋게 바라볼 수 있는 유일한 인물이었다. 제인에 대한 그의 걱정은 진정성이 있었으며, 엘리자베스 자신에게도 관심을 가져주어 매우 기분이 좋았다. 그 덕분에 엘리자베스는 다른 이들이 자신을 침입자로 여길 거라는 우려를 조금 덜 수 있었다. 그녀는 빙리 씨를 제외하고는 거의 주목을 받지 못했다. 빙리 양은 다아시 씨에게 몰두해 있었고, 그녀의 언니도 그에 못지않았다. 그리고 엘리자베스 옆에 앉아 있던 허스트 씨는 게으른 남자로, 오직 먹고 마시고 카드놀이를 하기 위해서만 살아가는 사람이었다. 그는 엘리자베스가 라구(고기와 채소에 갖은 양념을 하여 끓인 음식)보다 담백한 요리를 더 좋아한다고 하자 그녀에게 더 이상 아무 말도 걸지 않았다.

저녁 식사가 끝난 후, 엘리자베스는 곧바로 제인에게 돌아갔고 빙리 양은 엘리자베스가 방을 나가자마자 그녀의 흠을 잡기 시작했다. 그녀의 매너가 매우 좋지 않고, 자존심과 무례함이 뒤섞인 것이라 평했다. 대화도 많이 하지 않고, 취향도 없으며, 아름답지도 않다고 했다. 허스트 부인도 그렇게 생각했고 다음과 같이 덧붙였다. "결국 그녀를 칭찬할 만한 것은 훌륭한 산책가라는 사실 말고는 없는 것 같아. 오늘 아침 그녀의 모습을 잊을 수가 없어. 정말 미친 것처럼 보였거든."

"맞아, 정말 그랬어, 루이자 언니. 정말이지 겨우 웃음을 참았네. 꼭 왔어야만 했나? 자기 언니가 감기에 걸렸다고 해서 시골 들판을 뛰어다닌다? 난 이해가 안 가. 그녀의 머리카락은 너무 지저분하고 헝클어져 있었어!"

"그래, 그리고 페티코트도. 너도 봤을지 모르겠다만, 진흙에 6인치 정도 빠진 게 확실해. 그걸 가리기 위해 드레스를 내렸지만 아무 소용이 없었지."

"루이자 누나, 누나의 묘사가 정확할지는 몰라도 나는 그 모든 걸 전혀 못 느꼈는걸. 아침에 엘리자베스 베넷 양이 식사 중에 막

들어왔을 때 그 모습이 정말 좋았어. 더러워진 페티코트는 내 눈에 전혀 띄지도 않았고." 빙리가 말했다.

"당신은 분명 봤을 거예요, 다아시 씨. 당신 누이동생이라면 그런 모습을 보이는 걸 정말 원하지 않을 것 같은데요." 빙리 양이 말했다.

"당연하죠."

"3마일, 4마일, 아니면 5마일일지, 어쨌든 간에 발목까지 진흙에 빠져서는 그 먼 거리를 혼자 여기까지 걸어온다? 도대체 뭐 하자는 거지? 나에게는 정말로 자만에 빠진 끔찍한 독립심으로밖에는 안 보여. 격식이라곤 눈곱만큼도 없는 촌스러운 행동이지."

"언니에 대한 애정이 좋아 보이기만 하던데." 빙리 씨가 말했다.

"저는 걱정이네요, 다아시 씨. 이 모험이 그녀의 아름다운 눈에 대한 당신의 감탄에 영향을 미쳤을까 봐요." 빙리 양이 반쯤 속삭이며 말했다.

"전혀요. 걷기 운동을 해서 그런지 그 눈은 더욱 빛나던걸요." 그가 대답했다.

이렇게 말하자 잠깐의 정적이 흘렀고, 허스트 부인이 다시 말을 꺼냈다.

"나는 제인 베넷 양이 정말 좋아요. 그녀는 정말 사랑스러운 숙녀죠. 그녀가 결혼을 잘 했으면 좋겠는데 그런 아버지와 어머니, 그리고 낮은 사회적 지위 때문에 결혼을 잘 하기 어려울 거라 생각해요."

"그들의 이모부는 메리턴에서 변호사라고 들은 것 같은데요."

"네, 그리고 치프사이드 근처에 사는 삼촌도 있다던데."

"정말 훌륭하군요"라고 그녀의 언니가 덧붙였고, 두 사람은 모두 크게 웃었다.

"그들에게 치프사이드를 가득 채울 만큼 많은 삼촌이 있다 해도, 그것 때문에 그들이 덜 매력적으로 보이진 않을 거야." 빙리가 말했다.

"하지만 그들이 좋은 결혼 상대를 만날 기회가 상당히 줄어들 것만은 사실이죠." 다아시 씨가 대답했다.

이 발언에 빙리 씨는 대답하지 않았지만, 그의 누이들은 전적으로 동의하며 좋아한다는 친구의 저급한 친척들을 웃음거리로 삼아 한참 즐거운 시간을 보냈다.

그러다 그들은 다정함이 되살아났는지 정찬실을 나와 제인의 방으로 들어갔고, 커피를 마시러 나오라고 부르기 전까지 그녀와 함께 앉아 있었다. 제인은 여전히 매우 아팠고, 엘리자베스는 늦은 저녁까지 그녀 곁을 떠나지 않았다. 엘리자베스는 그녀가 잠드는 모습을 보고 나서야 아래층으로 내려갔는데 다시 함께 놀고 싶어서라기보다는 예의를 차리기 위해서였다. 거실에 들어서자 모두가 '루'라는 카드 게임을 하고 있었고 그녀에게도 합류를 권했다. 그러나 보아하니 게임에 걸린 판돈이 워낙 커서 거절하고, 언니를 핑계 삼아 짧은 시간 동안 책을 읽으며 시간을 보내겠다고 말했다. 그러자 허스트 씨가 그녀를 놀라운 눈빛으로 바라보았다.

"카드보다 독서를 더 좋아하세요? 그건 좀 독특하군요." 그가 말했다.

"엘리자 베넷 양은 카드 게임을 경멸해요. 그녀는 책을 많이 읽고 다른 것에는 아무런 즐거움도 느끼지 못한답니다." 빙리 양이 말했다.

"저는 그런 칭찬을 받을 사람도 비난을 받을 사람도 아니에요. 저는 그렇게 책을 많이 읽는 사람이 아니고, 다른 여러 가지 것에서도 즐거움을 느낀다고요." 엘리자베스가 맞받아쳤다.

"언니를 간호하는 일에서 즐거움을 느끼고 계실 거라 생각합니다. 그녀가 완전히 회복되어 당신의 즐거움이 커지면 좋겠네요." 빙리가 말을 이었다.

엘리자베스는 진심으로 그에게 감사하며, 몇 권의 책이 놓인 탁자로 걸어갔다. 빙리 씨는 자신의 서재에 있는 다른 책들을 더 가져다 주겠다고 했다.

"책이 많아서 당신에게도 도움이 되고 저한테도 자랑스러웠으면 좋겠지만, 제가 좀 게을러서요. 아무튼 읽어본 것보단 더 많이 갖고 있습니다."

엘리자베스는 지금 방 안에 있는 책들만으로도 충분하다고 그를 안심시켰다.

"나도 놀랐어요." 빙리 양이 말했다. "아버지가 이렇게 적은 양의 책을 남겨주신 걸 알고는요. 다아시 씨, 펨벌리에 정말 멋진 서재를 갖고 계시죠!"

"멋질 수밖에 없어요." 그가 대답했다. "오랜 세대에 걸쳐 쌓아온 결과니까요."

"그리고 다아시 씨가 직접 많은 책을 추가하셨죠. 항상 책을 사시잖아요."

"요즘 같은 시대에 가족 도서관을 소홀히 하는 것은 저로서는 이해 못할 일이죠."

"소홀히라. 그럼요, 다아시 씨는 그 고귀한 장소에 아름다움을 더하는 데 있어서 무엇도 소홀히 하지 않으실 거라 믿어요! 오빠, 오빠가 집을 지을 때는 펨벌리의 반만큼만이라도 멋지게 꾸몄으면 좋겠어."

"나도 그럼 좋겠군."

"나는 정말로 오빠가 그 지역에서 펨벌리와 비슷한 집으로 구매하는 게 좋겠다고 생각해. 잉글랜드에서 더비셔 지역보다 더 좋은 데가 어디 있겠어."

"다아시가 만약 펨벌리를 판다면 내 진정코 사들이지."

"나는 비슷한 집을 사는 게 가능하다고 이야기하고 있는 거야, 오빠."

"캐롤라인, 내 말은 펨벌리를 모방하느니 차라리 사 버리는 게 더 가능할 것 같단 얘기야."

엘리자베스는 그들의 대화에 너무 몰두해 책에 집중할 수 없었고, 곧 책을 완전히 내려놓고 카드 게임 테이블에 다가가 빙리 씨와 그의 누이 사이에 앉아 게임을 관찰했다.

"다아시 양이 봄이 지나고서 많이 성장했나요? 저만큼 키도 컸어요?" 빙리 양이 다아시에게 물었다.

"그럴 것 같아요. 지금 엘리자베스 베넷 양과 비슷한 키이거나, 좀 더 클 것 같군요."

"빨리 다시 만나고 싶어요! 나를 그토록 기쁘게 한 사람은 없었어요. 그런 표정, 그런 매너! 그리고 나이에 비해 정말 재능이 뛰어나죠! 그녀의 피아노 연주는 정말 환상적이에요."

"나는 정말 놀라워! 젊은 여성들이 다들 재능이 있잖아. 어떻게 그렇게 인내심을 가지고 많은 재능을 쌓을 수 있는지." 빙리가 말했다.

"젊은 여성들이 모든 재능이 있다고? 오빠, 그게 무슨 뜻이지?"

"응, 모두 다 그렇다고 생각해. 그들은 모두 화판에 그림을 그리거나 병풍에 천을 덮어 장식하기도 하고, 또 지갑 뜨개질을 하기도 하잖아. 나는 이런 것을 못하는 여성은 거의 들어본 적이 없어. 어떤 젊은 아가씨라도 처음 언급될 때 매우 재능 있다는 말을 안 들어본 적이 없거든."

"자네가 말한 여성들이 보통 다 재능을 지녔다는 게 사실이긴 하지만 너무 평범해. 그 재능이라는 단어는 그냥 지갑을 짜거나 병풍을 장식하는 일 정도만 잘해도 쉽게 적용되는 것 같아. 나는 자네가 여성들에 대해 평가하는 것에 전혀 동의하지 않아. 내가 아는 여성들 중에서 진정으로 재능 있는 여성들은 손에 꼽을 정도밖에 안된다고." 다아시가 말했다.

"나도 그렇게 생각해요." 빙리 양이 호응했다.

"그렇다면 당신이 생각하는 재능 있는 여성에 대한 기준은 상당히 높겠군요." 엘리자베스가 말했다.

"네, 저는 그 기준이 상당히 높다고 생각해요."

"오! 물론이죠." 그의 충실한 조수가 외쳤다. "일반적으로 기대되는 것보다 훨씬 뛰어나지 않으면 그 여성은 진정으로 재능 있다고 여겨질 수 없어요. 여성은 음악, 노래, 그림, 춤, 그리고 외국어에 대한 철저한 지식을 갖춰야만 재능 있단 소리를 들을 자격이 있어요. 게다가 걸음걸이, 목소리의 톤, 말하는 태도와 표현에서 특정한 무언가가 있어야만 해요. 그렇지 않으면 재능 있다는 말을 듣기엔 반밖에 자격이 없죠."

"이 모든 것을 갖추어야 하며, 또한 광범위한 독서를 통해 정신세계를 향상하여 좀 더 중요한 지적 성장도 함께 갖추어야 하지." 다아시 씨가 덧붙였다.

"당신이 아는 재능 있는 여성이 손가락에 꼽을 만큼이란 말이 이해되네요. 아니, 당신이 그런 여성을 한 명이라도 안다는 사실이 더 놀랍네요." 엘리자베스가 말했다.

"이 모든 재능을 가진 여성이 있을 가능성을 의심하다니 당신도 여자이면서 여성들을 너무 가혹하게 평가하는 것 아닌가요?"

"저는 그런 여성을 본 적이 없어요. 당신이 묘사한 것처럼 능력, 취향, 노력, 우아함이 결합된 여성 말이에요."

허스트 부인과 빙리 양은 엘리자베스가 그런 여성의 가능성을 의심하는 것에 대해 불공정하다고 했으며 자신들은 여태 설명한 재능에 걸맞은 많은 여성을 알고 있다고 주장했다. 그러자 허스트 씨가 그들이 카드놀이에 집중하지 않는다며 심한 불만을 표하여 이 논쟁은 중단되었다. 대화가 그렇게 끝나자 엘리자베스는 곧 방을 떠났다.

"엘리자베스 베넷은 여성을 낮춤으로써 남성들에게 호감을 사려는 그런 부류의 젊은 여성 중 하나예요. 그리고 감히 말하건대 그런 방법은 많은 남성들에게 통하죠. 하지만 제 생각에는 그것은 하찮은 술책이고 아주 천한 기술이에요." 문이 닫힌 후 빙리 양이 말했다.

"물론이죠." 엘리자베스가 이 주제에 대해 주로 말을 건넸던 다아시 씨가 대답했다. "여성들이 남성들에게 어필하기 위해 때로 자신을 낮춰가며 사용하는 모든 기법에는 비열함이 있죠. 교활함과 연관된 것이라면 뭐든 경멸받아 마땅합니다."

빙리 양은 이 대답이 별로 마음에 들지 않아 더 이상 이 주제를 이어가지 않았다.

엘리자베스는 다시 그들에게 돌아와 제인의 상태가 더 나빠졌고, 그녀에게 딱 붙어 있어야 할 것 같다고 말했다. 빙리 씨는 즉시 의사 존스 씨를 부르자고 하였고, 그의 누이들은 시골 의사의 조언이 도움이 되지 않을 것이라고 확신하며 런던의 가장 유명한 의사에게 급히 사람을 보내자고 했다. 엘리자베스는 이런 말들을 듣고 싶지 않았지만, 빙리 씨의 제안에는 그렇게 반대하지 않았다. 그래서 제인이 확실히 나아지지 않는다면 아침 일찍 존스 씨를 부르기로 결정되었다. 빙리 씨는 이 상황에 매우 불안해했고, 그의 누이들은 자신들이 비참한 상황에 놓였다고 했다. 그러나 그들은 저녁 식사 후 듀엣송을 부르며 그 비참함을 달랬고, 빙리 씨는 아픈 여성과 그녀의 자매를 잘 배려하라고 가정부에게 지시하는 것 말고는 할 수 있는 게 없었다.

· 9장 ·

엘리자베스는 밤새 대부분의 시간을 언니가 누워 있는 방에서 보냈다. 아침에는 다행히도 빙리 씨가 보낸 하녀에게, 또 그의 누이들 시중을 드는 우아한 두 여인에게 차도가 있느냐는 질문에 좀 괜찮아졌다고 답변할 수 있어 기뻤다. 그러나 엘리자베스는 제인이 조금 나아졌어도 롱본으로 편지를 보내어 어머니에게 제인의 상태를 직접 와서 확인해 보시기를 요청했다. 편지는 즉시 보내졌고 베넷 부인은 바로 편지 내용을 실천했다. 그녀는 가족과 아침 식사 후 가장 어린 두 딸과 함께 네더필드에 도착했다.

제인이 분명한 위험에 처했다면 베넷 부인은 매우 비참했을 것이다. 그러나 제인의 상태가 심각하지 않다는 것을 눈으로 확인하자, 그녀는 제인이 너무 빨리 회복되지 않았으면 하고 바랐다. 제인이 건강을 되찾으면 네더필드에서 떠나야 하기 때문이다. 그래서 그녀는 집으로 데려다 달라는 딸의 말을 듣지 않았다. 같은 시간에 도착한 의사도 집으로 돌아가는 건 권할 만하지 않다고 했다. 어머니와 세 딸은 제인과 잠시 앉아 있다가 빙리 양이 나타나 아침 식사에 초대하자, 모두 그녀를 따라 아침 식사실로 갔다. 그들을 맞이한 빙리 씨는 베넷 양의 상태가 베넷 부인이 예상했던 것보다 나쁘지 않았기를 바란다고 했다.

"제인은 당장 움직일 수 없을 정도로 아픈 것 같아요. 빙리 씨, 존스 씨가 그 애를 집으로 데려갈 생각은 하지 말라고 하시더라고요. 당신의 친절에 조금 더 의지해야 할 것 같네요."

"데려가신다고요! 그건 생각할 수 없는 일입니다. 제 누이도 그녀를 데려가는 것을 절대 원하지 않을 겁니다." 빙리가 대답했다.

"저희가 확실히 말씀드릴 수 있는 건, 베넷 양이 저희와 함께 있는 동안 할 수 있는 배려는 다 하겠다는 거예요." 빙리 양이 공손하지만 차갑게 말했다.

베넷 부인은 감사의 말을 아끼지 않았다.

"정말이지 이렇게 좋은 친구들이 없었다면 제인이 어떻게 되었을지 모르겠네요." 그녀가 덧붙였다. "제인은 정말 많이 아프고 많은 고통을 겪고 있지만, 세상에서 그 애처럼 인내심이 많은 애도 없어요. 정말로 착하고 좋은 아이죠. 저는 다른 딸들에게도 자주 말한답니다. 너희들은 언니와 비교도 안 된다고요. 빙리 씨, 이 방은 정말 좋군요. 밖에 보이는 자갈길 경치도 매력적이고요. 저는 네더필드만큼 좋은 곳은 없다고 생각해요. 단기 임대라 하더라도 서둘러 이사 가지 않으셨으면 좋겠어요."

"저는 뭐든 빨리 해치우는 스타일이라서요, 제가 만약 네더필드를 떠나기로 결심한다면 아마 5분도 안 되어 바로 떠날 겁니다. 하지만 현재로서는 여기가 꽤 맘에 들어요." 그가 대답했다.

"그러신 것처럼 보였어요." 엘리자베스가 말했다.

"이제 저를 좀 알게 되셨나 보네요. 그렇죠?" 그가 그녀를 향해 돌아서며 말했다.

"아, 네. 완벽하게 알 것 같아요."

"칭찬으로 받아들여야겠죠? 그래도 이렇게 쉽게 속을 알 수 있는 사람이 되면 안 되는데…"

"그냥 그렇다는 거죠. 복잡하고 깊어서 속을 잘 알 수 없는 성격이 빙리 씨 같은 성격보다 더 좋다는 얘기는 아니니까요."

"리지, 너 지금 여기가 어디라고 그러니. 집에서처럼 그렇게 무례하게 말하면 안 되지."

"성격 연구를 좋아하시는 줄은 몰랐네요. 재밌을 것 같아요." 빙리가 즉시 말을 받았다.

"네, 하지만 복잡한 성격이 가장 재밌는 건 사실이에요. 적어도 그 점에서는 그런 사람들도 장점이 있죠."

"시골은 보통 그런 연구를 위해 제공할 거리가 별로 없죠. 시골에서는 이웃들과 매우 제한적이고 변화도 없는 교류만 있을 테니까요." 다아시가 말했다.

"하지만 사람들은 변하잖아요. 그러니까 그들 안에서 언제까지든 새로운 것들을 볼 수는 있어요."

"정말 그래요." 베넷 부인이 시골 이웃이라는 그의 말에 내심 불쾌해하며 외쳤다. "시골에서도 도시만큼 그런 교류가 많이 있어요."

베넷 부인의 발끈하는 말에 모두가 놀랐고, 다아시는 그녀를 잠시 바라본 후 조용히 고개를 돌렸다. 베넷 부인은 자신이 그를 눌렀다고 생각하며 승리의 기세를 이어나갔다.

"제 생각에 런던은 시골에 비해 특별한 장점이 없어요. 가게와 공공장소가 많다는 사실 말고는요. 시골이 훨씬 더 쾌적하지 않나요, 빙리 씨?"

"제가 시골에 있을 때면 저는 시골을 결코 떠나고 싶지 않아요. 그런데 도시에 있을 때면 또 도시를 떠나고 싶지 않죠. 시골과 도시 모두 각기 장점이 있어 저는 두 곳 모두에서 똑같이 행복을 느껴요." 빙리 씨가 대답했다.

"그래요. 그건 당신 성향이 올바르고 곧아서죠. 하지만 저 신사분은 시골을 무시할 만한 곳으로 여기는 것 같군요." 베넷 부인은 다아시를 가리키며 말했다.

"엄마, 그건 오해세요." 엘리자베스가 얼굴을 붉히며 말했다. "다아시 씨는 그저 시골에서는 도시처럼 다양한 사람들을 만날 수 없다고 말한 것뿐이잖아요. 그건 우리가 인정해야 할 사실이죠."

"물론이지, 누가 아니라고 했니? 우리 동네에서 사람들을 많이 만날 수 없다고 하니까 그렇지. 여기보다 이웃이 많은 데가 어디 있다고. 우리가 함께 식사하는 이웃이 스물네 집이나 되는데 말이다."

빙리는 엘리자베스를 생각해서 웃음을 터뜨리지 않고 표정을 유지했다. 그의 여동생은 덜 세심한 성격이라, 다아시를 향해 매우 우습다는 미소를 지었다. 엘리자베스는 어머니의 생각을 딴 데로 돌리기 위해, 자기가 이곳에 온 후로 샬럿 루카스가 롱본 집에 놀러 왔었느냐고 물었다.

"그래, 어제 자기 아버지와 함께 찾아왔더구나. 빙리 씨, 윌리엄 경은 정말 매력적인 분이라 느끼지 않으세요? 신사적이면서도 편안한 스타일이시죠! 항상 누구하고도 대화가 잘되고요. 저는 그게 바로 교양이라 생각해요. 자신만이 잘났다고 여기는 사람들은 입을 열지 않잖아요. 정말이지 잘못된 생각을 하고 있는 거죠."

"샬럿이 저녁 먹고 갔어요?"

"아니, 집에 가야 한다고 하더구나. 집에 가서 저민 고기로 파이를 만들어야 하는 것 같더구나. 나로서는 이해가 좀 안 가지. 빙리씨, 우리 집 하인들은 자기 일을 알아서 하는 사람들이에요. 그래서 우리 집 딸들은 아주 귀하게 자랐죠. 각자 판단할 일이긴 하지만요. 그래도 루카스 씨네 아이들은 정말 좋은 아가씨들이에요. 외모가 출중하지 못한 게 좀 아쉽지만! 그렇다고 샬럿이 너무 평범하게 생겼다 그런 건 아녜요. 어쨌든 우리와 특별한 친구니까요."

"샬럿 양은 정말 쾌활한 분 같아요." 빙리가 말했다.

"오! 정말 그래요. 하지만 그녀의 외모가 눈에 너무 안 띈다는 건 인정해야 해요. 루카스 부인도 종종 그렇게 말하면서 제인의 아름다움을 부러워하죠. 제 자식을 자랑하고 싶지는 않지만, 확실히 제인보다 아름다운 숙녀들은 자주 보질 못하죠. 정말 우리 애라서가 아니라 모두가 그렇게 말하니까요. 그 애가 겨우 열다섯일 때, 런던에 있는 제 남동생 가디너의 집에 온 손님이 그 애에게 홀딱 빠졌어요. 제 올케는 우리가 떠나기 전에 그가 제인에게 청혼할 거라고 확신했죠. 하지만 그렇게 하진 않았어요. 아마 제인이 너무 어리다고 생각했겠죠. 그렇지만 그는 제인에게 몇 편의 시를 써서 바쳤는데 정말 잘 쓴 시들이었답니다."

"그렇게 그의 애정은 끝이 났어요." 엘리자베스가 엄마 말에 끼어들었다. "저는 시를 써서 이별을 극복하는 사람들이 많다고 생각해요. 사랑을 끝내는 데 시를 쓰는 게 효력이 있다는 걸 누가 처음 발견했는지 참 궁금해요!"

"저는 시를 사랑의 양식으로 생각해 왔어요. 건강하고 단단한 사랑일 경우에는 모든 게 이미 강한 사랑을 더욱 키워주죠. 하지만 만약 그 사랑이 얕고 크지 않을 때는 좋은 소네트 한 편이면 충분히 그 사랑을 굶겨 없애는 게 가능할 거예요." 다아시가 말했다.

그렇게 말하고는 다아시는 그저 미소만 지었으며, 이어 정적이 이어졌다. 이에 엘리자베스는 엄마가 또 꺼들어 쓸데없는 말을 하지나 않을까 두려워 무슨 말이라도 하고 싶었지만, 할 말이 떠오르지 않았다. 짧은 침묵이 흐른 후, 베넷 부인은 빙리 씨에게 제인에 대한 친절에 다시 한번 감사하며, 엘리자베스 또한 폐를 끼치는 것에 대해 미안하단 말을 하기 시작했다. 빙리 씨는 진심으로 공손하게 대답했고, 그의 여동생에게도 괜찮다는 인사를 드리라고 했다. 그녀는 대단히 공손하지는 않았지만 그런대로 인사말을 했고 베넷 부인은 만족해했다. 베넷 부인은 곧 마차를 부르라고 지시했는데 이 신호에 따라 막내딸이 앞으로 나섰다. 넷째와 막내는 여기 방문한 내내 서로 무언가를 속삭였고, 그 결과 막내가 빙리 씨에게 그가 처음 이곳에 왔을 때 네더필드에서 무도회를 열겠다고 약속한 것에 대해 추궁하기로 했던 것이다.

리디아는 튼튼하게 잘 자란 열다섯 살의 소녀로, 피부도 좋고 표정도 유쾌했다. 엄마는 그런 그녀가 예뻐서 일찍부터 사람들 앞에 내보이곤 했다. 그녀는 활기찬 기운과 일종의 자연스러운 자신감을 지녔는데 그런 자신감은 삼촌이 장교들에게 훌륭한 저녁 식사를 대접하고 그녀도 유연한 태도로 장교들의 주목을 받으면서 더욱 커진 터였다. 그래서 그녀는 빙리 씨에게도 무도회에 대해 대놓고 이야기하며 약속을 상기시켰다. 그러면서 그 약속을 지키지 않는 것은 세상에서 가장 부끄러운 일이라고 단호하게 덧붙였다. 이런 갑작스러운 공격에 대한 빙리 씨의 대답은 어머니의 귀에 기분 좋게 들렸다.

"저는 준비가 되어 있어요. 약속 지킬 거예요. 언니분이 회복되면 원하시는 무도회 날짜를 말씀해 주세요. 언니가 아파 누워 있는 동안 춤을 추고 싶진 않을 테니까요."

리디아는 좋다고 말했다. "네, 제인 언니가 다 나을 때까지 기다리는 게 좋겠어요. 그때쯤이면 아마 카터 대위도 메리턴에 다시 올 거예요. 그리고 빙리 씨가 무도회를 열면 저도 그들한테 무도회를 열라고 할게요. 포스터 대령에게 답례로 무도회를 안 열면 그건 부끄러운 일이라고 말할게요."

베넷 부인과 두 딸은 그곳을 떠났고, 엘리자베스는 제인에게 돌아갔다. 그리하여 남은 빙리의 두 누이는 엘리자베스와 그녀 가족들의 행동에 대해 이야기하기 시작했다. 그러나 다아시 씨가 엘리자베스의 눈이 아름답다고 한 것에 대해 빙리 양이 아무리 놀려대도 그는 그녀를 흉보는 데 결코 동참하지 않았다.

· 10장 ·

그날은 전날과 별다른 일 없이 지나갔다. 허스트 부인과 빙리 양은 아침 몇 시간을 아픈 제인과 함께 보냈다. 제인은 느리지만 그래도 계속 회복되고 있었다. 저녁에는 엘리자베스가 거실에서 그들과 함께 시간을 보냈다. 그날은 루 테이블('루'라는 카드 게임을 할 때 사용되는 사교용 테이블)은 보이지 않았다. 다아시 씨는 여동생에게 편지를 쓰고 있었고, 빙리 양은 그 근처에 앉아 그가 편지 쓰는 걸 지켜보며 여동생에게 이런저런 안부를 전해달라 하면서 계속해서 그를 방해하고 있었다. 허스트 씨와 빙리 씨는 카드놀이 '피케'를 하고 있었고, 허스트 부인은 그들의 게임을 구경하고 있었다.

엘리자베스는 바느질을 시작했고, 다아시와 빙리 양 사이에 오가는 대화에 즐겁게 주의를 기울였다. 빙리 양은 다아시의 필체나 글줄의 반듯함, 혹은 편지의 길이 등이 좋다며 계속해서 칭찬하고 있었고, 그런 칭찬을 받아들이는 다아시는 완벽한 무관심으로 일관하여 둘의 대화는 묘하게 흘러갔는데 이런 둘의 모습은 엘리자베스가 그들 각각에 대해 가진 생각과 정확히 일치하는 것이었다.

"다아시 양이 이 편지를 받으면 얼마나 기뻐할까요!"

그는 대답하지 않았다.

"당신은 유별나게 글을 빨리 쓰시네요."

"착각하신 겁니다. 저는 느린 편이에요."

"일 년 동안 정말 많은 편지를 쓰셔야 하겠네요. 사업 관련한 편지도 포함해서요. 저라면 참 지겨울 것 같아요."

"그렇다면 다행이군요. 이런 일이 당신한테 주어지지 않고 내게 주어진 것이."

"여동생에게 제가 보고 싶어 한다고 꼭 전해주세요."

"당신의 바람대로 이미 한 번 전하는 말을 썼습니다."

"펜이 마음에 들지 않으신 것 같은데 제가 고쳐드릴까요? 저는 펜을 아주 잘 고치죠."

"고맙습니다만, 제 펜은 항상 제가 고쳐요."

"어떻게 그렇게 글씨를 반듯하게 쓰시나요?"

그는 침묵했다.

"여동생의 하프 실력이 향상되었다면서요, 제가 그 소식을 듣고 기뻐하더라고 전해주세요. 그리고 그녀가 디자인한 작은 테이블 도 안도 너무 아름답다고 제가 감탄했다는 말을 꼭 전해주세요. 그랜틀리 양이 만든 것보다 훨씬 뛰어나다고 생각한다고요."

"이제 다음에 다시 편지 쓸 때까지 당신의 그 칭찬이나 감탄을 미뤄두어도 될까요? 지금 편지는 그걸 다 제대로 써드릴 여유가 없어요."

"오! 괜찮아요. 그다지 중요한 것도 아닌걸요. 그리고 1월에 그녀를 만날 거니까요. 그나저나 다아시 씨, 동생분에게 그런 멋진 편지를 항상 이렇게 길게 쓰시나요?"

"대체로 긴 편이긴 합니다. 하지만 언제나 멋진 편지인지는 모르겠네요."

"저는 긴 편지를 쉽게 쓸 수 있는 사람은 멋진 글을 못 쓸 리가 없다고 생각해요."

"그건 다아시에게 칭찬이 아니다, 캐롤라인." 그녀의 오빠가 말했다. "그는 글을 쉽게 쓰지 않거든. 네 음절짜리 단어를 쓰려고 너무 고민하지. 그렇지 않나, 다아시?"

"내 글쓰기 스타일은 자네 것과는 매우 다르지."

"오! 오빠는 편지를 그렇게 못 쓸 수가 없어요. 말하려는 단어의 절반은 빠뜨리고 쓰죠. 그리고 쓴 글자들도 지저분하고요."

"내 생각이 너무 빨리 흘러서 그걸 다 표현할 시간이 없는 거야. 그래서 내 편지들은 받는 사람들에게 내 생각을 전달 못 할 때가 많아."

"빙리 씨는 겸손하셔서 아무도 비난을 못하겠네요." 엘리자베스가 말했다.

"그렇지만 겸손만큼 밖에서 봤을 때 기만적인 것은 없어요. 그것은 종종 단순히 의견에 대한 무심함이거나, 때로는 간접적인 자랑일 뿐이죠." 다아시가 끼어들었다.

"그렇다면 내가 방금 보인 작은 겸손은 둘 중 어느 쪽인 거야?"

"간접적인 자랑이지. 자네는 실제로는 자네 글쓰기의 결점을 자랑스러워하고 있는 거야. 그 결점들이 생각이 빠르기 때문이고 아무렇게나 쓰는 건 별로 중요하지 않다는 거잖아. 그 결점의 이유들이 존경할 만한 것은 아니더라도, 적어도 매우 흥미롭다고 자네 스스로 생각하는 거야. 무언가를 빠르게 할 수 있는 능력을 항상 스스로 높이 평가하면서도, 종종 제대로 수행하지 못하는 건 별로 중요하게 생각 안 하는 거지. 오늘 아침 베넷 부인에게 네더필드를 떠나기로 결심하면 5분 만에 떠날 수 있다고 말했잖아. 그건 일종의 자화자찬이었어. 그렇지만 꼭 필요한 일은 하지도 않은 채, 또 자기 자신이나 누구에게도 실질적인 이득이 되는 것도 아닌 그런 성급함에 도대체 뭐 그렇게 칭찬할 만한 것이 있다는 거지?"

"아니, 이건 너무하잖아. 아침에 했던 어리석은 말을 밤에 다 기억하다니 말이야. 그래도 명예를 걸고 말하겠는데 나 스스로에 대해 한 말은 사실이라 믿어서 한 말이고 지금도 그렇게 믿고 있어. 적어도 숙녀들 앞에서 단순히 과시하려고 불필요한 성급함을 가장한 건 아니라고." 빙리가 항변했다.

"자네가 그렇게 생각해서 말했다는 건 인정하지만, 그렇게 급하게 떠날 거라고는 전혀 확신을 못하겠어. 자네는 내가 아는 다른 남자들처럼 우연에 의해 행동할 거야. 만약 자네가 떠나려고 말에 오르려는 순간 한 친구가 '빙리, 다음 주까지 머무는 게 좋겠어'라고 말한다면, 아마도 자넨 그렇게 할 거야. 떠나지 않을 거라고. 그리고 또 다른 말 한마디에 한 달을 더 머물지도 모르고."

"다아시 씨는 빙리 씨가 자신의 성향을 제대로 알지 못한다는 것을 증명할 뿐 오히려 빙리 씨 자신이 자화자찬하는 것보다 훨씬 더 빙리 씨를 칭찬하는 것 같네요." 엘리자베스가 말했다.

"제 친구가 하는 말을 제 기질이 무른 것에 대한 칭찬으로 받아 주셔서 기분 좋네요. 하지만 엘리자베스 양, 다아시의 의도는 그게 아니라서 걱정이군요. 다아시는요, 만약 그런 상황에서 제가 단호히 거절하고 최대한 빨리 떠난다면 분명 훨씬 더 저를 좋게 평가할 사람이죠."

"그렇다면 다아시 씨는 빙리 씨가 원래 그런 성급한 기질 그대로 성급하게 행동을 해야만 그 단점이 그나마 상쇄된다고 생각하시는 건가요?"

"글쎄, 저는 모르겠네요. 다아시가 직접 설명해 줘야 할 것 같습니다."

"아니, 내 의견도 아닌 걸 그렇다고 하면서 설명하라면 뭐라고 설명하지? 하지만 베넷 양의 설명에 따라 상황을 놓고 보자면, 베넷 양, 이걸 기억하세요. 만약 한 친구가 떠나지 않고 집에 더 남아 있기를 원해서 제가 그렇게 한다면 그건 그냥 그걸 원해서 그런 거지, 그래야만 하는 타당성에 대해선 전혀 설명이 없다는걸요."

"그러니까 친구의 설득에 쉽게, 즉시 응하는 것이 당신에게는 전혀 좋아 보이지 않는다는 거죠?"

"확신 없이 그렇게 하는 건 어느 쪽이건 칭찬을 들을 일이 아니죠."

"그렇지만 당신은 우정이나 애정의 영향력을 전혀 고려하지 않는 것같이 들리네요. 요청하는 사람을 좋아한다면 종종 요청의 이유나 타당성에 대해 듣지 않고도 요청을 쉽게 받아들일 수 있잖아요. 제가 말씀드리는 건 당신이 빙리 씨에 대해 가정한 그런 경우가 아니에요. 어쩌면 빙리 씨가 어떻게 행동할지에 대해 이러쿵저러쿵 논의하는 것보단 그런 상황이 실제 발생했을 때 어떤지 보는 게 더 좋을 거예요. 하지만 일반적으로 보통의 친구 사이에서는 한 친구가 다른 친구에게 그다지 중대하지 않은 결정을 바꾸어 달라고 요청할 때, 그 이유를 듣지 않고 요청에 응한다고 해서 그 사람을 나쁘게 생각하지는 않잖아요?"

"그렇다면 우리가 이 주제를 얘기하기 전에, 이 요청이 얼마나 중요한지와 당사자 간에 얼마나 친분이 있는지 좀 더 정확하게 정리하는 게 좋지 않을까요?"

"좋은 생각이야. 모든 세부 사항을 들어보자고. 그 친구들의 키와 체격도 잊으면 안 돼. 왜냐하면 그것이 논쟁에서 큰 비중을 차지할 거니까. 베넷 양, 제가 장담하건대, 만약 다아시가 저와 비교해서 저렇게 큰 키를 가진 사람이 아니라면, 저는 그를 지금의 반도 존중하지 않을 거예요. 특정한 경우나 특정한 장소에서 저는 다아시보다 더 끔찍한 물체를 본 적이 없어요. 특히 그의 집에서, 그리고 일요일 저녁에, 아무것도 할 일이 없을 때 말이죠." 빙리가 말했다.

다아시는 미소를 지었지만, 엘리자베스는 다아시가 다소 기분이 상한 것을 감지할 수 있었고, 그래서 웃음을 참았다. 빙리 양은 오빠에게 말도 안 되는 소리를 한다고 나무라며 다아시가 받은 모욕을 분하게 여겼다.

"빙리, 자네 생각이 보이는군." 그의 친구가 말했다. "자네는 더 이상 논쟁이 싫으니까 나랑 베넷 양을 조용하게 만들고 싶은 거지?"

"아마도 그런 것 같아. 나는 논쟁이 너무 다툼 같아. 자네와 베넷 양이 내가 방을 나가고 나서 논의를 이어간다면 정말 감사할 것 같네. 그때는 나에 대해 하고 싶은 말을 다 해도 좋아."

"당신의 요청은 저에게는 어려운 일이 아니네요. 그리고 다아시 씨는 쓰던 편지를 끝내는 게 훨씬 나을 것 같고요." 엘리자베스가 답했다.

다아시는 그녀의 조언을 받아들여 편지 쓰는 걸 마무리하고 빙리 양과 엘리자베스에게 음악을 연주해 달라고 요청했다. 빙리 양은 재빠르게 피아노 앞으로 이동했고 엘리자베스에게 먼저 연주하라고 정중히 요청했지만, 엘리자베스가 정중하면서도 강하게 거절했기에 빙리 양이 먼저 자리에 앉았다.

허스트 부인은 여동생과 함께 노래를 불렀고, 그들이 그렇게 하는 동안 엘리자베스는 피아노 위에 놓인 악보를 넘기면서도 다아시의 시선이 얼마나 자주 자신에게 고정되는지를 느낄 수밖에 없었다. 그녀는 그렇게 잘난 인물이 자신을 좋아할 거라고는 상상할 수 없었지만 그렇다고 그가 자신을 싫어하기 때문에 바라본다고 생각할 수도 없는 일이었다. 그녀는 결국 자신이 그의 시선을 끌게 된 이유는 자신이 거기에 있는 그 누구보다 다아시가 옳다고 생각하는 것들에 반하거나 비난받을 만한 것들을 지녀서 그렇다고 추측했다. 그런 추측에 상처받지는 않았다. 그녀는 그가 자신을 인정하든 말든 그걸 신경 쓸 만큼 그를 좋아하지 않았기 때문이다.

이탈리아 곡 몇 개를 연주한 후, 빙리 양은 경쾌한 스코틀랜드 곡으로 분위기를 바꿨다. 그리고 얼마 지나지 않아 다아시는 엘리자베스에게 다가가 이렇게 말했다.

"베넷 양, 좋은 기횐데 스코틀랜드 춤을 춰보고 싶은 충동이 안 느껴지시나요?" 다아시가 물었다.

그녀는 미소를 지었지만 대답하지 않았다. 그는 그녀의 침묵에 당황해하며 질문을 반복했다.

"오, 자꾸 물어보시는데 이미 들었어요. 다만 뭐라 답해야 할지 몰라서…. 당신은 제가 춤을 추겠다고 말하기를 원하시겠죠. 그래야 제 취향을 무시하는 기쁨을 느낄 수 있으니까요. 하지만 저는 그런 계획을 망쳐서 누군가의 예상된 경멸을 무너뜨리는 것을 즐기는 스타일입니다. 그래서 말인데요, 저는 스코틀랜드 춤을 전혀 추고 싶지 않아요. 자, 이제 저를 감히 무시하겠다면 해 보시죠."

"진정, 저는 감히 무시할 마음이 없습니다."

엘리자베스는 자신이 그를 불쾌하게 할 거라고 생각했기에 그의 신사다운 정중함에 놀랐지만, 사실 그녀의 태도에는 언제나 상냥함과 장난기가 섞여 있어 누구도 쉽게 불쾌감을 느끼지는 않았다. 그리고 다아시는 그녀만큼 여자에게 완전히 매료된 적이 없었다. 그는 정말로 그녀의 사회적 지위가 열등하지 않았다면 자신이 위험에 처했을 수도 있겠다고 생각했다.

빙리 양은 이를 눈치채고 질투심을 느꼈고 제인이 더 빨리 나아야 엘리자베스를 쫓아낼 수 있다고 생각했다.

그녀는 종종 다아시에게 그가 엘리자베스와 결혼한다는 가정을 하고 그 결혼에서 다아시가 행복할까 하는 이야기를 자꾸 꺼내어 그가 엘리자베스를 싫어하게 되도록 자극했다.

다음 날, 빙리 양은 다아시와 관목이 우거진 길을 같이 산책하며 말했다.

"저는 당신과 엘리자베스의 결혼이 성사되면 당신이 당신의 장모님 될 분께 몇 가지 조언을 해드리면 좋겠어요. 먼저 그녀에게 입을 다물고 있는 것이 얼마나 유익한지 알려주시고, 가능하다면 그 어린 딸들이 장교들을 쫓아다니지 않도록 충고하는 것도요. 그리고 조금은 말씀드리기 까다로운 부분인데, 당신의 여인이 가진 뭔가 자만심과 무례함에 가까운 그런 성질을 조금 죽일 수 있다면 그것도 좋겠죠."

"제 가정의 행복을 위해 제안해 주실 게 더 있나요?"

"아, 네. 그녀의 필립스 이모와 이모부 초상화를 펨벌리의 갤러리에 걸어주세요. 판사이신 당신의 증조부 옆에 두면 좋겠네요. 분야가 다를 뿐, 그들은 같은 직업에 종사하고 있으니까요. 그리고 당신의 여인인 엘리자베스의 초상화는 그리지 않는 게 좋겠군요. 어떤 화가가 그 아름다운 눈을 제대로 표현할 수 있겠어요?"

"그 눈이 보여주는 표정을 포착하는 것은 정말 쉽지 않겠지만, 눈의 색깔과 형태, 그리고 특히 놀랄 정도로 섬세한 속눈썹은 똑같이 그릴 수 있을 거예요."

바로 그때, 그들은 다른 산책로에서 허스트 부인과 엘리자베스를 만났다.

"언니랑 엘리자 양이랑 둘이 산책할 줄은 몰랐네." 빙리 양이 약간 당황하며 말했다. 그들이 들었을까 걱정이 되었던 것이다.

"나빴어, 너희 둘이 나간다는 말도 없이 먼저 나갔잖아." 허스트 부인이 대답했다.

그러고는 다아시 씨의 비어 있는 팔을 끼어 엘리자베스를 혼자 남겨두고 이쪽 길에 합류했다. 길은 세 사람이 지나갈 수 있을 정도였다. 다아시는 그들의 무례함을 느끼고 즉시 말했다.

"이 길은 우리 넷 다 걷기엔 너무 좁네요. 큰길로 가는 게 좋겠어요."

하지만 그들과 함께 있고 싶지 않던 엘리자베스는 웃으며 대답했다.

"아니요, 아니에요. 지금 당신들 세 분이 함께인 그림이 완전 예술이네요. 네 번째 사람이 끼면 망칠 것 같아요. 저는 가볼게요."

그녀는 즐거운 듯 뛰어갔고 며칠 안에 집으로 돌아갈 수 있을 거라는 생각에 여기저기를 거닐었다. 제인도 이미 많이 회복되어 그날 저녁에는 몇 시간 동안 방에서 나와 있으려는 계획도 세우고 있었던 것이다.

· 11장 ·

저녁 식사 후, 숙녀들이 물러나자 엘리자베스는 언니에게 달려갔고, 제인이 춥지 않게 잘 살핀 후 그녀를 거실로 안내했다. 거실에서 그녀는 두 친구에게 여러 가지 기쁨의 표현으로 환영받았고, 엘리자베스는 신사들이 나타나기 전 한 시간 동안 그녀들의 이렇게 즐거운 모습을 본 적이 없었다. 그들의 대화 능력은 상당했다. 그들은 어떤 사교모임을 정확히 묘사하고 유머러스한 일화에 대해서도 이야기했으며 아는 사람들 얘기를 하면서 활기차게 웃기도 했다.

하지만 신사들이 들어오자 그녀들에게 제인은 더 이상 첫 번째 관심의 대상이 아니었다. 빙리 양의 눈은 즉시 다아시에게로 향했고, 그녀는 그가 몇 걸음 앞으로 나아가기도 전에 그에게 무언가를 말하고 싶어 했다. 다아시는 베넷 양에게 정중하게 축하의 인사를 건넸고, 허스트 씨도 그녀에게 가벼운 인사를 하며 나아서 정말 잘됐다고 말했다. 그리고 빙리의 인사에는 뭔가 설명할 수 없는 따뜻함이 담겨 있었다. 그는 기쁨과 관심으로 가득 차 있었다. 처음 30분은 그녀가 방이 바뀌어 느낄지 모를 공기 변화 때문에 벽난로 불을 지피는 데 사용되었고, 그녀가 문에서 더 멀리 떨어져 앉도록 요청하여 그녀를 벽난로 반대편으로 옮기도록 했다. 그러고 나서 그는 그녀 옆에 앉아 다른 사람과는 거의 이야기하지 않았다. 반대편 구석에서 뜨개질을 하며 엘리자베스는 그 모든 것을 큰 기쁨으로 지켜보았다.

차를 다 마시고 난 후, 허스트 씨는 그의 처제에게 카드놀이를 하고 싶은지 떠보았지만 소용이 없었다. 그녀는 다아시 씨가 카드놀이를 좋아하지 않는다는 은밀한 정보를 입수했기 때문이다. 허스트 씨는 곧 대놓고 카드놀이를 하자고 요청해 보았지만 거절당했다. 그녀는 허스트 씨에게 아무도 게임을 할 생각이 없다고 말했고, 그 말을 증명하듯 다른 모든 사람도 아무 말이 없었다. 그러자 허스트 씨는 할 일이 없어 소파에 눕더니 곧 잠이 들었다. 다아시는 책을 집어 들었고, 빙리 양도 똑같이 했다. 허스트 부인은 팔찌와 반지들을 만지작거리며 가끔씩 동생 빙리와 제인의 대화에 끼어들기도 했다.

빙리 양의 관심은 자신의 책을 읽는 것보다는 다아시 씨가 책을 읽는 걸 지켜보는 데 쏠려 있었다. 그녀는 계속 질문을 하면서 그가 읽는 책 페이지를 살폈다. 그러나 그가 제대로 응해주질 않아 대화를 나눌 수가 없었다. 그는 그녀의 질문에 간단히 대답할 뿐, 계속 책만 읽었다. 그녀는 다아시가 고른 책의 후편을 골랐기 때문에 읽을 맘도 없었고 결국 재미를 못 느껴 크게 하품을 했지만 이렇게 말했다.

"이렇게 저녁을 보내는 게 얼마나 즐거운지! 결국 독서만큼 즐거운 것은 없는 것 같아요! 책을 읽는 것만큼 지루하지 않은 일이 뭐가 있을까요? 자기 집이 있다 해도 멋진 서재가 없다면 정말 비참하겠죠."

이 말에 아무도 대답하지 않았다. 그녀는 다시 하품을 하고 책을 던져버린 후, 뭐 재밌는 게 없나 방 안을 둘러보았다. 그러던 중, 오빠가 베넷 양에게 무도회에 대해 이야기하는 걸 듣고는 갑자기 그에게로 돌아서서 말했다.

"그런데 오빠, 네더필드에서 진짜 무도회를 열 생각인 거야? 결정하기 전에 여기 있는 사람들 의견을 들어보는 게 좋지 않을까? 우리 중에 무도회가 즐거움이 아니라 오히려 벌 받는 것처럼 싫은 사람도 있지 않을까 하는데."

"다아시를 말하는 거야?" 그녀의 오빠가 말했다. "그럼 무도회 시작하기 전에 원한다면 잠자리에 들어도 된다고 해줘. 무도회는 열기로 확실히 정해졌어. 주방에서 준비가 되는 대로 나는 초대장을 돌릴 거야."

"나는 무도회가 좀 다른 방식으로 진행되면 훨씬 더 좋을 것 같아. 보통의 무도회는 너무 지루해. 춤보다는 대화가 그날의 주요 행사가 되면 더 합리적일 것 같은데." 빙리 양이 대답했다.

"그래, 그게 더 합리적일 것 같기도 하다. 그래도 그렇게 되면 무도회 같지는 않을 것 같은데."

빙리 양은 대답하지 않았고, 곧 일어나 방을 이리저리 돌아다니기 시작했다. 그녀의 모습은 우아하고 걸음걸이도 보기 좋았다. 그녀가 그러는 건 다아시가 봐주길 바라는 마음이었지만 다아시는 아랑곳하지 않고 책 읽는 데만 몰두하고 있었다. 그녀는 절망에 빠져 다른 방법을 찾기로 하고 엘리자베스에게 말했다.

"엘리자 양, 저처럼 방을 이리저리 걸어보세요. 오랫동안 같은 자세로 앉아 있었으니까 이렇게 하면 정말 상쾌할 거예요."

엘리자베스는 갑작스런 제안에 어리둥절했지만 곧 자리에서 일어섰다. 빙리 양은 친절한 척하는 이런 행동을 통해 실제 의도한 목적을 달성했다. 다아시가 드디어 고개를 든 것이다. 그는 빙리 양이 색다르게 관심을 끄는 모습에 엘리자베스만큼이나 놀라 무의식적으로 책을 덮었다. 그들은 다아시에게도 방을 거닐자고 했지만 그는 거절하며 그들이 방을 거닐기로 한 것에는 두 가지 이유밖에 없고, 그가 같이 걷는다면 그 두 가지 이유 모두에 방해가 될 것이기 때문에 거절한다고 말했다.

무슨 뜻인지 알 수 없는 그 말에 빙리 양은 그의 의도가 무엇인지 몹시 알고 싶었다. 그래서 엘리자베스에게 그가 무슨 말을 한 건지 이해할 수 있겠냐고 물었다.

"전혀 모르겠어요. 하지만 보아하니 우리에게 좋은 뜻은 아닌 것 같아요. 그러니까 우리도 그에 대해 아무것도 묻지 말아요. 그게 그를 실망시키는 가장 확실한 방법일 테니까요." 엘리자베스가 대답했다.

하지만 빙리 양은 다아시를 어떻게든 실망시키고 싶지 않았고, 그래서 그가 말한 두 가지 이유에 대해 집착하며 설명해달라고 했다.

"설명해 드리지요." 그는 그녀가 설명하라고 하자마자 말했다. "두 분이 이런 행동을 하는 건 두 분이 신뢰가 두터워 둘만 아는 비밀을 논의하기로 한 것이거나, 아니면 당신이 걸을 때 아름답다고 생각해서 그걸 보이고 싶은 마음이거나 둘 중 하나일 거란 얘기였어요. 만약 첫 번째 이유라면 저는 당연히 방해가 될 것이고, 두 번째 이유라면 저는 벽난로 옆에 앉아 있는 게 두 분을 훨씬 더 잘 감상할 수 있는 방법입니다."

"오, 너무 충격적이군!" 빙리 양이 외쳤다. "어떻게 저리 못되게 말을 한담. 우리 어떻게 그를 혼내 줄까요?"

"진짜로 혼내주려고 한다면야, 방법은 많죠. 누구나 서로를 괴롭히고 벌하는 건 쉬워요. 그를 놀리고 비웃으세요. 당신이 친하니까 더 잘 아실 텐데요." 엘리자베스가 말했다.

"하지만 저는 명예를 걸고 그렇게 못해요. 친하긴 해도 그렇게 대하는 방법은 아직 못 배웠어요. 그는 침착한 태도를 지녔는데 그걸 어떻게 놀려요! 그리고 비웃는 건, 특별한 이유 없이 억지로 비웃으려다가 오히려 망신만 당하죠. 다아시 씨는 혼자 즐기라고 내버려둬야 할 것 같아요."

"다아시 씨가 비웃고 놀릴 만한 사람이 아니라고요? 그것참 드문 장점이군요. 그런 드문 장점이 계속되길 바라요. 그런 사람들과 알고 지내는 건 제게는 손해랍니다. 저는 놀리고 비웃는 걸 좋아하는 사람이거든요."

"빙리 양은 저를 과분하게 평가하셨습니다. 가장 지혜롭고 가장 훌륭한 남자들, 아니 가장 지혜롭고 훌륭한 행동들도 인생에서 농담만큼 재밌는 게 없는 사람 앞에서는 우스꽝스러워질 수 있죠." 다아시가 답했다.

"분명 그런 사람들이 있기는 하죠. 하지만 저는 그런 이들 중 하나가 아니길 바라요. 저는 결코 지혜롭고 훌륭한 것을 조롱하고 싶지는 않습니다. 어리석음과 터무니없는 것들, 변덕을 부리거나 일관되지 못한 것들에는 비웃는 것을 즐기고 할 수 있을 때마다 농담할 거예요. 하지만 제 생각에 제가 비웃을 만한 것들이 당신에겐 없네요."

"오, 그런 게 없는 사람은 없겠죠. 하지만 저는 훌륭한 지성을 웃음거리로 내모는 약점만큼은 피하려 노력해 왔죠."

"예를 들어, 허영심과 자존심 같은 것들 말이군요."

"네, 허영심은 확실히 약점이죠. 하지만 자존심은 진정 정신적으로 우월하다면 그건 항상 잘 조절될 수 있는 문젭니다."

엘리자베스는 웃음이 나오는 걸 감추기 위해 고개를 돌렸다.

"다아시 씨에 대한 분석이 끝난 것 같군요. 결과가 어떻죠?" 빙리 양이 말했다.

"다아시 씨는 결점이 없는 분이 확실해요. 그는 그걸 솔직하게 스스로 인정하죠."

"아니요, 저는 그런 가식은 안 부립니다. 저는 분명히 결점이 있지만, 제 지성의 결점은 아니기를 바랍니다. 제 기질은 솔직히 저도 장담 못하죠. 제가 양보를 잘 못 하는 스타일이라 사람들이 불편해할 수는 있습니다. 다른 사람들의 어리석음과 악행을 곧 잊어야 할 경우에도 전 잊어버리질 못하거든요. 제게 패씸하게 군 경우도 마찬가지죠. 제 감정은 어떤 시도를 해도 쉽게 바뀌지 않습니다. 제 기질은 아마도 앙심을 잘 품는 기질이라고 보셔도 될 겁니다. 제게서 일단 한번 좋은 이미지를 잃은 사람은 영원히 다시 찾기 힘들 거예요."

"정말 큰 결점이군요! 확고히 앙심을 품는 건 성격 중 너무 부정적인 면이잖아요. 하지만 당신은 당신의 결점을 잘 알고 계시네요. 저는 정말 당신을 비웃을 수 없겠어요. 안심하셔도 됩니다." 엘리자베스가 말했다.

"모든 기질에는 특정한 악에 대한 경향이 있다고 믿어요. 이건 자연스러운 결함으로 아무리 좋은 교육을 받아도 극복할 수 없는 거죠."

"네, 그리고 당신의 결함은 모든 사람을 미워하는 것이고요."

"그러면 당신의 결함은 뭐죠? 고의로 사람들을 오해하는 것?" 그가 미소 지으며 답했다.

"자, 우리 음악 좀 듣는 건 어떨까요?" 빙리 양이 끼어들지 못한 대화를 듣는 것에 지쳐 외쳤다. "루이자 언니, 형부 깨워도 돼?"

그녀의 언니는 적극적으로 그러라 했고, 피아노 뚜껑이 열렸다. 다아시는 잠시 대화 내용을 곱씹었는데 그에 대해 전혀 유감은 없었다. 그는 엘리자베스에게 너무 많은 관심이 가는 것의 위험성을 느끼기 시작했다.

· 12장 ·

언니랑 얘기하고 나서 엘리자베스는 다음 날 그날 중으로 마차를 보내달라고 어머니에게 편지를 썼다. 그러나 일주일이 되는 다음 화요일까지 제인이 네더필드에 남아 있길 바랐던 베넷 부인으로서는 그들이 그전에 돌아오는 걸 즐겁게 맞이할 수 없었다. 그러므로 어머니의 답장은 적어도 당장 집으로 돌아가고 싶은 엘리자베스에게는 좋게 느껴지지 않았다. 어머니의 답장은 화요일까지는 마차를 보내줄 수 없다는 것이었고 추신에는 빙리 씨와 누이들이 더 머무르라고 하면 자신은 기꺼이 받아들이겠다는 내용이 덧붙여 있었다. 엘리자베스는 더 이상 머무르지 않으려고 결심했고 그 사람들이 더 머무르라고 할 것은 기대도 안 했기에 머무르는 것은 너무 폐가 된다고 생각하고는 제인에게 빙리 씨의 마차를 빌려 타고 집에 가자고 했고, 그리하여 계획했던 그날 아침 집으로 돌아가기로 합의를 보고 마차를 빌려달라고 했다.

그러자 빙리 가족은 걱정의 말을 쏟아내었고 적어도 다음날까지 만이라도 더 있으라고 해서 제인도 그 말을 듣기로 하고 떠나는 것이 하루 연기되었다. 그러자 빙리 양은 더 머무르라고 한 것을 후회했다. 엘리자베스에게서 느끼는 질투와 싫은 감정이 그 언니가 좋은 것보다 더 컸기 때문이다.

빙리 씨는 그들이 곧 떠난다는 걸 알고는 여러 번 베넷 양에게 완전히 낫지 않은 상태에서 가는 건 안전하지 않다고 설득하려 노력했다. 그러나 제인은 자신이 옳다고 생각하는 부분에서는 확고한 스타일이었다.

다아시 씨에게는 반가운 소식이었다. 엘리자베스는 네더필드에 충분히 오래 있었고, 그는 그녀에게 원하는 것 이상으로 끌리고 있었기 때문이다. 또한 빙리 양은 그녀에게 무례하게 대했고 평소보다 자신을 더욱 놀려댔다. 이제 그는 그녀에게 그녀가 그의 행복에 영향을 미칠 수 있다고 생각하게 하는 어떤 관심의 표시도 드러내지 않기로 현명한 결심을 하였으며, 그런 생각이 든 이상 마지막 하루 동안 자신의 행동이 그녀의 그런 생각을 확고히 하거나 무너뜨리는 데 중요한 영향을 미칠 것임을 알고 있었다. 굳게 결심을 한 그는 토요일 내내 그녀와 거의 열 마디도 하지 않았고, 30분 정도 자신과 그녀가 단둘이 남겨졌을 때조차도 책에 집중하며 그녀를 보려고도 하지 않았다.

일요일 아침 예배 후, 모든 이들이 거의 기분 좋게 헤어지게 되었다. 돌아간다고 하자 빙리 양은 엘리자베스에게 공손하게 대했고 제인에 대한 애정도 더욱 커졌다. 헤어질 때, 빙리 양은 제인에게 롱본이나 네더필드에서 언제든 그녀를 보는 것은 항상 즐거울 것이라며 다정하게 그녀를 포옹한 뒤, 엘리자베스와도 악수를 했다. 엘리자베스는 가장 기분 좋은 상태로 모든 일행에게 작별 인사를 했다.

그들이 돌아왔을 때 어머니는 그리 따뜻하게 환영하지 않았다. 베넷 부인은 그들이 급히 돌아온 걸 의아해했고, 그들이 마차까지 빌리는 폐를 끼치는 게 잘못됐다고 생각했으며 제인이 분명 다시 감기에 걸렸을 것이라 확신했다. 아버지는 돌아와 기쁘다고만 짧게 언급했지만 딸들을 다시 보아 정말 기뻤다. 그는 가족 내에서 큰 딸들의 중요성을 느끼고 있었다. 가족 모두가 모이는 저녁 시간은 제인과 엘리자베스의 부재로 인해 활기를 잃었고 의미도 없었던 것이다.

그들은 평소처럼 베이스 연주법과 인간 본성에 대한 공부에 깊이 빠져 있는 메리가 감탄할 만하다고 발췌한 몇몇 문장과 진부한 도덕성에 대해 새롭게 발견한 것들에 대해 들어야 했다. 반면 캐서린과 리디아는 그들에게 다른 종류의 정보를 제공했다. 지난 수요일 이후로 부대에서 많은 일이 일어났는데 몇몇 장교들이 최근에 그들의 삼촌과 식사했고, 한 사병이 채찍질을 당했으며, 포스터 대령이 결혼할지 모른다는 소식까지 들을 수 있었다.

• 13장 •

"여보, 오늘 저녁 식사는 좋은 걸로 준비 좀 했으면 좋겠소. 오늘 가족 모임에 손님이 한 분 추가될 것 같거든." 다음 날 아침 식사를 하면서 베넷 씨가 아내에게 말했다.

"누구 말씀이세요? 샬럿 루카스가 들르기라도 하면 모를까. 그리고 그 애에게는 평소 우리가 먹는 저녁 식사만으로도 충분히 좋을 거라 생각해요. 자기 집에서는 이런 맛있는 식사를 자주 하지 못할걸요."

"내가 말하는 사람은 신사분이고, 친한 사람이 아니오."

베넷 부인의 눈이 반짝였다. "신사이고 친한 사람이 아니라고요! 그럼 빙리 씨군요! 빙리 씨가 오면 정말 기쁠 거예요. 하지만…. 이런! 정말 운이 없네. 오늘은 생선을 구할 수가 없단 말이에요. 리디아, 얘야, 종을 울리렴. 지금 당장 힐과 얘기해야겠어."

"빙리 씨가 아니오." 남편이 말했다. "내 평생 한 번도 본 적 없는 사람이오."

이 말에 모두가 깜짝 놀랐고, 그는 아내와 다섯 딸이 한꺼번에 질문을 던져오는 게 즐거웠다. 그들의 궁금함을 잠시 즐긴 후, 그는 이렇게 설명했다.

"한 달 전쯤 내 사촌 콜린스에게 편지를 받았고 2주 전쯤 내가 답장을 보냈소. 꽤 미묘한 사안이라 빨리 대처해야겠다 싶어서 말이오. 그는 내가 죽으면 자신이 원하는 대로 곧 당신과 우리 딸들을 모두 이 집에서 내쫓을 수 있는 사람이오."

"오, 여보, 그런 얘기는 듣고 싶지도 않아요. 제발 그 불쾌한 사람 얘기는 하지 마세요. 당신의 재산이 우리 애들이 아닌 사람에게 상속된다는 건 세상에서 가장 가혹한 일이에요. 내가 당신이었다면 이미 오래전에 무슨 조처를 했을 거예요."

제인과 엘리자베스는 어머니에게 상속 재산이 왜 그렇게 되는 건지 자세히 설명해 드리려 했다. 이전에도 여러 번 시도했지만, 베넷 부인은 이 사실을 이성적으로 이해할 수 없었다. 그녀는 다섯 딸을 둔 가족에게 재산이 상속되지 않고 잘 알지도 못하는 남자에게 물려줘야 한다는 사실이 너무나 잔인하다고 계속 심하게 비난했다.

"확실히 이는 매우 부당한 일이오. 콜린스가 롱본을 상속받는 것에 대한 죄책감에서 벗어날 방법은 없소. 하지만 그의 편지 내용을 들으면 그가 말하는 방식에 당신 마음도 조금은 누그러질 거요."

"아니요, 절대 그럴 리 없어요. 그가 당신에게 편지를 쓴 것 자체가 매우 무례하고 위선적이라고 생각해요. 저는 그런 가식적인 사람은 싫어요. 왜 그 사람은 자기 아버지처럼 당신과 계속 싸우려 하지 않는 거죠?"

"그러게나 말이오. 하지만 그는 자식으로서 양심의 가책을 느낀 것 같소. 편지 내용을 들어봐요."

친애하는 숙부님

저는 돌아가신 저희 아버지와 숙부님 사이에 있었던 불화에 대해 항상 불편한 마음이 있었습니다. 그리고 아버지가 돌아가시고 나서 저는 자주 화해하고 싶은 마음이 있었습니다. 하지만 한동안 망설일 수밖에 없었던 것은 아버지와 사이가 좋지 않던 분과 제가 좋은 관계를 맺는 것이 아버지에게 죄짓는 게 아닌가 싶은 생각이 들어서였지요.

"바로 이 부분이요."

하지만 이제 이 문제에 대한 제 마음이 정해졌습니다. 부활절에 성직 서품을 받은 후, 저는 루이스 드 버그 경의 미망인이신 존경하는 캐서린 드 버그 부인의 후원을 받는 영광을 누렸기 때문입니다. 그분의 관대함과 자비로 저는 이 교구의 귀중한 목사직을 맡게 되었고, 여기서 저는 부인에 대해 감사하는 마음으로 공경을 표하고, 영국 국교회에서 제정한 의식과 예식을 열심히 수행하며 일할 준비가 되어 있습니다. 더욱이 저는 성직자로서 제가 할 수 있는 한 모든 가정에 평화의 축복을 전하고 늘리는 게 제 의무라고 느낍니다. 이러한 이유로 저는 제가 지금 화해를 제안 드려도 괜찮겠다고 생각했습니다. 부디 제가 롱본 저택의 상속자가 되는 사실을 숙부님께서 너그럽게 이해하시고 제 올리브 가지(화해의 제안)를 받아주시길 바랍니다. 저는 이로 인해 숙부님의 사랑스러운 따님들에게 피해를 주게 되는 것이 너무 걱정스럽고 이에 대해 사과드리고 싶습니다. 또한 따님들에게 가능한 한 모든 보상을 할 준비가 되어 있다고 말씀드리고 싶습니다. 물론 자세한 내용은 나중에 말씀드리겠지만요. 만약 숙부님께서 허락하신다면 저는 11월 18일 월요일 오후 4시에 숙부님과 가족분들을 방문하여 뵙고 아마도 그다음 주 토요일 밤까지 폐를 끼칠 것 같습니다. 캐서린 부인께서 다른 성직자가 그날의 의무를 수행하도록 약속되어 있다면 제가 가끔 일요일에 자리를 비워도 반대하지 않으시기에 저로서는 불편함이 없습니다. 숙부님의 부인과 따님들에게도 존경의 인사를 전합니다.

윌리엄 콜린스 드림

"그래서 화해를 하기 위해 이 신사분께서 4시에 온다는 거지." 베넷 씨가 편지를 접으며 말했다. "정말로 양심적이고 공손한 젊은 이인 것 같아. 만약 캐서린 부인이 허락해서 그가 또다시 우리를 방문할 수 있다면 분명 귀중한 인연으로 잘 지낼 수 있을 거라 생각되오."

"그가 우리 애들에 대해 말한 부분을 보니 생각이 없는 사람은 아닌 것 같아요. 만약 그가 어떤 보상을 하려는 마음이 있다면 반대하고 싶진 않네요."

"어떤 식으로 보상하겠다는 건지 추측하긴 어렵지만, 그런 마음이 있다는 건 분명히 칭찬할 만하네요." 제인이 말했다.

엘리자베스는 그가 캐서린 부인에게 보이는 특별한 존경심과, 필요시에는 자기 교구민들의 세례, 결혼과 장례 등을 기꺼이 치러주겠다는 그의 친절한 의도에 주목했다.

"그는 좀 이상한 사람일 것 같아요. 저는 그를 이해할 수가 없어요. 그의 말투에서 뭔가 매우 거만한 게 느껴져요. 상속자로서 사과한다는 게 무슨 의미일까요? 그가 원한다고 해서 그렇게 할 수 있는 게 아니잖아요. 분별 있는 사람이 맞을까요, 아버지?" 엘리자베스가 말했다.

"아니, 그렇게 생각하지 않는다. 그러나 만났을 때 그가 그런 사람이라면 좋겠구나. 그의 편지에는 비굴함과 거만함이 섞여 있어서 우리가 예상하는 사람이 아닐 수 있어. 빨리 만나보고 싶구나."

"편지 구성 면에서는 결점이 없는 것 같아요. 올리브 가지 아이디어는 완전히 새로운 것은 아니더라도 잘 표현했다고 생각해요." 메리가 말했다.

캐서린과 리디아는 편지 내용이나 편지를 쓴 사람 모두에 전혀 흥미가 없었다. 그 사촌이 빨간색 제복을 입고 올 가능성은 거의 없었고, 지난 몇 주 동안 제복을 입지 않은 남자에게는 아무런 기쁨도 느낄 수 없었기 때문이다. 그들의 어머니는 콜린스의 편지에 불만이 많은 부분 사라졌고, 남편과 딸들이 놀랄 정도로 차분하게 그를 맞이할 준비를 하고 있었다.

콜린스 씨는 시간을 맞춰왔고 온 가족은 매우 정중히 그를 맞이했다. 베넷 씨는 말을 거의 하지 않았지만 어머니와 딸들은 대화하고 싶어 했으며 콜린스 씨도 먼저 말을 걸 필요 없이 알아서 말을 잘하는 사람이었다. 그는 키가 크고 진중한 인상을 가진 25세의 젊은 남자였다. 진지하고 위엄 있는 분위기를 풍겼으며, 매우 격식을 차렸다. 자리에 앉은 지 얼마 지나지 않아 그는 베넷 부인에게 이렇게 아름다운 딸들을 둔 것에 대해 칭찬했다. 따님들의 아름다움에 대해 많이 들었지만 그러한 평판이 실제에 못 미친다고 했으며, 적절한 때에 부인이 따님들 모두가 좋은 혼처를 만나는 것을 보게 될 것을 확신한다고 덧붙였다. 이런 식의 칭찬은 어떤 사람들에게는 듣기 거북한 것이었지만 칭찬을 절대 마다하지 않는 베넷 부인은 매우 기꺼이 대답했다.

"정말 친절하시군요. 저도 진심으로 그렇게 되기를 바랍니다. 그렇지 않으면 아이들이 얼마나 궁핍해지겠어요? 세상사가 참으로 이상하게 돌아가니까요."

"아마도 재산 상속 문제를 말씀하시는 것 같군요."

"오! 정말 그래요. 가엾은 우리 딸들에게는 그것이 매우 괴로운 일임을 인정하셔야 해요. 그렇다고 제가 콜린스 씨를 비난하려는 건 아니에요. 콜린스 씨가 그렇게 정한 것도 아니고 그냥 어쩌다 그렇게 된 거니까요. 일단 상속 재산으로 결정 나면 그게 누구에게 갈지 누가 알겠어요."

"저도 제 친척이신 아름다운 따님분들이 어려움에 처하게 될 걸잘 알고 있습니다. 이 문제에 대해 자세히 말씀드릴 게 많지만 너무앞서 나가거나 성급하게 굴지 않으려고 조심하고 있습니다. 오늘은그저 젊은 숙녀들을 반갑게 뵙는 걸로도 좋고요. 더 친해지면…."

저녁 식사가 다 준비되었다고 부르자 그는 말을 중단했다. 딸들은 서로 마주 보며 미소를 지었다. 콜린스 씨가 감탄한 대상은 딸들뿐만이 아니었다. 그는 홀과 식당, 그리고 가구까지도 모두 자세히 보고 칭찬했다. 모든 것에 대한 그의 칭찬은 베넷 부인의 마음을 충분히 감동시켰지만 그가 이 모든 것을 자신의 미래 재산으로 보고 있다는 굴욕적인 추측이 들지 않을 수 없었다. 저녁 식사 역시 크게 칭찬받았다. 그는 아름다운 따님들 중 누가 이런 훌륭한 요리 솜씨를 지녔는지 알고 싶어 했다. 하지만 베넷 부인은 충분히 좋은 요리사가 있기에 딸들은 부엌일과 아무 상관이 없다고 다소 퉁명스레 대답했다. 그는 베넷 부인의 기분을 상하게 한 것에 대해 사과했다. 베넷 부인은 부드러운 목소리로 전혀 기분 상하지 않았다고 했지만 그는 15분 동안이나 사과의 말을 반복했다.

· 14장 ·

저녁 식사 동안, 베넷 씨는 거의 말을 하지 않았다. 하지만 하인들이 물러났을 때, 그는 손님과 대화를 나눌 때가 되었다고 생각했고, 손님이 좋아할 것으로 예상되는 이야기를 꺼냈다. 그에게 좋은 후원자가 생겨 매우 운이 좋은 것 같다고 하며 말을 시작했다. 캐서린 드 버그 부인이 그가 원하는 것에 주의를 기울이고 그가 편안하도록 배려해 주는 모습은 실로 훌륭해 보였다. 베넷 씨는 이보다 더 좋은 대화거리를 꺼낼 수 없었을 것이다. 콜린스 씨는 그것을 맞받아 훌륭한 말솜씨로 그녀를 칭찬했다. 이 주제에 그는 평소보다 더 진지한 태도가 되었고 매우 근엄한 표정으로 귀족 신분의 사람이 그렇게 친절하고 겸손한 태도를 보이는 것은 평생 동안 처음 경험한다고 했다. 영광스럽게도 그녀 앞에서 그가 했던 두 번의 설교에 대해 그녀가 좋은 평가를 해주었다는 말도 했다. 그녀는 또한 그에게 로징스로 두 번이나 식사 초대를 했고, 지난 토요일에는 저녁에 쿼드릴 게임 인원수를 채우도록 사람을 보내 그를 초대했다고도 말했다. 그가 아는 많은 사람들은 캐서린 부인이 오만하다고 여겼지만, 그는 그녀에게서 친절함 말고는 보이지 않는다고 했다. 항상 그에게 말할 때 다른 신사들을 대할 때처럼 했고 그가 가까운 사람들과 사교생활을 하는 것이나 때때로 1~2주 정도 교구를 떠나 친척을 방문하는 것에 대해서도 기꺼이 허락해 주었다면서 말이다. 심지어 그가 신중하게만 선택한다면 가능한 한 빨리 결혼하라고 조언하기까지 했다는 것이다. 그리고 한 번은 그의 소박한 교구 사제관을 방문하여, 그가 개조한 살림들에 대해 다 잘했다고 칭찬해 주었고 이층 다락방 선반 등 심지어 몇 가지를 직접 제안하기도 했다고 말했다.

"정말 올바르고 공손한 분이시네요. 매우 좋은 분일 게 확실합니다. 보통 좋은 사람이라 불리는 숙녀분들이 그분만큼만 하면 좋겠네요. 그분은 근처에 사시나요?" 베넷 부인이 말했다.

"저희 집 정원은 그녀의 저택인 로징스 파크와 오직 작은 길 하나만을 사이에 두고 있습니다."

"그녀가 미망인이라고 하셨죠? 가족이 있으신가요?"

"따님이 한 분 있는데, 로징스와 아주 많은 재산의 상속자시죠."

"오!" 베넷 부인이 고개를 흔들며 말했다. "그 따님은 세상의 많은 딸들 누구보다 유복하겠네요. 어떤 아가씨예요? 아름답나요?"

"그녀는 정말 매력적인 아가씨입니다. 캐서린 부인께서도 말씀하시기를, 진정한 아름다움의 관점에서 드 버그 양은 여성 중 가장 아름답다고 여겨지는 사람들보다 훨씬 우수하답니다. 그녀의 외모에는 귀족 출신임을 나타내는 무언가가 있고요. 불행히도 그녀는 건강이 좋지 않아 많은 재능을 지녔음에도 발전시키기 쉽지 않다고 해요. 이 말은 그녀의 교육을 담당했던 분이 저에게 직접 전해주셨는데, 그분은 여전히 그들과 함께 살고 계시죠. 그녀는 매우 친절하며, 종종 작은 이륜마차와 조랑말을 몰고 제 소박한 집 근처를 지나가신답니다."

"그녀가 궁정에 소개되었나요? 궁정의 귀부인들 중에서 그런 이름은 들어보지 못한 것 같네요."

"그녀는 건강 상태가 좋지 않아 불행히도 시내로 나가지 못하세요. 그로 인해, 제가 캐서린 부인께 어느 날 말씀드렸듯이, 영국 궁정은 가장 빛나는 보석을 잃은 거죠. 부인은 그런 칭찬을 매우 기뻐하시는 것 같았습니다. 그리고 짐작하다시피 저는 여성분들이 잘 받아들여 주시는 그런 작고 섬세한 칭찬을 기회가 있을 때마다 드리는 게 기쁘거든요. 저는 캐서린 부인에게 몇 번 이렇게 말씀드렸지요. 그녀의 매력적인 따님은 공작부인이 되기 위해 태어난 것 같으며, 그런 높은 지위가 그녀를 매력적으로 보이게 하는 게 아니라 오히려 그녀에 의해 그 지위가 더욱 돋보일 것이라고 말입니다. 이런 종류의 작은 칭찬이 귀부인을 기쁘게 하죠. 저에게는 이런 게 특별히 필요하다고 생각하는 일종의 관심입니다."

"매우 정확히 판단했군요. 그렇게 우아하게 남 칭찬을 하는 재능이 있어 참 좋군요. 이러한 기분 좋은 관심이 순간적인 충동에서 나오는지 아니면 미리부터 연구해서 나오는 건지 물어봐도 될까요?" 베넷 씨가 말했다.

"주로 당시의 상황에서 비롯되죠. 하지만 때때로 저는 평범한 경우에도 할 수 있는 작은 칭찬들을 우아하게 표현하기 위해 연구하는 것이 재밌는 게 사실입니다. 그러나 그런 경우에도 미리 생각했단 분위기를 풍기진 않으려고 노력하지요."

베넷 씨의 기대는 완전히 충족되었다. 그의 사촌은 그가 바랐던 만큼이나 엉뚱한 사람이었지만 베넷 씨는 단단하고 침착한 표정으로 그의 말을 들으며 열렬한 즐거움을 느꼈다. 가끔 생각이 통해 엘리자베스와 눈이 마주치는 것 외에는 다른 이들이 이 즐거움을 알 필요는 없었다.

그러나 티타임이 되자 그 즐거움도 그만하면 충분했고, 베넷 씨는 기쁜 마음으로 손님을 다시 응접실로 데려갔다. 차를 마신 후에는 그에게 숙녀들을 위해 책을 읽어달라고 권했다. 콜린스 씨는 흔쾌히 동의했고, 책이 한 권 제공되었다. 하지만 그것을 보자마자(모든 책이 대여 도서관에서 온 것임을 알렸기 때문에), 그는 못 읽겠다고 뒤로 물러나며 용서를 구했다. 자신은 결코 소설을 읽지 않는다는 것이다. 키티는 그를 뚫어지게 쳐다보았고, 리디아는 소리를 질렀다. 결국 다른 책들이 제공되었고, 약간의 고민 끝에 그는 포다이스의 설교집을 선택했다. 리디아는 그가 책을 펼치자 하품을 했고, 그가 매우 단조롭고 엄숙하게 세 페이지를 읽기도 전에 그녀는 그를 가로막으며 말했다.

"엄마, 아시나요? 필립스 이모부가 리처드를 내보내려고 한대요. 그렇게 되면 포스터 대령이 그를 고용할 거래요. 토요일에 이모가 말해 주셨어요. 내일 메리턴에 놀러 가서 더 자세히 알아보려고요. 데니 씨가 언제 런던에서 돌아오는지도 물어볼 거예요."

리디아는 두 언니들에게 입을 다물라는 소리를 들었다. 하지만 콜린스 씨는 매우 불쾌해하며 책을 옆으로 치우고 말했다.

"저는 젊은 아가씨들이 진지한 내용의 책을 싫어하는 걸 종종 봤어요. 그 책들이 그들에게 이익이 되는데도요. 솔직히 말해서 저는 그게 놀랍습니다. 분명히 그들에게 교육만큼 유익한 것은 없어요. 하지만 더 이상 제 어린 사촌을 성가시게 하지는 않겠어요."

그런 다음 베넷 씨를 돌아보며 주사위 놀이를 하자고 제안했다. 베넷 씨는 그 도전을 받아들이며, 젊은 여자애들은 그들이 좋아하는 사소한 오락거리를 하라고 놔두고 뒤돌아서는 게 현명한 것이라 언급했다. 베넷 부인과 그녀의 딸들은 리디아가 방해한 것에 대해 매우 공손하게 사과하며, 그가 다시 책을 읽어주면 또 그런 일이 없을 거라고 약속했다. 그러나 콜린스 씨는 자신이 사촌에게 절대 악의를 품는 것도 아니고 그녀의 행동을 어떤 모욕으로 여기는 것도 아니라고 말하며 다른 테이블에 앉아 베넷 씨와 함께 주사위 놀이를 준비했다.

• 15장 •

콜린스 씨는 분별력 있는 사람이 아니었고, 그의 천성적 부족함이 교육이나 사회적 환경에 의해 보완된 경우도 아니었다. 그는 인생 대부분을 무식하고 인색한 아버지의 지도 아래에서 보냈고, 비록 한 대학에 소속은 되어 있었지만, 필요한 과정을 이수하는 데 그쳤을 뿐, 유용한 배움을 얻지 못했다. 아버지의 엄한 양육 방식에 복종하고 살면서 남달리 겸손한 면도 생겼지만 이제는 은거 생활을 하며 둔한 머리에서 생겨난 자만심과 이른 시기에 뜻밖에 성공한 데서 온 자부심이 그 겸손을 많은 부분 상쇄해 버렸다. 우연한 기회로 그는 헌스포드의 교구가 공석일 때 캐서린 드 버그 부인에게 추천받았고, 그리하여 그녀의 높은 신분을 존경하는 마음, 또 자신의 후원자로서 그녀를 숭배하는 마음이 컸다. 그러한 것에 목사로서의 권위, 그리고 교구장의 권리 등 자신이 잘났다는 생각이 다 합쳐져 그는 자만과 비굴한 아첨, 자존심과 겸손의 혼합체가 되었던 것이다.

이제 좋은 집과 충분한 수입을 가지게 되니 콜린스 씨는 결혼할 생각을 하게 되었고, 롱본 가족과의 화해를 추구하면서 그 집 딸들이 소문에 따라 아름답고 매력적이라면 그중 한 명을 아내로 선택할 계획이었다. 이는 그가 베닛 씨의 재산을 상속받는 데 대한 보상이며 속죄가 될 거라 생각했고 그렇게 하는 것이 적합하고 적절하며, 자신의 입장에서는 매우 관대하고 이타적으로 행동하는 거라고 생각하고 있었다.

그의 계획은 그 딸들을 본 후에도 역시 변하지 않았다. 맏이 베닛 양의 아름다운 얼굴은 그의 생각을 확증해 주었고, 아내가 될 사람은 제일 나이가 많은 딸이어야 한다는 그가 가진 다소 엄격한 개념을 더욱 확고히 했다. 그래서 방문한 첫날 저녁에는 제인이 그의 확정된 선택이 되었다. 그러나 다음 날 아침, 아침 식사 전 베닛 부인과 단둘이 15분 정도 대화를 나누고 나서 생각이 변했다. 대화는 그의 교구 목사관 이야기로 시작하여 자연스럽게 롱본에서 아내를 찾고 싶다는 희망을 드러내는 쪽으로 진행되었고, 베닛 부인은 매우 사근사근한 미소를 보이며 격려하면서도 그가 선택한 제인만은 안 된다고 주의를 주었던 것이다. 여동생들에 대해서는 뭐라 말하지 않겠지만, 혹시 마음에 담아둔 아이가 있는지는 몰라도 맏딸에 대해서만은 그 애가 곧 약혼할 가능성이 높기에 안 된다고 미리 말해두는 게 의무라고 생각한다는 말이었다.

콜린스 씨 입장에선 제인을 엘리자베스로 바꾸기만 하면 되었다. 이것은 곧 이루어졌고, 베넷 부인이 불을 지피고 있는 동안 그녀에게 그 생각을 암시했다. 엘리자베스는 태어나기도 언니 제인 바로 다음 순서로 태어났고 미모도 언니 다음으로 뛰어났기에 그녀가 다음 선택이 되는 건 당연한 거였다.

베넷 부인은 그 암시를 간직하며 곧 두 딸을 결혼시킬 수 있겠다고 생각했다. 바로 전날에는 언급하기도 싫었던 그 남자가 이제는 그녀의 호감을 크게 사고 있었다.

메리턴에 놀러 가자는 리디아의 제안은 실행되었다. 메리를 제외한 모든 자매가 그녀와 함께 가기로 했고, 콜린스 씨는 어떻게 하면 자신의 서재를 차지하는 그를 내보낼까 하는 생각에 빠진 베넷 씨의 요청에 따라 그들을 따라가게 되었다. 콜린스 씨는 아침 식사 후 베넷 씨를 따라 그의 서재로 갔고, 그곳에서 그는 명목상으로는 컬렉션 중 가장 큰 책인 2절판 폴리오를 골라 읽는 듯했지만 실제로는 베넷 씨와 헌스포드 집과 정원에 대해 끊임없이 이야기하고 있었다. 이는 베넷 씨를 매우 불편하게 만들었다. 그는 자신의 서재에서 항상 여유와 평온함을 보장받았다. 엘리자베스에게 말했듯이 집의 다른 방에서는 어리석음과 자만심을 마주할 준비가 되어 있었지만, 서재에서만은 그런 것들에서 자유로웠던 것이다. 그래서 그는 재빨리 콜린스 씨에게 딸들과 함께 놀러 나가라고 권유했다. 콜린스 씨도 독서보다는 걷는 게 훨씬 즐거운 사람이었기에 큰 책을 덮고 나가는 것이 매우 기뻤다.

메리턴까지 걸어가는 도중에 콜린스 씨는 허세 가득한 공허한 말들을 늘어놓았고 그의 사촌인 베넷 가의 딸들은 예의상 동의하는 말들을 주고받았다. 메리턴에 도착하자 그는 더 이상 젊은 딸들의 관심을 끌지 못했다. 그들의 눈은 즉시 거리를 두리번거리며 장교들을 찾아 헤맸고, 정말 멋진 모자나 상점 창문에 있는 새로운 모슬린 천이 아니고서는 어느 것에도 시선을 주지 않았다.

그러다 모든 숙녀의 관심은 곧 그들이 전에 본 적 없는 한 젊은 신사에게 집중되었다. 그는 매우 신사다운 모습으로 길 건너편에서 다른 장교와 함께 걸어가고 있었는데 바로 리디아가 언제 런던에서 돌아오는지 궁금해했던 데니 씨와 함께였다. 데니 씨는 그들이 지나갈 때 고개를 숙여 인사했다. 모두가 그 신사다운 낯선 이의 분위기에 빠져들었고, 그가 누구인지 궁금했다. 키티와 리디아는 그가 누군지 알아내기로 결심하고, 길 건너편 상점에서 뭔가를 사려는 척하며 그들 앞으로 걸어갔다. 다행히도 그들이 보도에 막 도착했을 때, 두 신사도 가던 길을 돌아서서 같은 지점에 도달했다. 데니 씨는 그들에게 말을 걸었고, 자신의 친구인 위컴 씨를 소개해도 되냐고 했다. 위컴 씨는 전날 그와 함께 마을로 돌아왔고, 기쁘게도 그들의 부대에서 임관을 수락했다고 했다. 그 외모로 볼 때 이는 너무 당연해 보였다. 그 젊은이는 군복만 있으면 완벽하게 매력적일 터였다. 그의 매력적인 외모는 좋은 인상을 주었다. 그는 잘생긴 얼굴, 좋은 체격, 매우 호감 가는 말투까지 매력적인 외모의 장점을 다 갖추고 있었다. 소개를 하자 그는 완벽하게 정확하고 겸손한 투로 대화하려고 했다. 일행 모두가 그렇게 서서 매우 즐겁게 대화를 나누고 있을 때, 말발굽 소리가 그들의 주의를 끌었다. 돌아보니 다아시와 빙리가 말을 타고 거리를 내려오고 있는 것이 보였다. 무리에서 숙녀들을 알아보자, 두 신사는 곧바로 그들을 향해 와서는 평소의 예의를 갖추기 시작했다. 빙리가 주로 말을 했는데 거의 베넷 양에게만 말했다. 그는 그녀의 안부를 묻기 위해 롱본으로 가는 길이라고 말했다. 다아시 씨는 고개를 숙여 빙리의 말이 맞음을 확인해 주었다.

엘리자베스에게 시선을 고정하지 않으려고 하는 찰나 낯선 이의 모습에 시선이 멈췄다. 엘리자베스는 우연히 그들이 서로를 바라보는 걸 보고는 크게 놀랐다. 둘 다 얼굴색이 변했기 때문이다. 한 사람은 하얗게 변했고, 다른 한 사람은 붉게 변했다. 위컴 씨는 잠시 후 모자에 손을 대어 인사했고, 다아시 씨는 마지못해 인사를 받아준다는 답례를 보였다. 이것의 의미가 무엇일까? 도무지 짐작할 수 없었지만, 알고 싶은 마음을 억누를 수도 없었다.

빙리 씨는 방금 일어난 일을 아무것도 알아채지 못한 듯 작별 인사를 하고 친구와 함께 곧 자리를 떠났다.

데니 씨와 위컴 씨는 젊은 아가씨들과 함께 필립스 이모부의 집 앞까지 걸어갔고, 리디아가 간절히 초대하고 심지어 필립스 부인이 거실 창문을 열고 큰 소리로 들어오라고 청했는데도 정중하게 인사를 하고 떠났다.

필립스 부인은 항상 조카들을 반가워했다. 최근에 자리를 비운 큰 조카딸 둘은 특히 환영받았고, 그들이 갑자기 네더필드에서 집으로 돌아온 것에 대해 놀라움을 표현하며 열심히 그 이야기를 했다. 그들이 네더필드에서 돌아오려면 필립스 부인 집의 마차로 데리러 갔어야 했기 때문에 그녀는 길에서 의사 존스 씨의 점원을 만나지 않았더라면 그 사실을 몰랐을 것이다. 그 점원이 제인과 엘리자베스가 네더필드에서 롱본으로 돌아갔기에 더 이상 네더필드로 약을 보낼 필요가 없다고 말해주었던 것이다. 그때 제인이 콜린스 씨를 소개해서 필립스 부인은 예의를 차려야 했다. 그녀는 최대한의 공손함으로 그를 맞이했고, 콜린스 씨는 그에 대한 예의로 더욱 공손하게 응대하며 초면에 집에 불쑥 오게 된 것에 사과했다. 그러나 그는 자신을 필립스 부인에게 소개해 준 젊은 숙녀들이 자신의 친척이기에 이런 방문이 정당화될 수 있다고 스스로는 믿고 있었다.

필립스 부인은 이렇게 과도한 예의에 꽤나 감탄했지만 이 낯선 이에 대한 그녀의 관찰은 곧 조카들이 감탄하면서 질문을 쏟아붓는 어떤 사람 때문에 끝이 났다. 그러나 그 사람에 대해서는 이미 조카들도 알고 있는 것만큼밖에 자신도 아는 게 없었다. 데니 씨가 그를 런던에서 데려왔고, 그가 주 연대에서 중위 임관을 받을 예정이라는 정도였다. 그녀는 한 시간 동안 그가 거리를 오르내리며 걷는 것을 지켜보고 있었다고 말했다. 만약 다시 위컴 씨가 나타났다면 키티와 리디아는 분명 그와 같은 관찰을 계속했을 것이다. 하지만 불행히도 이제는 몇몇 장교들 외에는 아무도 창문 앞을 지나가지 않았고, 그 장교들은 아까의 낯선 이와 비교되어 '멍청하고 불쾌한 남자들'이 되어버렸다.

그들 중 일부는 다음 날 필립스 부부와 저녁 식사를 할 예정이었고, 그들의 이모는 남편에게 위컴 씨를 찾아가 그에게도 초대장을 주도록 하겠다고 약속했다. 물론 저녁에 롱본에서 가족들이 또 온다면 말이다. 이에 모두 동의했고, 필립스 부인은 멋지고 편안한 분위기지만 시끌벅적하게 제비뽑기 게임을 한바탕 하고 나서 간단히 따뜻한 저녁밥을 먹자고 했다. 이런 즐거움의 시간을 기대하는 건 무척이나 마음을 들뜨게 했기에 그들은 서로 좋은 기분으로 헤어졌다. 콜린스 씨는 방을 나가면서 다시 한번 사과했고, 집주인은 계속해서 그럴 필요 없다고 말했다.

집으로 걸어가는 동안, 엘리자베스는 제인에게 아까 그 두 신사가 서로 인사할 때 자신이 본 것에 대해 이야기했다. 제인은 만약 그들이 잘못된 것처럼 보였다면 둘 중 하나든 또는 둘 다든 변호했을 테지만, 그녀도 엘리자베스와 마찬가지로 그러한 행동에 대한 이유를 모르기에 뭐라 설명할 수 없었다.

콜린스 씨는 돌아와서 필립스 부인의 태도와 예의를 칭찬함으로써 베넷 부인을 크게 기쁘게 했다. 그는 캐서린 부인과 그녀의 딸을 제외하고는 그토록 우아한 여성을 본 적이 없다고 주장했다. 필립스 부인은 그를 잘 모르면서도 최고의 예의로 맞이했을 뿐만 아니라, 다음 날 저녁 초대에도 특별히 그를 포함시켰기 때문이다. 그는 이것이 어느 정도 자신과 베넷 가의 관계 때문일 수도 있다고 생각했지만, 그래도 평생 그토록 많은 관심을 받아본 적은 없는 것 같았다.

• 16장 •

이모와의 약속에 대해 젊은 숙녀들은 아무도 반대하지 않았고, 콜린스 씨가 방문 기간 중 하룻저녁 베넷 부부만 집에 두고 놀러 나가는 것에 대해 망설였지만 모두가 단호하게 괜찮다고 했기에 마차는 적절한 시간에 그와 다섯 명의 사촌을 메리턴으로 실어 날랐다. 그리고 딸들은 응접실에 들어서면서 위컴 씨가 이모부의 초대를 수락하여 이미 집에 와 있다는 기쁜 소식을 접했다.

이 소식이 전해진 후 모두가 자리에 앉자, 콜린스 씨는 여유를 가지고 주변을 둘러보며 감탄할 수 있었다. 그는 방 크기와 가구에 너무나 감명을 받아 자신이 마치 여름날 로징스의 작은 아침 식사실에 와 있는 느낌이 든다고 말했다. 이런 비교에 처음에는 그다지 기분 좋지 않았지만 필립스 부인은 그에게서 로징스가 무엇이고 누가 그곳의 주인인지를 들은 후, 또 그 주인 캐서린 부인의 응접실 중 하나에 대한 묘사를 듣고 벽난로 장식만 해도 800파운드가 들었다는 사실을 알게 되자, 그 비교가 칭찬이었다는 걸 깨달았다. 아마 그곳 가정부의 방과 비교했다 해도 분개하지 않았을 것이다.

캐서린 부인과 그녀의 저택이 얼마나 훌륭한지 설명하면서, 또 이따금 화제를 돌려 자신의 소박한 거처가 조금씩 개선되어 가는 것을 자랑하며 그는 다른 신사들이 합류할 때까지 행복하게 시간을 보냈다. 그는 필립스 부인이 매우 주의 깊게 듣고 있음을 느꼈다. 그녀는 들을수록 그의 지위에 대해 중요하게 느꼈고 가능한 한 빨리 이 모든 것을 이웃들에게 소문내기로 결심하고 있었다. 사촌의 말을 듣기도 싫고, 악기를 연주하거나 자신들이 만든 벽난로 선반 위의 볼품없는 도자기를 살펴보는 것 외에는 할 일이 없는 롱본가의 딸들에게는 기다리는 시간이 매우 길게 느껴졌다. 그러나 마침내 그 시간도 끝이 났다. 신사들이 다가왔고 위컴 씨가 방에 들어섰을 때, 엘리자베스는 그를 처음 보고 그 이후로 그에 대해 생각할 때 계속됐던 감탄이 조금도 어긋난 게 아니었음을 깨달았다. 주 부대 장교들은 대체로 매우 신뢰할 만하고 신사다운 무리였지만 그들 중에서도 최고로 뛰어난 인물들이 이 모임에 참석했다. 그러나 위컴 씨는 용모, 얼굴, 분위기, 걸음걸이 등 모든 면에서 그들을 훨씬 능가했다. 마치 포트와인 냄새를 풍기며 따라 들어온 넓적한 얼굴의 필립스 이모부와 다른 장교들과의 차이만큼이나 큰 것이었다.

위컴 씨는 거의 모든 여성의 시선이 향하는 행복한 남자였고, 엘리자베스는 그가 마침내 옆에 앉은 행복한 여인이 되었다. 그는 즉시 대화를 시작했는데, 비 오는 밤이라는 평범한 주제였음에도 그

쾌활한 태도에 화자의 기술이 어떻게 가장 평범하고 지루하며 진부한 주제도 흥미롭게 만들 수 있는지를 느낄 수 있었다.

위컴 씨와 장교들처럼 아가씨들의 주목을 받는 경쟁자들 사이에서 콜린스 씨는 무의미한 존재로 전락한 것 같았다. 젊은 숙녀들에게 그는 확실히 아무것도 아니었다. 하지만 여전히 필립스 부인이 친절하게 그의 이야기를 들어 주었고 그는 그녀의 배려 덕분에 충분한 커피와 머핀을 제공받았다. 카드 테이블이 준비되었을 때, 그는 휘스트 게임에 참여함으로써 그녀에게 보답할 기회를 얻었다.

"현재는 이 게임에 대해 잘 모르지만, 배울 수 있다면 기쁘겠습니다. 제 처지에서는…." 그가 말했다. 필립스 부인은 그가 게임에 응해 매우 기뻐했지만, 장황한 이유를 다 들어줄 여유는 없었다.

위컴 씨는 휘스트 게임을 하지 않았고, 엘리자베스와 리디아 사이의 다른 테이블에 앉았다. 처음에는 리디아가 그를 완전히 독차지할 위험이 있어 보였다. 그녀는 단호하게 말하는 스타일이었기 때문이다. 하지만 그녀 또한 제비뽑기 게임을 매우 좋아했기에, 곧 게임에 몰두하고 내기를 하여 상품을 타려고 너무 집중한 나머지 누군가에게 특별히 관심을 기울일 여유가 없었다.

게임에 신경 쓸 필요가 없었기 때문에 위컴 씨는 엘리자베스와 이야기할 여유가 있었고, 그녀는 그의 말을 기꺼이 듣고 싶었다. 비록 그녀가 정말 듣고 싶은 그와 다아시 씨의 예전 인연에 대해 들을 수 있으리라고 기대하지는 않았지만 말이다. 그녀는 감히 그 신사의 이름조차 언급하지 못했다. 그러나 그녀의 호기심은 예상치 못하게 풀렸다. 위컴 씨가 직접 그 주제를 꺼냈기 때문이다. 그는 네더필드가 메리턴에서 얼마나 멀리 있는지 물었고, 그녀의 대답을 들은 후 망설이는 태도로 다아시 씨가 그곳에 얼마나 오래 머물렀는지 물었다.

"한 달 정도요." 엘리자베스가 말했다. 그러고 나서 이 화제를 계속 끌고 가고 싶어 덧붙였다. "그는 더비셔에 아주 많은 재산을 가진 사람이라고 들었어요."

"네." 위컴 씨가 대답했다. "그곳에 있는 그의 영지는 정말 대단합니다. 연간 순수입이 1만 파운드에 달하니까요. 그 점에 대해 확실한 정보를 줄 수 있는 사람으로 저보다 나은 사람을 만날 수는 없었을 겁니다. 제가 어릴 때부터 좀 특별히 그의 가족과 연결되어 있었거든요."

엘리자베스는 놀란 표정을 감출 수 없었다.

"놀라실 만해요. 어제 저와 다아시 씨가 마주쳤을 때 매우 차가웠던 것을 아마 보셨을 테니까요. 다아시 씨와 잘 아는 사이신가요, 베넷 양?"

"어느 정도는요. 다아시 씨와 한집에서 4일을 보냈거든요. 그리고 저는 그가 매우 불쾌한 사람이라고 생각해요."

"그에 대한 제 생각을 말씀드리기는 곤란합니다. 그가 좋은 사람인지 아닌지에 대해서요. 제가 판단할 자격은 없어요. 그를 너무 오래 알고 너무 잘 알기 때문에 공정한 판단을 하기도 힘들죠. 공정해지는 건 불가능해요. 하지만 지금 말씀하신 그에 대한 당신의 의견을 들으면 일반적으로 다들 놀랄 거예요. 아마 다른 곳에서는 그렇게 강하게 표현하시지 않겠죠? 여기서야 다 가족들이니 편하게 말씀하신 거라 생각합니다만."

"아니요, 정말이지 저는 네더필드를 제외한 이 근처의 어떤 집에서라도 그렇게 말할 수 있어요. 그는 하트퍼드셔에서 전혀 인기가 없어요. 모두가 그의 자만심에 싫증을 느끼고 있다고요. 누구에게도 그에 대해 더 긍정적인 얘기를 들으실 순 없을 거예요."

"그 사람이든 다른 누구든 실제 가치 이상으로 평가받지 않는다고 해서 유감스러운 척하진 않겠어요." 위컴은 잠시 말을 끊고 나서 말했다. "하지만 그의 경우엔 그런 일이 자주 일어나지 않을 거예요. 사람들은 그의 재산과 지위에 눈이 멀거나, 그의 고압적이고 위압적인 태도에 겁을 먹어서 그가 보여주고 싶어 하는 모습만 보게 되죠."

"저는 그분을 조금밖에 모르지만 그래도 그가 성미가 좋지 않은 사람인 건 느낄 수 있어요." 위컴은 그저 고개를 저을 뿐이었다.

"그가 이 지역에 얼마나 더 오래 있을지 궁금해요." 다시 말할 기회가 오자 그가 말했다.

"전혀 모르겠어요. 네더필드에 있을 때 그가 떠난다는 이야기는 듣지 못했던 것 같아요. 그가 근처에 있는 것이 당신의 메링턴 주 부대를 위한 계획에 영향을 주지 않으면 좋겠네요."

"아, 아닙니다. 제가 다아시 씨 때문에 쫓겨날 이유는 없어요. 저를 피하고 싶다면 그가 떠나야죠. 우리는 친한 사이도 아니고 그를 만나는 건 항상 제게 고통이지만, 그를 피할 이유는 없어요. 제가 세상에 대놓고 말할 수 있는 건 그에게 받은 부당한 대우와 그 사람에 대한 깊은 실망과 후회뿐입니다. 돌아가신 그의 아버지는 정말 그렇게 좋은 분일 수가 없었어요. 제게는 정말 가장 진실한 친구였습니다. 저는 다아시 씨를 보면 애틋한 수많은 기억들로 인해 마음이 아파요. 그가 저에게 보인 태도는 정말 가증스럽지만, 그가 아버지의 기대를 저버리고 욕되게 하지만 않는다면 다아시 씨의 어떤 것도 용서할 수 있을 것 같아요."

엘리자베스는 이 주제가 점점 흥미로워짐에 따라 그의 말을 더 열심히 들었다. 그러나 내용에 미묘한 기류가 있어 더 이상의 질문은 하지 못했다.

위컴 씨는 메리턴, 이웃들, 그리고 사교에 대한, 보다 일반적인 주제로 이야기하기 시작했다. 그는 지금껏 본 모든 것에 매우 만족스러워하는 것 같았고 사교계를 점잖지만 매우 지적이고 명확하게 표현했다.

"제가 주 부대에 끌린 가장 큰 이유는 그곳이 변함없이 좋은 부대라는 생각 때문이었어요." 그가 덧붙였다. "이곳이 매우 존경받고 매력적인 집단이라는 것을 알고 있었고, 제 친구 데니가 현재 주둔지에 대해 설명해 주었고 또 메리턴 사람들이 군인들에게 귀 기울여 주고 훌륭한 사람이 많다고 얘기해 줘서 더 끌렸어요. 저는 저만의 사교가 중요해요. 저는 실의를 경험했던 사람이라 고독을 견디는 게 힘들어요. 저는 일과 사교가 필요해요. 군 생활은 제가 원하던 것이 아니지만, 상황이 그렇게 만들었죠. 아니면 성직자가 제 직업이었을 거예요. 저는 성직자가 되기 위해 길러졌고, 아마 우리가 방금 이야기했던 그 신사도 원했다면 지금쯤 매우 귀중한 성직 자리를 차지하고 있었을 겁니다."

"어머나, 세상에 그럴 수가!"

"네. 고인이 된 다아시 씨 아버지가 자신의 증여 범위 내에서 가장 좋은 교구 목사직에 저를 임명하라고 유언장에 명시하셨죠. 그분은 제 대부였고, 저를 매우 아끼셨어요. 그분의 친절함을 말로 다 표현할 수가 없습니다. 제게 충분히 주려 하셨고, 유언장을 썼으니 그렇게 했다고 생각하셨죠. 하지만 그 자리가 비었을 때, 다른 사람에게 주어졌습니다."

"맙소사! 어떻게 그럴 수가 있죠? 그분의 유언이 무시될 수 있나요? 왜 법적 소송을 하지 않으셨어요?"

"유언장에 형식적 결함이 있어서 소송도 소용이 없었어요. 명예로운 사람이라면 그 유언장의 의도를 의심하지 않았겠지만, 다아시 씨는 의심했어요. 아니면 그것을 단순히 조건부 추천으로 취급한 거죠. 그래서 제가 방탕하고 경솔하다고, 요컨대 이런저런 이유로 그 조건을 맞출 수 없다고 주장했죠. 그에 대한 모든 권리를 상실했다고요. 확실한 건 그 자리가 2년 전에 비었고, 그때는 제가 그 자리를 맡을 수 있는 나이였다는 것, 그리고 결국 다른 사람에게 주어졌다는 거예요. 그리고 또 확실한 건 제가 그 자리를 잃을 만한 어떤 일도 하지 않았다는 거예요. 저는 따뜻하고 경계심 없는 성격이어서 다아시 씨에 대한 제 의견을 그에게 자유롭게 말했을 수도 있어요. 그게 나쁜 거라면 그것보다 더 나쁜 건 정말 한 적이 없네요. 하지만 실상은, 우리는 정말 너무 다른 종류의 사람이고, 그는 저를 미워한다는 거죠."

"너무 충격적이네요! 그는 공개적으로 망신을 당해야 해요."

"언젠가는 그렇게 될 거예요. 하지만 저에 의해서는 아닐 겁니다. 그의 아버지를 잊지 못하는 한 그에게 공개적으로 반항하거나 그의 나쁜 점을 폭로할 수는 없어요."

엘리자베스는 그런 감정을 가진 그를 존경스럽게 생각했고 그가 그런 감정을 표현할 때는 더 잘생겨 보인다고 느꼈다.

"그런데…" 그녀가 잠시 멈췄다가 말했다. "동기가 뭘까요? 그가 그렇게 잔인하게 행동한 이유 말이에요."

"저를 철저히 그리고 단호히 싫어한다는 거요. 그건 제가 어느 정도 질투 때문이라고 생각할 수밖에 없는 감정이죠. 돌아가신 다아시 씨의 아버지가 저를 덜 좋아했다면 그의 아들이 저를 그렇게 미워하진 않았을 거예요. 하지만 그의 아버지가 제게 가진 특별한 애착이 그를 어린 시절부터 자극했을 거라고 생각해요. 그는 우리가 가진 경쟁을 견딜 만한 성격이 아니었거든요. 아버지가 종종 저를 더 편애하신 것 말이에요."

"다아시 씨가 그렇게 나쁜 사람인 줄은 몰랐네요. 그를 좋아한 적도 없지만, 그에 대해 그렇게까지 나쁘게 생각하지는 않았거든요. 그가 일반적으로 동료나 주위 사람을 경시한다고 생각은 했지만, 이렇게 악의적인 복수나 부당함, 비인간적인 행동을 할 거라고는 생각도 못했어요."

몇 분간 생각한 후, 그녀는 계속해서 말했다. "아, 언젠가 그가 네더필드에서 자신이 앙심을 품으면 얼마나 풀기 힘든지, 자기는 용서할 줄 모르는 성격이라고 자랑 비슷하게 말한 게 기억나요. 그의 기질은 정말 끔찍한 것 같네요."

"다아시 씨에 대해서라면 제가 무슨 말을 해야 할지 모르겠습니다." 위컴이 대답했다. "저로서는 그에 대해 공정하게 말하기가 거의 불가능합니다."

엘리자베스는 다시 깊은 생각에 잠겼다가 잠시 후 외쳤다. "아버지의 대자代子이자 친구이자, 아버지가 정말 사랑한 존재를 이렇게 대하다니!" 그다음 엘리자베스는 "당신처럼 외모만 봐도 좋은 사람인 걸 한눈에 알 수 있는 젊은이에게"라고 덧붙일 수도 있었지만, 대신 "그리고 어린 시절부터 함께 자란, 당신이 말한 대로 가장 친밀하게 연결된 사람을 말이에요!"라고만 말했다.

"우리는 같은 교구에서 태어났고, 같은 정원 안에서 자랐어요. 우리의 젊은 시절 대부분을 함께 보냈고, 같은 집에서 살며 같은 오락을 즐겼으며, 같은 부모의 보살핌을 받았죠. 저희 아버지는 당신의 삼촌인 필립스 씨가 큰 명성을 얻고 있는 직업에서 시작했지만, 돌아가신 다아시 씨를 돕기 위해 모든 걸 포기하고 펨벌리 재산 관리에 전념했어요. 아버지는 그분께 매우 높이 평가받았고, 가장 가깝게 신뢰할 수 있는 친구였죠. 그분은 종종 저희 아버지가 적극적으로 감독 일을 하시는 것에 대해 큰 의무감을 느낀다고 말씀하셨어요. 그래서 저희 아버지가 죽기 직전에 그분이 저를 지원하겠다고 자발적으로 약속하셨을 때, 저는 그것이 저희 아버지에 대한 감사와 저를 향한 애정에 대한 자신의 의무를 다하는 것이라고 생각하셨다고 믿어요."

"정말 이해할 수가 없네요. 어떻게 그런 가증스러운 짓을 할 수가 있을까요? 다아시 씨의 자존심이라는 것에서는 응당 당신을 정직하게 대하는 게 맞을 텐데 그렇지 않은 게 신기해요! 다른 동기가 없다면 너무 자존심이 강해서 부정직한 경우는 없었어야 옳은 거죠. 이걸 저는 부정직이라고 부를 수밖에 없네요."

"정말 알 수 없는 일이죠. 그의 모든 행동은 거의 자존심에서 나오고 자존심은 종종 그의 가장 좋은 친구였죠. 어떤 다른 감정보다 그게 있어서 그는 미덕 있는 사람처럼 보였어요. 하지만 일관된 사람은 아무도 없죠. 그가 저에게 보인 행동에는 자존심보다 더 강한 충동이 있었던 것 같아요."

"그가 가진 그토록 경멸스러운 자존심이 과연 그 자신에게 좋을 수 있을까요?"

"그의 자존심은 종종 그를 관대하고 너그럽게 만들었어요. 돈도 아낌없이 내주고, 남들을 환대하고, 세입자들을 돕고, 또 가난한 사람들을 구제했죠. 가족에 대한 자존심과 자식으로서의 자존심. 그는 정말 아버지를 자랑스럽게 여겼어요. 이런 것들이 그를 그렇게 하도록 만들었죠. 가족의 명예에 먹칠하지 않고 평판을 떨어뜨리지 않으며, 펨벌리 가문의 영향력을 잃지 않으려는 것이 강력한 동기예요. 그는 또한 오빠로서의 자존심도 가지고 있어요. 그의 여동생에게 정말 친절하고 세심한 보호자죠. 그래서 그는 일반적으로는 가장 배려 깊고 좋은 오빠라고 칭찬받아요."

"다아시 양은 어떤 사람인가요?"

그는 고개를 저었다. "그 애를 좋은 사람이라 부를 수 있으면 좋겠어요. 다아시 집안 사람들에 대해 나쁘게 말하는 건 고통스럽지만 그 애는 오빠와 너무 비슷해요. 자존심이 매우 강하죠. 어린 시절에는 정감 있고 사근사근했어요. 저를 매우 좋아했죠. 저는 그녀랑 놀아주는 데 많은 시간을 보냈어요. 하지만 그녀는 지금은 제게 아무 의미도 없어요. 지금은 아마 15세에서 16세 정도의 아름다운 소녀이고, 제가 알기로는 재능도 매우 뛰어납니다. 아버지가 돌아가신 이후로 그 애의 집은 런던이 되었고, 그곳에서 한 숙녀분이 그 애와 함께 살며 교육을 맡아 하고 있습니다."

여러 번 말을 멈추기도 하고 또 다른 주제를 시도해 보았지만 엘리자베스는 결국 처음의 주제로 다시 돌아가 이렇게 말했다.

"저는 그가 빙리 씨와 친밀한 관계를 유지하는 것이 놀라워요! 항상 유쾌해 보이는 빙리 씨가, 정말 매력적인 분인 것 같은데, 어떻게 그런 사람과 친구가 될 수 있는 걸까요? 그들이 어떻게 서로 어울릴 수 있죠? 빙리 씨를 아시나요?"

"전혀 모르겠습니다."

"다정하고 상냥하며 매력적인 분이에요. 그는 다아시 씨가 진짜 어떤 사람인지를 모르는 것 같아요."

"아마도 그럴 거예요. 다아시 씨는 자신이 원하면 다른 사람들을 기쁘게 할 수 있거든요. 그런 능력이 있어요. 그럴 가치가 있다고 생각하면 그는 완전히 다른 사람이 될 수 있어요. 그와 동등한 지위에 있는 사람들 사이에서의 그는 덜 성공한 사람들에게 보이는 모습과 매우 다릅니다. 그의 자존심은 결코 그를 떠나지 않는데 부유한 사람들과 있을 때는 관대하고, 공정하며, 진실하고, 합리적이며, 명예롭고, 어쩌면 진짜 좋은 사람으로 보이게 하죠. 재산과 외모를 감안할 때요."

휘스트 게임이 곧 끝나고, 게임하던 사람들은 다른 테이블에 모였다. 콜린스 씨는 사촌 엘리자베스와 필립스 부인 사이에 자리 잡았다. 필립스 부인이 그에게 게임이 어땠냐고 묻자, 그는 그렇게 큰 성과는 없었다고 대답했다. 그는 계속 잃기만 했고 필립스 부인이 이에 대해 걱정하기 시작하자, 매우 진중히 그것은 전혀 중요하지 않다고 안심시켰다. 자신은 돈 같은 건 하찮게 여기므로 그녀에게 걱정하지 말라고 부탁했다.

"저는 잘 알고 있습니다, 부인. 사람들은 카드 테이블에 앉으면 이런 가능성을 감수해야 하며, 다행히도 저는 5실링이 큰 문제가 되는 처지는 아니니까요. 분명히 이렇게 말할 수 없는 사람들도 많겠지만 캐서린 부인 덕분에 저는 작은 것들에 대해 걱정할 필요가 없습니다."

위컴 씨는 그의 말에 관심을 보였고, 콜린스 씨를 잠시 관찰한 후, 엘리자베스에게 낮은 목소리로 물었다. "당신의 친척이 드 버그 가문과 매우 친밀한 관계인가요?"

"캐서린 부인께서 최근에 그에게 목사 직위를 주셨어요. 콜린스 씨가 어떻게 처음 그녀를 알게 되었는지 잘은 모르겠지만, 분명히 그녀를 오래 알지는 않았을 거예요." 엘리자베스가 대답했다.

"아시겠지만, 캐서린 드 버그 부인과 앤 다아시 부인이 자매였으니, 다아시 씨에게는 캐서린 부인이 이모가 되네요."

"아, 몰랐어요. 캐서린 부인의 인척 관계에 대해 전혀 몰랐어요. 캐서린 부인의 존재에 대해서도 그저께 처음 들었는걸요."

"그녀의 딸인 드 버그 양은 매우 많은 재산을 가지고 있고, 그녀와 그녀의 사촌 오빠인 다아시가 결혼해서 두 재산을 합칠 거라고 사람들이 말하더군요."

이 말에 엘리자베스는 미소를 지었다. 불쌍한 빙리 양이 떠올랐기 때문이다. 만약 다아시 씨가 이미 다른 사람과 결혼할 운명이라면, 빙리 양이 쏟는 모든 관심과 그의 여동생에 대한 애정, 그리고 다아시 씨에 대한 칭찬은 정말 헛된 것이기 때문이다.

"콜린스 씨는 캐서린 부인과 그녀의 딸을 높이 평가하지만, 그가 말한 그녀의 귀부인다운 면모에 대한 몇 가지 특정한 사항을 보면, 그가 감사한 나머지 그녀를 제대로 보고 있지 못하는 것 같아요. 그녀는 콜린스 씨의 후원자이긴 하지만 거만하고 자만심이 강한 여성인 것 같거든요."

"저는 그녀가 매우 그럴 거라고 믿어요. 몇 년 동안 그녀를 보진 못했지만, 저는 그녀를 결코 좋아하지 않았고 그녀의 태도는 너무 권위적이고 무례했다는 게 기억나요. 그녀는 매우 분별력 있고 영리하다는 평판이 있지만, 저는 그녀 능력의 일부가 그녀의 지위와 재산에서 비롯되며, 또 다른 일부는 그녀의 권위적인 태도에서, 그리고 나머지는 그녀의 조카에 대한 자부심에서 나온다고 생각해요. 그 조카는 자신과 관련된 모든 사람이 최상급의 지성을 갖추기를 원하는 사람이고요." 위컴이 대답했다.

엘리자베스는 그의 설명이 매우 합리적이라고 인정하며, 둘은 서로 만족스러운 대화를 나누었다. 그러다가 저녁 식사가 준비되자 카드 게임은 끝났고 위컴 씨의 관심도 다른 여자들에게 나누어 가게 되었다. 필립스 부인의 저녁 파티는 너무 시끄러워서 대화가 힘들 정도였지만 그의 매너는 모두에게 마음을 샀다. 그가 하는 말은 모두 다 잘 이해가 되었고 그가 하는 모든 행동도 우아했다. 엘리자베스는 위컴 씨와 그가 한 말들로 머리가 가득 차서 집으로 돌아가는 길에 온통 그 생각만 났다. 하지만 도중에 이름을 언급할 기회가 한 번도 없었다. 리디아와 콜린스 씨가 쉬지 않고 떠들었기 때문이다. 리디아는 제비뽑기 게임과 그녀가 잃은 칩들, 그리고 그녀가 따낸 칩들에 대해 끊임없이 떠들었다. 콜린스 씨는 필립스 씨와 필립스 부인이 예의 바르다고 말하고 또 자신이 휘스트에서 돈을 잃은 것에 대해 전혀 개의치 않는다고 했다. 그뿐만 아니라 저녁 식사에 나온 모든 요리를 일일이 나열하기도 했으며, 사촌들을 너무 졸졸 따라다닌 건 아닌지 반복해서 걱정을 했다. 그는 마차가 롱본 집에 도착하기 전까지 말할 것이 너무 많아 주체를 할 수 없었다.

• 17장 •

엘리자베스는 다음 날 제인에게 위컴 씨와 나눈 이야기를 해주었다. 제인은 놀라움과 걱정 속에서 들었다. 그녀는 다아시 씨가 어떻게 빙리 씨의 신뢰를 받을 만큼도 가치가 없는지 믿을 수 없었지만, 동시에 위컴처럼 매력적인 외모를 가진 젊은이의 진실성을 의심하는 것도 그녀의 성격상 어려운 일이었다. 그가 그런 불친절을 견여왔을지 모른다는 생각은 그녀의 모든 연민을 자극하기에 충분했다. 그녀로서는 그들 둘 모두를 나쁘다고 생각하지 않았고, 그래서 각자의 입장을 옹호했으며, 설명할 수 없는 부분은 우연이나 실수로 간주하는 것 외에는 다른 방법이 없었다.

"그들은 분명 어떤 식으로든지 우리가 알 수 없는 방식으로 서로를 오해하게 된 걸 거야. 이해관계가 있는 사람들이 아마 서로에 대해 잘못 전하며 이간질했을지도 몰라. 요컨대, 그들 사이를 갈라놓은 원인이나 상황을 추측하다 보면 어느 한쪽을 비난할 수밖에 없다는 거야." 제인이 말했다.

"정말 옳은 말이야. 그런데 언니, 그럼 이 일에 연관된 그 이해관계자들에 대해서 언니는 무어라 대변할 거야? 그들에 대해서도 무슨 이유를 대줘야 할 거 아냐. 그렇지 않으면 누군가는 나쁜 사람이 될 수밖에 없어."

"나를 비웃고 싶으면 그래도 돼. 그래도 내 생각은 안 바뀔 거야. 엘리자베스, 다아시 씨가 아버지의 총애를 받던 사람을 그렇게 대하는 것이 얼마나 수치스러운 일인지 생각해 봐. 그의 아버지가 목사직을 제공하기로 약속까지 한 사람인데, 그럴 수는 없지. 인간이라면, 그리고 자신의 인격을 소중히 하는 사람이라면 그런 행동을 할 수는 없어. 그의 가장 친한 친구들조차도 그를 그렇게 심하게 오해할 수 있을까? 그럴 리 없지."

"나는 빙리 씨가 속고 있다고 믿는 쪽이야. 위컴 씨가 어젯밤 내게 한 얘기가 다 만들어낸 것일 리 없잖아. 이름, 사실, 모든 걸 다 거리낌 없이 언급하던걸. 그렇지 않다면 다아시 씨한테 반박하라 하지 뭐. 게다가 위컴 씨는 표정도 진실했어."

"정말 어렵고 괴로운 일이다. 어떻게 생각해야 맞는지 모르겠어."

"미안하지만 어떻게 생각해야 할지 모르는 사람은 없어."

그러나 제인은 오직 한 가지 점만 확신을 가지고 생각할 수 있었다. 만약 빙리 씨가 친구에게 속고 있다면, 이 일이 공개되었을 때 그가 겪게 될 고통은 클 것이라는 점이었다.

관목 숲속에서 이런 대화를 하고 있던 두 젊은 여인은 그들이 이야기하고 있던 바로 그 인물, 즉 빙리 씨와 그의 누이들의 방문에 불려 나와야 했다. 오랜 기대를 모아 다음 화요일에 예정된 네더필드 무도회에 개인적으로 초대하기 위해 온 것이었다. 두 누이는 친한 친구를 다시 만나게 되어 기뻐하며, 헤어진 이후로 얼마나 오랜 시간이 지났는지, 그동안 어떻게 지냈는지 여러 번 물었다. 그러나 다른 가족에게는 거의 관심을 두지 않았다. 가능한 한 베넷 부인은 피하려 했고, 엘리자베스에게도 많이 이야기하지 않았으며, 다른 사람들에게는 아예 말을 하지 않았다. 누이들은 곧 돌아갔는데, 마치 베넷 부인의 인사를 받는 것도 싫다는 듯이 황급히 일어나 떠나는 모습에 빙리 씨조차 놀랄 정도였다.

네더필드 무도회를 기다리는 건 어머니와 딸들 모두에게 매우 기쁜 일이었다. 베넷 부인은 이를 큰딸에 대한 찬사로 여기기로 했고, 형식적인 초대장이 아니라 빙리 씨가 직접 와서 초대했다는 점에 특히 기뻐했다. 제인은 두 친구와 함께하는 행복한 저녁을 그려보았고, 물론 빙리 씨의 관심도 기대했다. 엘리자베스는 위컴 씨와 춤을 많이 출 거라는 즐거운 생각을 품었고 또 다아시 씨의 표정과 행동에서 모든 것을 확인할 수 있기를 기대했다. 한편 캐서린과 리디아의 행복은 특정한 사건이나 사람에 의존하는 게 아니었다. 그들 역시 엘리자베스처럼 위컴 씨와 저녁 시간의 반 정도는 춤을 출 계획이긴 했지만 그렇다고 그가 그들을 만족시킬 유일한 춤 파트너는 아니었다. 어쨌든 확실히 무도회는 무도회인 것이 심지어 메리도 가족에게 자신이 무도회에 거부감이 없다고 했다.

"제가 아침 시간을 혼자 가질 수 있는 걸로 충분해요. 가끔 저녁 행사에 참여하는 것이 희생은 아니죠. 사교는 우리 모두에게 필요한 것이니까요. 그리고 저는 모든 사람에게 여가와 오락의 시간이 필요하다고 생각하는 사람 중 하나예요."

엘리자베스는 이번 무도회로 기분이 막 들떠 있었기 때문에 불필요하게 콜린스 씨에게 자주 말을 걸지는 않았지만, 그래도 그가 빙리 씨의 초대를 수락할 의향이 있는지, 그렇다면 저녁 시간 오락에 참여하고 싶은지 물어보지 않을 수 없었다. 물어본 결과 그녀는 그가 전혀 거리낌 없이 무도회에 가겠다고 하고 춤을 추는 것에 대해 대주교나 캐서린 부인에게 책망받지 않을까 두려워하는 기색이 없어 놀라고 말았다.

"제 의견은 이렇습니다. 이런 종류의 무도회는 품위 있는 한 젊은 이가 존경받을 사람들을 위해 여는 것이므로 어떤 나쁜 영향도 있을 수 없다고요. 저는 춤추는 것을 반대하지 않으며, 저녁 동안 제 아름다운 사촌분들과 함께 춤추기를 희망합니다. 특히 엘리자베스 양, 처음 두 번의 춤은 저와 함께 추어 주시지 않겠습니까? 그리고 제인 양은 이에 그럴만한 정당한 이유가 있음을 이해해 주시고 그녀에 대한 무례로 여기지 않기를 바랍니다."

엘리자베스는 허를 찔린 느낌이 들었다. 그녀는 첫 두 번의 춤을 위컴 씨와 함께 추기로 마음먹었는데, 위컴 씨가 아닌 콜린스 씨와 춤을 춘다고? 기분이 들떠 물어봐 준 건데 타이밍을 잘못 맞춘 게 아닌가 하는 생각이 들었다. 하지만 어쩔 수 없었다. 위컴 씨의 행복과 자신의 행복은 어쩔 수 없이 조금 더 미루고, 콜린스 씨의 청을 예의상 받아들여야 했다. 그러나 무엇보다 콜린스 씨의 그런 정중한 관심 이면에 뭔가가 더 있는 것 같아 기분이 좋지 않았다. 처음 든 생각은 자신이 자매들 중에서 헌스포드 목사관의 안주인이 되기에 합당하고, 더 적합한 방문객이 없을 때는 로징스에서 쿼드릴 게임 테이블을 채워줄 수 있는 한 사람으로 선택된 것이 아닌가 하는 것이었다. 그녀는 그가 자신에게 점점 더 공손하게 대하는 모습을 보면서, 또 자신의 재치와 생기발랄함에 대해 자꾸 칭찬하려는 그의 시도에 이러한 생각이 확실하다고 곧 믿게 되었다. 자신이 매력 있어서 이러는 건가 하고 놀라긴 했으나 그다지 기쁘지는 않았다. 그러다 곧 그녀는 어머니가 두 사람이 결혼할 가능성이 있고 그것이 자신에게 매우 만족스럽다는 듯 얘기하는 것을 들었다. 그러나 엘리자베스는 어머니의 그런 생각에 대답하지 않았다. 대답을 하면 심각한 논쟁이 벌어질 것을 잘 알고 있었기 때문이다. 그리고 콜린스 씨가 아직 청혼을 한 것도 아니고, 청혼하지도 않은 상황에서 그에 대해 다투는 것은 무의미했다.

네더필드에 갈 준비와 무도회 얘기로 분주하지 않았다면 베넷가의 넷째와 막내딸은 이 시기에 매우 불행한 처지에 있었을 것이다. 초대장을 받은 날부터 무도회 날까지 비가 쏟아져 메리턴까지 한 번도 산책하러 갈 수 없었기 때문이다. 이모나 장교들로부터는 아무런 소식도 없었고, 네더필드 무도회에서 신을 신발 장식조차 다른 사람을 시켜 구해야 했다. 엘리자베스조차도 위컴 씨와 친해질 수 있는 기회들이 막혀버린 이런 날씨에는 참기 힘들었을 테니 화요일의 무도회가 아니었다면 키티와 리디아에게는 금요일, 토요일, 일요일, 월요일이 정말 견딜 수 없는 날이었을 것이다.

• 18장 •

엘리자베스는 네더필드의 응접실에 들어서서 붉은 제복을 입고 모여 있는 사람들 사이에서 위컴 씨를 찾았지만 보이지 않았다. 그래도 그가 참석하지 않았을 것이라는 의심은 결코 들지 않았다. 그가 오지 않을지도 모른다는 불안이 들게 하는 기억들이 떠올랐지만 그래도 만날 것을 확신했다. 그녀는 평소보다 더 세심하게 옷을 차려입고, 그가 마음을 완전히 열지 않은 부분을 정복할 준비를 하며 기분이 한껏 좋은 상태였다. 그날 저녁 안으로 그의 마음을 얻을 수 있으리라 믿었기 때문이다. 그러나 순간적으로 그가 다아시 씨 때문에 장교들에 대한 빙리 씨의 초대 리스트에서 일부러 제외된 건 아닐까 하는 끔찍한 의심이 일었다. 비록 이것이 정확한 추측은 아니었지만, 그가 오지 않았다는 사실은 친구인 데니를 통해 확실히 전해졌다. 리디아가 너무 궁금해 그에게 물어보았고, 데니는 위컴이 업무로 인해 전날 런던에 가야 했고 아직 돌아오지 않았다고 알려주었다. 그러고는 의미심장한 미소를 지으며 덧붙였다. "그의 일이 지금 당장 그를 데려가야 할 만큼 긴급한 것이라고는 생각하지 않습니다. 어떤 분을 피하려고 하지 않았다면요."

그가 덧붙인 말을 리디아는 듣지 못했으나 엘리자베스는 그것을 들었고 그녀의 애초 추측대로 다아시 씨가 위컴 씨의 부재에 대해 책임이 있다는 것을 확신했다. 다아시 씨에 대한 모든 불쾌감이 즉각적인 실망감으로 더욱 날카로워져서, 그녀는 이후 다가와서 정중하게 말을 건넨 다아시 씨에게 조금의 예의도 갖추어 응답하기가 어려웠다. 다아시 씨에게 주의를 기울이고 관용을 보이고 참아준다는 건 위컴 씨에게는 상처가 되는 것이었다. 그녀는 그와 어떤 종류의 대화도 나누지 않기로 결심하고 돌아섰는데, 이 불쾌한 기분은 심지어 빙리 씨와 이야기할 때조차도 완전히 극복되지 않았다. 다시 씨에 대한 빙리 씨의 맹목적인 편애 또한 그녀를 참을 수 없게 했기 때문이다.

하지만 엘리자베스는 천성적으로 불쾌한 기분이 오래가는 사람이 아니었다. 비록 자신의 모든 기대가 무너졌지만, 그녀의 그런 기분은 오래 가지 않았다. 일주일 동안 보지 못한 샬럿 루카스에게 모든 슬픔을 털어놓은 후, 그녀는 곧 자신의 기이한 사촌에게로 화제를 돌리고 샬럿에게 그를 특별히 주목하라고 했다. 그러나 처음 두 번의 춤은 다시 고통을 가져왔다. 그 춤은 수치 그 자체였다. 콜린스 씨는 어색하면서도 진지한 태도로 춤을 추면서 집중은커녕 사과만 했고, 방향이나 움직임이 자주 틀리면서도 이를 인식하지 못해 그녀에게 불쾌한 춤 파트너가 줄 수 있는 모든 수치와 고통을 안겼다. 그리하여 그로부터 해방되는 순간 그녀는 환희를 느낄 정도였다.

그녀는 다음에 한 장교와 춤을 추며 위컴 씨에 대해 이야기했는데, 그는 누구나 좋아하는 사람이라는 말을 듣고는 기분 전환이 되었다. 그 춤이 끝난 후, 그녀가 샬럿 루카스에게 돌아가 대화를 나누고 있을 때 갑자기 나타난 다아시 씨가 그녀에게 춤을 청하는 바람에 그녀는 너무 놀라 자신도 모르게 그의 청을 수락하게 되었다. 그 후 그는 곧바로 춤추는 곳으로 걸어가 버렸고 그녀는 자신이 잠깐 판단력을 잃은 것에 대해 짜증이 났다. 샬럿은 그녀를 위로하려고 노력했다.

"춤춰봐. 그도 괜찮은 사람일 거야."

"오, 그런 일은 없기를! 싫어하기로 마음먹은 사람이 괜찮은 사람인 걸 알게 되는 건 최대의 불행일 거야. 내게 그런 악담은 하지 말아줘!"

하지만 춤이 다시 시작되었고, 다아시 씨가 그녀의 손을 청하러 다가오자, 샬럿은 엘리자베스에게 귓속말로 주의를 줄 수밖에 없었다. 위컴에 대한 환상 때문에 훨씬 지위도 높은 남자에게 불쾌하게 보이는 팔푼이가 되지는 말라는 것이었다. 엘리자베스는 대답하지 않고 춤추는 무대에 자리를 잡았는데 다아시 씨와 마주 서도록 자신을 허락하게 된 그의 위엄에 놀랐으며, 주변 사람들의 얼굴에서도 그와 같은 놀라움을 읽을 수 있었다. 그들은 한동안 아무 말 없이 서 있었고, 그녀는 그 침묵이 두 번 춤추는 내내 계속될 것이라고 생각되었다. 처음에는 이 침묵을 깨지 않기로 결심했지만, 갑자기 상대에게 말을 강요하는 것은 더 큰 벌이 될 것 같다는 생각이 들어 춤에 대해 가볍게 언급했다. 그는 대답은 했지만 다시 침묵했다. 몇 분의 정적이 흐른 후, 그녀는 두 번째로 그에게 이렇게 말했다.

"이제 당신이 말씀하실 차례예요, 다아시 씨. 제가 춤에 대해 이야기했으니, 방이 넓다거나 좁다거나 아니면 커플이 많다거나 적다거나 아무 말이나 해 보세요."

그는 미소를 지으며 그녀가 원하는 말을 하겠다고 약속했다.

"좋아요. 그 정도 대답이라도 지금으로선 충분해요. 아마 저는 좀 있다 개인 무도회가 공공 무도회보다 훨씬 더 즐거운 것 같다고 말씀드릴지 모르겠네요. 하지만 지금은 말없이 있어도 될 것 같아요."

"그렇다면 당신은 춤추는 동안 어떤 이야기를 해야 한다는 법칙이라도 있나요?"

"가끔은 그래요. 조금은 말을 해야죠. 반 시간이나 완전히 침묵하는 것은 이상해 보이지 않을까요? 하지만 어떤 사람들을 위해서는 대화를 잘 조절해서 그들이 말하는 수고를 최대한 적게 할 수 있도록 해줘야 해요."

"현재 상황에서 당신의 감정을 고려하고 있는 건가요, 아니면 제 감정을 만족시키시는 건가요?"

"둘 다예요." 엘리자베스가 장난스럽게 대답했다. "저는 항상 우리 두 사람의 사고방식에 큰 유사성을 느껴왔어요. 우리는 둘 다 사교적이지도 않고 과묵한 성격을 가지고 있죠. 그리고 방 안의 모든 사람을 놀라게 할 만한, 예를 들어 후세에 전해지는 격언이 될 정도로 멋진 말을 남겨 박수갈채라도 받지 않을 거라면 아예 말을 안 하는 사람들이잖아요."

"이건 당신의 성격과는 눈에 띄게 닮은 점은 아닌 것 같군요. 그리고 제 성격과도 얼마나 비슷한지 저는 말하지 못하겠는데요. 그래도 당신은 충실한 초상을 그렸다고 생각하겠죠."

"제가 그린 초상화를 제가 판단하지 말아야겠죠."

그는 대답하지 않았고, 그들은 춤을 마칠 때까지 다시 침묵했다. 그러다 그는 그녀에게 자매들과 함께 메리턴으로 걸어서 자주 놀러 가냐고 물었다. 그녀는 그렇다고 대답했는데 유혹을 참지 못하고 덧붙였다. "지난번에 거기서 우리가 만났을 때, 우리 자매들은 막 새로운 친구를 소개받고 있었어요."

즉각적인 반응이 나왔다. 그의 얼굴에는 더 깊은 오만함의 그림자가 드리워졌지만 그는 한 마디도 하지 않았고, 엘리자베스는 자신이 나약하다고 탓하면서도 대화를 계속 이어갈 수는 없었다. 마침내 다아시가 어색하게 말을 꺼냈다.

"위컴 씨는 매너가 좋아 친구를 잘 만들지요. 그렇지만 그가 우정을 유지하는 데에도 능숙할지는 확실하지 않아요."

"그는 당신과의 우정을 잃어버리는 불행을 겪었어요." 엘리자베스가 힘주어 대답했다. "그리고 그는 평생 그걸로 괴로워할 가능성이 커요."

다아시는 대답하지 않았고 이야기 주제를 바꾸고 싶어 하는 듯 보였다. 그때 윌리엄 루카스 경이 그들 가까이로 와서 방 반대편으로 지나가려 했다. 그러나 다아시 씨를 보고는 그의 춤과 파트너를 칭찬하기 위해 멈췄다.

"정말 큰 기쁨입니다. 이렇게 뛰어난 춤은 좀처럼 보기 어렵죠. 다아시 씨는 상류 사회 사람이 확실하군요. 하지만 당신의 아름다운 파트너도 결코 당신을 부끄럽게 하지 않는군요. 이런 즐거운 일들이 자주 있으면 좋겠어요. 그리고 친애하는 엘리자 양, (그녀의 언니와 빙리 쪽을 힐끗 보며) 특히 어떤 바람직한 사건이 꼭 일어나면 좋겠군요! 그때 쏟아질 축하를 상상해 보세요! 다아시 씨께도 부탁드립니다. 아! 더 이상 젊은 숙녀와의 매혹적인 대화를 방해하지 않겠습니다. 그녀의 빛나는 눈이 저를 책망하고 있으니 말이죠."

다아시는 이 말의 뒷부분을 거의 듣지 못했지만, 루카스 경이 자신의 친구에 대해 언급한 게 깊은 인상을 남겨서 그는 심각한 표정을 지으며 빙리와 제인이 함께 춤추는 쪽을 쳐다보았다. 그러나 곧 마음을 가다듬고 파트너에게 돌아서며 말했다.

"윌리엄 경의 방해로 우리가 무슨 이야기를 하고 있었는지 잊어버렸네요."

"우리는 아마 아무 이야기도 안 하고 있었을걸요. 윌리엄 경이 방 안에서 할 말이 없는 두 사람을 어떻게 방해할 수 있으셨는지…. 우리는 대화하려고 이미 두세 가지 주제를 시도했지만 성공하지 못했으니, 다음은 무슨 얘기를 할지 전혀 모르겠네요."

"책에 대해서는 어떻게 생각하세요?" 그가 미소 지으며 말했다.

"책이요? 오, 아니요. 우리는 분명 같은 책을 읽지 않을 거예요. 아니면 같은 걸 읽어도 같은 감정으로 읽지 않을 거고요."

"그렇게 생각하신다니 안타깝군요. 하지만 그런 경우엔 적어도 말할 주제가 부족할 일은 없겠군요. 서로 다른 의견을 비교해 볼 수 있으니까요."

"아니요. 무도회에서 책 얘기는 안 할래요. 머릿속이 계속 딴생각으로 가득한 걸요."

"이런 경우에는 항상 당장의 일만 신경 쓴다는 건가요?" 그가 의심스러운 표정으로 물었다.

"네, 항상요." 그녀는 자신이 무슨 말을 하고 있는지도 모른 채 대답했다. 그녀의 생각은 주제에서 멀어져 있었고, 곧이어 갑자기 다음과 같이 말하며 그 생각을 드러냈다.

"다아시 씨, 전에 말씀하신 이야기요, 당신은 거의 용서를 하지 않으며 한 번 생긴 원한은 풀 수 없다고 하셨잖아요. 그렇다면 당신은 그런 원한의 감정이 생기지 않도록 매우 조심하고 계시겠네요."

"그렇습니다." 그가 단호한 목소리로 대답했다.

"그리고 결코 자신을 편견에 눈이 멀도록 내버려두진 않겠죠?"

"그러기를 바라죠."

"한 번 가진 생각을 절대로 잘 안 바꾸는 사람들에게는 처음에 제대로 판단하는 것이 특히 중요하죠."

"이 질문들의 의도가 뭔지 물어봐도 될까요?"

"그저 당신의 성격을 설명하는 거예요." 그녀가 진지함을 떨쳐내려 하며 말했다. "저는 당신을 이해하려고 노력하고 있어요."

"그래서 얻은 게 있으신가요?"

그녀는 머리를 흔들며 대답했다. "전혀 진전이 없어요. 당신에 대해 듣는 이야기가 다 달라서 극도로 혼란스러워요."

"그럴 겁니다." 그가 진지하게 대답했다. "저에 대해 말하는 사람들을 보면 다 다르죠. 그러니 베넷 양, 지금 제 성격을 그리려고 하지 않으셨으면 좋겠어요. 결과가 어느 쪽에도 긍정적인 영향을 미칠 것 같지 않으니까요."

"하지만 지금 당신의 초상을 그리지 않으면 다시 기회가 없을 수도 있어요."

"당신의 즐거움을 멈추게 하고 싶은 건 결코 아닙니다." 그가 차갑게 대답했다. 그녀는 더 이상 말을 하지 않았고, 그들은 다른 곡에 춤을 춘 후 말없이 헤어졌다. 두 사람 모두 불만족스러웠지만, 그 정도는 달랐다. 다아시는 마음속에 그녀에 대한 제법 강렬한 감정이 있었기에 곧 그녀를 용서할 수 있었지만, 그의 분노는 다른 사람에게 향했다.

그들이 헤어진 지 얼마 지나지 않아 빙리 양이 엘리자베스에게 다가와 공손한 태도로, 하지만 얼굴엔 경멸의 표정을 보이며 말했다.

"그래서 엘리자 양, 조지 위컴을 많이 좋아하신다고요? 언니께서 말해줬어요. 얼마나 질문을 던지시던지. 그런데 그 젊은이는 당신께 자신이 다아시 씨 아버지의 집사의 아들이었다는 사실을 말하지 않았나 보더라고요. 제가 친구로서 말씀드리는 건데요, 그의 주장에 전적으로 신뢰를 두지 마세요. 다아시 씨가 그를 나쁘게 대했다는 것은 전혀 사실이 아닙니다. 오히려 그는 항상 위컴에게 매우 친절했지만, 조지 위컴은 다아시 씨를 가장 비열한 태도로 대했어요.

자세한 사정은 모르지만, 다아시 씨는 전혀 비난받을 게 없다는 것, 그리고 그가 조지 위컴의 이름이 언급되는 것을 참을 수 없다는 것만은 제가 잘 알고 있어요. 비록 저희 오빠가 그를 장교들 초대 리스트에서 뺄 수는 없다고 생각했지만, 그가 스스로 안 온다고 해서 매우 기뻐했어요. 그가 이 지방에 온 것은 정말 무례한 일이죠. 어떻게 그런 일을 감히 할 수 있었는지 궁금해요. 엘리자 양, 당신이 좋아하는 사람의 잘못을 얘기하게 돼서 안타깝네요. 하지만 그의 출신을 고려하면 그보다 더 나은 것을 기대할 수는 없었겠죠."

"당신은 그의 출신이 곧 그의 잘못이라고 말씀하시는 것 같군요." 엘리자베스가 화를 내며 말했다. "지금 말씀하신 것 중 그 사람에 대해 당신의 가장 나쁜 평가는 그가 다아시 씨 아버지의 집사의 아들이라는 것뿐이었어요. 그 점에 대해서라면 죄송한데 그가 저에게 이미 말해주었어요."

"죄송하군요." 빙리 양은 조소의 표정으로 돌아서며 말했다. "간섭한 것 사과할게요. 엘리자 양을 위해 한 말이었어요."

'무례한 여자 같으니라고. 이런 사소한 공격으로 내게 영향을 미치겠다고? 착각 마시지. 나는 당신의 고집스러운 무지와 다아시 씨의 악의밖에 보이는 게 없거든.' 혼자 이렇게 생각하고 나서 그녀는 제인을 찾았는데 제인은 위컴 씨에 대해 빙리 씨에게도 물어보기로 했다.

제인은 그날 저녁에 일어난 일들에 매우 만족한 듯, 달콤한 미소와 행복한 표정으로 동생을 맞았다. 엘리자베스는 즉시 언니의 감정을 파악했고, 그 순간 위컴에 대한 걱정, 그의 적들에 대한 분노, 그리고 그 외의 모든 감정은 언니가 행복으로 가는 가장 좋은 길에 있다는 희망에 찬 생각 앞에 모두 사라지고 말았다.

"언니, 위컴 씨에 대해 물어봤어? 뭐래?" 그녀는 언니와 같은 미소를 지으며 말했다. "하지만 아마도 너무 즐거운 일에 몰두하느라 다른 사람에 대해 생각할 겨를이 없었겠는걸. 그런 경우라면 내 용서하지."

"아니, 당연히 물어봤지. 그런데 네가 만족할 만한 소식은 없어. 빙리 씨는 그의 과거를 잘 모르고, 주로 다아시 씨를 불쾌하게 만든 상황들에 대해서도 전혀 모르더라고. 하지만 자신의 친구인 다아시 씨의 좋은 행동과 정직함, 명예는 자신이 보증할 수 있다면서 위컴 씨가 다아시 씨에게 받은 대우보다 훨씬 안 좋은 대우를 받았어야 한다고 확신하고 있는 것 같았어. 안타깝게도 빙리 씨와 그의 여동생 이야기로 보면, 위컴은 결코 존경할 만한 젊은이가 아닌 것 같아. 그가 매우 경솔했고 다아시 씨의 신뢰를 잃을 만한 행동을 한 건 아닐까 싶어." 제인이 말했다.

"빙리 씨는 위컴 씨를 직접 아는 게 아니지?"

"아니지. 저번 날 아침 메리턴에서 본 게 처음이지."

"그렇다면 그에 대한 이야기는 전부 다아시 씨에게서 들은 거잖아? 뻔하네. 그 목사 직책에 대해서는 뭐라고 해?"

"다아시 씨가 한 번 이상은 말했나 본데 정확히 상황을 기억하지는 못하던걸. 아무튼 그 직책은 조건부로 위컴 씨에게 제공된 거라고만 알고 있더라."

"빙리 씨는 진실한 사람이지. 하지만 단순히 친구가 좋은 사람이라고 보증해 주는 걸로는 나는 납득이 안 돼. 언니가 이해해 줘. 빙리 씨가 친구에 대해 변호하는 건 매우 훌륭하고 좋은 일이지만 그는 이야기의 자세한 부분을 모르고 있고 나머지는 그저 친구에게 들은 거니까 난 여전히 두 사람에 대해 내가 믿는 게 맞는 것 같아."

엘리자베스는 성심껏 말했다.

그녀는 언니와 자신 둘 다 기분 좋은 대화로 주제를 바꾸었고, 서로 감정 상할 일이 없었다. 엘리자베스는 제인이 빙리 씨에 대해 행복하지만 조심스러운 희망을 이야기하는 것을 기쁘게 들었고, 언니의 자신감을 높여주고자 언니 칭찬을 계속했다. 빙리 씨가 합류하자 엘리자베스는 루카스 양에게로 물러갔다. 루카스 양이 그녀에게 방금 춤춘 파트너에 대해 즐거웠는지 묻자 그에 대답하려는데 콜린스 씨가 그들에게 다가왔다. 그는 크게 기뻐하며 자신이 방금 매우 중요한 사실을 알아냈다고 말했다.

"저는 제 후원자의 가까운 친척이 지금 이 방에 있다는 것을 알게 되었어요." 그가 말했다. "우연히 그 신사가 집안의 주인 역할을 하는 젊은 숙녀에게 자신의 사촌인 드 버그 양과 그녀의 어머니인 캐서린 부인의 이름을 언급하는 걸 엿들었거든요. 어떻게 이런 일이 일어날 수 있는지! 이 모임에서 캐서린 부인의 조카를 만날 것이라고는 누구도 상상할 수 없는 일이에요! 이렇게 알게 되어 그분에게 경의를 표할 기회를 주니 정말 감사하지 않을 수가 없습니다. 이제 그에게 가서 미리 인사 못 드려 죄송하다고 말씀드리려고요. 몰랐으니까 이해해 주실 겁니다."

"다아시 씨에게 직접 자신을 소개하려는 건 아니죠?"

"그러려고요. 미처 인사하지 못한 것에 대해 사과드릴 거예요. 그가 캐서린 부인의 조카가 분명하겠죠. 캐서린 부인을 일주일 전에 뵀으니 아주 잘 지내고 계신다고 전해드릴 수 있을 거예요."

엘리자베스는 그에게 그러지 말라고 했다. 다아시 씨는 누군가의 소개도 없이 처음 보는 이가 자신에게 말을 거는 것을 자신의 이모에 대한 찬사라기보다는 무례한 행동으로 여길 것이며 또한 양쪽 모두 꼭 서로 인사하고 아는 척할 필요는 없으며, 만약 그런 것이 필요하다면 더 높은 지위에 있는 다아시 씨가 먼저 인사를 시작하는 게 맞다고 설득시켰다. 콜린스 씨는 그녀의 말을 들었지만 여전히 자기 생각대로 하겠다는 확고한 태도로 이렇게 대답했다. "엘리자베스 양, 당신이 이해 범위 내에서 모든 문제에 관해 훌륭한 판단을 하신다는 걸 저는 높이 평가하고 있습니다. 그렇지만 말씀드리건대, 일반 사람들 사이의 공식적인 예절과 성직자들 사이의 규율에 맞는 예절 사이에는 큰 차이가 있어야 합니다. 저는 성직이 영국에서 가장 높은 지위와 동등한 존엄성을 가진 것으로 여기고 있습니다. 물론 적절히 겸손한 태도가 유지되는 경우에 한해서요. 그러므로 이번 경우에는 제 양심의 지침을 따르게 해주세요. 이는 제가 의무라고 생각하는 일을 수행하게 합니다. 당신의 조언을 듣지 못하는 점을 용서해 주십시오. 다른 모든 것에 관해서라면 당신의 조언이 제게 끊임없는 지침이 될 것이지만, 이 경우만은 교육과 꾸준히 연구한 바에 의해 무엇이 옳은지를 판단하기에 제가 더 적합하다고 생각합니다." 그러고는 깊이 고개 숙여 인사하더니 그녀를 두고 황급히 다아시 씨에게 다가갔다. 엘리자베스는 그가 다아시 씨에게 접근하는 것을 지켜보았고, 다아시 씨는 그의 그런 인사에 놀라워하는 모습이 분명했다. 그녀의 사촌은 엄숙한 인사로 이야기를 시작했는데, 그녀는 그의 말을 들을 수는 없었지만 마치 모든 내용을 다 듣는 듯한 기분이 들었다. 그의 입 모양에서 '사죄', '헌스포드' 그리고 '캐서린 부인'이라는 단어를 읽을 수 있었다. 그녀는 그가 다아시 같은 남자에게 자신을 드러내는 것이 불쾌했다. 다아시 씨는 그를 보며 놀라운 눈빛을 감추지 못했고, 마침내 콜린스 씨가 그에게 말할 시간을 주자, 거리감을 유지한 채 공손히 대답했다. 그러나 콜린스 씨는 다시 말하는 것에 주저하지 않았고, 다아시 씨의 경멸은 그의 두 번째 연설이 길어질수록 더욱 커지는 것처럼 보였다. 말이 끝나자 다아시 씨는 그에게 가벼운 인사를 하고 다른 쪽으로 향했다. 그 후 콜린스 씨는 엘리자베스에게 돌아왔다.

"저는 제가 인사드린 데 불만이 있을 이유가 없다고 장담합니다. 다아시 씨는 저에게 매우 기뻐하는 것 같았고, 최대한 공손하게 대답해 주셨어요. 심지어 캐서린 부인은 통찰력이 있으셔서 당연히 부당한 호의를 베풀지는 않으셨을 거라고 말씀하셨어요. 정말로 훌륭한 생각이 아닐 수 없죠. 전반적으로 저는 맘에 들었습니다."

엘리자베스는 더 이상 안 되겠다 싶어 그에게 관심을 끊고 거의 전적으로 언니와 빙리 씨에게 주의를 기울였다. 그녀가 관찰한 바에 의해 느껴진 즐거운 생각의 흐름은 제인만큼이나 그녀를 행복하게 만들었다. 그녀는 언니가 그 집에 정착하여 진정한 사랑으로 가득한 결혼이 가져다줄 모든 행복을 누리는 모습을 상상했다. 그리고 그런 상황에서라면 빙리 씨의 두 자매를 좋아하려고 노력할 수도 있을 것 같았다. 그녀는 어머니의 생각도 같은 방향으로 향하고 있는 게 분명하니 어머니 가까이 가지 않기로 결심했다. 말을 그치지 않고 하실 게 분명해서였다. 그래서 저녁 식사를 할 때, 그녀는 어머니와 가까이 앉게 되자 참 심술궂은 일이라고 생각했다. 그리고 어머니가 한 사람(루카스 부인)과 완전히 대놓고 열정적으로 언니와 빙리 씨가 곧 결혼할 것이라는 기대에 대해, 그리고 오직 그 얘기만 하고 있다는 사실에 깊이 화가 났다. 그것은 베넷 부인을 활기차게 만드는 대화의 주제였고 그 결혼이 성사되면 좋은 점을 열거하느라 절대 피곤해질 일은 없을 것처럼 보였다. 그가 부유하며 매력적인 젊은 남자이고, 그리고 그의 집에서 자신이 단지 3마일 떨어진 곳에 살고 있다는 점이 첫 번째 자랑거리였다. 그리고 그의 두 누이가 제인을 좋아하는 것 같아 참 다행이고 그들도 빙리 씨와 제인이 연결되기를 원할 것임에 틀림없다는 말이었다. 또 제인이 이렇게 좋은 사람과 결혼하면 다른 딸들에게도 좋은 기회가 생길 것이며, 마지막으로 자신의 나이에 독신 딸들을 언니의 보살핌에 맡길 수 있다는 것이 더없이 기쁜 일이라고 했다. 그렇게 되면 원하지 않는 사람들과 자신이 어울려야 할 필요가 없어지기 때문이라고 했다.

이런 상황을 기쁜 일로 여기는 건 필요한 일이었다. 이런 경우에는 그게 예의였기 때문이다. 하지만 베넷 부인은 나이가 어떻든 집에 머무는 것에서 위안을 찾을 수 있는 사람이 절대 아니었다. 그녀는 루카스 부인도 곧 똑같은 행운을 누리게 되기를 바란다는 덕담으로 말을 맺었다. 하지만 속으로는 분명히 그럴 가능성이 전혀 없다고 믿으며 승리감에 차 있었다.

말로 표현할 수 없는 짜증 속에서 엘리자베스는 어머니가 한 말 대부분이 맞은편에 앉아 있는 다아시 씨에게 들리고 있음을 알아차렸다. 그녀는 어머니가 너무 빨리 말하는 걸 제지하거나, 아무리 기뻐도 좀 작은 목소리로 표현하시라고 설득하려 애썼지만 헛수고였다. 어머니는 오히려 엘리자베스가 말도 안 되는 소리를 한다며 그녀를 나무랐다.

"다아시 씨가 나에게 무슨 상관이라고 내가 그를 두려워하니? 그가 듣기 싫어한다고 우리가 그 말을 하지 않는 예의를 왜 갖춰야 하지?"

"어머니, 제발 목소리 좀 낮추세요. 다아시 씨의 기분을 상하게 해서 무슨 득이 있어요? 그렇게 해서는 절대 그의 친구에게 좋은 인상을 줄 수 없다고요!"

하지만 엘리자베스가 무슨 말을 해도 소용이 없었다. 어머니는 계속해서 큰 목소리로 자신의 생각을 떠들어댔다. 엘리자베스는 부끄러움과 괴로움에 얼굴을 붉히고 또 붉혔다. 그녀는 자주 다아 시 씨를 힐끗거리지 않을 수 없었지만, 볼 때마다 그녀가 두려워하 던 바를 확신하게 될 뿐이었다. 다아시 씨가 항상 그녀의 어머니를 쳐다보고 있는 것은 아니었지만, 변함없이 어머니의 말에 주의를 기 울이고 있음을 그녀는 확신했다. 그의 얼굴 표정은 점차 분노에 찬 경멸에서 차분하게 굳은 심각함으로 변해갔다.

마침내 베넷 부인은 더 이상 할 말이 없자 그 주제를 멈추었다. 루카스 부인은 같이 나눌 기쁨이 있는 것도 아닌데 반복되는 말을 들으며 계속 하품만 하다가, 말이 끝나자 즐겁게 차가운 햄과 치킨 을 먹었다. 엘리자베스 또한 기운을 되찾기 시작했다.

하지만 평온한 시간은 오래가지 않았다. 저녁 식사가 끝난 후 노 래 이야기가 나오자, 엘리자베스는 메리가 몇 명 청하지도 않았는 데 기꺼이 공연을 준비하는 모습을 보고 큰 수치심을 느꼈다. 그녀 는 의미 있는 눈빛을 자꾸 보내며 조용히 간청하여 메리가 공연하 려는 걸 막으려 해 보았으나 소용이 없었다. 메리는 언니가 왜 그러 는지 이해가 가지 않았다. 재능을 발휘할 기회를 놓칠 수 없었던 메 리는 노래를 시작했다. 엘리자베스는 괴로워하며 그녀를 바라보았 고, 여러 구절을 지나 노래가 계속되는 동안 인내했지만 그 인내도 보상을 받지 못했다. 마지막에 메리가 테이블에서 나온 감사 인사 속에 더 불러 달라는 희망의 암시를 받고 잠깐의 정적 후에 또 다 른 노래를 시작했기 때문이었다. 메리의 실력은 그런 공연에 전혀 적합하지 않았다. 그녀의 목소리는 약하고 태도는 부자연스러웠다. 엘리자베스는 괴로웠다. 그녀는 제인이 어떻게 견디고 있는지 보려고 했지만, 제인은 매우 차분하게 빙리 씨와 이야기하고 있었다. 그녀는 다른 두 동생들을 바라보았는데 그녀들은 서로 비웃는 신호를 보내고 있었다. 다아시 씨를 쳐다보니 그는 여전히 무표정하게 앉아 있었다. 그녀는 아버지를 바라보며 메리가 밤새 계속해서 노래할지 모르니 어서 멈춰달라고 간청하는 눈빛을 보냈다. 아버지는 그 신호를 알아차리고, 메리가 두 번째 노래를 끝내자마자 큰 소리로 말했다. "그만하면 아주 잘했다, 아가야. 우리는 충분히 즐거웠어. 다른 젊은 아가씨들도 재능을 보여줄 시간을 가져야지."

메리는 듣지 않은 척하려 했지만, 당황한 기색이 역력했다. 엘리자베스는 메리를 안타깝게 여겼으며, 아버지에게도 죄송했다. 하지만 자신의 걱정에도 동생이 계속할까 두려웠다. 이제 모임의 다른 사람들에게 청이 들어갔다.

"만약 제가 노래를 잘 부르는 행운을 가졌다면, 이 자리에 계신 분들께 기꺼이 한 곡 불러 드리는 것을 큰 기쁨으로 여겼을 겁니다. 음악은 매우 순수한 오락이고 성직자의 직분과도 완벽히 어울린다고 생각하거든요. 하지만 우리가 음악에 많은 시간을 쏟는 게 좋다고 말하려는 건 당연히 아닙니다. 분명 신경 써야 할 다른 일들이 있으니까요. 교구의 목사는 할 일이 많습니다. 우선, 자신에게 유리하면서도 후원자의 기분을 상하지 않게 하는 십일조 협정을 맺어야 합니다. 설교문도 직접 써야 하고, 남는 시간은 교구 의무와 자신의 거처를 돌보고 개선하는 데 써야 하죠. 거처를 최대한 편안하게 만들어야 하는 의무에서 면제될 수는 없답니다. 또한 모든 사람에게, 특히 자신의 승진에 도움을 준 사람들에게 세심하고 상냥한 태도를 보이는 것도 중요하다고 봅니다. 저는 그게 꼭 필요한 것이라 보며 또한 그 가족과 관련된 누군가가 있다면 존경심을 표현할 기회를 놓쳐서는 안 된다고 보지요." 콜린스 씨가 말했다.

그는 다아시 씨에게 고개를 숙이며 연설을 마쳤는데, 하도 말을 크게 해서 방에 있는 절반의 사람들이 다 들을 수 있었다. 많은 사람들이 놀란 듯 쳐다보기도 하고 미소 짓기도 했다. 하지만 베넷 씨만큼 흐뭇해 보이는 사람은 없었고 그의 아내는 진지하게 콜린스 씨가 매우 분별 있게 말했다고 칭찬하며, 루카스 부인에게 그가 매우 영리하고 좋은 청년이라고 속삭였다.

엘리자베스는 만약 자신의 가족이 저녁 내내 자신들을 최대한 드러내기로 약속하고 왔다 해도 이보다 더 생동감 있게, 더 성공적으로 자신의 역할을 다할 수는 없었을 것이라고 생각되었다. 빙리 씨와 언니에게는 그중 일부의 행동은 눈에 띄지 않았으므로 다행이라고 생각했으며, 빙리 씨가 본 것이 있더라도 그렇게까지 괴로운 건 아니었으리라고 생각하며 위안을 삼았다. 그러나 그의 두 누이와 다아시 씨에게 그녀의 가족을 조롱할 기회를 준 것은 충분히 괴로운 일이었다. 그녀는 신사 다아시 씨가 침묵 속에서 경멸하는 것이 더 참기 힘든 건지, 아니면 두 숙녀들의 조롱 섞인 거만한 미소가 더 참기 힘든 건지 결정할 수 없었다.

그날 저녁 남은 시간은 엘리자베스에게 큰 즐거움을 주지 못했다. 콜린스 씨는 그녀 곁에 끈질기게 붙어 있었다. 그는 그녀가 자신과 다시 춤추게 하는 데에도 성공하지 못했지만, 그녀가 다른 사람과 춤출 수 있는 가능성마저도 뺏고 있었다. 그녀는 그에게 다른 사람과 함께 서라고 간청하고 방의 젊은 여성들을 소개해 주겠다고 했지만, 그는 그럴 마음이 없다고 했다. 자신은 춤에는 관심 없고 그녀를 세심하게 살피며 자신을 그녀에게 잘 보이는 게 목표라며 저녁 내내 그녀 곁에 가까이 있겠다고 다짐했다. 그의 그러한 계획에 대해서는 논쟁할 여지가 없었다. 다만 그녀는 친구인 루카스 양에게 큰 위안을 얻었다. 루카스 양이 자주 그들과 합류하여 친절하게도 콜린스 씨의 대화를 자신에게로 돌렸기 때문이다.

엘리자베스는 적어도 다아시 씨에게 더 이상 주목받는 괴로움에서는 자유로웠다. 그는 그녀와 아주 가까이에 서 있고 특별히 다른 일에 얽매여 있지도 않았지만, 결코 말을 걸 만큼 다가오지는 않았다. 그녀는 이것이 위컴 씨에 대해 자신이 언급한 사실 때문일 거라고 생각하며 기뻐했다.

롱본 가족은 모든 손님 중 마지막으로 떠났고, 베넷 부인의 작전 덕분에 다른 모든 사람들이 떠난 후 15분 동안 마차를 기다려야 했다. 덕분에 그들은 빙리 씨 가족 중 일부가 그들을 얼마나 간절히 보내고 싶어 하는지 볼 수 있었다. 허스트 부인과 그녀의 동생은 피곤하다는 불평 외에는 거의 입을 열지 않았고, 자기들끼리만 집에 있고 싶어 한다는 걸 누가 봐도 알 수 있었다. 그들은 베넷 부인의 대화 시도를 모두 거절했고, 그로 인해 모두가 지루하고 나른한 상태가 되었다. 이 분위기는 콜린스 씨의 긴 연설에도 해소되지 않았다. 콜린스 씨는 빙리 씨와 그의 자매들에게 그들의 환대와 손님들에게 보인 예의와 공손함을 칭찬하고 있었다. 다아시 씨는 전혀 말을 하지 않았고, 베넷 씨는 조용히 그 장면을 즐기고 있었다. 빙리 씨와 제인은 다른 사람들과 약간 떨어져서 함께 서 있었고, 서로에게만 이야기하고 있었다. 엘리자베스는 허스트 부인이나 빙리 양만큼이나 조용히 있었고, 심지어 리디아도 "아, 너무 피곤해!"라고 가끔씩 말하며 큰 하품만을 했을 뿐이었다.

마침내 그들이 작별 인사를 하러 일어섰을 때, 베넷 부인은 곧 롱본에서 가족 모두를 다시 만날 수 있기를 간절히 바라며 매우 공손히 인사했다. 특히 빙리 씨에게 다가가 정식 초대가 없어도 언제든지 가족 저녁 식사를 함께 해주면 행복할 거라 했다. 빙리 씨는 고마운 마음으로 기꺼이 수긍하며, 런던에서 돌아온 후 가장 빠른 기회에 그녀를 방문하겠다고 약속했다. 그는 다음 날 잠시 런던에 가야 했기 때문이다.

베넷 부인은 완전히 만족스러워하며 집을 나섰고 결혼을 위해 필요한 준비, 새로운 마차, 결혼 의상 등을 감안할 때, 서너 달 안에는 자신의 딸이 네더필드에 정착할 것이라는 즐거운 확신을 갖게 되었다. 그녀는 콜린스 씨와 결혼할 다른 딸에 대해서도 같은 확신을 가지고 있었고, 그만큼 기쁘진 않아도 꽤 기쁜 마음으로 그렇게 생각했다. 엘리자베스는 그녀에게는 가장 덜 사랑스러운 자식이었다. 엘리자베스와 콜린스 씨와의 결혼도 그녀에게는 충분히 괜찮았지만, 그 각각의 가치는 빙리 씨와 네더필드에 비할 경우엔 보잘것없는 것이었다.

• 19장 •

다음 날 롱본에서는 새로운 장면이 펼쳐졌다. 콜린스 씨는 정식으로 청혼을 하기로 결심했다. 휴가가 토요일까지만 허용되었기 때문에 지체 없이 일을 처리하기로 결심한 그는 그 순간에 불안하거나 걱정할 것이 전혀 없었기에, 매우 질서 있게 규칙적인 절차라고 여겨지는 모든 것들을 계획에 따라 충실히 행했다. 아침 식사 후, 베넷 부인과 엘리자베스, 그리고 어린 딸 중 한 명이 함께 있는 것을 발견한 그는 베넷 부인에게 이렇게 말했다.

"부인, 오늘 아침 중에 제가 따님 엘리자베스 양과 개인적으로 만나서 얘기를 할 수 있도록 부탁드려도 될까요?"

엘리자베스가 놀라서 얼굴을 붉힐 틈도 없이 베넷 부인은 즉시 대답했다. "오, 정말! 네, 물론이죠. 리지가 매우 기뻐할 거예요. 그 녀는 반대할 이유가 없을 겁니다. 자, 키티, 너는 위로 올라가거라." 그러면서 하던 일을 챙겨 서둘러 나가려 할 때, 엘리자베스가 소리 쳤다.

"어머니, 가지 마세요. 제발 가지 말고 같이 계세요. 콜린스 씨는 저를 이해해 주실 거예요. 아무도 들어서는 안 되는 말을 제게 하실 게 뭐가 있겠어요. 저도 나갈래요."

"아니, 아니. 말도 안 돼, 리지. 자리에 있어라." 엘리자베스가 정 말로 짜증이 나고 당황한 표정으로 빠져나가려 할 때, 베넷 부인은 덧붙였다. "리지, 나가지 말고 콜린스 씨의 이야기를 들어봐야 해."

엘리자베스는 어머니의 그런 명령을 거역할 수 없었고, 잠시 생 각한 후 가능한 한 빨리 조용하게 이 일을 끝내는 것이 가장 현명할 거라고 생각했다. 그래서 다시 앉아 괴롭기도 하고 우습기도 한 감 정을 숨기려 애쓰며 하던 일을 계속하는 척했다. 베넷 부인과 키티 는 자리를 떠났고 그들이 나가자마자 콜린스 씨가 말을 시작했다.

"친애하는 엘리자베스 양, 진심으로 드리는 말씀입니다. 당신이 주저하니 오히려 당신의 다른 장점이 부각되는 것 같습니다. 이렇게 망설이시니 제 눈에 더 매력적으로 보입니다. 그래도 당신의 존경받 는 어머니의 허락을 받아 제가 이 말씀을 드리는 것이니 걱정 없습 니다. 당신이 타고난 섬세함 때문에 모르는 척하시는지도 모르겠으 나 제가 드리는 말의 취지는 명확합니다. 제 관심이 너무나 눈에 보 였을 테니 절대 모르실 리 없지요. 제가 이 집에 들어온 지 얼마 되지 않아 저는 당신을 제 미래의 동반자로 선택했어요. 하지만 이 문제에 대한 제 감정에 휘둘리기 전에 결혼의 이유와, 그리고 아내를 선택할 목적으로 제가 하트퍼드셔에 온 이유를 말씀드리는 게 좋을 것 같군요."

콜린스 씨가 그렇게 엄숙한 태도를 보이면서 감정에 휘둘린다는 말을 하자 엘리자베스는 웃음이 나올 것만 같았고 그가 말을 멈춘 짧은 시간 동안 더 이상 그를 막으려는 시도조차 할 수 없었다. 그는 계속해서 말했다.

"제가 결혼하려는 첫 번째 이유는 저와 같이 여유가 좀 있는 성직자는 자신의 교구에서 결혼의 모범을 보여야 옳다고 생각하기 때문입니다. 둘째는 결혼이 저의 행복을 늘려 줄 것이기 때문이지요. 셋째로, 아마도 제가 더 일찍 언급했어야 할 것 같은데, 존경하는 제 후원자님이신 매우 고귀한 부인의 특별한 조언과 추천이 있었기 때문입니다. 그녀는 결혼에 대해 두 번이나 제게 의견을 주셨어요. 물론 제가 요청하지도 않았습니다! 제가 헌스포드를 떠나기 전 토요일 밤 우리가 쿼드릴을 하던 중이었는데요, 젠킨슨 부인이 드 버그 부인의 발판을 정리하고 있을 때, 드 버그 부인이 말씀하셨어요. '콜린스 씨, 당신은 결혼해야 합니다. 당신 같은 성직자는 결혼해야 해요. 제대로 신부를 골라야 합니다. 저를 위해서라면 점잖은 여인을 선택하세요. 그리고 당신 자신을 위해서는 활동적이고 살뜰한 사람이면 좋겠군요. 너무 있는 집안에서 자라지 않은 사람이어야 해요. 적은 수입으로도 살림을 잘 꾸릴 수 있는 사람이요. 이게 제가 드리는 조언입니다. 가능한 한 빨리 그런 여인을 찾아 헌스포드로 데려오세요. 그러면 제가 그녀를 방문할게요.' 그리고 아름다우신 사촌 엘리자베스 양께 말씀드리고 싶은 건 저는 캐서린 드 버그 부인의 관심과 친절이 제가 결혼을 통해 당신께 제공할 수 있는 이점 중 결코 작은 부분이 아니라고 생각한다는 것입니다. 당신은 그녀의 태도가 제가 설명할 수 없을 만큼 좋은 분이라는 걸 알게 될 거예요. 그리고 당신의 재치와 활력은 그녀에게 분명 매력적으로 받아들여질 겁니다. 특히 그런 성격이 고귀한 지위의 부인에 대한 존경심으로 고분고분해지고 누그러질 때 말이죠. 이게 제가 왜 결혼하려 하는지에 대한 일반적인 이유입니다. 그럼 이제 제가 왜 제 고향 대신 롱본에 와서 결혼 상대를 골랐는지 설명해야겠네요. 제 고향에도 사랑스러운 젊은 여성들이 많거든요. 저는 당신의 존경하는 아버님께서 돌아가신 후, 물론 아버님은 여러 해 더 사실 수 있겠지만, 이 재산을 상속받게 될 사람이기에 저는 그의 딸들 중에서 아내를 고르기로 결심하지 않고서는 마음이 편할 수 없었습니다. 그 슬픈 일이 일어났을 때 그들의 손실을 최소화하기 위해서죠. 하지만 이미 말씀드렸듯이, 그 일은 몇 년 후에나 있을 일이지요. 아무튼 이것이 제 동기였습니다, 사랑하는 엘리자베스 양, 이런 이유 때문에 당신이 저한테 느끼는 존경심이 떨어지지 않기를 바랍니다. 이제 남은 건 제 애정이 얼마나 강렬한지 가장 생생한 언어로 당신에게 확신시키는 일뿐이군요. 재산에 대해서라면 저는 완전히 무관심하며, 당신 아버님께 그런 성격의 요구를 하지 않을 겁니다. 그런 요구가 받아들여질 수 없다는 걸 잘 알고 있으니까요. 그리고 연 4% 이율의 1천 파운드 자산, 이는 당신 어머니가 돌아가신 후에야 당신 것이 될 테고, 이것이 당신이 받을 수 있는 전부라는 것도 알고 있습니다. 그러므로 이 문제에 대해서는 절대 왈가왈부하지 않을 것이며, 우리가 결혼한 후에도 그 일로 인색하게 비난하는 일은 절대 없을 겁니다."

그가 계속 말하도록 놔두어선 안 되었다.

"너무 성급하시군요. 제가 아직 답변을 하지 않았다는 것을 잊으셨어요. 더 이상 시간 낭비 않고 바로 말씀드릴게요. 저에게 주신 칭찬은 감사합니다만, 또 당신의 제안이 저에게 영광이라는 것을 잘 알고 있지만, 저는 이를 거절해야만 할 것 같습니다."

"저는 알고 있어요." 콜린스 씨가 점잖게 손을 저으며 말했다. "젊은 여자들이 그들에게 청혼하는 남자를 마음속으로는 받아들이기로 마음먹고 있으면서도 일반적으로 처음에는 거절한다는 것을요. 때로는 거절이 두 번, 심지어 세 번 반복되기도 하죠. 그러므로 당신이 방금 말한 것에 전혀 낙담하지 않으며, 곧 당신과 결혼하게 되기를 희망합니다."

"이것 참, 거절했는데도 가능하다고 생각하시다니 참 특이하시네요. 말씀드리죠. 저는 처음에 거절하고 다시 한번 청혼받기를 기대하며 자신의 행복을 위험에 빠뜨리는 그런 젊은 여자가 아닙니다. 정말 그런 여자들이 있다면요. 제가 거절한 건 정말 진심이었어요. 당신은 저를 행복하게 할 수 없어요. 그리고 저처럼 당신을 행복하게 할 수 없는 사람도 없을 거예요. 게다가 만약 당신의 친구인 캐서린 부인이 저를 알게 된다면 그녀는 제가 당신의 아내로 완전히 부적합하다 생각하실 게 확실해요." 엘리자베스는 크게 말했다.

"캐서린 부인이 그렇게 생각할 게 확실하다면…" 콜린스 씨는 매우 진지하게 말했다. "하지만 저는 그 부인께서 당신을 전혀 반대하지 않을 것 같은데요. 제가 다시 그녀를 뵙게 된다면 당신이 얼마나 겸손하고 알뜰한지 말씀드리고 다른 매력적인 부분들도 칭찬할 거예요."

"콜린스 씨, 저에 대해 칭찬하실 필요 없어요. 제가 알아서 스스로 판단하게 내버려두세요. 제가 하는 말을 믿어 주시는 게 저에 대한 칭찬입니다. 저는 당신이 매우 행복하고 유복하게 사시길 바라요. 그건 제가 당신의 청혼을 거절해야만 가능하죠. 저에게 결혼 제안을 하시는 걸로 재산 상속에 관해 저희 가족에 대한 미안한 마음을 조금 상쇄시키려 하셨나 본데요, 롱본의 재산이 언제든지 넘어오면 아무 자책감 없이 소유하셔도 됩니다. 걱정 안 하셔도 돼요. 그러므로 이 문제는 최종적으로 해결된 것이에요, 아셨어요?" 그녀가 이렇게 말하며 일어서 가버리려 하자 콜린스 씨는 그녀를 불러세웠다.

"다음에 다시 제가 청혼할 때는 지금보다 더 긍정적인 답변을 받을 수 있기를 바랍니다. 지금 이렇게 잔인하게 거절하시는 것을 절대 비난하지 않을게요. 여성이란 남성의 첫 번째 요청에 거절하는 것이 일반적인 관습이라는 것을 저는 알고 있습니다. 지금 당신이 말씀하신 것도 제 청혼을 격려하기 위한 것 같아요. 여성의 특성인 섬세함에서 나온 걸 테니까요."

"정말이지, 콜린스 씨." 엘리자베스가 다소 열을 올리며 외쳤다. "참 답답하신 분이군요. 지금까지 제가 한 말이 당신에게 격려로 들렸나요? 그럼 제가 어떻게 거절의 뜻을 확실히 전달할 수 있을지 모르겠군요."

"친애하는 엘리자 양, 당신의 거절은 그저 형식적인 말일 뿐이라고 생각해도 될까요? 제가 그렇게 생각하는 이유는 간단합니다. 제 청혼이 당신의 수락을 받지 못할 만큼 가치 없다고 생각되지 않습니다. 제가 제공할 수 있는 환경이 그리 나쁘지 않기 때문이죠. 제 지위, 드 버그 가문과의 연줄, 그리고 당신과 저와의 관계는 모두 유리한 요소들입니다. 그리고 당신이 아무리 매력적이라도 결혼 제안이 다시 오지 않을 가능성을 고려하셔야 합니다. 불행히도 당신의 지참금이 너무 작아서 당신의 아름다움과 매력이 아무 효과를 못 낼 수도 있어요. 그래서 당신이 저를 진지하게 거절한 게 아니라고 결론짓겠어요. 이는 아마도 세련된 여성들이 즐겨 사용하는 방식으로 제 사랑을 더 커지게 하려는 당신의 바람 때문이라고 생각하겠습니다."

"정말이에요." 엘리자베스가 단호하게 대답했다. "저는 좋은 남자를 괴롭히는 그런 세련된 여성이 전혀 아닙니다. 저의 진정성을 믿어주세요. 그게 칭찬입니다. 제안해 주신 것에 대해 다시 한번 감사드리지만, 그것을 수락하는 것은 절대 불가능합니다. 모든 면에서 제 감정이 허락하지 않기 때문이에요. 이보다 더 명확하게 말씀드릴 수 있을까요? 지금 저를 당신을 괴롭히려는 세련된 여성으로 여기지 마시고요, 제발 진심에서 우러나오는 진실을 말하는 이성적인 존재로 보아 주세요."

"당신은 한결같이 매력적이군요!" 그는 용감하지만 어색한 태도로 외쳤다. "하지만 저는 당신의 훌륭한 부모님이 명확히 허락만 내려주신다면 제 청혼이 수락되지 않을 리 없다고 확신합니다."

엘리자베스는 이렇게 고집스러운 자기기만에 대해 더 이상 대답하지 않기로 하고 조용히 물러났다. 그녀는 그가 자신의 반복적인 거절을 그를 격려하는 걸로 계속 받아들이면 아버지에게 요청하기로 결심했다. 아버지가 부정적으로 대답하면 그때는 결정적으로 받아들여질 것이다. 적어도 아버지의 태도는 세련된 여성의 내숭이나 예의로 오해되지 않을 것이기 때문이다.

· 20장 ·

콜린스 씨가 자신의 성공적인 사랑을 조용히 되새길 시간을 가져보기도 전에 베넷 부인이 들어왔다. 현관에서 둘의 대화가 궁금해 서성거리다가 엘리자베스가 빠른 걸음으로 계단 쪽으로 지나가는 것을 보자마자 아침 식사실로 다시 들어온 것이다. 그녀는 그와 자신 모두에게 가까운 시일 내 이루어질 결혼을 축하하는 말을 했다.

콜린스 씨는 이러한 축하를 똑같이 기뻐하며 기꺼이 받아들였고 그 후에는 그들 대화의 자세한 부분을 말하기 시작했다. 그는 자신의 사촌이 그에게 단호한 거절을 한 것에 대해 만족할 이유가 충분하다고 믿고 있었다. 왜냐하면 그녀의 명백한 거절은 그녀의 수줍은 겸손과 섬세한 성격에서 자연스럽게 나온 결과라고 생각했기 때문이다.

그러나 이 사실은 베넷 부인을 깜짝 놀라게 했다. 그녀는 자신의 딸이 그를 격려하기 위해 그의 청혼에 반대한 거라고 기꺼이 믿고 싶었지만 감히 그럴 수 없었고, 이렇게 말할 수밖에 없었다.

"하지만 콜린스 씨, 염려 마세요. 엘리자베스는 곧 이성을 되찾게 될 겁니다. 제가 그 애에게 직접 이야기하겠어요. 그 애는 매우 고집이 세고 어리석은 소녀라 자신에게 이익이 되는 걸 알아보지 못해요. 하지만 제가 그걸 알려주죠."

"그렇지만 부인, 말을 가로막아 죄송합니다만 만약 그녀가 정말로 고집이 세고 어리석다면 저와 같은 처지의 남성에게는 그녀가 결혼 상대자로서 바람직하지 않을 것 같습니다. 결혼 생활에서 자연스레 행복을 찾는 제가 볼 때 만약 그녀가 제 청혼을 계속 거절한다면 억지로 청혼에 응하도록 강요하지 않는 게 나을지 모릅니다. 그렇게 성격에 결함이 있다면 그녀는 저를 행복하게 하지 못할 것이기 때문입니다."

"콜린스 씨, 제 말을 완전히 오해하셨군요." 베넷 부인이 놀라서 말했다. "엘리자베스는 이런 문제에만 고집이 셉니다. 다른 모든 면에서는 정말 착한 애예요. 제가 바로 남편에게 가서 말씀드려 볼게요. 이 문제를 그 애와 곧 해결할 수 있을 거예요."

그녀는 그가 대답할 시간을 주지 않고, 즉시 남편에게로 달려가 서재로 들어서며 외쳤다. "오! 여보, 우리는 당신이 당장 필요해요. 문제가 생겨서 소란스러워요. 당신이 엘리자베스에게 콜린스 씨와 결혼하도록 얘기 좀 해주셔야겠어요. 리지는 그와 결혼하지 않겠다고 맹세하고 있어요. 당신이 서두르지 않으면 그는 마음을 바꿔 리지를 더 이상 원하지 않게 될 거라고요."

베넷 씨는 아내가 들어오자 책에서 눈을 들어 아내의 얼굴을 바라보았고, 아내의 말에 전혀 개의치 않는 차분한 태도를 유지했다.

"당신의 말이 무슨 말인지 모르겠소. 무슨 이야기를 하고 있는 거요?" 베넷 부인이 말을 마치자 베넷 씨가 말했다.

"콜린스 씨와 리지에 대한 이야기예요. 리지는 콜린스 씨랑 결혼하지 않겠다고 선언했고, 그러니까 콜린스 씨도 이제 더는 리지를 원하지 않겠다고 말한다고요."

"그런 상황에서 내가 뭘 할 수 있겠소? 보아하니 방법이 없어 보이는군."

"직접 엘리자베스에게 말씀하세요. 콜린스 씨와 결혼해야 한다고 말 좀 세게 해요."

"내려오라고 해봐요. 내 의견을 말해줘야겠군."

베넷 부인은 종을 울려 엘리자베스에게 서재로 오라고 호출했다.

"가까이 와라, 애야." 엘리자베스가 들어오자 아버지가 말했다. "중요한 일로 널 불렀다. 콜린스 씨가 너에게 결혼 제안을 했다는 것을 들었다. 사실이냐?" 엘리자베스는 그렇다고 대답했다. "좋아. 그런데 네가 그 결혼 제안을 거절한 거냐?"

"예, 아버지."

"좋아. 그럼 이제 핵심으로 들어가지. 네 어머니는 네가 그 제안을 받아들이기를 원하신다. 그렇죠, 여보?"

"맞아요, 그렇지 않으면 다시는 리지를 안 볼 거예요."

"불행한 선택이 네 앞에 놓여 있구나, 엘리자베스. 오늘부터 너는 부모 중 한 명과는 안 보고 살아야 된다. 만약 콜린스 씨와 결혼하지 않으면 네 어머니는 너를 다시 보지 않을 것이고, 만약 결혼한다면 내가 너를 다시 보지 않을 것이다."

엘리자베스는 아버지 말의 결론이 시작과는 너무 대조적이어서 웃지 않을 수가 없었다. 그러나 어머니는 남편이 자신이 원하는 바와 똑같이 이 문제를 바라보고 있다고 생각했기에 이 말을 듣고 심하게 실망을 했다.

"아니, 당신 무슨 뜻이에요? 당신은 리지가 그와 결혼하도록 하겠다고 약속하지 않았나요?"

"여보, 두 가지 작은 부탁이 있소. 첫째, 이번 일에 대해 내 판단을 자유롭게 사용할 수 있도록 해주고 둘째, 제발 이 방을 좀 나가줘요. 가능한 한 빨리 서재에 나만 있게 해주면 고맙겠소."

하지만 베넷 부인은 남편의 태도에 실망했으면서도 이 문제를 포기하지 않았다. 그녀는 엘리자베스에게 여러 번 이야기하며, 달래기도 위협하기도 해보았다. 그녀는 제인을 자신의 편으로 끌어들이려 했지만, 제인은 어머니에게 가능한 한 부드럽게 이 일에 개입하지 않겠다고 말했다. 엘리자베스는 때로는 진지하게, 때로는 장난스럽게 어머니의 공격에 응답했다. 그녀의 대응하는 태도는 매번 달랐지만 결심은 결코 흔들리지 않았다.

한편, 콜린스 씨는 겪은 일에 대해 혼자 깊이 되씹어 보고 있었다. 그는 자신의 자아를 너무 높게 평가하기에 사촌이 자신의 청혼을 거절한 이유를 이해하지 못했고, 자존심이 상했지만 딱히 괴롭지는 않았다. 그녀에 대한 그의 애정은 허상에 불과했고, 그녀가 어머니의 비난을 받을 만하다는 생각을 하니 어떤 후회도 할 필요가 없었다.

가족 모두 이렇게 혼란에 빠져 있는 동안, 샬럿 루카스가 그들과 함께 하루를 보내기 위해 놀러 왔다. 그녀는 현관에서 리디아와 마주쳤는데, 리디아는 그녀에게 달려가 반쯤 속삭였다. "언니 오니까 너무 좋다! 우리 집에 정말 재밌는 일이 일어났어! 오늘 아침에 무슨 일이 있었는지 알아? 콜린스 씨가 엘리자베스 언니에게 청혼을 했는데, 언니가 그를 원하지 않는 거야."

샬럿이 대답할 새도 없이 그들의 대화에 키티가 같은 소식을 전하러 합류했다. 그들이 아침 식사실에 들어섰을 때, 그곳에는 베넷 부인이 혼자 있었고, 그녀 역시 이 주제에 대해 이야기하기 시작했다. 그녀는 루카스 양에게 동정을 호소하며, 친구로서 엘리자베스에게 가족이 원하는 걸 받아들이도록 설득해 달라고 간청했다. "부디 부탁해, 사랑하는 샬럿." 그녀는 우울한 목소리로 덧붙였다. "아무도 내 편이 아니야. 아무도 나를 도와주지 않는구나. 나는 너무 잔인하게 대우받고 있어. 아무도 내 불쌍한 신경을 이해해 주지 않는다고."

샬럿이 대답하기도 전에 엘리자베스가 등장했다.

"아, 저기 오네. 그렇게 태연한 척하면서, 자기가 원하는 것만 얻으면 우리가 요크에 살든 말든 신경도 안 쓰는 것같이 보이네. 하지만 내가 말하는데, 리지 따님, 만약 네가 계속 이렇게 모든 결혼 제안을 거절하면 너는 절대 남편을 얻지 못할 거다. 네 아버지가 돌아가시면 누가 널 부양할지 나는 진짜 모르겠어. 나는 너를 부양할 수 없을 테니 말이다. 그러니 경고하겠는데 오늘부로 너와 나는 끝이다. 내가 아버지 서재에서 너한테 말했지, 다시는 너와 얘기하지 않겠다고. 나는 약속을 지킬 거야. 불효한 자식들과 얘기하는 게 무슨 즐거움이 있겠니. 사실 나는 누구랑 얘기해도 별로 즐겁지 않단다. 나처럼 신경쇠약을 앓는 사람들은 말을 하고 싶지가 않아. 내가 얼마나 고통받는지 아무도 모를 거야! 하지만 항상 그렇잖니. 불평을 안 하면 바라는 게 없는 줄 알지. 불평하지 않는 사람들은 절대로 동정을 받지 못해."

딸들은 이 이야기를 침묵 속에서 듣고 있었고, 어머니를 달래거나 논리적으로 설명하려는 어떤 시도도 오히려 더 짜증이 나게 할 것임을 잘 알고 있었다. 그래서 어머니는 아무 방해도 받지 않고 계속해서 이야기했다. 그러던 중 콜린스 씨가 평소보다 더 위엄 있는 태도로 방에 들어왔고 그를 인지한 베넷 부인은 딸들에게 말했다. "이제 너희들은 모두 입 다물고 나와 콜린스 씨가 잠깐 대화하도록 해줄래?"

엘리자베스는 조용히 방을 나갔고 제인과 키티가 뒤따랐지만, 리디아는 자리를 지키며 가능한 모든 이야기를 듣겠다고 결심했다. 샬럿은 처음에는 콜린스 씨가 인사를 하자 마지못해 머물렀지만 그가 그녀와 가족에 대해 매우 상세하게 안부를 묻자 호기심도 조금

생기고 해서 나가지 않고 방 안 창가로 걸어가 듣지 않는 척했다. 베넷 부인은 울 듯한 목소리로 계획된 대화를 시작했다.

"오! 콜린스 씨!"

"친애하는 부인, 이 점에 대해서는 이제 우리 말하지 않기로 하지요." 그가 불만이 드러나는 목소리로 계속했다. "제가 말씀드릴 수 있는 것은 따님의 행동을 불쾌하게 여기지 않겠다는 겁니다. 우리는 불가피한 불행도 모두 감수해야 합니다. 특히 저처럼 일찍이 특혜를 받은 젊은이는 더욱 그렇습니다. 저는 단념하기로 했습니다. 사실 부인의 따님과 결혼했다고 해서 제가 정말 행복했을지도 의문이에요. 우리가 원하지만 얻지 못하는 것의 가치가 더 이상 크게 느껴지지 않을 때 포기하고 받아들이는 건 더 이상 어렵지 않더라고요. 제가 부인과 베넷 씨에게 직접 허락을 구하지 않고 딸에 대한 관심을 접는다고 해서 무례하다고 생각하지 않으셨으면 좋겠어요. 제가 부인이 아닌 따님의 입에서 거절을 받아들인 것이 문제가 될 수도 있어 걱정이 됩니다. 하지만 우리는 모두 실수를 할 수 있지요. 저는 이 모든 일에 대해 선의로 행동해 왔습니다. 저의 목표는 저 자신을 위해 사랑스러운 동반자를 찾는 것이었지만 이 댁 가족 모두의 이익도 고려했습니다. 저의 태도가 조금이라도 비난받을 만하다면 여기서 사과의 말씀을 드리겠습니다."

• 21장 •

콜린스 씨의 구혼에 대한 이야기는 이제 거의 끝나가고 있었다. 엘리자베스는 그로 인해 불편한 감정을 겪어야 했으며, 때때로 어머니의 짜증에도 시달려야 했다. 신사 콜린스는 당황하거나 낙담하지 않았고 그녀를 피하려고 노력하지도 않았다. 다만 딱딱한 태도와 원망 어린 침묵으로 자신의 기분을 드러냈다. 그는 그녀와 거의 대화를 하지 않았고, 그가 스스로 느꼈던 엘리자베스에게 열심이었던 관심은 그날 나머지 시간 동안 루카스 양에게로 옮겨졌다. 그녀가 콜린스 씨의 말을 공손히 잘 들어주어 가족 모두에게, 특히 그녀의 친구 엘리자베스에게는 위안이 되었다.

다음 날에도 베넷 부인의 불쾌한 기분은 나아지지 않았고 몸도 안 좋았다. 콜린스 씨 또한 자존심이 상해 화가 난 상태였다. 엘리자베스는 그가 화나서 이 방문일정을 줄이고 빨리 돌아가길 바랐지만 그의 계획은 전혀 영향을 받지 않는 것 같았다. 그는 예정대로 토요일까지 머무를 생각이었다.

아침 식사 후, 소녀들은 메리턴으로 산책 나가서 위컴 씨가 돌아왔는지 확인하고, 네더필드 무도회에 그가 오지 않아서 섭섭했다는 말도 전하려 했다. 그들이 마을에 들어서자 위컴이 그들과 합류했고 이모님 댁까지 동행했다. 이모님 댁에서 그는 참석 못해 유감이며 짜증이 났다고 말했고, 다른 이들도 모두 걱정했다는 이야기를 주고 받았다. 그러나 그는 엘리자베스에게는 자신이 자발적으로 가지 않은 것이라고 인정했다.

"시간이 다가오면서 차라리 다아시 씨를 만나지 않는 것이 좋겠다고 생각했어요. 그와 같은 방, 같은 파티에 오랜 시간 함께 있는 것은 제게 힘든 일이 될 수 있고, 저뿐만 아니라 지켜 보는 이들도 불쾌하게 만들었을지 모릅니다."

그녀는 그의 자제력을 칭찬해 주었고, 그들은 충분한 시간 동안 이에 대해 이야기하며 서로에게 예의 바른 칭찬을 아끼지 않았다.

위컴과 다른 장교 한 명이 그들을 롱본으로 데려다주는 동안, 그는 특히 엘리자베스에게 많은 관심을 기울였다. 그가 그들과 동행한 것에는 두 가지 좋은 점이 있었다. 그녀는 그가 같이 걸어가 주는 걸 자신에 대한 관심으로 받아들였고, 또한 그를 부모님께 소개할 좋은 기회라고 생각했다.

그들이 집에 돌아오자마자 제인에게 네더필드에서 온 편지가 배달되었다. 봉투 안에는 우아하고 매끈한 종이 한 장이 들어 있었고, 그 위에는 여자의 아름답고 유려한 글씨가 가득 적혀 있었다. 엘리자베스는 제인이 편지를 읽는 동안 그녀의 표정이 변하는 것을 보았고, 특히 몇몇 구절에 시선이 집중되는 것을 보았다. 제인은 곧 본래의 모습으로 돌아와 편지를 치우고 일반적인 대화에서 평소의 쾌활함을 되찾으려 했지만, 엘리자베스는 왠지 그에 대해 불안감이 느껴져 위컴에게도 집중하지 못했다. 위컴과 그의 동료가 작별 인사를 하고 떠나자, 제인은 엘리자베스에게 따라 올라오라는 눈짓을 보냈다. 방으로 들어오자, 제인이 편지를 꺼내며 말했다.

"캐롤라인 빙리에게서 온 편지야. 내용이 너무 놀라워. 그의 가족 전부 네더필드를 떠나 런던으로 가는 길이고 다시 돌아오지 않을 거래. 뭐라고 하는지 들어봐."

그녀는 첫 문장을 소리 내어 읽었다. 그 문장은 그들이 빙리와 함께 즉시 런던으로 가기로 결심했다는 것과, 허스트 씨의 집이 있는 그로스브너에서 저녁을 먹을 계획이라는 내용이었다. 그리고 다음 문장은 이렇게 이어졌다.

저는 하트퍼드셔를 떠나는 것에 대해 아무것도 아쉬울 게 없지만 당신과의 교류를 계속하지 못해 그것만이 아쉬울 뿐입니다. 나의 가장 친한 친구여, 하지만 우리는 언젠가 또 우리가 알던 즐거운 교류를 다시 누릴 수 있기를 희망합니다. 그리고 그동안 자주 솔직한 편지를 주고받음으로써 이별의 아픔을 달랬으면 좋겠어요. 그렇게 해주실 거라 믿어요.

엘리자베스는 이러한 과장된 표현에 대해 믿지 않기에 무감각하게 들었다. 그들의 갑작스러운 이사에 놀라긴 했지만, 슬퍼할 만한 일은 아니라고 생각했다. 그들이 네더필드를 떠난다고 해서 빙리 씨가 그곳에 다시 오지 않을 것이라고는 생각할 수 없었고, 누이들과 교류하지 못하는 것에 대해서는 제인이 빙리 씨와 함께하는 즐거움 속에서 다 잊어버리게 될 일이라고 확신했다.

잠시 침묵한 후 그녀는 말했다. "그들이 떠나기 전에 언니가 그들을 보지 못한 게 안타깝긴 하다. 하지만 빙리 양이 언젠가 다시 보기를 기대한다니 그 미래의 행복이 예상보다 더 빨리 찾아오고, 친구로서 즐겁게 교제했지만 그게 발전해 사돈지간이 되어 더 큰 만족을 줄지 누가 알아? 빙리 씨가 그 누이들 때문에 런던에 오래 붙잡혀 있지는 않을 거야."

"캐롤라인은 가족 중 누구도 이번 겨울에는 하트퍼드셔로 돌아오지 않을 거래. 그 부분을 읽어줄 테니 들어봐."

어제 오빠가 우리를 떠나 런던으로 갔을 때 그곳 일이 3~4일 내에 끝날 거라고 생각했지만, 우리는 그게 불가능하다는 것을 확신하게 되었고, 동시에 오빠가 일단 런던에 도착하면 서둘러 다시 런던을 떠날 생각은 없을 거라 믿게 되었어요. 그래서 우리는 그를 따라가기로 했어요. 오빠가 쓸쓸하게 혼자 호텔에서 시간을 보내지 않도록요. 나의 많은 지인들이 겨울을 보내기 위해 이미 런던에 와 있습니다. 나의 가장 소중한 친구인 당신이 그들 중 한 명이 될 생각이 있다면 너무 좋겠지만 그건 그냥 희망에 불과하겠죠. 하트퍼드셔에서 당신의 크리스마스가 보통 그 계절이 선사하는 즐거움으로 가득하길 진심으로 바라며, 나와 언니, 또 함께 떠나버린 세 남자가 더 이상 없다고 쓸쓸해하면 안 돼요. 그럴 겨를 없도록 멋진 남자들이 많이 나타나길 바랍니다.

제인은 말했다. "이 부분을 보면 그가 이번 겨울에는 돌아오지 않을 게 분명해."

"오직 빙리 양이 오빠가 여기로 돌아오는 걸 원하지 않는 것처럼 들리는걸."

"왜 그렇게 생각해? 그건 그의 결정일 거야. 그는 자기 일은 자기가 알아서 하는 사람이야. 네가 다 몰라서 그래. 특히 마음 아픈 구절을 읽어줄게. 너에게 내가 뭘 숨기겠니."

다아시 씨는 여동생을 만나기를 간절히 바라요. 사실 저희도 그 못지않게 그녀를 다시 만나는 것이 매우 기다려집니다. 저는 아름다움, 우아함, 재능 면에서 조지아나 다아시에 비견될 사람은 없다고 생각해요. 그녀가 루이자 언니와 저에게 불러일으키는 애정은 그녀가 앞으로 우리의 사돈이 될 수 있다는 희망에 더욱 특별해집니다. 오빠의 결혼에 대해 제가 느끼는 것들을 전에 언급했는지 기억이 나지 않지만, 여기를 떠나며 꼭 털어놓고 싶네요. 당신이 제가 느끼는 것들을 불합리하다고 여기지 않기를 바라요. 우리 오빠는 이미 그녀를 좋아하고, 이제는 가장 가까운 관계로 그녀를 자주 볼 기회를 가지게 될 것 같아요. 그녀 쪽 가족도 이런 관계를 원하고 있고요. 오빠는 어떤 여자의 마음도 사로잡을 수 있는 사람이라고 믿어요. 자기 오빠라고 자랑한다고 오해하지는 마시고요. 이렇게 모든 상황이 애정이 발전하는 데 유리하게 돌아가고 아무 방해물이 없다면, 사랑하는 친구 제인, 제가 많은 사람들이 행복해할 사건에 대한 희망을 품는 것이 잘못은 아니겠죠?

"어떻게 생각해, 리지?" 제인이 읽고 나서 물었다. "명확하지 않아? 캐롤라인은 내가 자신의 사돈이 되는 걸 기대하지도 바라지도 않는다는 걸 분명히 말하고 있잖아? 그녀는 오빠가 내게 무관심하다는 걸 완전히 확신하고 있어. 만약 내가 그에 대한 감정을 품고 있다면 미리 언질을 주어 나를 조심시키려는 것 아닐까? 어찌 보면 친절한 거지. 이에 대해 다른 의견을 가질 수가 있겠니?"

"응, 내 의견은 전혀 달라. 들어보겠어?"

"기꺼이."

"몇 마디로 요약해 줄게. 빙리 양은 오빠가 언니와 사랑에 빠진 것을 알고 있지만, 그가 다아시 양과 결혼하길 원하는 거야. 그래서 오빠를 따라 런던으로 가서 오빠가 계속 그곳에 머물게 하려는 거야. 그리고 언니한테는 자기 오빠가 언니한테 관심 없다고 설득하려고 하는 거잖아."

제인은 고개를 저었다.

"정말이야, 언니. 내 말을 믿어. 언니와 빙리 씨가 함께 있는 모습을 본 사람이라면 누구도 그의 애정을 의심할 수 없어. 빙리 양도 분명히 알 거야. 그녀가 그렇게 어리석지는 않으니까. 만약 다아시 씨가 자기에게 그런 모습의 반만 보여줬어도 그녀는 당장 결혼 준비를 시작했을 여자야. 어쨌거나 문제는 이거야. 우리는 충분히 부유하지도 집안이 좋지도 않아. 그래서 그녀는 오빠와 다아시 양을 결혼시키려 안달하고 있어. 한 번 결혼으로 가족 간 연이 맺어지면 자신과 다아시 씨의 두 번째 결혼은 더 쉽게 성사될 수 있다고 생각하는 거지. 그 점에서 약간의 교활함이 있긴 하지만, 만약 드 버그 양이 방해만 되지 않는다면 성공할 수도 있을지 몰라. 하지만 언니, 빙리 양이 자신의 오빠가 다아시 양을 많이 좋아한다고 말은 하고 있지만 그가 화요일에 언니에게 작별 인사를 했을 때보다 언니를 더 안 좋아하게 됐을 리는 없잖아. 그리고 자기가 아무리 그런다고 언니랑 사랑에 빠진 오빠가 다아시 양을 더 사랑하도록 만들 수도 없는 거고. 그러니 그런 나쁜 상상은 마.”

“내가 너랑 빙리 양에 대해 같은 생각을 갖고 있다면 너의 말이 위안이 되었을 거야. 하지만 너의 말은 기본부터가 정당하지 않아. 캐롤라인은 누구를 고의로 속일 사람이 아니야. 지금 내가 바라는 건 그녀가 상황을 잘못 이해하고 자기 자신을 속이고 있다는 것뿐이야.”

“그래, 그렇게 생각하는 게 제일 편하겠다. 어차피 내 말은 언니한테 위안이 안 될 테니 말이야. 그녀가 스스로 속고 있다고 믿어. 그게 언니가 친구에게 할 수 있는 최선이니까. 아무튼 그렇게 생각하고 언니도 더 이상 괴로워하지 마.”

“하지만 엘리자, 아무리 긍정적으로 생각하려고 해도 누이들과 친구들이 모두 다른 여자랑 성사되기를 바라는 남자를 계속 사랑한다면 내가 어떻게 행복할 수 있겠어?”

“그건 언니 스스로 결정해야 할 문제지. 만약 깊이 생각해 본 결과, 그의 누이들을 불쾌하게 하는 데서 오는 고통이 그의 아내가 되는 행복보다 더 크다고 생각된다면, 그때는 내가 진짜 언니한테 그를 잊으라고 말하겠어.”

"어떻게 그런 말을 할 수가 있니?" 제인이 희미하게 미소 지으며 대답했다. "그들이 반대하는 게 슬픈 일이긴 해도 내가 사랑에 주저하지 않는 사람인 건 너도 알잖아."

"언니가 그런 사람인 건 알지. 그런 상황이면 내가 언니를 완전 불쌍하게 여기지 않아도 되겠네."

"하지만 그가 이번 겨울에 다시 돌아오지 않는다면 내가 어떻게 생각할지에 대해 걱정할 필요조차도 없을 거야. 6개월이면 수많은 일이 일어날 수 있으니까!"

엘리자베스는 그가 다시는 돌아오지 않는다는 생각이 너무 싫었다. 엘리자베스에게는 그것이 캐롤라인의 바람에 불과하고, 그게 아무리 공개적이거나 교묘하게 표현되더라도 완전히 독립적인 한 젊은 남자에게 영향을 미칠 수 있다고는 상상할 수 없었다.

그녀는 이 문제에 대해 자신이 느끼는 바를 언니에게 최대한 강력히 전달했고, 곧 언니 반응에 효과가 있어 기뻤다. 제인은 낙담하지 않고 점차적으로 희망을 가지게 되었고, 비록 사랑에 대한 망설임이 때때로 그 희망을 압도하긴 했지만, 빙리가 네더필드로 돌아와 그녀의 바람에 응답해 줄 것이라는 믿음을 가지게 되었다.

그들은 어머니 베넷 부인에게는 그 가족이 떠난 소식만 알려 그 신사의 행동 때문에 괜히 걱정시키지 말자고 했다. 하지만 이러한 부분적 소식조차 어머니에게는 큰 걱정거리가 되었고, 그녀는 그 누이들이 모두 막 친해지려는 때에 떠나게 된 것이 너무도 운이 없다고 한탄했다. 그러나 그녀는 이내 빙리 씨가 곧 다시 내려와 롱본에서 저녁을 먹을 것이라 생각하고 위안을 얻었다. 심지어는 그가 단지 가족 저녁 식사에 초대받은 거라도 두 가지 코스로 저녁을 대접하자며 만족스럽게 결론지었다.

• 22장 •

베넷 가족은 루카스 집안과 함께 저녁 식사 약속을 했고, 그날의 대부분 동안 루카스 양은 친절하게 콜린스 씨의 말을 들어주었다. 엘리자베스는 기회를 잡아 그녀에게 감사의 말을 전했다. "네덕분에 그가 기분이 좋아. 너에게 어떻게 감사해야 할지 모르겠어." 샬럿은 자신이 도움이 되어 기쁘다고 했고 작은 시간이지만 자기의 희생이 충분히 보답받았다고 말했다. 이는 매우 다정한 말이었지만, 샬럿의 친절은 엘리자베스가 생각하지 못할 만큼 뻗어 나가 있었다. 그녀가 베푼 친절의 목적은 엘리자베스에 대한 콜린스 씨의 관심을 돌리는 것뿐 아니라 그 관심을 자신에게 향하도록 하는 것이었다. 이게 바로 루카스 양의 계획이었고, 겉으로 보기엔 정말 잘되는 것같이 보여서 그날 밤 헤어질 때 그가 일찍 하트퍼드셔를 떠날 거라는 사실만 아니었다면 자신의 계획이 완전히 성공했다고 믿었을 것이다. 그러나 여기서 그녀는 콜린스 씨의 열정과 독립적인 성격을 과소평가했다. 그는 이튿날 아침 롱본 집을 몰래 빠져나와 루카스 로지로 달려가 샬럿에게 구애했던 것이다. 그는 자신이 나가는 걸 사촌들이 보면 그 의도를 추측할 수 있을 것이라는 생각이 들어 되도록이면 눈에 띄지 않으려고 했다. 결과가 확실해지기 전까진 누구에게도 알리고 싶지 않았던 것이다. 샬럿이 꽤 긍정적인 신호를 보냈기에 그는 거의 성공을 확신했지만, 수요일에 있었던 사건으로 인해 다소 자신감이 떨어져 있는 것도 사실이었다. 그러나 그는 극진한 환영을 받았다. 루카스 양은 그가 집으로 걸어오는 것을 위층 창문에서 보고는, 즉시 그와 우연히 마주친 것처럼 하려고 바깥으로 나섰다. 그러나 그녀는 그곳에 그렇게 많은 사랑과 수사

144

적 표현이 기다리고 있을 것이라고는 상상도 못했다.

콜린스 씨의 긴 연설이 허락하는 한에서는 짧은 시간 안에, 모든 게 양쪽에게 다 만족스럽게 결정되었다. 그들이 집으로 들어서자마자 그는 자신을 가장 행복한 남자로 만들어 줄 날짜를 정해달라고 간청했다. 비록 그런 요청은 보통 같으면 답을 미뤄야 했지만, 샬럿은 그의 행복을 가벼이 여기고 싶지 않았다. 그는 타고나기를 어리석어 여자가 계속해서 구애를 받고 싶어 할 만큼 매력적인 구애를 하는 능력이 없었다. 샬럿은 정착을 하고 싶은 순수하고 단순한 마음으로 그를 받아들이는 것이라 언제 결혼 날짜를 정하든 상관하지 않았다.

윌리엄 경과 루카스 부인은 신속히 결혼을 승낙해달라는 요청을 받았고 기쁜 마음으로 선선히 이를 수락했다. 콜린스 씨의 현재 조건이 많은 재산을 물려줄 수 없는 자신들의 딸에게 매우 적합했기 때문이다. 앞으로의 그의 부의 전망은 매우 밝았다. 루카스 부인은 전에 없던 열의로 베넷 씨가 앞으로 몇 년이나 더 살지 계산해 보았다. 윌리엄 경은 콜린스 씨가 롱본 재산을 상속받을 경우, 그와 그의 아내가 세인트 제임스에 가는 것이 편해질 것이라는 의견을 내놓았다. 가족 모두가 이 일로 인해 기뻐했다. 샬럿의 여동생들은 기존에 생각했던 것보다 일이 년 더 빨리 결혼할 수 있다는 희망을 가졌고, 남자 형제들은 샬럿이 노처녀로 남을까 봐 걱정하던 걸 이제 하지 않아도 되어 좋았다. 샬럿은 그럭저럭 침착한 모습이었다. 자신의 목표를 달성했고, 그에 대해 생각해 볼 시간도 있었다. 생각해 본 결과 전반적으로 만족스러웠다. 콜린스 씨는 분명 분별력 있거나 멋진 사람이 아니었고 그와 산다면 재미없을 게 뻔했다. 그녀에 대한 그의 애정도 실질적인 게 아니었다. 하지만 그럼에도 그는 그녀의 남편이 될 것이었다. 그녀에게는 남자나 결혼이 중요한 것이 아니었지만 결혼은 항상 그녀의 목표였고, 잘 교육받았지만 재산이 많지 않은 젊은 여성에게 행복을 보장할 수는 없어도 결핍에서 보호해 줄 가장 만족스러운 유일한 준비며 대책이었다. 그녀는 이제 그 보호책을 얻었고, 27세의 나이에 결코 예쁜 외모가 아니었음에도 미인이 얻을 행운을 마음껏 느꼈다. 다만 이 일에서 가장 큰 걱정거리는 엘리자베스 베넷에게 끼칠 놀라움이었다. 엘리자베스와의 우정은 그녀에겐 다른 무엇보다도 소중한 것이었다. 엘리자베스는 놀랄 것이고 아마 그녀를 비난할 것이다. 그렇다고 비록 자신의 결심이 흔들리지는 않겠지만, 그렇게 소중한 친구의 반대로 상처받을 것임은 분명했다. 그래서 그녀는 자신이 직접 엘리자베스에게 말해야겠다고 생각하고, 저녁 식사 시간에 롱본으로 돌아가는 콜린스 씨에게 롱본 가족 누구에게도 이 일에 대해 조금의 암시도 주지 말라고 당부했다. 그는 물론 성실히 비밀을 지키겠다는 약속을 했지만 막상 그것을 지키는 것은 쉽지 않았다. 그가 오랫동안 어딜 갔다 왔는지 너무 궁금했던 롱본 가족은 그가 돌아오자 매우 직접적인 질문들을 쏟아내었고 그는 이 질문을 피하기 위해 상당한 기지를 발휘해야 했음과 동시에 자신의 성공적인 사랑을 세상에 알리고 싶은 자랑의 마음도 힘들게 자제해야만 했다.

그는 다음 날 너무 이른 시간에 떠나야 했기 때문에 작별 인사는 전날 밤 여인들이 잠자리 준비를 할 때 이루어졌다. 베넷 부인은 매우 공손하고 친절하게 그가 언제든지 근처에 다른 약속이라도 있으면 꼭 롱본에 다시 방문해 주기를 바란다고 말했다.

"친애하는 부인, 또 초대해 주신다니 특별히 기쁩니다. 제가 바랐던 것이라서요. 저는 가능한 한 빠른 시일에 또 방문하게 될 것 같습니다."

그들은 모두 놀랐다. 베넷 씨는 그가 그렇게 빨리 또 오는 것을 바라지 않았기에 즉시 말했다.

"하지만, 그러면 캐서린 부인이 반대하지 않을까요? 친척을 기쁘게 하는 것보단 괜히 후원자 심기를 건드리지 않는 게 낫소."

"친애하는 숙부님, 친절하게 걱정해 주시니 특히 감사드립니다. 저는 그녀의 동의 없이 어떤 중요한 일도 하지 않으니 걱정 안 하셔도 됩니다." 콜린스 씨가 대답했다.

"조심할수록 좋은 거요. 뭘 하든 그녀의 심기를 건드리진 말아요. 만약 당신이 여기 또 오는 게 그녀를 불쾌하게 할 가능성이 있다면, 그리고 내가 보기엔 매우 그럴 것 같으니, 우리 집에는 오지 말고 조용히 댁에 머물러요. 다시 오지 않는다고 해도 우리는 전혀 불쾌하게 여기지 않을 거니까요."

"염려 마세요. 다정한 배려에 깊이 감사드려요. 하트퍼드셔에 머무는 동안 보여주신 모든 애정 어린 관심에 대해 곧 감사 편지 드리겠다고 약속하겠습니다. 비록 곧 다시 올 것이지만, 저의 아름다운 사촌들의 건강과 행복을 기원하겠습니다. 물론 엘리자베스 양을 포함해서요."

정중히 인사를 나눈 후 여자들은 자리를 떠났는데 모두 그가 빠른 시일 내에 돌아오려 한다는 것에 똑같이 놀랐다. 베넷 부인은 그가 그녀의 다른 딸들 중 한 명에게 구애하려는 것이라고 이해하고 싶어 했고 메리는 그를 받아들이도록 설득될 수도 있을 것 같았다. 메리는 그가 다른 사람들보다 훨씬 뛰어나다고 평가했고, 그의 생각에 담긴 깊이가 종종 그녀에게 인상적으로 비쳐졌다. 비록 자신만큼 똑똑하지는 않다고 생각했지만, 자신이 모범이 되어 독서와 자기 발전을 독려하면 그는 매우 좋은 동반자가 될 수 있다고 생각했다. 그러나 다음 날 아침, 그런 모든 희망은 사라졌다. 아침 식사후 조금 있다 루카스 양이 찾아왔고, 엘리자베스와 사적으로 대화를 나누면서 전날 있었던 사건을 이야기해 주었기 때문이다.

엘리자베스는 요 며칠 간 콜린스 씨가 자신의 친구와 사랑에 빠진 건 아닐까 딱 한 번 생각한 적이 있었다. 그러나 샬럿이 그를 좋아하는 건 자신이 그를 좋아할 수 있는 것만큼이나 불가능해 보였었고, 그래서 그녀는 처음엔 너무 놀라 예의도 다 잊고 외쳤다.

"콜린스 씨와 약혼했다고! 샬럿, 말도 안 돼!"

이야기할 때는 침착하게 유지했던 샬럿의 표정은 친구의 직접적인 비난을 받자 일순간 당혹감을 비췄다. 하지만 그런 반응은 그녀도 예상했던 것이기에 곧 다시 평정을 되찾고 침착하게 대답했다.

"왜 그렇게 놀라, 엘리자? 콜린스 씨가 너에게 한 청혼에 성공하지 못했다고 해서 다른 여자의 호의를 얻는 것이 불가능하다고 생각해?"

하지만 엘리자베스는 곧 진정하고 노력을 다해 그들이 그렇게 된게 매우 기쁘다고 단호하게 말했다. 그녀가 상상할 수 있는 모든 행복을 바라 마지않는다고 이야기해 주었다.

"네가 어떻게 느낄지 알아. 놀랐겠지, 정말 많이 놀랐을 거야. 얼마 전까지만 해도 콜린스 씨는 너와 결혼하려 했으니까. 하지만 네가 좀 길게 보고 생각하면 내가 한 선택에 너도 만족할 거라고 믿어. 난 로맨틱한 사람이 아니야, 알잖아. 항상 그랬지. 그저 편안한 가정을 원할 뿐이야. 콜린스 씨의 성격, 인맥, 그리고 사회적 지위를 고려할 때, 그와 행복한 가정을 꾸린다면 대부분의 사람들이 결혼을 시작할 때 자랑할 수 있는 것만큼은 충분히 나도 자랑할 수 있을 것 같아."

엘리자베스는 조용히 "당연하지"라고 대답했고, 어색한 침묵 후에 그들은 나머지 가족들 곁으로 왔다. 샬럿은 오래 머물지 않고 돌아갔으며, 엘리자베스는 그제야 비로소 들은 내용을 곱씹어 생각할 수 있었다. 그녀가 샬럿과 콜린스 씨의 어울리지 않는 결혼을 이해하고 받아들이기까지는 꽤 시간이 걸렸다. 콜린스 씨가 사흘 동안 두 번이나 청혼을 한 것도 너무 신기하지만 그가 여자에게 받아들여졌다는 사실은 훨씬 신기했다. 엘리자베스는 결혼에 대한 샬럿의 생각이 자신의 의견과 다르다는 것을 항상 알고는 있었지만, 실질적인 상황이 닥쳤을 때 샬럿이 모든 감정을 다 버리고 세속적 이익을 위해 희생할 것이라고는 생각하지 못했다. 콜린스 씨의 아내가된 샬럿을 생각해 보면 정말 굴욕적인 그림이었다! 그리고 친구가자존감을 떨어뜨리고 자신을 실망시켰다는 고통스러운 생각 외에도, 친구가 선택한 삶에서 어느 정도라도 행복할 수 없을 거라는 괴로운 확신이 더해졌다.

• 23장 •

엘리자베스는 어머니와 자매들과 함께 앉아 자신이 들은 것에 대해 생각하며 자신이 그것을 가족들에게 말할 자격이 있는 건지의심하고 있었는데 그때 윌리엄 경이 나타났다. 그는 샬럿이 보내서 온 것이었으며 엘리자베스 가족에게 딸의 약혼을 알렸다. 그는엘리자베스 가족에게 많은 칭찬을 하고 두 집안의 연결에 대해 자부심을 드러내며 혼자 신나서 그 이야기를 전했다. 그러나 듣는 이들은 단순히 놀라움에 빠진 것뿐 아니라 믿을 수 없다는 반응을 보였다. 베넷 부인은 예의는 무시하고 집요하게 그가 완전히 잘못 안 것이라 주장했고, 평소 조심성이 없고 종종 버릇도 없는 리디아 는 시끄럽게 소리쳤다. "세상에! 윌리엄 경, 어떻게 그런 말씀을 하실 수 있죠? 콜린스 씨가 리지 언니와 결혼하고 싶어 한다는 걸 모르세요?"

궁중의 정중함을 지닌 그였기에 망정이지 누구라도 그러한 대우를 화내지 않고 받아들일 수는 없었을 것이다. 그러나 윌리엄 경의 좋은 기질은 그 모든 것을 참게 해주었고, 그는 자신이 알고 있는 게 맞다고 확신시키면서 그들의 무례함을 매우 공손하고 참을성 있게 들었다.

엘리자베스는 그를 그 불쾌한 상황에서 구해줘야 한다는 책임감을 느끼고 자신은 샬럿에게서 그 소식을 먼저 들었다고 언급하며 그의 말이 맞다고 확인시켰고, 진심 어린 축하 인사로 어머니와 자매들의 외침을 멈추려 애썼다. 제인도 기꺼이 그녀의 축하에 동참했다. 그녀는 결혼에서 기대할 수 있는 행복, 콜린스 씨의 뛰어난 인격, 그리고 런던에서 가까운 헌스포드의 편리한 위치 등 다양한 의견을 말해주었다.

베넷 부인은 윌리엄 경이 돌아가기 전까지는 너무 충격을 받아 많은 말을 할 수 없었다. 그러나 그가 가자마자 그녀의 감정은 빠르게 분출되었다. 첫째, 그녀는 끝까지 그 일 전체를 믿지 못하겠다고 고집했다. 둘째, 그녀는 콜린스 씨가 분명 속은 거라고 확신했다. 셋째, 그녀는 그들이 결코 행복하게 살지 못할 거라고 믿었다. 그리고 넷째, 그 결혼이 깨질 수 있다고 생각했다. 그녀는 이 사건 전체에서 두 가지의 분명한 추론을 이끌어 냈다. 하나는 엘리자베스가 이 잘못된 사건의 진짜 원인이라는 것과 또 하나는 자신이 그들 모두에게 야만적인 취급을 받았다는 것이었다. 그리고 그녀는 그날 내내 주로 이 두 가지 점을 반복해 말했다. 아무것도 그녀를 위로하거나 달래 줄 수 없었다. 그날이 다 지나가도 그녀의 분노는 사그라들지 않았다. 일주일이 지나서야 그녀는 엘리자베스를 꾸짖지 않고 볼 수 있었고, 한 달이 지나서야 윌리엄 경이나 루카스 부인에게 무례하게 말하지 않을 수 있었으며, 그들의 딸 샬럿을 용서하는 데는 몇 달이 걸렸다.

그러나 베넷 씨는 그 사건에 대해서 훨씬 더 평온한 태도를 보였고 그가 느끼는 감정은 일종의 유쾌함이라고 했다. 어느 만큼은 분별 있을 거라 여겼던 샬럿 루카스가 자신의 아내만큼이나 어리석고 그의 딸보다 더 어리석다는 것을 발견했기에 만족스럽다고 했다.

제인은 그 결혼에 약간 놀랐다고 고백했지만, 놀란 것보다는 그들의 행복을 진심으로 바라는 마음에 대해 더 많이 이야기했다. 엘리자베스는 제인에게 그것이 있을 수 없는 일이라 믿도록 설득할 수도 없었다. 키티와 리디아는 루카스 양을 부러워하지 않았는데, 콜린스 씨가 그저 성직자라는 이유 때문이었다. 그들에게는 메리턴에서 퍼뜨릴 소문으로서의 가치 외에는 어떤 영향도 미치지 못했다.

루카스 부인은 딸을 결혼을 잘 시킨다는 흐뭇함으로 베넷 부인에게 반격할 수 있다는 생각으로 기뻤고, 평소보다 더 자주 롱본을 찾아가 자신이 얼마나 행복한지 이야기했다. 베넷 부인의 뚱한 표정과 악의에 찬 발언이 행복을 멀리 쫓아낼 만큼 심했지만 말이다.

엘리자베스와 샬럿 사이에는 거리감이 생겨나 서로 말을 아꼈고 이 주제에 대해서는 아예 침묵했다. 엘리자베스는 이제 그들 사이에 다시 진정한 신뢰가 생겨나긴 어렵다고 확신하게 되었다. 샬럿에 실망하여 엘리자베스는 자신의 언니 제인을 더 좋아하게 되었고 제인의 올바름과 섬세함에 대한 신뢰는 절대 흔들리지 않을 것임을 확신했다. 그리고 빙리가 런던으로 가 일주일째 돌아오지 않자 그녀는 점점 더 제인의 행복을 걱정하게 되었다.

제인은 캐롤라인에게 빠르게 답장을 보냈고, 다시 소식을 들을 수 있기를 손꼽아 기다리고 있었다. 한편 콜린스 씨가 보내겠다고 약속했던 감사 편지는 아버지 앞으로 화요일에 도착했다. 그 편지는 마치 1년은 족히 가족과 함께 살며 폐를 끼쳤던 사람이 쓴 것처럼 감사의 마음이 가득한 엄숙한 문체로 쓰여 있었다. 그 후, 그는 사랑스러운 이웃 샬럿 루카스의 애정을 얻은 기쁨을 표현하면서, 베넷 부부가 또 놀러 오라고 한 초대에 응해 그렇게 빨리 또 롱본에 오고자 한 이유도 그녀의 곁에서 시간을 보내고 싶었기 때문이라고 설명했다. 또한 캐서린 부인이 이 결혼을 열렬히 찬성하여 가능한 빨리 결혼하길 원했으며, 이것이 샬럿이 자신을 가장 행복한 남자로 만들어 줄 날짜를 빨리 잡도록 설득할 강력한 이유가 될 거라고 믿었다.

콜린스 씨가 하트퍼드셔에 다시 오는 것은 더 이상 베넷 부인에게 기쁜 일이 아니었다. 오히려 그녀는 남편만큼이나 불만을 품고 있었다. 그가 루카스 로지가 아닌 롱본으로 오는 것은 매우 이상한 일이었고, 또한 매우 불편하고 극히 성가신 일이었다. 그녀는 자신의 건강이 좋지 않은 상황에서 집에 손님이 오는 것을 싫어했고, 연인들은 모든 사람 중에서도 가장 불쾌한 존재였다. 이런 것이 베넷 부인의 사소한 불평거리였고, 계속되는 빙리 씨의 부재로 인해 그녀의 불만은 더욱 커졌다.

제인과 엘리자베스도 이 문제에 대해 편하지 않았다. 빙리 씨에게서 다른 소식은 없었고 오직 그가 겨울 내내 네더필드에 더 이상 오지 않을 것이라는 소문만이 메리턴에 돌았다. 이 소문은 베넷 부인을 극도로 화나게 했으며, 그녀는 그 소문이 가증스러운 거짓말이라고 한사코 부정했다.

심지어 엘리자베스도 두려워지기 시작했다. 빙리가 무관심해서가 아니라 그의 자매들이 그를 자신들에게서 떼어 놓는 데 성공하는 것만 같았다. 언니의 행복을 무너뜨리는 생각이고 연인이 변할지 모른다는 부정적인 생각이었지만 그런 생각이 자주 떠오르는 것을 막을 수는 없었다. 그의 냉정한 두 누이와 강한 성격의 친구가 힘을 합해 노력하고 거기에 다아시 양의 매력과 런던의 즐거운 놀잇거리들이 더해진다면 빙리 씨의 애정이 약해질 수 있을 거라는 두려움을 느꼈다.

제인에게는 이러한 의심과 불안이 더욱 고통스러웠지만, 자신이 느끼는 그런 감정을 숨기고 싶어 했으므로 엘리자베스와의 사이에서 이 주제가 언급되는 일은 결코 없었다. 그러나 그런 배려는 어머니를 제지하지는 못해서 한 시간이 멀다 하고 어머니는 빙리 씨 이야기를 하거나 그가 언제 돌아오냐며 조급해했다. 어머니는 심지어 제인에게 그가 돌아오지 않으면 그녀가 매우 부당한 대우를 받는 기분이 든다고 그에게 고백하라고 요구했다. 이런 공격을 비교적 차분하게 견디기 위해 제인에겐 꾸준한 온유함이 필요했다.

콜린스 씨는 2주 후 월요일에 딱 맞추어 다시 왔지만, 롱본에서는 그가 처음 왔을 때만큼 환영하지 않았다. 그러나 그는 너무 행복해서 많은 관심이 필요 없었고 롱본 사람들에게도 다행인 게 연애하느라 같이 있는 시간이 많지 않았다. 그는 거의 매일 루카스 로지에서 시간을 보냈고, 때때로 가족이 잠들기 바로 전에 돌아와 외출

해서 죄송하다는 밤 인사를 하곤 했다.

베넷 부인은 정말로 애처로운 상태였다. 결혼에 관한 이야기만 언급되어도 그녀는 불쾌한 감정에 휩싸였지만, 어디를 가든 그 이야기를 듣지 않을 수 없었다. 루카스 양을 보는 것은 혐오스러웠다. 그녀는 자신의 집을 이어받을 후계자였기에 질투 섞인 혐오감이 느껴졌다. 샬럿이 롱본 집에 놀러 올 때마다 자신의 집을 차지할 시간만 기다리고 있다고 생각했고, 콜린스 씨에게 속삭일 때마다 둘이 롱본 집에 대해 이야기하며 베넷 씨가 죽으면 즉시 자신과 딸들을 집에서 쫓아낼 계획을 세우고 있다고 확신했다. 그녀는 남편에게 이 모든 불만을 토로했다.

"정말이지 여보, 샬럿 루카스가 이 집 안주인이 된다고 생각하면 죽겠어요. 내가 그 애를 위해 자리를 양보해야 하고, 그 애가 이 자리에 앉는 모습을 봐야 한다니!"

"여보, 그런 우울한 생각을 왜 하오. 더 좋은 쪽으로 바라봐요. 내가 오래 살면 그런 일은 없을 테니 그 생각으로 위로해 봅시다."

이 말은 베넷 부인에게 그다지 위로가 되지 않았고, 그래서 그녀는 대답하지 않고 하던 얘기를 계속했다.

"그들이 이 모든 재산을 갖는다고 생각하면 참을 수가 없어요. 상속이란 것만 없으면 신경 쓸 일 없었을 텐데."

"뭐를 신경 쓰지 않겠다는 거요?"

"아무것도 신경 쓰지 않을 거라고요."

"그렇다면 당신이 그런 무신경 상태에서 벗어나 있는 걸 감사히 생각합시다."

"나는 상속과 관련된 건 뭐든 절대로 감사할 수 없어요, 여보. 어떻게 당신이 낳은 딸들에게 재산을 상속하지 않고 콜린스 씨가 상속을 받는지 이해할 수가 없어요! 어째서 그가 다른 누구보다 더 가져야 하냐고요!"

"당신 스스로 판단하구려." 베넷 씨는 이렇게 대답할 뿐이었다.

• 24장 •

빙리 양의 편지가 도착했고, 모든 의문도 끝이 났다. 첫 문장부터 그들이 겨울 내내 런던에 머물 것이고 빙리 씨가 하트퍼드셔를 떠나기 전 친구들에게 인사를 하지 못한 것을 유감으로 생각한다고 적혀 있었기 때문이다.

희망은 완전히 사라졌고, 제인이 겨우 편지의 나머지 부분에 주의를 기울여 읽을 수 있었을 때, 그녀에게 위안을 줄 수 있는 것은 빙리 양의 의례적 애정 표현 외에는 없었다. 다아시 양의 칭찬이 편지의 대부분을 차지하고 있었고, 다아시 양이 매력적이라는 말을 또다시 언급하고 있었다. 캐롤라인은 그들이 더욱더 친해지고 있어 기쁘다고 자랑하며, 이전 편지에서 드러낸 서로 사돈지간이 되고 싶은 소망이 이루어질 것 같다고 예측하기까지 했다. 자신의 오빠가 다아시 씨의 집에 거주하고 있으며 다아시 씨는 새 가구를 들여놓을 거라고 신이 난 투로 적혀 있었다.

엘리자베스는 제인에게서 이 모든 것을 곧바로 듣고는 말없이 분노를 느꼈다. 그녀의 마음은 언니에 대한 걱정, 그리고 다른 이들에 대한 원망, 두 가지로 갈라졌다. 자신의 오빠가 다아시 양을 좋아한다는 캐롤라인의 주장은 전혀 믿지 않았다. 그녀는 빙리 씨가 정말로 제인을 좋아하고 있음을 예전부터 의심하지 않았고, 자신도 그를 좋게 생각했던 만큼 이제 그의 그런 느슨한 성향과 강력히 자기 주장을 하지 못하는 모습에 분노가 일었다. 주위 사람들의 계략에 의해 자신의 행복을 그들의 변덕에 바치고 있는 노예와도 같은 그의 모습에 화가 났다. 단지 그의 행복만 희생된다면, 그가 원하는 대로 자신의 행복을 다루도록 내버려 두었겠지만 언니의 행복도 그것에 연관되어 있었고, 그도 그것을 분명히 알고 있을 거라고 그녀는 생각했다. 결국 이 문제를 깊이 생각하면 할수록 엘리자베스는 더 많은 고민에 빠졌지만 모두 헛된 것이었다. 그러나 그녀는 다른 생각을 할 수 없었고 빙리의 마음이 정말로 식었는지, 아니면 주위 사람들의 간섭으로 억눌린 것인지 궁금했다. 그가 제인의 애정에 대해 알고 있었던 건지 아니면 애시당초 모르고 있었던 건지 의문이 들기도 했다. 그 차이에 의해 그녀의 생각이 달라질 수는 있었겠지만 언니의 상황은 달라질 것이 없었고, 언니 마음의 평화는 여전히 상처받은 상태 그대로였다.

하루이틀이 지나서야 제인은 자신의 감정을 엘리자베스에게 이야기할 용기를 낼 수 있었다. 베넷 부인이 네더필드와 그 주인에 대해 평소보다 더 길게 불만을 터뜨린 후 제인과 엘리자베스를 남겨두고 나간 후에야 제인은 말을 했다.

"아, 어머니가 좀 더 자신을 잘 다스린다면 좋겠어! 계속 그 사람에 대해 이야기함으로써 얼마나 내게 큰 고통을 주는지 어머니는 전혀 모르셔. 하지만 나는 불평하지 않을래. 이 상황이 오래가진 않을 거야. 그는 잊혀질 거고 우리는 다시 예전처럼 돌아갈 수 있을 거야."

엘리자베스는 의심스런 걱정의 눈으로 언니를 바라보았지만 아무 말도 하지 않았다.

"넌 나를 의심하지?" 제인이 약간 얼굴을 붉히며 외쳤다. "정말로 그럴 필요 없어. 그는 내 기억 속에서 가장 기분 좋은 남자로 남게 될 거야. 그리고 그게 전부야. 나는 더 이상 희망도 두려움도 없어. 그를 비난할 것도 없고 말이야. 하나님께 감사하게도 고통도 없어. 조금만 시간이 지나면 나는 반드시 극복할 수 있을 거야."

그녀는 곧 더 힘찬 목소리로 덧붙였다. "나는 이런 생각이 들었는데 그게 위안이 돼. 이건 단지 내 쪽의 단순한 착각에 불과하다는 것이고, 나 말고 다른 누구에게도 해를 끼치지 않는다는 거야."

"언니!" 엘리자베스가 외쳤다. "언니는 너무 착해. 천사도 언니만큼 다정하고 이타적이진 못할 것 같다. 뭐랄까, 나는 이런 착한 언니를 한 번도 제대로 못 대해 준 것 같아. 언니가 받아 마땅한 사랑이 넘치는 대우를 못 해 준 것 같아."

제인은 자기는 그렇게 착하고 좋은 사람은 아니라고 극구 부인하며, 동생이 따뜻한 마음을 가진 거라고 칭찬을 돌렸다.

"아니, 이건 공정하지가 않아. 언니는 모든 사람이 존경받아야 한다고 생각하고, 내가 누구에 대해 나쁘게 말하면 상처받아. 나는 언니가 완벽하다고 말하는 건데 아니라 하고. 내가 너무 지나치게 행동하거나 언니처럼 착한 사람들이 가진 권리를 침해할까 걱정하지는 마. 내가 정말 사랑하는 사람은 몇 안 되고, 좋게 생각하는 사람은 더 적어. 세상을 더 많이 볼수록 나는 불만족스러운 게 더 많아져. 매일매일 인간의 성격에는 일관성이 없다는 믿음이 확고해지고, 장점이나 분별력이 있더라도 점점 믿을 수가 없고 말이야. 최근에 두 가지 경우가 그랬는데 하나는 언급하지 않겠고, 다른 하나는 샬럿의 결혼이지. 이건 설명 불가해! 모든 면에서 설명이 불가능한 일이라고!"

"리지, 그런 감정에 휘둘리지 마. 그건 네 행복을 망칠 거야. 너는 상황이나 기질이 다른 걸 충분히 고려하지 않고 있잖아. 콜린스 씨의 존경할 만한 태도와 샬럿의 안정적이고 신중한 성격을 고려해 봐. 샬럿은 대가족의 일원이잖아. 재산 면에서는 가장 유리한 결혼이지. 그러니까 모두를 위해 샬럿이 우리 사촌에 대해 어떤 애정과 존경을 느낄 수도 있다는 걸 그 입장에서 생각해 봐."

"언니가 좋다면 뭐든 믿으려고 할 수 있지만, 이런 믿음이 누구한테 이익이 되지? 만약 내가 샬럿이 그를 좋아한다는 걸 믿게 되었다 치자. 그러면 나는 샬럿의 마음보다는 그 애의 판단력에 대해 더 나쁘게 생각할 것 같아. 언니, 콜린스 씨는 자만심이 강하고 허세 덩어리며, 편협하고 어리석은 남자야. 언니도 나만큼 그를 알잖아. 그런 남자랑 결혼하는 여자는 제대로 된 사고방식을 가졌을 리 없어. 샬럿 루카스라 하더라도 언니는 그 애를 변호할 수 없다고. 한 사람을 위해 원칙과 청렴의 의미를 바꿀 수는 없는 거야. 이기심은 신중함이 아니야. 위험에 대해 무감각한 게 행복을 보증해 주는 게 아니라고. 언니 스스로도 그렇게 생각하면 안 되고 나에게도 그렇게 설득하려 하지 마."

"두 사람에 대해 너무 심하게 말하는 거 아니야? 그들이 함께 행복해하는 모습을 보면서 너도 그걸 믿게 되면 좋겠다. 하지만 어쨌든 그 이야긴 그만 하자. 다른 또 하나가 있다 하지 않았니? 두 가지 경우라고 한 것 같은데, 내가 오해한 건 아니겠지. 그 사람 얘기라면 제발 간청할게. 그 사람을 비난하지 말아줘. 그리고 그에 대해 네가 완전 실망했다는 그런 말도 하지 말아줘. 우리가 누가 의도해서 상처받았다고 쉽게 생각해서는 안 돼. 젊은 남자가 항상 조심스럽고 신중할 거라고 기대하진 않겠지. 그건 종종 우리 자신의 허영심일 뿐이야. 허영심이 우리를 속이는 거야. 여자들은 남자가 칭찬하고 감탄하면 실제보다 더 큰 의미가 있다고 착각하는 거야."

"남자들이 그렇게 생각하게끔 만드는 거잖아."

"만약 그게 계획적인 거라면 정당한 건 아니지. 그렇지만 그렇게 계획을 꾸미고 그런 일이 세상에 많진 않아."

"나는 빙리 씨가 어떤 의도를 가지고 행동했다고 생각하지는 않아. 하지만 잘못을 저지르거나 다른 사람을 불행하게 만들려는 계획이 없어도 실수는 일어날 수 있고, 비참한 결과가 생겨날 수 있지. 말하자면 생각이 없는 것, 타인의 감정에 대한 무관심, 그리고 결단력 부족 같은 게 문제를 일으킬 수 있다는 거지."

"그럼 넌 이 문제가 그중 하나의 탓이라는 거야?"

"응, 마지막 경우야. 하지만 언니가 소중히 여기는 사람들에 대한 내 생각이 언니 기분만 상하게 할 테니 그만 말하게 해줘."

"그렇다면 너는 그의 누이들이 그에게 영향을 미치는 거라고 계속 믿는 거야?"

"응, 그의 친구 다아시 씨랑 함께."

"믿을 수가 없어. 그들이 왜 그에게 영향을 미치려고 하겠니? 그들은 오직 그의 행복을 바랄 뿐이야. 만약 그가 진짜 내게 마음이 있다면 다른 어떤 여자도 그의 행복을 보장할 수 없지."

"앞에 한 말은 틀렸어. 그들은 그의 행복 외에도 많은 것을 바랄 수 있어. 그들은 그의 재산이 더 많아지고 지위가 더 높아지길 원할 수도 있고, 돈과 사회적 인맥을 갖추고 자부심이 강한 여자와 결혼하기를 바랄 수도 있고."

"확실히 그들은 그가 다아시 양을 선택하기를 원할 거야. 하지만 그게 네가 생각하는 것보다는 더 긍정적인 감정에서 비롯된 것일 수도 있어. 그들은 나보다는 그녀를 훨씬 오래 알아왔으니 그녀를 더 좋아하는 게 이상할 것도 없지. 그러나 그들의 바람이 무엇이든 간에 그들이 형제인 빙리 씨의 선택에 반대할 이유가 뭐가 있겠어. 특별히 반대할 일이 없다면 어떤 누이가 그러겠어? 그러니까 만약 그들이 빙리 씨가 나에게 마음을 두고 있다는 걸 알았다면 우리를 갈라놓으려 하지 않았을 거야. 그가 내게 마음이 있다면 갈라놓으려 해도 성공 못할 거고. 네가 그렇게 가정하는 건 모두가 부자연스럽고 잘못된 행동을 하는 것처럼 보이게 만들고 무엇보다 나를 불행하게 만들어. 그런 생각으로 날 괴롭히지 말아줘. 내가 착각했다고 해도 부끄러울 거 없어. 그건 별것도 아니고 빙리 씨나 그의 누이들을 나쁜 사람들로 매도하는 것과 비교하면 아무것도 아니야. 내가 최선의 시각으로 그들을 바라보게 내버려 두렴. 그들을 이해할 수 있는 방식으로 말이야."

엘리자베스는 그런 언니의 바람에 반대할 수 없었고, 그때부터 빙리 씨의 이름은 두 사람 사이에서 거의 언급되지 않았다.

베넷 부인은 빙리 씨가 돌아오지 않는 사실에 대해 계속해서 궁금해하고 한탄했으며, 엘리자베스가 매일 설명을 해주어도 그 문제를 혼란 없이 이해할 가능성은 거의 없었다. 그녀의 딸은 빙리 씨가 제인에게 보인 관심은 단순하고 일시적인 호감이었을 뿐이며 더 이상 보지 않게 되자 사라진 거라고 그녀를 설득하려고 했고, 그 설명이 맞다고 인정하는 듯도 보였지만 결국에는 매일 같은 설명을 반복해야 했다. 베넷 부인에게 가장 큰 위안은 빙리 씨가 여름에 다시 돌아올 거라는 생각이었다.

베넷 씨는 이 문제를 다르게 다루었다. "리지, 네 언니가 사랑에 실패했구나. 축하해 줘야겠다. 때때로 여자들은 결혼하는 것 다음으로 사랑에 실패하는 것을 좋아하지. 그것은 생각할 거리도 되고, 또 친구들 사이에서 일종의 특별함을 부여하거든. 너의 차례는 언제냐? 제인보다 오래 뒤처지는 걸 견디기는 힘들 거야. 그러니 지금이 너의 기회다. 메리턴에는 젊은 아가씨들을 실망 시킬 장교들이 충분하지 않니. 위컴을 네 남자로 만들어 보렴. 그는 유쾌한 친구고, 너를 그럴듯하게 차버릴 거야."

"고마워요, 아버지. 하지만 저는 그만큼 유쾌하지 않은 남자라도 충분해요. 모두가 제인 언니와 같은 행운을 가질 수는 없잖아요."

"맞아, 하지만 그런 일이 너에게 생기더라도 널 가장 잘 챙겨줄 다정한 어머니가 있다는 생각이 위안이 된다."

위컴 씨와의 교제는 최근의 원하지 않던 사건들이 롱본 가족에게 던져준 우울함을 해소하는 데 큰 도움이 되었다. 그들은 그를 자주 보았고, 그가 다른 장점들도 많지만 매우 솔직한 사람이라는 장점도 있음을 알게 되었다. 엘리자베스가 이미 그에게 들었던 모든 것, 그가 다아시 씨에 대해 말하는 것과 그가 겪었던 모든 고난이 이제는 가족 모두에게 공개적으로 인정받고 논의되었으며, 모두는 그 사실을 모를 때도 다아시 씨를 싫어했었기에 이제 그가 마음에 들지 않았던 이유가 있었다며 기뻐했다.

제인만이 유일하게 하트퍼드셔의 사교계에는 알려지지 않은 어떤 이해할 만한 사정이 다아시 씨에게도 있을 거라고 생각했다. 그녀는 온화한 성질과 변함없는 솔직함으로 항상 사정을 생각해 보고 실수의 가능성을 이해해 보려는 성향이었으나, 다른 사람들은 모두 다아시 씨를 최악의 남자로 규정했다.

• 25장 •

　사랑을 고백하고 행복한 가정을 위한 계획 속에서 일주일을 보낸 후, 콜린스 씨는 토요일이 오자 사랑스러운 샬럿과 헤어져야 했다. 그러나 그 이별은 신부를 맞이하기 위한 준비를 위한 거라 그에게 그다지 괴롭지는 않았다. 그가 하트퍼드셔로 돌아간 직후, 그를 가장 행복한 남자로 만들어 줄 결혼 날짜가 정해질 것이라는 희망이 있었다. 그는 롱본 가족과 작별 인사할 때, 이전처럼 엄숙한 태도를 취하며 아름다운 사촌들에게 건강과 행복을 기원하고, 그들의 아버지에게 감사의 편지를 또 보내겠다고 약속했다.

　다음 월요일, 베넷 부인은 자신의 동생 내외를 기쁘게 맞이했다. 그들은 언제나처럼 크리스마스를 보내기 위해 롱본에 온 것이다. 가디너 씨는 사려 깊고 품위 있는 신사로, 타고나기도 그렇고 교육 면에서도 그의 누이인 베넷 부인보다 훨씬 우월했다. 네더필드의 여성들은 자신이 운영하는 창고가 보이는 곳에 살며 상업으로 생계를 유지하는 남자가 이렇게 교양 있고 매력적일 수 있다는 것을 믿기 어려울 것이다. 가디너 부인은 베넷 부인과 필립스 부인보다 나이가 몇 살 어린 친절하고 지적이며 우아한 여성으로, 롱본의 모든 조카들에게 큰 사랑을 받았다. 특히 첫째와 둘째 조카들과 그녀 사이에는 특별한 애정이 있었다. 그들은 런던에 가면 자주 그녀의 집에 머물곤 했다.

　가디너 부인은 도착해서 제일 먼저 선물을 나눠주고 최신 유행에 대해 설명했다. 이 일이 끝나자 딱히 할 일이 없었다. 이제 그녀는 들을 차례가 되었다. 베넷 부인은 이야기할 불평불만 거리가 많았다. 올케를 마지막으로 만난 이후 그녀는 가족에게 얼마나 말도 안 되는 일들이 일어났는지 이야기했다. 두 딸이 결혼하기 직전까지 갔지만 결국 아무 일도 없었다는 얘기였다.

"나는 제인은 탓하지 않아. 제인은 할 수만 있으면 빙리 씨와 결혼했을 거니까 어쩔 수 없었다지만, 리지 오, 그 애는 고집만 안 부렸다면 지금쯤 콜린스 씨의 아내가 되었을지도 모른다는 생각이 들어 힘들어. 그는 바로 이 방에서 리지에게 청혼했지만 리지가 거절했어. 그 결과로 루카스 부인이 나보다 먼저 딸을 시집보내게 되고, 롱본 집은 콜린스와 루카스 가의 딸에게 그대로 상속되는 거야. 루카스 가족은 정말 교활한 사람들이야. 올케, 그들은 자기 이익을 최우선으로 생각하지. 이런 말을 하게 되어 안타깝지만 사실이야. 가족들도 나를 이해 못하고 이웃은 자기네들 이익만 챙기니 나는 신경이 더 약해지고 좋지 않아. 하지만 이런 때 이렇게 올케가 와주니 큰 위로가 돼. 긴 소매 패션이 유행한다는 소식은 너무 재밌네!"

가디너 부인은 베넷 부인이 말한 것에 대해서는 주요 내용을 이미 전에 제인과 엘리자베스의 편지를 통해 들었기 때문에 시누이에게는 간단히 응답만 하고 조카들을 생각해 대화를 다른 주제로 돌렸다.

그 후 엘리자베스와 단둘이 있을 때, 그녀는 그 주제에 대해 좀 더 얘기를 꺼냈다. "제인에게는 바람직한 결혼이었을 것 같아"라고 그녀가 말했다. "안타깝게도 그렇게 되진 않았지만. 하지만 이런 일은 자주 일어나는 일이야! 네가 묘사한 빙리 같은 젊은 남자는 며칠 동안 예쁜 여자에게 쉽게 반할 수 있어. 그렇지만 우연히 떨어져 있을 일이 생기면 또 쉽게 잊어버리지. 그러니까 이런 건 매우 흔한 일이야."

"그렇게 생각하면 위안이 되겠죠. 하지만 우리에게는 안 통해요.

우리는 우연 때문에 괴로운 게 아니거든요. 혼자 설 만큼 재산도 넉넉한 젊은 남자가 불과 며칠 전까지 열렬히 사랑했던 여자를 친구들이 설득해서 그렇게 쉽게 잊게 된다는 건 드문 일이죠." 엘리자베스가 대답했다.

"하지만 '열렬히 사랑한다'는 표현은 너무 진부하고 불확실해서 좀 의심스러운 거 아닐까? 나는 그게 뭔지 감이 오질 않아. 그런 표현은 진짜 강한 애착뿐 아니라 반 시간 만나고 느끼는 감정에조차도 자주 사용되니까. 빙리 씨의 사랑이 얼마나 열렬했는지 좀 말해 줘."

"그보다 더 끌리는 걸 본 적이 없어요. 그는 다른 사람들에게 점점 무관심해지고 오직 언니에게만 완전히 몰두했어요. 그들이 만날 때마다 그런 분위기는 더욱 확실하고 두드러졌어요. 그가 연 무도회에서 그는 다른 여성에게는 춤을 청하지 않아서 두세 명의 여자를 불쾌하게 만들었죠. 그리고 제가 두 번 그에게 말을 걸었지만 대답도 안 했어요. 이런 증상보다 더 열렬한 게 있겠어요? 다른 사람들한테는 무례해지는 것, 그게 사랑의 본질이 아니겠어요?"

"그렇구나! 내가 짐작했던 그대로네. 가엾은 제인! 그 애의 성격으로 보면 쉽게 극복하지 못할 것 같아 안타깝다. 차라리 이 일이 너에게 일어났다면 나았을 텐데. 리지 너는 빠르게 웃고 넘겼을 테니까. 그런데 우리가 집에 돌아갈 때 제인에게 함께 가자고 하면 같이 가려나? 환경이 바뀌면 마음을 극복하는 데 도움이 될 수도 있으니까 집에서 떨어져 있는 것도 괜찮지 않을까?"

엘리자베스는 이 제안에 매우 기뻐하며 언니가 흔쾌히 같이 갈 거라고 생각했다.

"나는 그 젊은 남자와 관련해 제인이 어떤 영향도 받지 않았으면 좋겠어." 가디너 부인이 덧붙였다. "우리는 런던이지만 완전 다른 지역에 살고 있고 만나는 사람들도 다 다르니까. 게다가 너도 알다시피 우리는 거의 외출을 안 하잖아. 제인이랑 그 남자가 만날 가능성은 거의 없어. 그가 그녀를 보러 오지 않는 한 말이야."

"그건 어차피 불가능해요. 그는 지금 친구의 감시를 받고 있어요. 그의 친구 다아시 씨는 그가 런던에서 외숙모 집이 있는 동네로 언니를 방문하러 가는 걸 절대 허락하지 않을 거예요! 외숙모도 어떻게 그런 생각을. 다아시 씨는 아마 그레이스처치 가에 대해 들어봤을지는 모르지만, 그곳에 한 번 발을 들이면 한 달 동안이나 씻어도 그곳에서 묻은 더러운 때를 벗겨낼 수 없다고 생각할 남자거든요. 그리고 믿거나 말거나 빙리 씨는 그 친구 없이는 어딜 움직이는 사람이 아니에요."

"그렇다면 잘됐다. 그들이 안 만나는 게 좋지. 그런데 제인이 그의 여동생과 편지를 주고받지 않니? 제인이 찾아가 보려 하지 않을까?"

"아뇨, 언니가 교제를 완전히 끊을 거예요."

그러나 엘리자베스는 이 문제와 빙리가 제인을 만나지 못하도록 방해받고 있다는 흥미로운 사실에 대해 확신하는 척했음에도 자신이 여전히 걱정하고 있다는 것을 느꼈다. 그리고 좀 더 생각해 본 결과, 그녀는 자신이 이 상황을 완전히 희망이 없는 것으로 여기지 않고 있다는 것을 깨달았다. 그의 애정이 다시 불붙을 가능성도 있고, 그의 친구들이 끼치는 영향이 제인의 매력이라는 보다 자연스러운 영향에 의해 아무 소용이 없어질 수도 있다는 생각이 때때로 들었던 것이다.

제인은 외숙모의 초대를 기쁘게 받아들였다. 빙리 가족에 대해서는, 캐롤라인이 이제는 오빠와 같은 집에 살지 않기 때문에 가끔 빙리 씨를 보지 않고도 그녀만 만나 아침 시간을 함께 보낼 수도 있지 않을까 생각했다.

가디너 부부는 롱본에서 일주일 동안 머물렀고, 필립스 부부, 루카스 가족, 그리고 장교들 덕분에 매일 바쁘게 보냈다. 베넷 부인이 동생과 올케를 위한 놀거리를 매우 철저히 준비하였기에 단 한 번도 가족끼리만 저녁 식사를 하는 일이 없었다. 집으로 누구를 초대할 때마다 항상 몇몇 군인들이 참석했으며, 그중에는 반드시 위컴이 포함되었다. 이런 자리가 있으면 엘리자베스가 위컴을 지나치게 칭찬했으므로 가디너 부인은 의심을 품고 그들을 면밀히 관찰했다. 그녀가 본 것만으로는 그들이 매우 진지하게 서로 사랑하고 있다고 생각되지는 않았지만, 서로에 대해 좋은 마음을 가진 건 분명해 보였기에 그녀는 약간 불안해졌다. 하트퍼드셔를 떠나기 전에 엘리자베스에게 이 문제에 대해 이야기하고, 그러한 애착을 발전시키는 것은 무모하다고 그녀에게 충고해 주기로 결심했다.

위컴에게는 일반적인 능력이 아니어도 가디너 부인에게 기쁨을 줄 수 있는 한 가지 방법이 있었다. 약 10년 또는 12년 전, 결혼 전에 그녀는 그의 고향 더비셔의 한 지역에서 꽤 오랜 시간을 보낸 적이 있었다. 그래서 그들은 그곳에 공통으로 아는 사람들이 많았다. 비록 위컴이 다아시의 아버지가 돌아가신 이후로 그곳에 거의 없었지만, 그래도 그녀가 가끔 얻는 소식보다는 이전 친구들에 대한 더 최근의 소식을 전해 줄 수 있었다.

가디너 부인은 펨벌리를 방문한 적이 있었고 다아시 아버지의 성격을 잘 알고 있었다. 따라서 그들은 끝없는 공통의 대화 소재를 가지고 있었다. 펨벌리에 대한 그녀의 기억을 위컴이 해주는 세밀한 설명과 비교하고, 다아시 아버지의 인품에 대한 찬사를 보내면서 그녀와 위컴 모두 기쁨을 느꼈다. 현재의 다아시가 그를 어떻게 대우했는지 알게 된 가디너 부인은 그 신사의 어린 시절의 성격이 어떻다고 들었는지 기억해 보려 했고, 결국 피츠윌리엄 다아시는 매우 오만하고 성격이 좋지 않은 소년이라는 이야기를 들었던 기억이 떠올랐다.

• 26장 •

가디너 부인은 엘리자베스와만 대화할 좋은 기회가 생기자 조심스럽고 친절하게 충고를 전했다. 솔직하게 자신의 생각을 전한 후, 이렇게 말을 이어 나갔다.

"엘리자베스, 너는 이성적인 아이니까 누군가에게 경고를 받았다고 해서 오히려 사랑이 더 커지거나 그럴 일은 없겠지. 그러니까 솔직하게 말할게. 진지하게 생각해 봤는데 네가 조심했으면 좋겠다. 재산이 부족한 남자와 사랑에 빠지는 건 신중하지 못한 거니 그런 사랑에 너 자신이 빠지지도, 또 그를 그런 사랑에 끌어들이려 하지도 말길 바란다. 그에 대해 나쁜 말 할 건 하나도 없어. 그는 정말 매력적인 청년이야. 만약 그가 재산만 충분하다면 네가 그를 선택하는 것보다 나은 선택은 없을 거라 생각해. 하지만 지금 상황에서는 네 마음을 제어 못하고 멋대로 끌려가면 안 돼. 너는 분별 있는 애고 우리 모두 네가 그렇게 행동할 걸 믿고 있다. 너의 아버지는 네 결단력과 올바른 행동을 믿고 계실 거다. 아버지를 실망하게 해서는 안 돼."

"아, 이건 정말 진지한 문제네요."

"응, 그러니만큼 네가 진지하게 생각해 주면 좋겠어."

"걱정하실 필요 없어요. 저는 저 자신도, 위컴 씨도 잘 챙길게요. 막을 수 있다면 그가 저와 사랑에 빠지지 않게 할게요."

"엘리자베스, 지금 진지한 게 맞니?"

"죄송해요. 다시 말해 볼게요. 지금 저는 위컴 씨를 사랑하고 있지 않아요. 확실히 그래요. 하지만 그가 제가 본 사람 중 가장 매력적인 남자라는 건 부인할 수 없어요. 만약 그가 저를 진심으로 사랑하게 된다면, 글쎄요, 저는 그가 그러지 않는 게 좋을 거라 믿어요. 그게 경솔한 것임을 저도 아니까요. 아, 그 끔찍한 다아시 씨! 아버지가 저를 믿어 주시는 건 저에게 큰 영광이에요. 아버지의 믿음을 잃게 된다면 정말 비참할 거예요. 하지만 아버지는 위컴 씨를 좋아하셔요. 요컨대, 외숙모, 저는 누구라도 불행하게 만드는 원인이 되고 싶지 않아요. 그러나 매일 우리가 보는 것처럼 사랑하는 젊은이들은 당장에는 돈이 없어도 약혼하기를 주저하지 않는 경우가 많잖아요. 제가 유혹을 받는다면 그런 많은 젊은이들보다 더 현명하게 행동하겠다고 어떻게 약속할 수 있을까요? 혹은 그 사랑에 저항하는 것이 현명한지는 또 어떻게 알 수 있을까요? 그래서 제가 약속할 수 있는 건 서두르지는 않겠다는 거예요. 제가 그에게 제일 중요한 대상이라고 서둘러 믿진 않을게요. 그와 함께 있을 때도 그렇게 되길 바라지 않을 거예요. 아무튼, 최선을 다해 볼게요."

"그가 이렇게 자주 여기에 오지 못하게 하는 게 좋을 것 같아. 적어도 어머니께서 그를 초대하게끔 하면 안 될 것 같다."

"제가 며칠 전 그렇게 했던 것처럼 말이죠?" 엘리자베스가 의식적인 미소를 지으며 말했다. "정말 그렇네요, 제가 그렇게 하지 않는 것이 현명하겠어요. 하지만 그가 항상 이렇게 자주 오는 건 아니에요. 이번 주에 그가 자주 초대된 것은 외숙모 때문이에요. 어머니가 친구들을 위해서라면 항상 손님들이 많은 게 좋다고 생각하시는 거 아시잖아요. 하지만 정말, 제 명예를 걸고 제가 가장 현명하다고 생각하는 대로 해볼게요. 그럼 외숙모도 만족하시겠죠?"

외숙모는 만족했다고 말했고, 엘리자베스는 외숙모의 친절한 조언에 감사하며 헤어졌다. 그런 문제에 대해 마음 상하지 않게 잘 건네진 충고였다.

콜린스 씨는 가디너 부부와 제인이 떠난 직후에 하트퍼드셔로 돌아왔지만, 이번에는 루카스 가에 머물게 되어 베넷 부인에게 큰 불편을 주지는 않았다. 그의 결혼식이 빠르게 다가오고 있었고, 그녀는 이제 그것이 피할 수 없는 것이라 생각되어 마음을 정리했다. 심지어 심술 맞은 어조로 "행복하라지"하고 여러 번 말하기도 했다. 목요일로 결혼식 날이 정해졌고, 수요일에는 루카스 양이 작별 인사를 하러 왔다. 그녀가 가려고 일어설 때 엘리자베스는 어머니의 불친절하고 마지못한 축복에 부끄러움을 느끼면서 진정한 애정으로 그녀를 따라 밖으로 나왔다. 함께 계단을 내려갈 때 샬럿은 이렇게 말했다.

"엘리자, 네게서 자주 소식 듣기를 기대할게."

"물론이지."

"그리고 또 하나 부탁할 게 있어. 나를 보러 와 줄 수 있어?"

"그래, 하트퍼드셔에서 자주 만날 수 있을 거야."

"나는 당분간은 켄트에 계속 있어야 할 것 같아. 그러니 헌스포드에 와주겠다고 약속해 줘."

엘리자베스는 거절할 수 없었지만, 그곳에 방문하는 게 크게 즐겁지는 않을 것 같았다.

"3월에 아버지와 마리아가 나를 방문할 거야." 샬럿이 덧붙였다. "너도 그때 함께 와 줘. 정말로, 엘리자, 나는 너를 아버지나 마리아만큼 환영할 거야."

결혼식이 진행되었고 신랑 신부는 교회 문을 나서자마자 켄트를 향해 출발했다. 이 결혼에 대해서는 언제나 그랬던 것처럼 모두가 할 이야기도 들을 이야기도 많았다. 엘리자베스는 곧 친구에게 편지로 소식을 받았고, 예전처럼 빈번히 편지로 연락했다. 그러나 예전처럼 친밀하게 말하면서 위안받는 일은 더 이상 불가능해졌음을 깨달았다. 엘리자베스는 편지 쓰는 걸 소홀히 하지는 않겠다고 결심했지만, 그것은 현재를 위한 것이 아니라 그들의 과거 우정을 위한 것이었다. 엘리자베스는 많은 기대를 가지고 샬럿의 첫 번째 편지를 받았다. 그녀가 자신의 새 집에 대해 어떻게 이야기할지, 또 캐서린 부인을 어떻게 생각할지, 그리고 감히 자신이 얼마나 행복하다고 표현할지가 궁금하지 않을 수 없었다. 하지만 편지를 읽은 후 엘리자베스는 샬럿이 모든 점에서 결국 자신이 예상했던 대로 표현하고 있음을 느꼈다. 그녀는 쾌활한 문체로 글을 썼고, 편안함에 둘러싸여 있는 듯 보였다. 그러나 칭찬할 수 없는 것은 일체 언급을 회피했다. 집, 가구, 이웃, 도로까지 모두 그녀의 취향에 맞았고, 캐서린 부인의 태도는 매우 친절하고 상냥했다. 이는 콜린스 씨가 묘사한 헌스포드와 로징스의 모습이 부드럽게 다듬어진 것에 불과했다. 엘리자베스는 나머지는 나중에 자기가 직접 방문해서 봐야겠다고 생각했다.

제인은 런던에 무사히 도착했다는 소식을 전하기 위해 엘리자베스에게 몇 마디 편지를 썼고 엘리자베스는 그녀가 다시 편지를 쓸 때는 빙리 가족에 대한 이야기도 해줄 수 있으면 좋겠다고 생각했다. 엘리자베스의 마음을 알아챘는지 두 번째 편지는 그 소식을 담아 도착했다. 제인은 런던에서 일주일을 보냈지만 캐롤라인과는 한 번도 만나거나 소식을 듣지 못했다고 했다. 그녀는 롱본에서 자신이 캐롤라인에게 마지막으로 쓴 편지가 분실된 것 같다고 말했다.

외숙모가 내일 그 지역에 가신다네. 그래서 나도 이 기회에 그로스브너 가를 방문해 보려고.

제인은 그곳을 방문해 빙리 양을 만난 후 다시 편지를 썼다.

캐롤라인은 활기차 보이진 않았어. 하지만 그녀는 나를 반갑게 맞아주었고, 런던에 온 것을 왜 미리 알리지 않았냐고 뭐라고 하더라. 내가 맞았지 뭐야, 내 마지막 편지는 그녀에게 도착하지 않았던 거야. 물론 그녀의 오빠에 대해서도 물어봤어. 그는 잘 지내고 있다. 하지만 다아시 씨와 함께 언제나 일이 많아 거의 보지 못한다고 하더구나. 그리고 다아시 양이 저녁 식사에 초대될 예정이라고 들었어. 나도 그녀를 볼 수 있으면 좋겠다. 나는 거기에 오래 있지는 않았어. 캐롤라인과 허스트 부인이 외출할 예정이었거든. 곧 여기 외숙모 집에서도 그들을 만날 수 있겠지.

엘리자베스는 이 편지를 읽고 고개를 저었다. 그녀는 언니가 런던에 와 있다는 사실을 빙리 씨가 우연히 알지 않는 한 그의 누이들이 알려주지는 않을 거란 확신이 들었다.

4주가 흘렀고, 제인은 그의 그림자조차 못 봤지만 그래도 괜찮다고 스스로 위안하려는 것처럼 보였다. 그러나 그녀도 더 이상은 빙리 양의 무관심한 태도를 눈치 못 챌 수는 없었다. 제인은 외숙모 집에서 2주 동안 매일 아침 빙리 양이 놀러 오길 기다리고, 매일 저녁에는 그녀가 오지 못한 이유가 있을 거라며 새로운 변명거리를 만들어 냈다. 그러던 중 마침내 빙리 양이 왔지만 그 방문은 짧았고, 더욱이 그녀의 변화된 태도에 제인은 더 이상 자신을 기만하지 말아야겠다는 생각이 들었다. 이번에 제인이 동생에게 쓴 편지는 그녀의 감정을 잘 보여주었다.

리지, 내가 빙리 양이 나를 어떻게 생각하는지에 대해 완전히 속았다고 고백한다고 해서 네 판단이 옳았다고 기뻐하지는 않겠지. 그렇지만 리지, 너의 말이 맞았음을 증명했지만, 그래도 빙리 양의 행동을 고려할 때 내가 그녀를 믿은 게 네가 그녀를 의심한 것만큼이나 당연할 수밖에 없었다고 말하는 걸 고집스럽다고 여기지 말아주길. 그녀가 나와 친해지기를 원하는 이유는 도무지 이해할 수가 없어. 그러나 만약 또 같은 상황에 처한다면 나는 또다시 속아 넘어갈 것 같아. 캐롤라인은 어제야 비로소 내 초대에 답했고, 그동안 나는 한 통의 편지나 한 줄 메모도 받지 못했어. 그녀가 왔을 때, 그녀는 전혀 즐거워 보이지 않았고, 연락 못한 것에 대해서도 가볍게 형식적으로만 사과를 했고, 다시 또 보자는 말은 전혀 하지 않았어. 그녀는 모든 면에서 변한 것 같았고, 그래서 그녀가 가고 나서는 더 이상 교제를 계속하지 않기로 결심했어. 안타깝지만 그녀를 원망하지 않을 수가 없어. 그녀가 나를 친구로 선택한 방법부터 매우 잘못된 거였어. 친해지려고 접근한 건 그녀 쪽에서 시작되었어. 하지만 나는 그녀가 안타까워. 그녀도 자신이 잘

못 행동했다는 것을 느끼고 있을 것이고, 그게 다 자기 오빠에 대한 걱정 때문이었을 테니까. 비록 우리가 이런 걱정을 할 필요 없다는 건 알고 있지만, 만약 그녀가 자신의 잘못을 느낀다면 그게 바로 그녀가 지금 나를 대하는 태도를 설명해 준다고 봐. 그녀한테 오빠가 얼마나 소중하겠니. 그러니 오빠에 대한 걱정은 자연스러운 거야. 하지만 나는 그녀가 지금 그런 걱정을 한다는 게 이해가 안 가. 만약 오빠가 나에게 조금이라도 관심이 있었다면 우리는 오래 전에 만났어야 했어. 그는 내가 지금 런던에 있다는 것을 알고 있어. 빙리 양이 말하는 걸로 보아 확실해. 그럼에도 그녀의 말투는 오빠가 정말로 다아시 양에게 마음이 있다고 자신을 설득하려는 것처럼 보여. 나는 그걸 이해할 수 없어. 내가 너무 지나치게 판단하고 있는 게 아니라면 이 모든 것에는 그녀의 이중적인 면이 강하게 보여. 하지만 나는 모든 고통스러운 생각을 지울 거야. 오직 나를 행복하게 해줄 수 있는 것들, 너의 애정과 친애하는 삼촌과 외숙모의 변함없는 친절만 생각하려고 해. 너도 빨리 소식 전해 줘. 빙리 양은 오빠가 다시 네더필드에 돌아오지 않을 거고 그 집도 내놓을 거라고 말했지만, 확실하지는 않아. 우리는 괜히 그것에 대해 언급하지 않는 게 좋겠어. 그리고 헌스포드 친구들에게 즐거운 소식을 듣게 되어 매우 기뻐. 꼭 윌리엄 경과 마리아와 함께 그들을 보러 가봐. 거기 가면 매우 편안하게 잘해줄 거야.

언니가

이 편지에 엘리자베스는 약간 괴롭기도 했으나 제인이 더 이상 빙리 씨 누이에게 속지 않을 거라고 생각하자 기분이 나아졌다. 빙리 씨에게서는 더 이상 기대할 것이 전혀 없었다. 그녀는 이제 언니에 대한 그의 관심이 다시 이어지기를 바라지도 않았다. 모든 면에서 그의 성격은 나빠 보였고, 그에 대한 벌로 그리고 언니에게도 도움이 될 수 있는 방법으로 엘리자베스는 그가 곧 다아시 씨의 여동생과 결혼하기를 진심으로 바랐다. 그렇게 된다면 위컴의 말처럼 자신이 저버린 것에 대해 몹시 후회하게 될 것이기 때문이다.

그즈음 가디너 부인은 엘리자베스에게 위컴에 관한 약속을 언급하며 어떻게 되어 가는지 소식을 듣고 싶어 했다. 엘리자베스는 자신보다도 외숙모가 더 만족할 만한 내용을 보낼 수 있었다. 그녀에 대한 위컴의 명백한 편애는 사라졌고, 그의 관심이 이제 다른 여자에게 향하고 있는 것처럼 보였기 때문이었다. 엘리자베스는 그 모든 것을 자세히 관찰했지만 큰 고통을 느끼지 않으며 바라보고 또 외숙모에게 편지로 쓸 수 있었다. 그녀는 마음이 조금 안 좋았지만, 그가 재산이 많았다면 자신이 그의 유일한 선택이었을 거라고 생각하며 허영심에 위안을 받는 것으로 만족했다. 그가 지금 관심을 보이고 있는 다른 젊은 여인의 가장 두드러진 매력은 그녀가 갑자기 만 파운드를 손에 쥐게 되었다는 것이었다. 그러나 엘리자베스는 이번 경우는 샬럿의 경우보다는 정확히 알 수 없기에 그가 경제적으로 독립을 원하는 마음을 가지고 다투지 않았다. 오히려 그것은 매우 자연스러운 일로 여겨졌다. 그가 그녀를 포기하는 데도 힘든 게 많았을 것이라 생각했고 그래도 그것이 두 사람 모두에게 현명하고 바람직한 처사라고 인정하며, 진심으로 그가 행복하기를 바랐다.

엘리자베스는 이 모든 것을 가디너 부인에게 편지로 썼다.

사랑하는 외숙모, 이제 저는 확실히 깨달았어요. 제가 그를 진정으로 사랑하지 않았다는 걸요. 만약 제가 정말로 그에게 순수하고 고귀한 사랑의 감정을 느꼈다면 지금 그 이름조차도 듣기 역겹고 그에게 모든 불행이 닥치기를 바랐을 거예요. 하지만 그에게 느끼는 제 감정은 차갑지 않아요. 그에게만큼이나 킹 양에게도요. 저는 그녀를 전혀 싫어하지 않고, 오히려 그녀를 매우 좋은 사람으로 생각해요. 그러니 이 모든 것에 어떻게 사랑이란 게 있겠어요. 제가 조심했던 게 효과적이었어요. 그와 미친 듯이 사랑에 빠져 있었다면 아는 이들 사이에서 흥미로운 존재가 되었겠지만, 아무도 제게 주목하지 않는대도 괜찮아요. 소중한 걸 깨달으려면 때로 혹독한 대가를 치러야 하죠. 키티와 리디아는 그의 배신에 대해 저보다 훨씬 더 마음 아파하고 있어요. 그들은 아직 어려 세상 물정을 몰라요. 잘생긴 젊은 남자들도 평범한 사람처럼 생계 유지를 위해 돈을 가져야 한다는 굴욕적 사실을 인정하지 못하죠.

· 27장 ·

롱본 가족은 이보다 더 큰 사건 없이, 메리턴으로의 산책 외에는 거의 다를 것 없는 일상 속에서 1월과 2월을 보냈다. 때로는 먼지도 많고 추운 날씨 속에서 시간은 흘러갔다. 3월에는 엘리자베스가 헌스포드로 가게 되었다. 처음에는 그곳에 가는 것에 대해 진지하게 생각하지 않았지만 샬럿이 그녀의 방문을 무척 기다린다는 것을 알게 되었고, 그녀도 점차 이 방문 계획이 더 기쁘게 생각되었고 더 확신에 차게 되었다. 떨어져 지내니 샬럿에 대한 그리움이 커졌고 반대로 콜린스 씨에 대한 혐오감은 약화되었다. 그곳을 방문하는 것엔 어쨌든 새로움이 있었고, 어머니와 재미없는 자매들과만 함께 있는 집이 답답하기도 해서 약간의 변화도 그 자체로 반가운 것이었다. 또한 이 여행은 제인도 잠깐 볼 수 있는 기회를 제공할 것이었으므로 이제는 시간이 다가올수록 빨리 가고 싶어 안달이 났다. 모든 것이 순조롭게 진행되었고, 결국 샬럿의 처음 계획대로 되었다. 엘리자베스는 윌리엄 경과 그의 둘째 딸과 함께 가기로 했다. 런던에서 하룻밤을 보내는 일정도 추가되어 계획은 더 완벽해졌다.

유일하게 걸리는 건 아버지를 두고 떠나는 것이었다. 아버지는 분명히 그녀를 그리워할 것이고, 그녀가 떠나는 날이 오자 가는 걸 싫어하며 편지를 쓰라고 했고 자기도 꼭 답장하겠다고 거의 약속처럼 말했다.

엘리자베스와 위컴 씨 사이의 작별은 완전히 친구처럼 다정했다. 오히려 그의 쪽이 더욱 그랬다. 현재 다른 여자를 바라보고 있기는 하지만 그는 엘리자베스가 처음으로 자신의 관심을 끌었고 그럴 만한 사람이었다는 사실을 잊을 수는 없었다. 그녀는 그의 말을 들어주고 동정을 베풀었으며, 처음으로 그가 감탄하며 바라본 대상이었다. 작별 인사를 하며 그는 그녀에게 정말 즐거운 여행이 되기를 바란다고 했다. 또한 캐서린 드 버그 부인에 대해 궁금해하던 걸 상기시키며, 그 부인에 대한 자신과 엘리자베스의 의견, 아니 모든 사람에 대한 그들의 의견은 언제나 일치할 것이라고 말해 주었다. 거기에는 진정한 걱정과 관심이 담겨 있었는데 엘리자베스는 그로 인해 그에게 참된 애정을 느끼게 되었고, 작별하면서 그가 결혼하든 독신이든 그녀에게는 항상 매력적이고 기분 좋은 남자의 귀감으로 남게 될 거라는 확신이 들었다.

다음 날 그녀가 동행한 사람들은 엘리자베스가 위컴을 매력적이라고 생각하지 않을 수 없게 할 뿐인 사람들이었다. 윌리엄 루카스 경과 성격은 좋지만 아버지와 마찬가지로 머리에 든 게 많지 않은 그의 딸 마리아가 하는 말들은 들을 만한 가치가 하나도 없었고 마차의 덜컹거리는 소리만큼도 즐겁지 않았다. 엘리자베스는 엉뚱한 것들을 좋아했지만, 윌리엄 경은 오래 알아왔고 그가 하는 이야기는 너무 익숙해서 새로울 게 전혀 없었다. 언제나 자신의 국왕 알현과 기사 작위에 대한 이야기뿐이었다. 예의를 갖추는 그의 태도도 이야기 내용처럼 지겹게 느껴졌다.

여행은 단 24마일 거리였고, 일찍 출발했기에 그들은 정오에는 그레이스처치 가에 도착했다. 그들이 가디너 씨의 집 앞에 도착했을 때, 제인은 응접실 창문에서 그들의 도착을 지켜보고 있었고, 그들이 복도로 들어서자 반갑게 맞아주었다. 엘리자베스는 제인의 얼굴을 유심히 살펴보았고 언니가 여전히 건강하고 아름다워 보여 기뻤다. 계단에는 사촌이 오기를 기다리며 못 참고 거실에서 나온 어린 소년들과 소녀들이 있었다. 그들은 1년 동안이나 그녀를 보지 못했기에 수줍어서 아래로 내려오지 못한 채 계단에 오밀조밀 모여 있었다. 모두가 기뻐하며 친절하게 대해 주었다. 하루가 매우 즐겁게 지나갔다. 아침은 쇼핑으로 분주하게 보냈고, 저녁은 모두 극장에 갔다.

엘리자베스는 일부러 외숙모 옆에 앉았다. 그들의 첫 번째 관심사는 제인이었다. 엘리자베스의 세세한 질문에 외숙모는 제인이 명랑한 기분을 유지하려고 항상 애쓰지만 우울한 시간들도 있다고 했고, 이에 엘리자베스는 놀라기보다는 슬픈 마음이 들었다. 그러나 그 우울감이 오래 지속되지 않을 것이라는 희망을 품는 것이 합리적이었다. 가디너 부인은 빙리 양이 그레이스처치 가에 방문한 날 어땠는지 자세하게 알려주었고 자신과 제인이 나눈 대화들도 전해주었다. 그 대화들에서 제인이 진심으로 빙리 양과의 교제를 끊기로 했다는 것을 알 수 있었다.

그 후 가디너 부인은 엘리자베스가 위컴에게 버림받은 것이라고 장난을 치며 그 상황을 잘 견뎌낸 것을 칭찬했다.

"하지만 엘리자베스, 킹 양이 어떤 여자인지 알고 싶구나. 위컴 씨가 돈에 눈이 멀었다고 생각하는 건 너무 유감이야." 외숙모는 덧붙였다.

"외숙모, 결혼에 있어 돈을 목적으로 하는 것과 신중한 동기 사이엔 어떤 차이가 있을까요? 신중함은 어디서 끝나고, 탐욕은 어디서 시작되는 걸까요? 작년 크리스마스에는 그가 저와 결혼할까 봐 걱정하셨죠. 신중하지 않은 거라면서. 그런데 지금은 그가 겨우 만 파운드를 가진 여자를 얻으려 한다고 해서 그가 돈에 눈이 먼 사람이라고 생각하시는 거예요?"

"킹 양이 어떤 여자인지 알려주면 내가 어떻게 생각해야 할지 알 것 같구나."

"그녀는 제가 볼 때는 아주 좋은 여자 같아요. 그녀에 대한 나쁜 이야기는 들어 본 적이 없어요."

"하지만 위컴 씨는 킹 양의 할아버지가 돌아가셔서 그녀가 그 재산의 주인이 될 때까지는 그녀에게 조금의 관심도 보이지 않았다며."

"네, 당연하죠. 그가 만약 내가 돈이 없어서 내게 애정을 구하지 않은 게 맞다면 관심도 없고 똑같이 돈 없는 여자에게 사랑을 고백할 이유가 무엇이겠어요?"

"하지만 그런 일이 있은 직후에 그녀를 향해 그렇게 빨리 관심을 돌리는 것은 예의가 아니라고 본다."

"어려운 상황에 처한 남자는 그렇지 않은 다른 남자들이 지킬지도 모르는 모든 우아한 예의를 신경 쓸 틈이 없어요. 그녀가 그런 걸 신경 쓰지 않는다면야, 우리가 왜 그래야 해요?"

"그녀가 신경 쓰지 않는다고 해서 그를 정당화할 수는 없어. 그건 단지 킹 양이 이성이든 감정이든 뭔가가 부족하다는 것을 보여 줄 뿐이야."

"네, 외숙모 원하시는 대로 생각하세요. 위컴 씨는 돈에 눈이 먼 사람이고, 킹 양은 뭔가가 부족한 여자라고요."

"아니, 리지, 그건 내가 원하는 게 아니다. 알잖니, 더비셔에서 그렇게 오랫동안 살아온 젊은이를 나쁘게 생각하는 건 유감이야."

"아! 그게 다라면 저는 더비셔에 사는 젊은 남자들을 좋게 볼 수가 없어요. 그리고 하트퍼드셔에 사는 그들의 친한 친구들도 별로 나을 게 없고요. 저는 그들 모두가 지긋지긋해요. 잘됐네요, 내일 제가 가는 곳에서도 매력적인 점이라곤 하나도 없는 남자를 만날 수 있거든요. 그에게는 추천할 만한 예절도 분별도 없어요. 결국엔 차라리 멍청한 남자들이나 알아가는 게 더 나을지도 모르겠네요."

"리지, 말 좀 조심해서 해. 너무 절망적으로 들리잖니."

연극이 끝나고 모두 헤어지기 전, 그녀는 뜻밖에도 여름에 삼촌과 외숙모가 계획하고 있는 여행에 함께하자는 초대를 받는 기쁨을 누리게 되었다.

"우리가 얼마나 멀리 갈지는 아직 정하지 않았지만 아마도 호수 지방까지 갈지도 모르겠어." 가디너 부인이 말했다.

어떤 계획도 엘리자베스에게 더 기분 좋을 수는 없었기에 그녀는 초대를 기쁘게 수락했다. "오, 외숙모! 너무 기쁜 일이에요! 저에게 새로운 생명과 활력을 주셨어요. 실망과 우울은 이제 안녕! 젊은 남자들이 다 뭐예요, 바위와 산에 비하면요! 아, 얼마나 즐거울까! 그리고 우리는 돌아온 후 아무것도 정확히 설명하지 못하는 보통의 여행자들과 다를 거예요. 우리가 어디에 갔는지 알고, 무엇을 보았는지 기억할 거예요. 흐릿한 기억으로 호수, 산, 강을 마구 뒤섞지도 않을 거고 특정한 장면을 설명할 때도 각각의 위치에 대해 다툴 일도 없을 거예요. 우리의 여행 감상은 일반적인 여행자들의 들어주기 힘든 감탄보다는 훨씬 나을 거예요!"

• 28장 •

다음 날 엘리자베스에게는 보이는 모든 대상이 새롭고 흥미로웠으며, 그녀의 기분은 정말 날아갈 것 같았다. 언니의 상태가 좋아 보여서 두려움도 완전히 떨쳐버렸고, 북부 여행에 대한 생각은 끊임없는 기쁨의 원천이 되었다.

큰길에서 벗어나 헌스포드로 가는 좁은 길로 접어들자, 모두의 눈은 목사관을 찾았고, 갈림길이 나올 때마다 그것이 보일 것을 기대하고 있었다. 로징스 파크의 울타리가 한쪽 경계를 이루고 있었다. 엘리자베스는 그 저택의 주인들에 대해 들었던 모든 이야기를 떠올리며 미소를 지었다.

드디어 목사관이 보였다. 도로 쪽으로 경사진 정원, 그 안에 서 있는 집, 녹색 울타리와 계수나무 등 모든 것이 그들이 도착지에 왔음을 알렸다. 콜린스 씨와 샬럿이 문 앞에 나와 있었고 마차는 작은 문 앞에 멈췄다. 그 문에서 짧은 자갈길을 통해 집으로 이어졌고, 일행은 모두 고개를 끄덕이고 미소를 지으며 마차에서 내렸다. 콜린스 부인은 자신의 친구 엘리자베스를 가장 기쁜 마음으로 환영했고, 엘리자베스는 이렇게 애정 어린 환영을 받으니 더욱더 여행이 만족스러웠다. 그녀는 사촌인 콜린스 씨의 태도가 결혼을 했어도 하나도 변하지 않았음을 보았다. 그의 형식적인 예의는 예전과 같았고, 그는 엘리자베스의 가족에 대해 안부를 묻고 답을 듣느라 그녀를 문간에 붙잡아 두었다. 그런 다음 그는 자신의 집 입구가 깔끔하다고 언급하더니 모두를 지체 없이 집안으로 안내했다. 모두가 거실에 들어서자마자 그는 자신의 초라한 집에 와준 것을 다시 한번 환영하며, 아내가 다과를 제공하겠다는 말을 정중하게 반복했다.

엘리자베스는 그가 집 자랑을 하는 걸 들어 줄 준비가 되어 있었고, 방의 좋은 비율과 외관, 가구를 보여주며 말할 때는 마치 그녀에게 보란 듯 하는 것 같았다. 그녀가 그를 거절함으로써 잃은 것이 무엇인지 느끼게 해주고 싶어하는 듯한 모습이었다. 모든 것이 깔끔하고 편안해 보였지만 그렇다고 뉘우침의 한숨을 내쉬며 그의 기대에 부응할 수는 없었다. 오히려 그런 남편과 함께 이렇게도 쾌활한 기분을 유지하는 친구를 신기하게 바라보았다. 콜린스 씨는 아내가 당연히 부끄러워할 만한 이야기를 드물지 않게 했는데 그럴 때마다 엘리자베스는 본능적으로 샬럿 쪽으로 시선을 돌렸다. 한두 번 샬럿의 얼굴은 약간 붉어지는 것 같았지만, 대부분 그녀는 듣지 못한 척 현명한 태도를 취했다. 그들은 찬장에서부터 벽난로 앞 가리개까지 모든 가구에 감탄하며 충분히 이야기를 나누었고, 그들의 여행과 런던에서 일어난 모든 일까지 다 이야기한 후, 콜린스 씨는 정원을 산책하자고 했다. 정원은 크고 잘 꾸며져 있었으며, 그가 직접 관리하고 있었다. 정원에서 일하는 것은 그의 가장 품위 있는 취미 활동 중 하나였다. 엘리자베스는 샬럿이 그렇게 일하는 게 운동이 되어 건강에 좋다는 이야기를 하며 남편에게 일하는 걸 권장한다는 말을 하면서도 표정을 잘 관리하는 모습에 감탄했다. 콜린스 씨는 산책길 내내 꺾어지는 길목들을 앞서 안내했는데 모든 경치를 지나치게 세세하게 설명해서 사람들이 그가 듣고 싶은 칭찬을 할 새조차 없었고 진짜 아름다움을 감상할 시간은 주어지지 않았다. 그는 모든 방향으로 난 밭의 수를 다 알고, 가장 먼 숲속에 나무가 몇 그루 있는지도 꿰고 있었다. 그러나 그의 정원이나 그의 정원에서 보이는 경치나 이 지방, 나아가 이 나라가 자랑할 만한 어떤 경치도, 집 앞 공원 가장자리에 있는 나무들 사이로 보이는 로징스의 전망과 비교할 수는 없었다. 그것은 언덕 위에 우뚝 서 있는 멋진 현대식 건물이었다.

콜린스 씨는 그의 정원에서 두 개의 초원 쪽으로 일행을 한 바퀴 구경시켜 주고 싶어 했으나, 숙녀들은 하얀 눈이 아직 남아 있는 땅을 걸을 만한 신발을 신고 있지 않았기에 집으로 되돌아갔다. 윌리엄 경이 콜린스 씨와 있는 동안, 샬럿은 자신의 여동생과 친구를 데리고 집 구경을 시켰다. 그녀는 남편 없이 집을 보여줄 기회를 얻어 무척 기뻐 보였다. 집은 다소 작았으나 잘 지어졌고 편리했다. 모든 게 깔끔하게 꾸며져 있었고 가지런히 정돈되어 있었으며, 엘리자베스는 그 공을 모두 샬럿에게 돌렸다. 콜린스 씨가 없을 때는 집 전체에 매우 편안한 분위기가 느껴졌고, 샬럿이 그것을 즐기는 것이 분명했기에 엘리자베스는 콜린스 씨가 자주 샬럿의 머릿속에서 지워진 채 살고 있다고 생각했다.

엘리자베스는 캐서린 부인이 여전히 시골에 머물고 있다는 것을 들어 알고 있었다. 그 이야기가 저녁 식사 중 다시 언급되자 콜린스 씨가 대화에 끼어들며 말했다.

"네, 엘리자베스 양, 다음 일요일에 교회에서 캐서린 드 버그 부인을 뵙는 영광을 누리실 겁니다. 부인을 보시면 기쁠 거라고 말씀 드릴 필요도 없죠. 그분은 모든 친절과 겸손을 갖춘 분이시니 예배가 끝난 후에 당신에게도 말씀을 주실 겁니다. 당신과 제 처제 마리아를 이번 방문 동안 매번 초대할 거라고 하셨어요. 저의 아내 샬럿에 대한 그녀의 태도는 정말 훌륭하시죠. 우리는 매주 두 번 로징스에서 저녁을 먹는데, 절대 집으로 걸어가게 놔 두시질 않아요. 항상 우리를 위해 부인의 마차를 준비해 주시거든요. 아, 부인의 마차 중 하나라고 해야겠네요, 여러 대 갖고 계시니까요."

"캐서린 부인은 정말 존경할 만한, 센스 있는 분이고 배려가 깊은 이웃이세요." 샬럿이 덧붙였다.

"정말 맞아요, 여보. 내 말이 바로 그거요. 그녀는 아무리 존경받아도 지나치지 않다니까요."

그들은 주로 헌스포드의 소식을 이야기하고 이미 편지에 쓴 내용을 다시 반복하면서 저녁을 보냈다. 저녁이 끝날 무렵 엘리자베스는 자신의 방에서 샬럿이 얼마나 만족하는지에 대해 곰곰이 생각해 보았다. 그녀는 남편을 이끌고 다루는 샬럿의 침착한 태도를 보았고, 이런 게 모두 매우 잘 이루어지고 있음을 인정할 수밖에 없었다. 그녀는 또한 자신의 방문이 앞으로 어떻게 진행될지도 예상해 보았다. 그들의 일상적 활동이 조용히 흘러가는 것, 콜린스 씨의 성가신 간섭들, 그리고 로징스 사람들과의 교류에서 오는 즐거움 등 그녀의 풍부한 상상력 덕분에 이 모든 상황이 머릿속에 금방 선명하게 그려졌다.

다음 날 점심 때쯤, 엘리자베스가 산책 나갈 준비를 하며 방에 있을 때, 아래에서 갑작스러운 소음이 들려 집안이 혼란스러운 것 같았다. 잠시 귀 기울이니 누군가가 급히 계단을 뛰어오르며 큰 소리로 그녀를 부르는 소리가 들렸다. 문을 열자 계단에서 숨이 가쁜 마리아가 흥분한 목소리로 외쳤다.

"오, 엘리자베스 언니! 제발 서둘러서 식당으로 와! 정말 볼만한 광경이 있어! 뭐가 있는지는 말하지 않을게. 서둘러, 지금 당장 내려와야 돼!"

엘리자베스는 뭐냐고 물었지만 마리아는 더 이상 아무것도 말해 주지 않았고, 그들은 이 놀라운 광경을 찾아 오솔길 가로 난 식당으로 뛰어내려 갔다. 그곳에는 두 명의 여성이 낮은 마차에 타고 정원 문 앞에 멈춰 서 있었다.

"뭐야, 이거야? 나는 돼지들이라도 정원에 뛰어 들어온 줄 알았잖아. 캐서린 부인과 그녀의 따님이 오신 걸 가지고 이렇게 난리를 피운 거야?"

"오, 엘리자 언니, 저 분은 캐서린 부인이 아니야. 저 노부인은 그들과 함께 사는 젠킨슨 부인이야. 다른 사람은 드 버그 양이고. 봐 봐, 언니! 정말 작지 않아? 저렇게 마르고 작을 줄은 몰랐네." 마리아는 엘리자베스가 잘못 안 것에 다소 놀란 듯 말했다.

"이렇게 바람이 부는데 왜 샬럿을 밖에 서 있게 하는 거야? 정말 무례하네. 왜 안으로 들어오지 않는 거지?"

"아, 샬럿 언니가 그러는데 그녀는 거의 안으로 들어오지 않는대. 드 버그 양이 안으로 들어오는 것은 큰 영광이래."

"나는 그녀 외모가 마음에 들어." 엘리자베스는 다른 생각에 몰두하며 말했다. '그녀는 아프면서도 짜증스럽다는 듯 보이네. 맞아, 그녀는 그에게 아주 잘 어울릴 거야. 아주 딱 맞는 아내가 될 것 같다.'

콜린스 씨와 샬럿은 문 앞에 서서 그 여성들과 대화하고 있었고,

윌리엄 경은 문간에 서서 눈앞의 위엄에 대해 진지하게 사색하는 표정이라 엘리자베스는 재밌다고 느꼈다. 그는 드 버그 양이 그쪽을 바라볼 때마다 끊임없이 고개를 숙여 인사를 했다.

마침내 할 말을 다했는지 여성들의 마차는 떠났으며, 나머지 사람들은 집으로 돌아갔다. 콜린스 씨는 엘리자베스와 마리아를 마주치자마자 그들이 운이 좋다며 축하의 말을 하기 시작했다. 샬럿은 그들 모두가 다음 날 로징스의 저녁 식사에 초대받았다고 설명해 주었다.

• 29장 •

콜린스 씨는 이 초대 덕분에 완전히 승리의 기쁨을 누렸다. 놀라워하는 손님들에게 그의 후원자의 위엄을 보여주고 자신의 아내와 자신에게 그녀가 공손하게 대한다는 사실을 보여주는 건 바로 그가 원하던 바였다. 그리고 그렇게 빨리 그런 기회가 주어진 건 캐서린 부인의 정중함을 보여주는 예라며 끊임없이 그녀를 칭찬하고 감사했다.

"솔직히 말씀드려 저는 부인이 일요일에 우리를 초대하여 로징스에서 차를 마시고 저녁 시간을 보내자고 하셔도 전혀 놀라지 않을 거라 생각했어요. 그녀의 친절함을 이미 잘 알고 있기 때문에요. 하지만 정말로 이렇게 큰 배려를 해주실 줄 누가 알았겠습니까? 우리 손님들이 도착한 지 얼마 되지 않아, 더군다나 한 명도 빠짐없이 모두 저녁 초대를 받을 것이라고 누가 상상이나 했겠어요!"

"나는 이렇게 된 게 놀랍지는 않아요. 고위층의 예절이 어떤 것인지 경험을 통해 지식을 얻었기 때문이죠. 궁정에서는 그러한 우아한 배려의 사례가 드물지 않습니다." 윌리엄 경이 말했다.

그날 하루와 다음 날 아침에는 내내 로징스 방문에 대한 이야기만 오갔다. 콜린스 씨는 훌륭한 방들과 많은 하인들, 그리고 화려한 저녁 식사 등 그들이 기대하던 것을 실제로 보았을 때 완전히 압도되지 않도록 미리 조심스레 일러주었다.

여성들이 몸단장을 하기 위해 자리에서 일어나자 콜린스 씨는 엘리자베스에게 말했다.

"옷차림 같은 건 걱정하지 마세요. 캐서린 부인은 우리에게 부인과 부인의 따님에게 어울리는 그런 우아함을 요구하진 않으시니까요. 당신의 옷 중에서 가장 좋은 걸 입으시면 됩니다. 그 이상은 필요하지 않아요. 캐서린 부인은 검소하게 입었다고 해서 당신을 나쁘게 생각하는 분이 아니니까요. 그녀는 신분의 구분이 지켜지는 걸 좋아하십니다."

그들이 옷을 차려입는 동안, 콜린스 씨는 각자의 방으로 두세 번씩이나 문 앞에 와서 서둘러달라고 했다. 캐서린 부인은 저녁 식사 자리에 늦는 걸 매우 싫어하시기 때문이라고 했다. 부인의 엄격함이나 생활 예절에 대한 이야기를 듣자 사교에 익숙하지 않았던 마리아 루카스는 겁을 먹었고 로징스에서 인사하는 걸 아버지가 세인트 제임스에서 국왕 배알을 기다리던 것만큼이나 두려워했다.

날씨가 좋았기 때문에 그들은 공원을 가로질러 약 반 마일을 즐겁게 산책했다. 어떤 공원도 나름의 아름다움과 경치를 자랑하는 법이어서 엘리자베스는 많은 것들이 아름답다고 만족했으나 콜린스 씨가 기대했던 만큼은 아니었다. 그가 집 앞에서 창문 수를 세며, 루이스 드 버그 경이 처음 유리창을 달 때 얼마나 많은 비용이

들었는지에 대해 이야기했을 때도 엘리자베스는 그에 대해 그다지 큰 호응은 없었다.

그들이 계단을 올라 홀로 들어설 때, 마리아의 불안은 매 순간 커져만 갔고 윌리엄 경조차도 완전히 침착한 모습은 아니었다. 그러나 엘리자베스의 용기는 흔들리지 않았다. 그녀는 캐서린 부인이 특별한 재능이나 엄청난 미덕으로 두려움을 느낄 만한 사람이란 말은 들어본 적 없고 단순히 돈이 많고 지위가 높아서 위엄 있다는 말만 들었으므로 그 위엄 앞에 떨 필요가 없다고 생각했다.

콜린스 씨가 완벽한 균형과 마감 장식이라 감탄해 마지않은 현관 입구에서 그들은 하인들을 따라 대기실을 지나 캐서린 부인과 그녀의 딸, 그리고 젠킨슨 부인이 앉아 있는 곳으로 갔다. 캐서린 부인은 매우 겸손하게 그들을 맞이했고, 콜린스 부인은 남편과 합의하여 자신이 손님들을 소개하기로 준비했기에 콜린스 씨라면 잔뜩 늘어놓았을 겉치레의 말들을 하지 않고 적절하게 소개를 진행했다.

세인트 제임스에서 경험이 있다던 윌리엄 경은 자신을 둘러싼 웅장함에 완전히 압도되어 깊이 허리를 숙여 인사를 하고는 아무 말 없이 자리에 앉았다. 그리고 그의 딸은 거의 정신이 나갈 지경으로 두려워하며 의자 가장자리에 앉아 어디를 봐야 할지 몰라 하고 있었다. 그러나 엘리자베스는 그 상황을 충분히 감당할 수 있었고, 그녀 앞에 있는 세 여성들을 침착하게 관찰할 수 있었다. 캐서린 부인은 키가 크고 체격이 좋은 여성으로, 한때는 아름다웠을 법한 뚜렷한 이목구비를 지니고 있었다. 그녀의 분위기는 온화하지는 않았고, 방문객들을 맞이하는 방식도 그다지 따뜻한 느낌은 아니었기에 손님들이 그녀보다 낮은 지위라는 사실을 잊게 만들 수는 없었다. 그녀는 침묵할 때 위압감을 주는 건 아니었으나 말할 때는 모두 권위 있는 어조였으며 자신의 중요성을 과시하는 듯했고 이는 엘리자베스에게 위컴 씨를 떠올리게 했다. 이날 관찰을 통해 엘리자베스는 캐서린 부인이 그가 묘사한 것과 정확히 일치한다고 생각했다.

그녀의 용모와 행동거지가 다아시 씨와 유사하다고 생각한 엘리자베스는 캐서린 부인에 대한 관찰이 끝나자 그녀의 딸에게 눈을 돌렸는데 마리아가 놀란 것만큼 놀라지 않을 수 없었다. 드 버그 양은 너무 마르고 작았기 때문이었다. 그녀의 어머니와 체격도 얼굴도 전혀 닮지 않았다. 드 버그 양은 창백하고 병약해 보였고 그녀의 이목구비는 평범하지 않았지만 특별할 것도 없었다. 그녀는 거의 말이 없었고, 낮은 목소리로 젠킨슨 부인에게만 이야기했고 특별할 것 없는 외모의 젠킨슨 부인은 그저 그녀의 말을 듣고 알맞은 방향으로 병풍을 놓아 드 버그 양이 눈부시지 않게 하는 데 집중하고 있었다.

몇 분 앉아 있다가 모두는 창가로 가서 바깥 경치를 감상하게 되었다. 콜린스 씨는 그 아름다운 경치에 대해 설명해 주었고 캐서린 부인은 여름에 보면 더 아름답다고 친절히 알려주었다.

저녁 식사는 매우 훌륭했고, 콜린스 씨가 말했던 대로 많은 하인들이 많은 은식기들을 준비했다. 또 그가 예상한 대로 그는 캐서린 부인의 요청에 따라 테이블 아래쪽에 자리를 잡았고, 마치 인생에 더 큰 영광은 없을 것처럼 보였다. 그는 음식을 썰고 먹으며 기쁜 마음으로 모든 요리에 대해 곧바로 칭찬했다. 먼저 그가 요리를 칭찬하면 이제 조금 긴장이 풀린 윌리엄 경이 사위가 말한 그대로 칭찬을 반복했고 엘리자베스는 캐서린 부인이 그들의 모습을 어떻게 참아낼까 하는 생각이 들었다. 그러나 캐서린 부인은 그들의 과도

한 찬사에 만족한 듯 보였고, 특히 테이블 위의 어떤 요리가 그들이 처음 맛보는 새로운 요리인 경우에는 가장 상냥하고 관대한 미소를 지었다. 이 자리에서는 많은 대화가 오가지는 않았다. 엘리자베스는 대화의 여지가 있을 때마다 말을 하려 했지만, 그녀는 샬럿과 드 버그 양 사이에 앉아 있었고, 샬럿은 드 버그 양의 말을 듣는데 몰두해 있었다. 그러나 드 버그 양은 저녁 식사 내내 샬럿에게는 한 마디도 하지 않았다. 젠킨슨 부인은 주로 드 버그 양이 얼마나 먹는지를 지켜보며 다른 요리도 먹어보라고 권기도 했고, 그녀의 상태가 어떤지 살피며 걱정하고 있었다. 마리아는 말을 할 엄두를 내지 못했고 남자들은 오직 먹고 감탄하는 것이 다였다.

여자들이 거실로 돌아왔을 때 캐서린 부인의 이야기를 듣는 것 외에는 할 일이 거의 없었고, 그녀는 커피가 나올 때까지 끊임없이 이야기했다. 그녀는 모든 주제에 대해 자신의 의견을 매우 단호히 전달했는데 마치 한 번도 자신의 말을 반박당해 보지 않은 것 같아 보였다. 그녀는 샬럿의 가정일에 대해 친숙하고 세세하게 질문하며, 그녀에게 그것들을 관리하는 것에 대한 많은 조언을 주었다. 그녀는 샬럿의 가족처럼 소규모의 가정에서는 모든 게 어떻게 조정되어야 하는지 설명하고, 소와 가금류를 돌보는 방법에 대해서도 지시했다. 엘리자베스는 이 위대한 귀부인은 다른 사람들에게 지시할 기회가 있으면 어떤 사소한 일이라도 놓치지 않는다는 것을 알게 되었다. 콜린스 부인과의 대화 사이에, 캐서린 부인은 마리아와 엘리자베스에게 여러 가지 질문을 했으며, 특히 인척관계에 대해 전혀 모르는 엘리자베스에게 많은 질문을 했다. 그녀는 콜린스 부인에게 엘리자베스가 매우 품위 있고 예쁜 숙녀라고 말했다. 그녀는 때때로 엘리자베스에게 몇 명의 자매가 있는지, 언니인지 동생인지, 결혼할 가능성이 있는지, 예쁜지, 어디에서 교육을 받았는지, 아버지가 어떤 마차를 가지고 있는지, 어머니의 처녀 때 이름은 무엇이었는지를 물었다. 엘리자베스는 그녀의 질문이 모두 예의 없다고 느꼈지만 매우 침착하게 대답했다. 그러자 캐서린 부인은 이렇게 말했다.

"당신의 아버지 재산은 콜린스 씨에게 상속하기로 되어 있죠?" 그런 후 샬럿을 향해 돌아보며 "당신을 위해서는 기쁜 일이지만, 그렇지 않다 해도 딸들에게 재산을 상속하는 것은 필요하지 않다고 생각해요. 루이스 드 버그 가문의 경우에는 필요하지 않다고 생각한답니다. 베넷 양, 당신은 피아노 연주나 노래를 하시나요?"

"조금 합니다."

"오! 그럼 언젠가 당신의 연주를 들을 수 있기를 바랍니다. 우리의 악기는 훌륭한 것이어서 아마도 당신네 것보다 훨씬…. 언제든 한번 연주해 보아요. 당신의 자매들도 연주하고 노래하나요?"

"한 명은 합니다."

"왜 모두 배우지 않았나요? 모두 배웠어야 합니다. 웨브 집안의 딸들은 한 명도 빠짐없이 모두 연주를 해요. 그들의 아버지가 당신의 아버지보다 수입이 좋지 않은데도 말예요. 그림도 그리나요?"

"아니요, 전혀요."

"그럴 수가요, 자매 중 아무도 안 그리나요?"

"네, 아무도 안 그려요."

"그것은 매우 이상하군요. 하지만 기회가 없었으니 그랬겠죠. 당신의 어머니는 매년 봄마다 당신들을 도시로 데리고 가서 좋은 선생님에게 배우도록 했어야 해요."

"어머니는 반대하지 않으셨을 거예요. 하지만 아버지께서 런던을 싫어하십니다."

"그럼 당신들의 가정교사는 이제 모두 떠났나요?"

"저희 집은 가정교사가 있었던 적이 없어요."

"가정교사가 없었다고요? 어떻게 그게 가능하죠? 다섯 딸이 집에 가정교사 없이 컸다니! 그런 경우는 들어본 적이 없군요. 당신의 어머니가 따님들을 교육시키느라 너무 힘드셨겠어요."

엘리자베스는 그렇지 않다고 대답하면서 웃음을 참기 어려웠다.

"그럼 누가 가르쳤나요? 누가 돌보았어요? 가정교사 없이 교육을 소홀히 받았겠군요."

"몇몇 가족들과 비교하면 그랬던 것 같습니다만, 그래도 배우고 싶은 걸 못 배우진 않았어요. 우리는 언제나 독서를 권장받았고, 필요할 때는 모든 선생님들이 곁에 계셨거든요. 물론 자신이 게으르기를 선택했다면 교육을 못 받아도 할 수 없고요."

"그랬군요. 하지만 그런 게으름을 바로 가정교사가 막아주는 거예요. 만약 당신의 어머니를 알았다면 가정교사를 꼭 고용하라고 강력히 권했을 거예요. 저는 항상 꾸준하고 규칙적인 교육과 지도 없이는 아무것도 이루어지지 않는다고 말합니다. 그런 지도는 가정교사 말고는 아무도 제공할 수 없어요. 제가 얼마나 많은 가족에게 가정교사를 소개해 주었는지 알면 놀랄 거예요. 저는 항상 젊은 사람이 잘 자리 잡는 것을 기쁘게 생각하지요. 제 덕분에 젠킨슨 부인의 조카 네 명도 아주 훌륭한 자리를 얻었답니다. 그리고 얼마 전에 우연히 들은 한 젊은 사람도 제가 추천했는데, 그 가족이 매우 기뻐하고 있어요. 콜린스 부인, 어제 메트칼프 부인이 제게 감사하다고 전하러 왔다는 얘기를 했나요? 그녀는 내가 소개해 준 포프 양이 보물이라고 하더군요. '캐서린 부인, 당신은 저에게 보물을 주셨어요.' 이렇게 말하지 뭐예요. 엘리자베스 양, 당신의 동생들 중에 사교계에 나간 사람이 있나요?"

"네, 부인, 모두 나갔죠."

"모두라고요! 다섯 명이 한꺼번에 나갔다고요? 매우 이상하군요! 당신은 둘째잖아요. 언니 둘이 아직 결혼하지 않았는데 어린 자매들이 먼저 사교계에 나가다니. 아직 많이 어리지 않나요?"

"네, 저희 막내는 아직 열여섯이 되지 않았어요. 사교 활동을 하기에는 조금 어린 나이일 수 있죠. 하지만 부인, 맏언니가 일찍 결혼할 여건이 안 되거나 결혼할 마음이 없으면 어떻게 하나요? 그렇다 해서 어린 동생들이 사교생활과 즐거움을 누리지 못하는 건 너무 가혹하다고 생각해요. 막내라고 해서 첫 번째로 태어난 사람만큼 젊음을 누리지 말란 법은 없잖아요. 그런 이유로 기회를 주지 않는다면 자매간의 우애가 돈독해지기 힘들 거예요. 세심하게 마음 쓰는 것도 배우지 못하고요."

"정말이지, 참 어리면서도 자신의 의견을 강하게 표현하는군요. 나이가 어떻게 되죠?" 부인이 물었다.

"세 명의 동생들이 다 자랐는데 제게 나이를 말하라고 하시진 않겠죠." 엘리자베스는 미소를 지으며 대답했다.

캐서린 부인은 직접적인 대답을 듣지 못해 매우 놀란 듯 보였으며, 엘리자베스는 이렇게 품위 있는 척하며 무례한 질문을 던지는 부인에게 농담조로 받아친 사람은 자기가 처음일 거라고 생각했다.

"당신은 스무 살이 넘지 않았을 것 같군요. 그러니 나이를 숨길 필요는 없어요."

"저는 스물한 살이 아직 안 됐어요."

신사들이 합류하고 차 마시는 시간이 끝난 후, 카드 테이블이 놓였다. 캐서린 부인, 윌리엄 경, 그리고 콜린스 부부는 쿼드릴 게임을 하려고 앉았고, 드 버그 양은 카지노를 하고 싶어 해서 엘리자베스와 마리아는 젠킨슨 부인을 도와 드 버그 양과 게임 패를 구성하는 영광을 누렸다. 그러나 그들의 카드 테이블은 극도로 지루했다. 카드놀이와 관련되지 않은 말은 한마디도 하지 않았고, 젠킨슨 부인은 드 버그 양이 너무 덥거나 춥지는 않은지 혹은 빛이 너무 들어오거나 덜 들어오지는 않는지에만 신경 쓰는 표정이었고 거의 아무 말이 없었다. 반면 저쪽 테이블엔 많은 대화들이 오가고 있었다. 캐서린 부인이 주로 이야기를 했는데, 다른 세 사람의 실수를 지적하거나 관련된 자신의 일화를 이야기하고 있었다. 콜린스 씨는 그녀의 이야기에 모두 동의하며, 자신이 게임에서 칩을 따면 부인에게 감사해했고 너무 많이 땄다고 생각이 되면 사과를 했다. 윌리엄 경은 별로 말을 하지 않았다. 그는 부인의 일화와 귀족 이름들을 기억해 두고 있었다. 캐서린 부인과 그녀의 딸이 원하는 만큼 카드놀이를 한 후 테이블은 파했고, 캐서린 부인은 콜린스 부인에게 마차를 불러 줄지 물었다. 그녀는 감사히 받아들이고 즉시 불러달라 하였다. 그 후, 일행은 난로 주위에 모여 캐서린 부인이 내일 날씨에 대해 말하는 걸 들었고 마차가 도착하여 불려 나갔다. 콜린스 씨는 여러 번 감사의 말을 하고, 윌리엄 경도 계속 인사를 하면서 그들은 헤어졌다. 그들이 집을 떠나자마자, 엘리자베스는 로징스가 어땠는지에 대한 콜린스 씨의 질문에 대해 의견을 말해야 했다. 그리고 샬럿을 위해 그녀는 실제 자신이 느낀 것보다 더 긍정적으로 이야기했다. 그러나 엘리자베스가 열심히 노력해서 칭찬했음에도 콜린스 씨는 결코 만족하지 못했고, 곧 자신이 직접 부인을 칭찬하기 시작했다.

• 30장 •

윌리엄 경은 헌스포드에서 단지 일주일을 머물렀지만, 그의 방문은 딸이 결혼해서 매우 편안하게 자리를 잡은 걸 확인하고 그런 남편과 이웃을 갖기가 쉽지 않다는 걸 확신할 만큼은 충분했다. 윌리엄 경이 그들과 함께하는 동안, 콜린스 씨는 아침마다 자신의 이륜마차에 그를 태워 주고 시골을 구경시켜 주었다. 그렇게 그가 나가면 가족은 평소 일과로 돌아갔고, 엘리자베스는 그 시간에는 사촌을 보지 않아서 감사했다. 아침 식사와 저녁 식사 사이의 대부분 시간에 그는 정원에서 일하거나 독서와 글쓰기, 도로를 마주하고 있는 자신의 서재에서 창밖을 바라보며 보냈다. 반면, 여자들이 머무는 방은 뒤쪽에 있었다. 엘리자베스는 처음에 샬럿이 식당 방을 자주 사용하지 않는 이유가 궁금했다. 그 방은 더 넓고 더 쾌적한 전망을 가지고 있었기 때문이다. 그러나 그녀는 곧 친구가 그렇게 한 데에는 그럴만한 이유가 있음을 깨달았다. 만약 그들이 경치 좋은 그 방에 앉아서 놀았다면 콜린스 씨는 분명히 자신의 방에 훨씬 덜 있고 그곳에 합류했을 것이기 때문이다. 그래서 그녀는 샬럿이 이렇게 한 것을 칭찬했다.

거실에서 그들은 길에서 어떤 일이 일어나는지 전혀 알 수 없었다. 오직 콜린스 씨만 어떤 마차가 지나가는지, 특히 드 버그 양이 그녀의 쌍두마차를 타고 얼마나 자주 지나가는지를 알 수 있었다. 그는 항상 와서 그 사실을 알려주었다. 드 버그 양은 드물지 않게 목사관 앞에 마차를 멈추고 샬럿과 몇 분간 대화를 나누었지만, 마차에서 내려 들어온 적은 거의 없었다.

콜린스 씨가 로징스까지 산책하지 않는 날은 거의 없었고, 그의 아내가 함께 가는 날도 많았다. 엘리자베스는 가족 성직 수익권이 처분될 수도 있다는 생각을 하고 나서야 그렇게 많은 시간을 희생하는 이유를 이해할 수 있었다. 가끔 캐서린 부인이 방문하기도 했는데, 그녀는 그럴 때마다 이 집에서 일어나는 모든 것을 놓치지 않고 살펴보았다. 그녀는 그들의 살림을 면밀히 관찰하고, 그들이 일하는 걸 보면서 다른 방식으로 하라고 조언하기도 했으며, 가구 배치가 좋지 않다고 말하거나 하녀가 태만하다고 꾸짖기도 했다. 음식이 나오면 먹겠다고는 했지만 그것은 콜린스 부인의 고기가 다른 식구들에 비해 너무 크다는 사실을 지적하는 게 더 큰 목적인 것처럼 보였다.

엘리자베스는 곧 깨달았다. 이 대단한 귀부인은 비록 주 치안 판사는 아니지만, 자신의 교구에서 가장 적극적인 치안 판사였던 것이다. 교구의 사소한 일까지 콜린스 씨에 의해 그녀에게 보고되었다. 그리고 소작인들 중 누군가 말썽을 일으키거나, 불만을 품거나, 또는 너무 가난해 힘들어 할 때마다 그녀는 마을로 나가 그들의 분쟁을 해결하고, 불평을 잠재우며, 꾸짖어서 화합과 풍요를 이루게 했다.

로징스에서의 저녁 식사 초대는 일주일에 두 번 정도 반복되었고, 윌리엄 경이 가고 나서는 저녁에 카드 테이블이 하나만 차려졌다는 점을 제외하면 처음 갔을 때와 거의 다른 게 없었다. 콜린스 부부는 다른 약속은 거의 없었는데, 이는 이웃의 생활 수준이 콜린스 씨가 감당할 수 있는 범위를 넘어서기 때문이었다.

그러나 이것은 엘리자베스에게 전혀 문제가 되지 않았고, 전체적으로 그녀는 꽤 편안하게 시간을 보냈다. 샬럿과 30분 정도 즐겁게 대화할 수 있었고, 그 시기에는 날씨가 매우 좋았기 때문에 그녀는 종종 밖에 나가 즐거움을 느꼈다. 다른 식구들이 캐서린 부인을 방문하는 동안 엘리자베스는 가장 좋아하는 산책로로 나가 산책을 즐겼는데 공원의 끝을 따라 걸어가면 탁 트인 숲이 나오는 길이었다. 그곳은 아늑한 길로 그녀 외에는 아무도 그 길의 가치를 알아보는 것 같지 않았고, 그곳에서 그녀는 캐서린 부인의 호기심에서 벗어날 수 있었다.

이렇게 조용히 그녀가 그곳을 방문한 지 2주가 금방 지나갔다. 부활절이 다가오고 있었고, 그 전 주에는 로징스 가족에게 새로운 인물이 방문할 예정이었다. 넓게 교제하지 않는 그 가족으로서는 매우 중요한 일이었다. 엘리자베스는 도착 직후에 다아시 씨가 몇 주 내에 올 것이라는 소식을 들었고 그녀가 좋아하지 않는 사람들이 올 것이었지만, 그의 방문은 로징스 파티에서 그래도 새로운 느낌을 줄 것이었고, 또 빙리 양이 생각하는 드 버그 양과 다아시 씨의 관계가 과연 가당한 일인지 다아시 씨가 그의 사촌을 대하는 행동을 보면 알 수 있을 거라는 재미있는 기대가 들었다. 캐서린 부인은 그를 이미 자신의 딸과 결혼시키려고 생각하고 있었고 그가 오는 것에 대해 큰 만족감을 표했다. 그에 대해 엄청난 칭찬을 했으나 그를 루카스 양과 엘리자베스는 이미 자주 보았다는 사실을 알게 되자 거의 화가 난 것처럼 보였다.

그의 도착 소식은 곧 목사관에 알려졌다. 콜린스 씨가 헌스포드 길로 들어가는 문지기의 집 근처를 오전 내내 산책하며 그가 오는 소식을 제일 먼저 확인하려 했기 때문이다. 그는 마차가 공원으로 들어갈 때 인사를 한 후, 이 소식을 가지고 급히 집으로 돌아갔다. 다음 날 아침, 그는 로징스로 문안을 드리러 갔다. 문안을 받을 사람은 캐서린 부인의 두 조카였다. 다아시 씨가 그의 삼촌의 차남인 피츠윌리엄 대령을 데리고 왔기 때문이었다. 그리고 놀랍게도 콜린스 씨가 돌아왔을 때 그는 그 신사들과 함께 왔다. 샬럿은 남편의 방에서 그들이 길을 가로질러 오는 걸 보고 즉시 다른 방으로 달려가 동생과 엘리자베스에게 대단한 손님이 온다고 전했다.

"너에게 감사해야겠다. 그들이 여기로 인사를 하러 오다니. 너 아니었으면 다아시 씨가 이렇게 빨리 나를 찾아오지는 않았을 거야."

엘리자베스가 그런 치사를 부인할 겨를도 없이 초인종이 울리며 그들의 도착을 알렸고, 곧 세 명의 신사가 방에 들어왔다. 맨 앞에 선 피츠윌리엄 대령은 서른 살쯤 되어 보였으며, 잘생기진 않았지만 몸가짐과 태도가 정말로 신사다웠다. 다아시 씨는 하트퍼드셔에서 보던 그대로의 모습이었다. 늘 그렇듯 콜린스 부인에게는 조심스럽게 인사를 건넸고, 엘리자베스에게도 어떤 감정을 가졌든 간에 아주 침착하게 인사했다. 엘리자베스는 아무 말 없이 그에게 간단히 인사만 했다.

피츠윌리엄 대령은 잘 교육받은 사람답게 자연스럽고 유쾌하게 대화를 시작하며 즐겁게 이야기를 나누었다. 하지만 그의 사촌 다아시 씨는 콜린스 부인에게 집과 정원에 대해 간단히 언급하더니 한동안 누구와도 말을 하지 않았다. 그러다 마침내 예의를 갖추어 엘리자베스에게 가족들은 잘 있는지 물었다. 엘리자베스는 평소처럼 대답한 후, 잠시 멈추었다 덧붙였다.

"저희 언니는 석 달째 런던에 머물고 있는데 혹시 그곳에서 언니를 본 적은 없으신가요?"

엘리자베스는 그가 그동안 언니를 본 적이 없다는 걸 이미 알고 있었지만, 빙리 씨 가족과 언니 사이에 있었던 일을 그가 알고 있는지 확인하고 싶었다. 다아시 씨는 베넷 양을 만날 수 있는 행운이 없었다고 대답했는데 엘리자베스가 보기에 그는 약간 당황한 것처럼 보였다. 그러나 그에 대해 더 이상 묻진 않았고 곧 신사들은 자리를 떠났다.

• 31장 •

목사관에서는 피츠윌리엄 대령의 매너에 대해 모두가 칭찬했고 여자들은 모두 로징스 모임에 가면 이제 그가 있어 상당히 즐거울 것이라 느꼈다. 그러나 그들이 로징스에 다시 초대를 받기까지는 며칠이 걸렸다. 로징스 집에 손님이 있는 동안에는 사람들을 초대할 필요가 없었기 때문이다. 그래서 부활절 날, 신사들이 도착한 지 거의 일주일 만에 그들은 초대를 받게 되었는데, 단순히 교회를 나서면서 저녁에 집에 오겠냐는 식의 탐탁치 않은 초대였다. 지난 일주일 동안 그들은 캐서린 부인이나 그녀의 딸을 거의 보지 못했다. 피츠윌리엄 대령은 그동안 목사관에 여러 번 방문했지만, 다아시 씨는 오직 교회에서만 볼 수 있었다.

그들은 물론 초대에 응했고 적절한 시간에 캐서린 부인의 응접실에 모였다. 캐서린 부인은 그들을 예의 바르게 맞이했지만, 다른 손님이 없을 때 그들을 반갑게 대했던 것보다는 확실히 덜 반가워하는 게 보였다. 그녀는 조카들, 특히 다아시와 이야기하는 데 몰두하고 있었고, 방 안의 다른 사람들과는 훨씬 적게 말을 했다.

피츠윌리엄 대령은 그들을 정말 반가워하는 듯 보였다. 로징스에서 그에게는 어떤 것도 환영할 만한 위안이며 기쁨이었다. 그리고 콜린스 부인의 예쁜 친구인 엘리자베스는 더욱 그의 마음을 사로

잡았다. 그는 이제 그녀 옆에 앉아서 켄트와 하트퍼드셔 이야기, 여행과 집에 머무는 것, 새로운 책이나 음악에 대해 매우 즐겁게 이야기했다. 엘리자베스는 그 방에서 그렇게 즐겁게 시간을 보낸 게 처음이었다. 그들은 너무 활기차고 자연스럽게 이야기를 나누어 캐서린 부인과 다아시 씨의 주목을 끌었다. 다아시 씨는 호기심 어린 표정으로 여러 번 그들을 바라봤고, 캐서린 부인도 같은 생각을 한 게 더욱 노골적으로 드러났다. 그녀가 주저 없이 큰 소리로 말을 걸었기 때문이다.

"피츠윌리엄, 무슨 얘기를 하고 있지? 무엇에 대한 이야기들을 하고 있는 거니? 베넷 양에게 무슨 얘기를 하는지 나도 들어보고 싶구나."

"음악에 대해 이야기하고 있습니다." 그는 더 이상 피할 수 없어 대답을 했다.

"음악 이야기라고! 그러면 큰 소리로 얘기해 줄래? 음악은 모든 주제 중에서 내가 가장 좋아하는 것이란다. 음악에 대해 이야기하고 있다면 나도 대화에 끼고 싶구나. 아마도 영국에서 나만큼 음악을 진정으로 즐기고 나만큼 음악에 타고난 취향을 가진 사람은 드물 거다. 만약 내가 음악을 배웠다면 나는 훌륭한 실력을 갖췄을 거야. 앤도 마찬가지야. 만약 그 애의 건강이 연습하는 것을 허락했다면 말이지. 그랬다면 앤은 정말 즐겁게 연주했을 거야. 조지아나는 잘 배우고 있니, 다아시?"

다아시는 그의 여동생의 실력이 늘고 있다면서 애정 어린 칭찬을 했다.

"그 애가 실력이 늘고 있다니 너무 잘됐구나. 연습을 많이 하는 것만이 뛰어난 실력을 갖게 한단다. 그 애에게 내가 이렇게 말하더라고 꼭 전해다오." 캐서린 부인이 말했다.

"그 애는 그런 조언이 필요치 않아요. 정말 꾸준히 연습하고 있 거든요."

"그렇다면 더 좋지. 너무 많이 연습해서 나쁠 건 없으니까. 다음 에 그 애에게 편지를 쓸 때 내가 말해야겠다. 어떤 경우에도 연습을 소홀히 하지 말라고 말이야. 나는 젊은 여성들에게 음악에서 뛰어 난 실력을 얻으려면 꾸준한 연습이 필요하다고 자주 말하지. 그 애 에게도 이미 여러 번 말했어. 더 많이 연습해야만 잘하게 될 수 있 을 거라고. 그리고 콜린스 부인은 악기가 없으니 매일 로징스에 와 서 젠킨슨 부인의 방에서 피아노를 쳐도 돼요. 여러 번 말했지만 환 영입니다. 거기서 연습하는 건 아무에게도 방해가 되지 않을 것이 니까요."

다아시 씨는 이모의 무례함에 조금 부끄러워하는 듯 보였고, 아 무 대답도 하지 않았다. 커피를 다 마신 후, 피츠윌리엄 대령은 엘리 자베스에게 자신을 위해 연주하겠다고 약속한 것을 상기시켰고, 그 녀는 즉시 피아노 앞에 앉았다. 그는 그녀 근처로 의자를 끌어다 놓 고 앉았다. 캐서린 부인은 그녀의 노래를 절반 정도 들은 후 조금 전과 마찬가지로 다른 조카 다아시에게 말을 하기 시작했다. 그러 자 다아시는 이모에게서 떨어져 걸어가더니 피아노 쪽으로 다가가 아름다운 연주자의 얼굴을 온전히 볼 수 있는 위치에 자리를 잡고 앉았다. 엘리자베스는 그가 하는 행동을 다 보았고, 연주 중간에 쉬 는 부분에 장난스런 미소를 지으며 그에게 말했다.

"다아시 씨, 이렇게 격식 차리고 제 연주를 들으러 오신 건 저를 겁주시려는 건가요? 당신 여동생이 아무리 연주를 잘한다 해도 저 는 겁먹지 않아요. 저는 고집이 있어 남이 아무리 저를 겁먹게 하려

해도 그렇게 되지 않거든요. 누군가가 소심하게 만들려고 하면 저는 오히려 용기가 불끈 솟아난다고요."

"틀렸다고 말하지는 않겠습니다. 왜냐하면 당신은 진짜로 내가 당신을 겁주려는 의도를 가지고 있다고 믿는 건 아닐 테니까요. 그리고 저는 당신과 충분히 오래 알고 지내왔기에, 당신이 가끔 실제로는 진심이 아닌 의견을 말하며 즐긴다는 걸 알고 있습니다."

엘리자베스는 자신에 대해 이렇게 표현하는 걸 듣고는 크게 웃으며 피츠윌리엄 대령에게 말했다. "당신의 사촌이 당신에게 저에 대한 참으로 예쁜 인상을 알려 드리는군요. 제가 하는 말을 하나도 믿지 말라고 가르쳐 주면서요. 저는 제 진짜 모습을 드러낼 수 있는 사람을 만나기가 참 힘든 것 같네요. 이곳에서 어떻게 신뢰를 좀 얻어볼 수 있을까 생각했는데 말이에요. 다아시 씨, 당신이 하트퍼드셔에서 알게 된 제 모든 약점을 말하는 건 매우 비겁해요. 그리고 저도 말 좀 하자면 다아시 씨의 그런 행동은 현명하지도 못하죠. 왜냐하면 제가 보복하게 만들고, 그렇게 되면 당신의 친척들이 충격을 받을 수도 있을 거라서요."

"저는 당신이 두렵지 않습니다." 그가 미소를 지으며 말했다.

"엘리자베스 양이 다아시를 비난하는 말을 듣고 싶군요. 그가 낯선 사람들 앞에서 어떻게 행동하는지 알고 싶었답니다." 피츠윌리엄 대령이 말했다.

"그럼 들려드리겠어요. 하지만 각오하세요. 매우 끔찍한 이야기가 준비되어 있으니까요. 제가 하트퍼드셔에서 그를 처음 본 건 무도회였어요. 당신은 그가 어떻게 했을 것 같아요? 그는 단 네 번만 춤을 췄어요. 남자들이 부족한 상황이었는데도요. 제가 확실히 아는 바로는, 파트너가 없어서 그냥 앉아 있던 숙녀가 한두 명이 아니었다고요. 다아시 씨, 아니라고는 말씀 못하시죠?"

"그 당시에 저는 같이 간 제 일행 말고는 아는 여성이 없었어요."

"그래요. 무도회장에서는 누구라도 소개받는 게 불가능했나 보네요. 자, 피츠윌리엄 대령님, 다음에 무엇을 연주할까요? 제 손가락은 당신의 명령을 기다리고 있답니다."

"아마도 제가 소개를 요청했더라면 더 좋았을지 모르겠네요. 하지만 저는 낯선 사람들에게 먼저 다가가지 못하는 성격이에요."

"그러면 그 이유를 당신의 사촌에게 물어볼까요?" 엘리자베스는 계속해서 피츠윌리엄 대령을 향하며 말했다. "교육받은 분별력 있는 분이자 큰물에서 노시는 분이 왜 낯선 사람들에게 다가가지 못하는 걸까요?"

"제가 답변드리죠. 그는 자기를 스스로 소개하는 수고를 하고 싶지 않기 때문입니다."

"제겐 분명히 다른 사람들이 가진 그런 재능이 없어요. 처음 만나는 사람들과 쉽게 대화하는 재능 말이에요. 처음 보는 사람들이 어떤 톤으로 대화하는지 모르겠고 그들의 관심사에 흥미 있는 척하는 것도 제겐 힘들죠. 다른 사람들은 자주 그렇게 하는 것 같지만요." 다아시 씨는 말했다.

"제 손가락은 많은 여성들이 훌륭히 건반 위를 움직이는 것처럼 그렇게 움직이지 않아요. 힘이나 속도가 매번 다르고 그래서 연주도 항상 다르죠. 하지만 저는 항상 그게 제 잘못이라고 생각해요. 왜냐하면 연습하는 수고를 하지 않기 때문이죠. 그러나 제 손가락이 다른 어떤 여성보다 뛰어난 연주를 할 수 없다고는 믿지 않아요." 엘리자베스는 말했다.

그러자 다아시가 미소를 지으며 말했다. "정말 맞는 말씀이에요.

당신은 시간을 훨씬 더 잘 활용하는 거죠. 어차피 당신의 연주를 들을 수 있는 특권을 가진 사람이라면 당신이 부족한 연주를 한다고 생각하지 않을 테니까요. 우리는 피차 낯선 사람들 앞에서는 연주하지 않죠."

여기서 그들은 캐서린 부인에 의해 대화를 끊어야 했다. 그녀가 무슨 이야기를 하고 있는지 큰 소리로 물어보았기 때문이다. 엘리자베스는 즉시 다시 연주를 시작했다. 캐서린 부인이 다가와 몇 분간 연주를 듣더니 다아시에게 말했다.

"베넷 양이 더 연습하고 런던에 있는 선생님에게 배운다면 연주를 잘할 수 있을 것 같구나. 그녀는 손가락 쓰는 법을 알고 있어. 물론 취향은 앤과는 다르지만. 앤이 건강해서 제대로 배웠다면 정말 훌륭한 연주자가 되었을 거야."

엘리자베스는 다아시가 자신의 사촌 드 버그 양에 대한 칭찬에 얼마나 진심으로 동의하는지를 보려고 그를 쳐다보았다. 그러나 그 순간에도, 그리고 다른 어떤 순간에도 그녀는 그가 그의 사촌을 사랑한다는 생각이 전혀 안 들었다. 드 버그 양에 대한 그의 태도는 빙리 양에게는 위안이 될 법도 했다. 만약 빙리 양이 그의 친척이었다면 그녀도 어쩌면 그와 결혼할 가능성이 있었을 것이라고.

캐서린 부인은 엘리자베스의 연주에 대한 언급을 계속하며 연주 방법과 취향에 대한 여러 가지 조언을 늘어놓았다. 엘리자베스는 모든 조언을 예의 바르게 받아들였고 캐서린 부인의 마차가 모두를 집으로 데려다 줄 준비가 될 때까지 신사들의 요청에 따라 피아노 앞에 앉아 있었다.

• 32장 •

엘리자베스는 다음 날 아침 콜린스 부인과 마리아가 마을로 볼일을 보러 간 사이에 혼자 앉아 제인에게 편지를 쓰고 있었다. 그때 방문객이 왔다는 초인종 소리에 놀랐다. 마차 소리를 듣지 못했기에 그녀는 캐서린 부인이 온 것일 수도 있겠다고 생각했고, 또 무례한 질문을 할지도 모른다는 두려움에 반쯤 쓴 편지를 치우려 했다. 그러나 문이 열렸을 때 그녀는 매우 놀랐다. 다름 아닌 다아시 씨가 혼자 안으로 들어온 것이다.

그 역시 그녀가 혼자 있는 것을 보고 당황한 듯 보였고, 모든 숙녀가 집에 있을 거라고 들었다며 불쑥 찾아온 것에 대해 사과했다.

둘은 자리에 앉았고, 엘리자베스는 로징스 사람들에 대해 안부를 물었다. 그러나 그 후 대화는 완전히 끊길 위기에 처한 듯 보였다. 그래서 무언가를 이야기할 필요가 절실해졌고, 엘리자베스는 다아시를 전에 마지막으로 본 게 하트퍼드셔였음을 떠올리며 그들이 갑작스럽게 떠난 이유에 대해서 그가 뭐라 말할지 궁금해졌다.

"지난 11월에 네더필드를 모두 갑작스럽게 떠나셨잖아요. 빙리 씨는 모두가 그렇게 빨리 떠나 런던으로 온 걸 보고 꽤 놀랐을 것 같은데요. 그가 하루 전날 런던으로 떠났다고 들었거든요. 다아시 씨가 런던을 떠나실 때 빙리 씨와 그 누이분들은 모두 잘 계셨어요?"

"모두 잘 있었어요. 감사합니다."

그가 더 이상의 대답을 하지 않을 게 보였다. 그래서 엘리자베스는 잠시 침묵을 지킨 후, 다시 덧붙였다.

"빙리 씨가 네더필드로 다시 돌아갈 생각이 없다는 말을 들은 것 같은데요?"

"저는 그가 그것에 대해 말하는 걸 들어본 적은 없어요. 하지만 아마도 앞으로 네더필드에서 거의 시간을 보낼 것 같진 않아요. 그는 지금 런던에 친구가 많고, 친구들과의 약속이 계속 늘어나고 있는 때라서요."

"만약 그가 네더필드에서 거의 시간을 보내지 않을 거라면 아예 집을 내놓는 게 이웃을 위해 더 좋을 텐데요. 그럼 그곳에 다른 가족이 이사 올 수도 있고요. 하지만 빙리 씨가 그 집을 자신을 위해 세냈지, 이웃을 위해 세낸 건 아닐 테니까 그 집을 유지할지 포기할지는 그것 또한 자신의 편의에 따라 결정하시겠죠."

"누군가 적절히 구매한다고 하면야 그가 곧 내놓지 않을까요?" 다아시가 말했다.

엘리자베스는 아무 대답도 하지 않았다. 그의 친구 이야기를 더 하는 게 두려웠다. 또 딱히 다른 할 말도 없어서 이제는 대화 주제를 그가 찾도록 넘겨주기로 했다.

다아시는 그녀의 의도를 알아차리고 곧 말을 꺼냈다. "이 집은 아주 아늑해 보입니다. 콜린스 씨가 처음 헌스포드에 왔을 때 캐서린 부인이 집에 신경을 많이 써 주신 것 같군요."

"그러신 것 같아요. 그리고 그녀의 친절에 그만큼이나 감사해하는 사람도 없고요."

"콜린스 씨는 아내를 선택하는 데 매우 운이 좋은 것 같습니다."

"네, 정말로 그의 친구들은 기뻐할 만해요. 그를 받아들일, 혹은 받아들였더라도 그를 행복하게 해줄 분별력 있는 여성들은 많지 않을 텐데 그런 여자를 만났으니까요. 제 친구는 똑똑하지만 저는 그녀가 콜린스 씨와 결혼한 것을 그녀가 한 일 중 가장 현명한 선택이라고 생각하는지는 않아요. 하지만 그녀는 완전히 행복해 보여요.

실질적인 측면으로도 확실히 그녀에게 유익한 결혼이고요."

"가족과 친구들에게서 멀리 떨어지지 않은 곳에 살게 되어 분명 아주 만족스러울 거예요."

"멀리 안 떨어졌다고요? 거의 50마일이나 되는데요."

"잘 뚫린 길로 50마일이 뭐 대단한가요? 반나절 정도의 여정일 뿐이죠. 네, 저는 아주 가까운 거리라고 생각해요."

"글쎄요, 저는 그 거리를 결혼의 장점 중 하나라고 생각해 본 적이 없어요. 제 친구도 가족이랑 가까운 곳에 정착했다는 말 같은 건 한 적 없고요."

"당신이 하트퍼드셔에 엄청난 애착을 갖고 있어서입니다. 롱본 근처가 아니면 다 멀게 느껴지는 거겠죠."

엘리자베스는 다아시가 말하면서 살짝 미소를 짓는 것을 보고 말의 의도를 알아차렸다고 생각했다. 그가 자신이 언니 제인과 네더필드를 생각하면서 이런 이야기를 한다고 생각하고 있는 거라 짐작했고, 엘리자베스는 얼굴을 붉히며 대답했다.

"저는 여자가 결혼해서 반드시 가족과 가까이 살아야 한다고 말하려는 건 아니에요. 멀고 가까운 거야 상대적인 것이고 여러 가지 상황에 따라 다를 수 있잖아요. 재산이 많아 여행 경비가 중요하지 않다면 거리는 문제가 되지 않겠죠. 하지만 샬럿은 그렇지 않아요. 콜린스 씨 부부는 편안한 수입이 있지만, 자주 여행할 만큼은 안 되거든요. 아마 제 친구는 지금 거리의 절반 이하로 떨어져 살지 않는 한 가족과 가깝다고 여기지 않을 거예요."

다아시는 자신의 의자를 그녀 쪽으로 조금 끌어당기며 말했다. "왜 그렇게 자기 지역에 애착을 가져요? 롱본에서 영원히 살 건 아니잖아요?"

엘리자베스는 놀란 표정을 지었다. 그도 그녀의 감정 변화를 알아차리고 의자를 다시 뒤로 뺐다. 그러더니 테이블에서 신문을 집어 들고 잠깐 그것을 훑어보며 차가운 목소리로 말했다.

"켄트 지방이 마음에 드시나요?"

그 지역에 대한 짧은 대화가 이어졌고, 양쪽 모두 차분하고 간결하게 말했는데 샬럿과 그녀의 동생이 산책에서 돌아오면서 대화는 곧 끝이 났다. 그들 단둘이 있는 모습에 샬럿과 동생은 깜짝 놀랐다. 다아시 씨는 엘리자베스에게 불쑥 찾아온 이유를 설명하더니 더 이상 누구에게도 말을 건네지 않고 몇 분 더 자리에 앉아 있다가 가버렸다.

"이게 무슨 의미일까?" 그가 떠난 직후에 샬럿이 말했다. "엘리자, 그가 너를 좋아하는 게 틀림없어. 그렇지 않았다면 이렇게 아무렇지 않게 우리를 찾아올 일은 없어."

하지만 그가 앉아서 침묵만 지키고 있었다고 엘리자베스가 얘기하자, 샬럿조차 그가 엘리자베스를 좋아할 가능성이 낮다고 생각하게 되었고 그들은 여러 추측을 하다가 결국 그가 정말 특별한 일이 없어서 온 거였다고 결론지었다. 그 시기는 일 년 중 가장 재미없는 시기이기도 했다. 모든 야외 스포츠도 할 수 없는 계절이었고 실내에는 캐서린 부인과 책, 그리고 당구대밖에 없었다. 두 신사들은 항상 실내에만 있을 수도 없던 터에 가까운 목사관과 그곳으로 가는 기분 좋은 산책로, 그리고 그곳에 사는 사람들 덕분에 매일 그곳으로 걷고 싶은 유혹을 느꼈다. 그들은 여러 번 아침에 놀러 왔고, 때로는 따로, 때로는 함께, 가끔은 이모 캐서린 부인과 동행하기도 했다.

피츠윌리엄 대령은 그들과 사귀는 게 즐거워서 왔고 그것이 그를 더욱 반가운 사람으로 만들었다. 엘리자베스는 그와 함께 하는 것이 만족스러웠고 그도 자신에게 호감을 지니고 있는 것이 이전에 좋아했던 조지 위컴을 떠올리게 했다. 그들을 비교하면서 그녀는 피츠윌리엄 대령의 매너에는 매력적인 부드러움은 덜하지만 식견으로는 더 뛰어난 사람일 거라고 생각했다.

하지만 다아시 씨가 왜 그렇게 자주 목사관에 오는지는 이해하기 어려웠다. 그가 사교를 위해 오는 것으로는 볼 수 없었다. 10분씩이나 말 한마디 없이 앉아 있는 일이 흔했고, 말을 할 때도 자발적인 것이 아니라 예의 차원에서 어쩔 수 없이 하는 것처럼 보였다. 그가 활기를 띠는 적은 없었고 콜린스 부인은 그를 어떻게 이해해야 할지 몰랐다. 그러나 피츠윌리엄 대령이 때때로 그가 그렇게 멍하게 있는 걸 보며 웃는 것으로 보아, 그가 평소와는 다르게 행동하는 것이 아닌가 하는 생각이 들었고 그게 사랑 때문일지도 모르겠다고 생각했다. 사랑 때문이라면 그 사랑의 대상이 자신의 친구 엘리자이기를 바랐기에 그녀는 이를 좀 더 알아내기 위해 진지하게 노력했다. 로징스에 있을 때나 헌스포드에 다아시가 올 때마다 그를 유심히 관찰했다. 그러나 큰 성과는 없었다. 그는 분명 자신의 친구를 진지한 눈으로 변함없이 바라보긴 했지만, 그 눈빛에 엘리자베스에 대한 사랑의 마음이 담겨 있는지는 의심스러웠고 때로는 정말 단지 멍하니 있는 것으로만 보였다.

콜린스 부인은 한두 번 엘리자베스에게 그가 그녀에게 호감을 가지고 있을 가능성을 제기해 봤지만, 엘리자베스는 늘 그 생각을 웃어넘겼다. 콜린스 부인은 그녀의 친구가 그 남자를 그녀 마음대로 할 수 있다고 느끼게 되면 반감도 사라질 것이라고 생각했기에 너무 기대를 높였다 실망으로 끝날지 모를 이 주제에 대해 계속 얘기하진 않았다.

콜린스 부인은 엘리자베스를 피츠윌리엄 대령과 결혼시키려는 계획을 하곤 했다. 그는 비교할 수 없이 유쾌한 사람이었고, 분명히 그녀에게 호감을 보였으며, 그의 사회적 지위도 매우 적합했다. 그러나 이러한 장점들을 지녔어도 다아시 씨와는 달리 그는 교회에서 목사 추천권이 전혀 없다는 단점이 있었다.

• 33장 •

엘리자베스는 공원에서 산책을 하는 동안 몇 번이나 우연히 다아시 씨와 마주쳤다. 그녀는 사람들이 잘 오지 않는 곳에서 그를 마주치는 게 참 얄궂은 불운이라 느끼며, 다시는 그런 일이 없도록 그곳은 그녀가 좋아하는 장소라고 애초에 그에게 일러 주었다. 그런데도 어떻게 두 번째로 그런 일이 일어날 수 있었는지 매우 이상했다. 아무튼 그런 일이 일어났고, 심지어 세 번째로도 일어났다. 그렇다면 그것은 그의 고의적인 악의거나 자발적 고행이라고밖에 볼 수 없었다. 그런데 이번에 그는 단지 형식적으로 인사하고 어색하게 머뭇거리다 가버리는 대신 그녀와 함께 걸어야겠다고 생각했다. 그는 말을 많이 하지 않았고, 그녀도 많은 말을 하거나 많이 듣는 수고를 하지 않았지만, 그녀는 이 세 번째 우연한 만남에서 그가 이상하고 또 관련도 없는 질문들을 하고 있다고 느꼈다. 그는 그녀가 헌스포드에 있는 게 즐거운지, 혼자 하는 산책을 좋아하는지, 그리고 콜린스 부부가 행복하다고 생각하는지 물었다. 그리고 로징스 이야기를 하며 그녀가 그 집을 아직 잘 모르는 것 같다며 다시 켄트에 올 때마다 거기에도 머물러 줬으면 하고 기대하는 것 같았다. 그의 말에는 뭔가 암시하는 게 있는 것 같았는데 혹시 그가 피츠윌리엄 대령과 자신 사이에 대해 생각하고 있는 건 아닐까 하고 그녀는 생각했다. 만약 뭔가를 의미하는 말이었다면 분명 그걸 염두에 둔 게 틀림없다고 믿었다. 그 생각은 약간 그녀를 괴롭혔는데 곧 목사관 울타리 문 앞에 도착한 걸 알고 마음이 편해졌다.

어느 날 그녀는 산책을 하면서 제인의 마지막 편지를 꼼꼼히 읽으며, 제인이 기분이 좋지 않은 상태에서 편지를 썼음이 분명해 보이는 몇몇 구절에 대해 깊이 생각하고 있었다. 그런데 이번에는 다아시 씨가 아닌 피츠윌리엄 대령과 마주쳤다. 그녀는 즉시 편지를 치워버리고는 억지로 웃음을 지으며 말했다.

"이쪽으로 산책하시는 줄은 몰랐네요."

"저는 보통 매년 공원을 산책해요. 그리고 끝에 목사관에 들르려하는데요, 멀리 가시나요?"

"아니요, 곧 돌아갈 예정이었어요."

그리고서 그녀는 돌아서서 그와 함께 목사관으로 걸어갔다.

"토요일에 정말 켄트를 떠나시나요?" 그녀가 물었다.

"예, 다아시가 다시 연기하지 않는다면요. 저는 다아시가 하는 대로 해요. 그는 자기 맘대로 일을 처리하지만요."

"그리고 자기 맘대로 하는 일에 만족하지 못한다 해도 자기 맘대로 할 수 있는 힘이 있다는 데서 즐거움을 얻죠. 저는 다아시 씨보다 자신이 하고 싶은 일을 맘대로 할 수 있는 자신의 권력을 마음껏 즐기는 사람을 보지 못했어요."

"네, 그는 자신의 방식대로 하는 것을 매우 좋아해요. 사실 우리 모두 다 그렇게 하고 싶죠. 다만 그는 다른 많은 사람들과 달리 그렇게 할 수 있는 수단을 가지고 있을 뿐이에요. 그는 부자이고, 다른 많은 사람들은 가난하기 때문이죠. 솔직하게 말씀드리면 둘째 아들은 자제하는 것과 또 의존에 익숙해져야 합니다."

"제 생각으론 백작의 아들이라면 아무리 둘째 아들이라도 그 둘 중 어느 것도 모를 것 같은데요. 진지하게 말해서, 당신은 자제와 의존에 대해 무엇을 알고 있나요? 돈이 없어서 원하는 곳에 가지 못하거나 갖고 싶은 것을 얻지 못한 적이 있으세요?"

"그것참 직접적인 질문이군요. 아마 저는 그런 종류의 어려움을 많이 경험하지는 않았다고 말씀드려야겠죠. 하지만 더 중요한 문제에 있어서는 돈 때문에 고통을 받을 수도 있답니다. 둘째 아들들은 원하는 대로 결혼도 할 수 없거든요."

"그들이 재산 있는 여성을 좋아하지만 않는다면 결혼을 잘만 하는 것 같던데요."

"우리의 지출 습관이 우리를 너무 의존적으로 만들어요. 저랑 같은 신분의 사람들 중에는 여유가 있어 돈을 고려하지 않고도 결혼할 수 있는 사람들이 많아요."

'나를 두고 하는 말인가?' 하고 엘리자베스는 생각했고 그 생각에 얼굴이 붉어졌다. 그러나 침착성을 다시 찾고 활기찬 어조로 말했다. "그럼 백작의 둘째 아들은 보통 얼마를 받나요? 장남이 매우 아프지 않은 한, 5만 파운드 이상을 요구하진 못하겠죠?"

그는 비슷하게 대답했고, 그 주제에 대해선 더 말이 없어졌다. 말이 없으면 방금 말한 것에 자신이 영향을 받았다고 생각할까 봐 그녀는 곧이어 말했다.

"저는 당신의 사촌이 당신을 마음대로 하고 싶어서 여기 데려왔다고 생각해요. 저는 그가 결혼하면 영원히 그렇게 맘대로 할 사람을 얻을 텐데 왜 안 하는지 궁금해요. 아마도 그의 여동생이 그의 전적인 보살핌 아래 현재 잘 지내고 있기 때문이 아닐까 싶은데요. 그는 그녀가 원하는 건 뭐든지 해주겠죠?"

"아니요, 그건 그가 나와 나눠야 하는 혜택이에요. 저는 다아시 양의 후견인을 그와 함께 맡고 있어요."

"아, 그러세요? 그렇다면 어떤 종류의 후견인이신가요? 그 아가씨가 당신들에게 많은 고생을 시키긴 않나요? 그 나이 또래의 젊은 여성들은 때때로 다루기 어렵잖아요. 그리고 만약 그녀가 진정한 다아시 가문의 기질을 가졌다면 아마 그녀도 자신의 맘대로만 하려 들 거예요."

그녀는 말을 하는 동안 그가 자신을 진지하게 바라보는 것을 보았다. 그리고 그가 즉시 왜 다아시 양이 그들을 고생시킬 거라고 생각했는지 묻는 방식으로 보아, 엘리자베스는 자신이 한 말이 어느 정도 맞았다는 확신을 가졌다. 그녀는 바로 대답했다.

"겁먹을 필요는 없으세요. 그녀에 대해 나쁜 소문은 전혀 들은 적 없어요. 그리고 제가 장담하건대, 그녀는 세상에서 가장 다루기 쉬운 사람 중 하나일 거예요. 제 지인들 중 몇몇 부인들, 허스트 부인과 빙리 양이 그녀를 아주 좋아해요. 당신도 그들을 아는 것으로 들었는데요."

"네, 그들과 조금 알아요. 그들의 형제는 유쾌한 신사죠. 다아시의 절친한 친구고요."

"그래요, 다아시 씨는 빙리 씨에게는 특별하게 친절하고, 정말 엄청나게 챙겨주죠."

"맞아요. 저도 정말로 다아시가 빙리 씨가 가장 신경 써야 할 부분들을 잘 챙겨준다고 생각해요. 우리가 이곳으로 오는 동안 다아시가 말해준 건데 빙리 씨가 그에게 크게 신세를 졌다는 생각이 들었어요. 하지만 용서를 구해야 할지 모르겠네요. 다아시가 말한 사람이 빙리 씨라고 단정지을 수는 없어요. 추측일 뿐이라서."

"그게 무슨 말이에요?"

"다아시가 이게 알려지는 걸 원하지 않을 거예요. 만약 그 여성의 가족에게라도 소문이 퍼지게 된다면 불쾌한 일이 될 테니까요."

"저는 아무한테도 말하지 않을 테니 안심하세요."

"그리고 빙리 씨라고 추측할 만한 충분한 이유가 있는 것도 아니라서요. 다만 다아시가 제게 말한 건 최근에 친구가 매우 경솔한 결혼을 할 뻔했는데 자신이 친구를 구해냈다는 것뿐이었고 그 여성의 이름이나 구체적인 사항은 전혀 언급하지 않았어요. 저는 빙리 씨가 그런 곤경에 빠질 만한 젊은이라고 생각하고 또 그들이 지난여름 내내 함께 있었다는 사실을 알기 때문에 빙리 씨일 거라고 추측하는 거예요."

"다아시 씨가 그렇게 간섭한 이유를 말하던가요?"

"그 여성에 대한 매우 강한 반대가 있었다고 들었어요."

"그럼 그들을 떼어놓기 위해 다아시 씨가 어떤 수법을 썼나요?"

"어떤 수법을 썼는지는 말하지 않았죠." 피츠윌리엄 대령은 미소를 지으며 말했다. "지금 제가 당신에게 말한 것만 알려줬을 뿐이에요."

엘리자베스는 대답하지 않고 계속 걸었고, 분노로 가슴이 터질 것 같았다. 그녀를 잠시 지켜본 후 피츠윌리엄 대령은 왜 그렇게 생각에 잠겨 있느냐고 물었다.

"방금 당신이 말해준 것에 대해 생각하고 있었어요. 당신 사촌의 행동이 정말 마음에 안 들어요. 왜 그가 재판관 노릇을 해야 했을까요?"

"그의 간섭이 주제넘는 행동이라고 생각하시나요?"

"다아시 씨가 무슨 권리로 친구의 선택에 옳다 그르다 판단했는지, 어떻게 친구의 행복을 자신의 판단에만 의존해 결정하고 이끌려 했는지 이해할 수 없어요." 그러나 그녀는 흥분을 좀 삭이며 계속 말했다. "구체적인 사항은 모르니까 다아시 씨를 계속 비난하는건 옳지 않겠죠. 그렇지만 친구에 대한 큰 애정 때문에 그랬을 거라고 생각하지 않아요."

"억측은 아니지만 제 사촌의 승리가 그렇게 가치 없게 비쳐진다니 참 안타까운 일이네요."

피츠윌리엄 대령은 농담조로 이렇게 대답했지만 엘리자베스에게는 그의 모습을 너무나도 정확하게 그린 그림처럼 느껴졌다. 그녀는 대답하지 않기로 하고 갑작스럽게 대화를 바꾸어 별로 관심도 없는 주제들을 이야기하며 목사관까지 걸어갔다. 그들의 손님이 떠나자마자 그녀는 자신의 방에 틀어박혀 방해받지 않고 자신이 들은 모든 것에 대해 생각할 수 있었다. 피츠윌리엄이 말한 사람이 빙리 씨가 아닌 다른 사람 이야기일 리는 없었다. 다아시 씨가 그렇게 강한 영향력을 행사할 수 있는 남자가 빙리 씨 말고 또 세상에 있기는 힘들다. 빙리 씨와 제인을 떼어놓는 데 다아시 씨가 일조했을 것에 대해선 의심한 적이 없었다. 하지만 그녀는 항상 그 주된 계획과 실행은 빙리 양의 소행이라고 생각해 왔다. 그러나 그의 오만이 그를 잘못 이끈 것이다. 다아시 자신의 자만심과 변덕은 제인이 겪었고 여전히 겪고 있는 모든 고통의 원인인 것이다. 그는 세상에서 가장 애정 많고 관대한 마음을 가진 제인의 모든 행복의 희망을 한동안 망쳐놓았고, 그로 인해 받은 상처가 얼마나 오래 지속될지는 아무도 알 수 없었다.

'그 여성에 대한 매우 강한 반대가 있었다'고 피츠윌리엄 대령이 말했다. 그리고 그 강한 반대의 이유는 아마도 그녀에게 시골 변호사인 이모부와 또 런던에서 사업을 하는 삼촌이 있다는 사실과 관련되었을 것이다.

"제인 언니 자체로는 어떠한 반대의 가능성도 있을 수 없어. 언니는 얼마나 사랑스럽고 착한가. 이해도 잘하고 생각도 훌륭하고 태도도 매력적이지. 아버지에 대해서도 반박할 수 있는 건 없어. 다소 특이하시지만, 다아시 씨가 결코 경시할 수 없는 능력을 가지고 있으며, 아마도 그라면 결코 얻지 못할 존경도 받고 계시지." 엘리자베스는 혼자 외쳤다. 어머니를 생각하자 자신감이 조금 흔들렸지만, 그녀는 다아시 씨가 그 점에 대해 큰 중요성을 두지는 않는다고 믿었기 때문에 크게 문제 되지 않는다고 여겼다. 다아시 씨의 오만함은 친구가 사회적 지위가 못 미치는 사람들과 인연을 맺는다는 게 문제가 되는 것이지, 그들이 교양 면에서 조금 부족하다고 해 문제를 삼진 않을 거라고 그녀는 확신했다. 결국 그녀는 그가 이러한 최악의 오만함과 자신의 여동생을 위해 빙리를 붙잡아 놓고 싶어 하는 마음에 지배되었다고 결론지었다.

이 문제 때문에 마음이 편치 못하고 눈물이 나와 두통이 유발되었고, 저녁이 다가오면서 점점 더 심해졌다. 그러다 보니 다아시 씨를 만나고 싶지 않은 마음도 있고 해서 그녀는 사촌네와 함께 로징스에 가서 차를 마시기로 했지만 참석하지 않기로 했다. 콜린스 부인은 그녀가 정말 상태가 좋지 않은 걸 보고는 같이 가자고 강요하지 않았고, 남편에게도 그녀를 압박하지 않도록 했다. 그러나 콜린스 씨는 캐서린 부인이 엘리자베스가 집에 있는 것에 대해 다소 불쾌해할 것이라는 걱정을 하는 게 역력했다.

• 34장 •

　그들이 떠나고 나자, 엘리자베스는 다아시 씨에게 맘껏 화내고 싶어 켄트에 온 이후 제인으로부터 온 모든 편지를 다시 읽어보았다. 그 편지들에는 실제로 불평은 담겨 있지 않았고, 과거 일에 대한 회상도, 현재 괴롭다는 이야기도 없었다. 그러나 모든 편지에서, 그리고 거의 모든 문장마다 그녀의 글을 특징짓던 밝은 느낌은 없었다. 이는 마음이 평온하고 모든 사람에게 호의적일 때 드러나는 언니의 밝은 마음이었으며, 거의 흐려진 적이 없었다. 엘리자베스는 처음 읽었을 때에는 몰랐지만 지금 읽어보니 편지의 모든 문장에서 불안감이 느껴졌다. 다아시 씨가 뻔뻔스럽게 떠벌린 그 행동이 그녀로 하여금 제인이 겪는 고통을 더 깊이 깨닫게 했다. 다행히도 다아시 씨가 모레 로징스를 떠난다는 생각에 약간 위안이 되었지만, 그보다 더 큰 위안은 2주만 있으면 다시 언니를 만나니 온 마음을 다해 언니가 기운을 회복하도록 도울 수 있을 거라는 생각이었다.

　엘리자베스는 다아시 씨가 켄트를 떠나는 것을 생각하니 그의 사촌도 함께 떠난다는 사실이 떠오르지 않을 수 없었다. 하지만 피츠윌리엄 대령은 그녀에게 청혼할 생각이 없다는 것을 분명히 밝혔고, 그가 아무리 괜찮은 사람일지라도 엘리자베스는 그로 인해 불행해질 생각은 없었다.

　이런 생각에 잠겨 있다가 엘리자베스는 갑자기 초인종 소리에 깨어났다. 그녀는 한때 저녁 늦게 찾아오곤 했던 피츠윌리엄 대령일지도 모른다는 생각에 마음이 살짝 설렜다. 그가 자신에게 특별히 안부를 물으러 온 게 아닐까 하는 기대가 있었기 때문이다. 그러나 이 생각은 곧 사라졌고, 그녀의 기분은 완전히 다른 방향으로 흘렀다. 놀랍게도 다아시 씨가 방으로 들어오는 것이었다. 그는 서둘러 그녀의 건강 상태를 물었고, 그녀가 괜찮아졌다는 소식을 듣고 싶어 방문했다는 것이다. 그녀는 차가운 예의로 그에게 대답했다. 다아시 씨는 잠시 앉았다가 다시 일어나 방을 서성거렸다. 엘리자베스는 놀랐지만 한 마디도 하지 않았다. 몇 분간의 침묵 후, 그는 격앙된 태도로 그녀에게 다가와 이렇게 말하기 시작했다.

"노력했지만 안 되더군요. 더 이상은 안 돼요. 제 감정을 억누를 수가 없습니다. 제가 얼마나 열렬히 당신을 사랑하는지 말하게 해 주세요."

엘리자베스는 말로 할 수 없을 정도로 놀랐다. 그녀는 그저 바라만 보다가 얼굴이 붉어졌고, 그다음엔 의심스러워했으며 말문을 열지 못했다. 다아시 씨는 그러나 이에 격려를 얻어 곧바로 그녀에 대한 오랜 감정을 모두 고백했다. 그는 말을 잘했다. 마음의 감정 외에도 신경 쓰는 다른 문제들에 대해서도 상세히 설명했고 다정한 사랑이라는 주제만큼이나 자존심에 대해서도 열변을 토했다. 그녀의 신분이 자신보다 낮다는 사실을 떠올리는 것이 수치스럽다는 생각, 그리고 그녀의 가족이 자신의 애정을 방해하는 장애물로 작용하는 것 등에 대해 그는 솔직하고 따뜻하게 이야기했지만, 그 말들이 그의 구애를 받아들일 만한 것으로 만들기에는 전혀 도움이 되지 않았다.

엘리자베스는 그에 대한 깊은 반감을 가지고 있었지만 그런 사람의 애정을 받았다는 사실을 전혀 무감각하게 받아들이지는 않았다. 그에 대한 그녀의 생각은 한순간도 변하지 않았지만, 처음에는 그가 상처를 받을까 봐 미안함을 느꼈다. 하지만 그의 이어진 말들에 모든 연민은 사라지고 분노가 치밀었다. 그래도 그녀는 다아시 씨가 말을 끝내도록 인내심을 가지고 기다리고 그 후 대답하려고 노력했다. 그는 그동안 자신이 아무리 애써도 극복할 수 없었던 강한 애정을 다시 한번 표현하며, 그녀가 이제 자신의 마음을 받아들여 주고 청혼을 수락해 주길 바란다고 말했다. 그가 이 말을 했을 때, 엘리자베스는 그가 긍정적인 대답을 확신하고 있다는 것을 쉽게 알 수 있었다. 두려워하고 불안해하는 것처럼 말했으나 그의 얼굴엔 실질적으로 확신을 하고 있는 게 나타났다. 이런 상황은 그녀를 더욱 열받게 할 수밖에 없었고, 그가 말을 끝내자마자 그녀는 얼굴이 온통 붉으락푸르락해진 채 말했다.

"이런 경우에는 당연히 고백하신 감정에 대해 감사의 뜻을 표하는 것이 관례겠지요. 비록 저의 감정이 똑같지 않다 해도요. 제가 감사함을 느낀다면 감사의 말씀을 드리겠지만 저는 그럴 수 없네요. 저는 결코 당신이 저를 좋아해 주길 원하지도 않았고요, 당신도 힘들게 그것을 주신다고 하니 누군가에게 고통을 준 것이 저로서는 죄송해요. 그러나 그건 제가 전혀 의도치 않은 일이니, 그 고통이 빨리 가시기만을 바랍니다. 당신은 저에게 오랫동안 고백하지 못하도록 만들었던 그 자존심을 가지고 계시니 이제 저의 설명을 들으신 후엔 극복하기가 훨씬 쉬울 거예요."

다아시 씨는 벽난로에 기대어 그녀의 얼굴에 시선을 고정한 채, 그녀가 하는 말을 놀람 못지않은 분노를 품으며 듣고 있는 것 같았다. 그의 얼굴은 분노로 창백해졌고, 그의 마음이 동요하고 있다는 것이 모든 표정에서 드러났다. 그는 평정을 유지하려 애쓰며, 진짜로 마음이 냉정해졌다고 믿어질 때까지 입을 열지 않았다. 그러나 그 침묵은 엘리자베스에게는 두렵고 견디기 어려운 순간이었다.

마침내 억지로 차분함을 유지하려는 목소리로 그가 말했다.

"이것이 그토록 제가 행복하게 기대해 왔던 당신의 대답이군요. 저는 당신에게서 왜 이렇게 최소한의 예의조차 없이 거절당했는지 알고 싶을지도 모르겠어요. 하지만 그건 별로 중요한 일은 아닙니다."

"저도 궁금하네요. 어째서 당신은 나를 그토록 명백히 불쾌하게 하고 모욕하려는 의도로, 당신의 의지에 반하여, 당신의 이성에 반하여, 심지어 당신의 성격에 반하여 나를 좋아한다고 말하기로 했죠? 제가 무례했다면 그게 좀 이유가 되지 않을까요? 하지만 그 외에도 제가 화가 난 이유가 있어요. 당신도 그 사실을 알고 있겠죠. 제 감정이 당신에게 등을 돌리지 않는다 해도, 아무 감정이 없거나 혹은 심지어 호의적이라 하더라도 가장 사랑하는 제 언니의 행복을 어쩌면 영원히 파괴한 사람을 제가 받아들일 수 있었을 거라 생각하세요?"

그녀가 이 말을 하자, 다아시 씨의 얼굴색이 변했다. 하지만 그 감정은 잠깐이었고, 그는 그녀가 계속 말하는 걸 끊지 않고 들었다.

"저에게는 당신에 대해 안 좋게 생각할 충분한 이유가 있어요. 당신이 저지른 불공정하고 비열한 행동을 정당화할 동기라는 게 도대체 있을까요? 당신은 감히 부인 못할 거예요. 당신이 그들을 갈라놓은 주된, 아니면 유일한 원인이라는 걸요. 당신은 친구를 변덕스럽고 불안정하다는 비난을 받게 하고, 저희 언니는 희망이 좌절된 채 조롱거리가 되게 만든 사람이에요. 그리고 그들 둘 모두를 가장 극심한 고통에 빠뜨린 장본인입니다."

그녀는 말을 멈추었고, 다아시 씨가 전혀 후회하는 감정 없이 듣고 있다는 것을 알고는 큰 분노를 느꼈다. 그는 심지어 꾸며낸 듯한 불신의 미소를 지으며 그녀를 바라보았다.

"당신이 그랬다는 걸 부정할 수 있나요?" 그녀는 다시 물었다.

다아시 씨는 평온함을 가장하며 대답했다. "제가 당신의 언니와 제 친구를 떼어놓기 위해 할 수 있는 모든 걸 했다는 사실을 부정하진 않겠어요. 그리고 성공한 걸 기쁘게 생각하고 있는 것도요. 저는 제 친구를 저 자신보다 사랑하는 거죠."

엘리자베스는 이 예의 차려 말하는 반응에 주목하는 척하지 않으려고 했지만, 그가 의미하는 걸 분명히 이해했고 그것은 그녀의 화를 풀어주는 데 전혀 도움이 되지 않았다. 그녀는 계속했다. "하지만 제가 당신에게 좋지 못한 감정을 지닌 이유는 단지 이 사건만이 아니예요. 이 일이 일어나기 훨씬 전에 저는 당신에 대한 제 의견을 이미 정립했습니다. 당신의 성격은 몇 달 전 위컴 씨에게 들었던 이야기를 통해 다 드러났어요. 그 문제에 관해서 당신은 뭐라고 변명할 수 있죠? 어떤 꾸며낸 우정으로도 당신 스스로를 변호할 수 없겠죠. 어떤 허위의 사실로도 다른 사람들을 속일 수는 없어요."

"당신은 그 친구의 일에 상당히 관심이 많군요." 다아시가 다소 침착성을 잃고 얼굴이 붉어진 채 말했다.

"그의 불운을 알면 누구라도 그에게 관심을 가질 수밖에 없지 않을까요?"

"그의 불운이라고요!" 다아시가 경멸스럽게 되풀이했다. "그래요, 그의 불운은 정말 컸죠."

"그리고 그것은 당신이 초래한 거죠. 당신은 그를 비교적 빈곤한 현재 상태로 몰아넣었어요. 당신은 그에게 주어질 게 분명했던 혜택을 빼앗았어요. 당신은 그의 삶에서 가장 중요한 시기에 그가 마땅히 누려야 할 독립적인 생활을 빼앗았어요. 이 모든 게 당신 때문이잖아요! 그런데도 그의 불운을 말하니 경멸하고 비웃고 계시군요." 엘리자베스는 힘주어 말했다.

다아시는 방을 빠르게 가로지르며 외쳤다. "그래서 이게 당신이 나에 대해 가지고 있는 의견이군요! 이것이 당신이 나를 평가하는 방식이군요! 그렇게 전부 설명해 주시니 고맙군요. 당신의 계산에 따르면 내 잘못들은 정말로 중대하네요! 하지만…" 그는 걸음을 멈추고 그녀를 향해 몸을 돌리며 덧붙였다. "만약 제가 진지한 결정을 내리는 데 오랫동안 방해가 되어 온 제 감정과 고민들을 솔직하게 고백하지 않고 당신의 자존심을 상하게 하지 않았다면 이런 잘못은 간과될 뻔했군요. 만약 내가 더 신중하게 생각해 제 괴로움을 숨기고 순수하고 완전한 사랑에 이끌렸다고, 이성과 숙고, 그 모든 것을 통해서도 그 사랑에 이끌렸다고 당신을 속였다면 이런 신랄한 비난은 나오지 않았겠죠. 하지만 저는 어떤 종류든 위선을 극도로 싫어합니다. 제가 말한 걸 부끄러워하지 않습니다. 자연스럽고 정당한 것이니까요. 당신은 내가 당신 가족의 신분이 낮은 걸 기뻐하길 원하세요? 나보다 명백히 낮은 사회적 위치에 있는 사람들과 가족이 되는 걸 스스로 축하할 거라 기대하셨나요?"

엘리자베스는 순간순간 화가 더 커져 갔지만 최대한 침착하려고 애쓰며 말했다.

"다아시 씨, 당신의 고백 방식 때문에 제가 이렇게 거절한다고 생각하시면 오해예요. 아마 당신이 좀 더 신사답게 행동했더라면 제가 당신을 거절하는 데 있어 저도 고민이 있었겠죠."

그녀가 이렇게 말하자 그가 놀라는 게 보였다. 그러나 그는 아무 말도 하지 않았고 그녀는 계속해서 말을 했다.

"당신이 어떤 방식으로 청혼을 했더라도 제가 그걸 받아들이도록 설득하실 수는 없었을 거예요."

그는 다시 한번 놀란 기색이 역력했다. 그리고 믿기지 않는다는 표정과 굴욕감이 뒤섞인 얼굴로 그녀를 바라보았다. 그녀는 계속해서 말했다.

"처음부터, 아니 제가 다아시 씨를 알게 된 거의 첫 순간부터 저는 당신이 오만하고 자만심이 강하며 다른 사람들의 감정을 무시하는 이기적인 사람이라고 생각했어요. 이런 게 제가 당신을 싫어하게 된 기본적인 요소였어요. 그리고 그 후에 일어난 일련의 사건들이 그 위에 쌓여져서 당신에 대한 저의 비호감은 더욱 굳건해졌죠. 그리고 한 달도 되지 않아 저는 제가 아무리 설득을 당해도 당신이 제가 가장 결혼하고 싶지 않은 남자임을 확실히 하게 됐습니다."

"충분히 말씀하셨네요, 엘리자베스 양. 당신의 감정을 완벽히 이해했습니다. 이제 제가 가져온 감정에 대해서만 부끄러워하면 되겠군요. 당신의 시간을 너무 많이 뺏어서 죄송합니다. 그리고 당신의 건강과 행복을 진심으로 빌게요."

이 말을 하고 그는 서둘러 방을 떠났고, 엘리자베스는 다음 순간 그가 현관문을 열고 집을 나가는 소리를 들었다.

그녀의 마음속 혼란은 고통이 되었다. 어떻게 몸을 지탱해야 할지 모르며 앉아 있다가 반시간가량 울어버렸다. 방금 일어난 일을 곱씹을수록 놀라웠다. 다아시 씨에게 청혼을 받다니! 그가 그렇게 오랫동안 자신을 사랑하고 있었다니! 그가 그의 친구와 언니와의 결혼을 반대하게 했던 것과 같은 문제로 마음속에 저항이 있었는데도 자신과 결혼하고 싶어 할 만큼 사랑했다는 것을 믿기 어려웠다. 그 정도로 강한 애정을 자기도 모르게 불러일으켰다는 것이 기쁘기도 했다. 하지만 그의 오만함, 언니와 관련하여 그가 한 일에 대해 부끄럽지 않게 생각하는 것, 정당화할 수 없음을 인정하면서도 그에 대해 뻔뻔하게 행동하는 것, 그리고 위컴 씨와의 일을 부인하려 하지도 않는 그 냉담함과 잔인함, 그 모든 뻔뻔한 오만은 그가 자신에 대해 가졌던 애정에 대해 안타깝게 생각하는 감정을 금세 압도해 버렸다. 그녀는 마음이 너무나 동요하고 있었고 캐서린 부인의 마차 소리가 들리자 샬럿과 지금 시선을 마주할 상태가 못된다는 것을 느끼고는 방으로 돌아갔다.

· 35장 ·

엘리자베스는 다음 날 아침, 결국 자면서 하던 생각과 똑같은 생각을 하며 깨어났다. 그녀는 어제 일어난 일의 놀라움에서 아직 회복하지 못했으며, 다른 어떤 것도 생각할 수가 없었다. 도무지 뭘 할 기분이 아니어서 아침 식사 후 곧바로 밖에 나가 운동을 즐기기로 결심했다. 그녀는 자신이 가장 좋아하는 산책길로 향하고 있었으나, 때때로 다아시 씨가 그곳에 오곤 했다는 생각이 났다. 그래서 그녀는 공원으로 들어가지 않고 도로에서 더 멀리 떨어진 길로 방향을 바꾸었다. 한쪽에는 여전히 공원 울타리가 경계를 이루고 있었고, 그녀는 곧 공원의 문 하나를 지나쳤다.

그 길을 두세 번 걸은 후, 맑은 아침 기운에 이끌려 문에 멈추어 공원을 바라보았다. 켄트에서 다섯 주를 보내는 동안 그곳은 많이 변해서 매일 초목의 푸르름이 더해지고 있었다. 그녀는 다시 걸으려는 찰나, 공원 가장자리 작은 숲속에서 나오는 한 신사를 보았다.

그는 그녀 쪽으로 다가오고 있었고, 다아시 씨일까 두려워 그녀는 즉시 뒤돌아갔다. 그러나 그 사람은 이제 그녀를 볼 수 있을 정도로 가까워졌고, 열심히 걸어오면서 그녀의 이름을 불렀다. 그녀는 자신을 부르는 목소리가 다아시 씨임을 알아차리고 다시 문 쪽으로 다가갔다. 둘은 동시에 문 앞에 도착했으며, 그는 편지를 내밀었고 그녀는 본능적으로 그것을 받아들였다. 그는 오만한 침착함을 유지한 채 말했다. "당신을 만날 수 있길 바라면서 이 숲에서 한동안 걸었어요. 이 편지를 읽어 주실래요?" 그러고 나서 가볍게 고개 숙여 인사를 한 후 다시 숲속으로 들어갔고 곧 사라졌다.

즐거운 내용일 거라는 기대 없이, 그러나 강한 호기심을 가지고 엘리자베스는 편지를 열었다. 그리고 그녀의 놀라움은 더욱 커졌는데, 봉투 안에 빽빽한 글씨로 가득 채워진 두 장의 편지지가 들어 있었기 때문이다. 봉투에도 마찬가지로 글씨가 가득 차 있었다. 그녀는 길을 따라 걸으며 편지를 읽기 시작했다. 편지는 로징스에서 아침 8시에 작성되었으며, 내용은 다음과 같았다.

이 편지를 받고 놀라지 않았으면 좋겠어요. 어젯밤 당신에게 너무 불쾌했던 저의 제안이 반복되어 있는 게 아닐까 걱정하지 않으셔도 됩니다. 저는 두 사람의 행복을 위해서 빨리 잊혀져야 할 소망들에 대해 떠올리며 당신을 아프게 하거나 제 스스로를 비하하고자 하는 의도 없이 이 글을 씁니다. 이 편지를 쓰는 저와 읽는 당신의 수고를 아낄 수도 있지만 이렇게 해야만 하는 제 성격을 이해해 주십시오. 제 마음대로 당신에게 주의를 기울여 달라고 요구하는 걸 용서해 주십시오. 당신의 감정은 마땅히 제 요구를 들어주고 싶지 않겠지만 저는 당신의 정의로움에 호소하고자 합니다.

당신은 어젯밤 제게 매우 다른 성격의, 그러나 그 중대성에 있어서도 결코 같지 않은 두 가지의 사건에 대해 비난하셨습니다. 첫 번째는 제가 당신의 언니와 빙리 양쪽의 감정을 무시하고 빙리를 그녀에게서 떼어놓았다는 것이었고, 다른 하나는 제가 여러 가지 주장을 무시하고 도의와 인간성에 반해 위컴의 눈앞의 행복을 망치고 그의 앞으로의 번영을 짓밟았다는 것이었죠. 제 젊은 시절의 동반자이자 아버지의 총애를 받던 사람, 우리의 후원 외에는 의지할 곳이 거의 없고 그 후원을 기대하며 자라온 젊은이를 고의적이고 무모하게 내쳤다는 것은, 겨우 몇 주 동안 자라난 애정을 가진 두 젊은이를 갈라놓은 것과는 비교할 수 없는 타락일 것입니다. 하지만 어젯밤 당신이 그렇게 맘껏 던지신 저를 향한 심각한 비난이 제 행동과 그 동기에 대한 다음 설명을 읽고 난 후 사라지길 희망하며 씁니다. 제가 그 설명 과정에서 당신의 감정에 불쾌감을 줄 수 있는 것들을 언급할 수 있지만 저는 그저 미안하다고밖에는 말하지 못하겠네요. 어쩔 수 없는 것이니 더 이상의 사과는 어리석은 일일 것입니다.

　저는 하트퍼드셔에 오래 머물지 않아 다른 사람들과 마찬가지로 빙리가 당신의 언니를 다른 어떤 젊은 여성보다 더 좋아한다 걸 알게 되었죠. 하지만 빙리가 언니분에게 정말 진지한 애착을 느끼고 있음을 알게 된 건 네더필드 무도회 날 저녁이었습니다. 저는 그때까지 그가 사랑에 빠진 것을 여러 번 보았지만, 그 무도회에서 당신과 함께 춤을 추는 동안, 당신의 언니에게 보이는 빙리의 관심이 결혼을 기대하게 할 정도라는 사실을 윌리엄 루카스 경이 우연히 알려주었습니다. 그는 그걸 결혼 날짜만 결정되지 않았을 뿐 확정된 사건인 양 이야기했습니다. 그 순간부터 저는 친구의 행동을 주의 깊게 관찰했어요. 그리고 그때 저는 그가 베넷 양에게 느끼는 애정이 제가 생각한 것보다 더 깊다는 것을 알 수 있었습니다. 저는 당신의 언니도 지켜보았어요. 그녀의 표정과 태도는 언제나처럼 개방적이고 쾌활하며 매력적이었지만, 빙리에게 특별한 애정을 가진 것처럼 보이진 않았습니다. 저는 그날 저녁 유심히 지켜본 결과 그녀가 빙리의 관심을 기쁘게 받아들이고는 있었지만, 그 감정에 동참할 정도는 아니었다고 확신하게 되었죠. 당신이 잘못 안 게 아니라면 제가 잘못 본 것일 수 있습니다. 당신이 당신의 언니에 대해 당연히 더 잘 알고 계신 만큼 제가 잘못 본 것일 가능성이 높습니다. 만약 그렇다면, 그러한 저의 오류로 인해 그녀에게 고통을 주었다면, 당신은 응당 화가 나셨겠죠. 그러나 저는 당신 언니의 얼굴과 태도가 너무 평온하여 가장 날카롭게 보는 저도 그녀의 마음이 쉽게 감동 받지 않을 것이라는 확신을 가지게 되었다는 사실을 주저 없이 계속 주장하겠습니다. 제가 그녀가 빙리에게 무관심하다고 믿고 싶었던 것은 사실이지만, 그렇다고 저는 조사하고 결정하는 과정에서 제 희망이나 두려움에 의해 영향받는 사람이 아닙니다. 저는 제가 그렇게 원하기 때문에 그녀가 빙리에게 무관심하다고 믿은 게 아닙니다. 저는 그것을 공정한 확신에 근거하여 믿었고 제가 이성적으로 그렇게 되기를 바란 것만큼이나 진실한 겁니다. 제가 결혼에 반대한 이유는 단지 어젯밤 제가 인정했던 것처럼, 제 경우에 있어서는 열정의 힘으로 제쳐놓을 수 있는 것들 때문만은 아니었어요. 제 친구에게도 저에게만큼이나 신분이나 인맥이 부족하다는 것이 그렇게 큰 문제는 될 수 없어요. 하지만 반감을 가질 다른 원인들이 있었습니다. 그 원인들은 여전히 존재하며, 저나 빙리 두 경우 모두 동일하게 가지고 있지만, 저는 그것들이 당장 마주한 건 아니기에 잊으려 했습니다. 이 원인들은 간단히라도 언급 되어져야 할 것 같군요. 당신 어머니의 신분은 분명 반대할 만한 것이지만 그러나 그분 자신, 당신의 세 명의 여동생들, 그리고 때때로 당신의 아버지조차도 보여주는 예의 결여에는 비교할 수가 없을 정도입니다. 당신의 기분을 상하게 해서 저도 마음이 아픕니다. 하지만 당신의 가장 가까운 가족들의 이런 결점에 대한 걱정과 제가 이렇게 말씀드리는 것에 불쾌함이 있으시더라도 당신과 당신의 언니는 그러한 비난에서 벗어나 있음을 위로 삼으시길 바랍니다. 이는 두 분 모두 분별력 있고 교양 있는 분이라고 칭찬하는 겁니다. 아무튼 저는 그날 저녁의 일로 인해 모든 분들에 대한 제 의견이 확고해졌고, 제가 가장 불행한 결혼이라고 생각하는 것에서 제 친구를 보호하기 위한 마음도 굳어졌습니다. 당신도 분명히 기억하고 있을 테죠. 그다음 날 빙리는 네더필드를 떠나 런던으로 향했습니다. 곧 돌아올 계획으로 말이에요.

이제 그럼 제가 뭘 했는지 설명드리죠. 빙리의 자매들의 불안감은 저와 마찬가지로 컸습니다. 우리는 곧 같은 생각임을 알았죠. 우리는 빙리를 떼어 놓는 데 시간이 지체되어서는 안 된다는 것을 똑같이 인식하고, 곧바로 그를 따라 런던으로 가기로 결심했습니다. 그렇게 가서는 저는 친구에게 그 결혼이 얼마나 안 좋은 것인지를 지적하는 일을 기꺼이 맡아 했습니다. 그 결혼의 악영향을 설명하고 간절히 강조했어요. 그러나 이러한 반대가 그의 결정을 흔들거나 지연시킬 수 있을지는 몰라도 결혼을 막기까지는 못했을 거예요. 제가 당신의 언니가 빙리에게 관심이 없다는 확신을 그에게 주지 않았다면 말이죠. 그는 이전에는 그녀가 자신에게 진심으로, 비록 똑같이 깊지는 않아도 호감을 가지고 있다고 믿고 있었어요. 그러나 빙리는 타고나기를 겸손하며 자신의 판단보다 제 판단에 더 의존하는 친구입니다. 따라서 그가 착각하고 있었다는 것을 그에게 확신시켜 주는 것은 그리 어려운 일이 아니었어요. 그러한 확신을 심어준 후 그를 하트퍼드셔로 돌아가지 않도록 설득하는 것은 쉽게 가능했습니다. 제가 그렇게까지 한 것에 대해 자책하지는 않습니다. 그러나 이 모든 과정에서 저 스스로도 저에게 만족스럽지 않게 생각하는 한 가지는 당신의 언니가 런던에 와 있다는 사실을 그에게 숨긴 것이에요. 저는 그 사실을 알고 있었고 빙리 양도 알고 있었지만, 빙리는 아직 그것을 모르고 있습니다. 그들이 만나더라도 별 나쁜 결과가 있을 거라곤 생각하지 않았지만 그의 애정이 그녀를 만나도 아무렇지 않을 만큼 사라졌다고는 생각하지 않았어요. 아마도 이렇게 숨기는 행위는 제 품위가 떨어지는 일입니다만 이미 이루어진 일입니다. 그리고 최선의 의도에서 한 것이었고요. 이 문제에 대해서는 더 이상 드릴 말씀도, 드릴 사과도 없습니다. 만약 제가 당신 언니의 감정을 상하게 했다면 그것은 의도치 않게 그런 것이며, 제가 그렇게 한 이유들이 당신에게는 자연히 불충분하게 보일 수 있을지라도 저는 여전히 그것들을 비난하고 싶지 않습니다.

위컴 씨에게 해를 끼쳤다는 다른 하나의 더 중대한 비난에 관해서는 그와 제 가족의 모든 관계를 설명드림으로써 반박할 수 있을 것 같습니다. 그가 저에 대해 어떤 특정한 비난을 했는지는 모르지만, 지금 제가 이야기하는 것의 진실에 대해서는 의심할 여지 없이 여러 증인을 소환할 수 있습니다.

위컴 씨는 오랫동안 펨벌리의 모든 재산을 관리해 온 매우 존경받을 만한 분의 아들이에요. 그분이 맡은 책임을 성실히 수행한 덕분에 저희 아버지는 그분에게 도움을 주고자 했고, 자신의 대자인 그의 아들 조지 위컴에게도 관대하게 친절을 베풀었죠. 저희 아버지는 그의 학비를 지원했고, 이후 케임브리지도 다니게 해주셨어요. 그의 아버지는 아내의 사치로 인해 항상 가난했기 때문에 그를 신사로 교육시킬 여유가 없었으니 저의 아버지의 도움은 큰 것이었죠. 저희 아버지는 이 사교성 좋고 매력적인 젊은이가 곁에 있는 걸 좋아하셨고 또 그걸 높이 평가하셔서 그가 목사가 되기를 희망하셨죠. 그래서 그를 위해 목사직을 주실 계획이었습니다. 하지만 저는 여러 해 전부터 그를 아버지와는 매우 다르게 생각하기 시작했어요. 여러 해가 지났습니다. 그가 자신의 가장 친한 친구에게는 조심해서 숨길 수 있었던 그런 나쁜 성향, 즉 도덕적 원칙이 없는 그런 성향은 그와 거의 같은 나이였으며 그가 방심한 순간들을 볼 기회가 있었던 한 젊은이의 눈을 피할 수는 없었던 거죠. 물론 아버지는 그런 기회를 가질 수 없었습니다. 여기서 또 당신의 기분을 상하게 할 수 있을 겁니다. 얼마나 상하실지는 당신만이 아는 것이지만요. 위컴 씨가 당신 마음에 어떤 감정을 만들어 냈는지는 모르겠으나 그의 본성을 밝혀야겠습니다. 제가 이렇게 말씀드리는 또 다른 이유죠.

훌륭하신 저희 아버지께서는 약 5년 전에 돌아가셨습니다. 그리고 그가 위컴 씨에게 가지셨던 애정은 돌아가시는 마지막 순간까지도 변함이 없어서, 유언장에 저보고 그가 직업에 있어서도 최대한 잘될 수 있도록 도우라고 특별히 명하셨습니다. 만약 그가 성직에 나가기를 원한다면 목사 자리가 나는 즉시 그 자리를 그에게 주라고 하셨습니다. 또한 천 파운드의 유산도 그에게 남기셨죠. 그의 아버지는 저희 아버지보다 오래 사시지 않고 돌아가셨죠. 이러한 사건들이 일어나고 반년이 채 지나지 않아 위컴 씨는 저에게 편지를 보내 이렇게 말했습니다. 아무런 이득이 없는 성직에 나가지 않고 대신 즉각적으로 돈을 벌 수 있는 일을 하겠다고요. 그러면서 그런 그를 부당하다고 생각하지 않았으면 좋겠다고 했어요. 그는 법학을 공부할 생각이 있다고 덧붙였고, 자신이 받을 천 파운드가 학비로 부족하다는 걸 알아달라고 했습니다.

저는 그가 진실하다고 믿지 않았어요. 제발 진실이길 바랐죠. 그러나 어쨌든 그의 제안에 기꺼이 응할 준비가 되어 있었어요. 저는 위컴 씨가 성직자가 될 사람이 못 된다는 것을 알고 있었으므로, 그 문제는 금세 해결되었습니다. 그는 교회에서 그가 목사가 되도록 원조하는 것에 대한 그가 받을 권리를 다 포기하는 대신 삼천 파운드를 받기로 했습니다. 그렇게 우리 사이의 모든 관계는 이제 끝난 것처럼 보였습니다. 저는 그를 좋게 보지 않았기에 펨벌리에 초대도 하지 않았고 런던에서 만날 일도 없었습니다. 그는 주로 런던에서 살았던 것 같지만 법학을 공부한다는 건 단지 핑계였고 이제 모든 제약에서 자유로워진 그는 게으르고 방탕한 삶을 살았어요. 약 3년 동안 그에 대한 소식을 듣지 못했지만, 그를 위해 마련되었던 목사직의 현직자가 사망하자, 그는 다시 저에게 편지를 보내 그 직위에 추천해달라고 요청했습니다. 그의 처지가 좋지 않다고 했고, 저는 그 말을 어렵지 않게 믿을 수 있었습니다. 그는 법학 공부가 수익성이 별로 없다는 것을 깨달았고, 만약 제가 그에게 그 직위를 추천해 준다면 반드시 목사가 되겠다고 말했습니다. 그는 제가 딱히 추천할 다른 사람이 없었고 또한 고귀하신 아버지의 의도를 잊지 못했을 것이니 제가 자신을 추천해 줄 것을 믿는다고 했어요. 제가 이 간청을 거절한 것에 대해, 혹은 그의 간청을 여러 번 거절했다고 저를 비난하지 못하실 겁니다. 그의 원망은 그의 곤궁한 상황만큼 컸을 테고 분명히 저를 향한 비난을 다른 사람들에게도 쏟아내었을 겁니다. 이 시점 이후로는 서로 연락이 없었습니다. 저는 그가 어떻게 살았는지 몰랐어요. 그러나 작년 여름, 그가 다시 매우 고통스럽게 제 눈앞에 나타났던 겁니다.

이제 제가 잊고 싶었던 한 가지 사건을 언급해야 하며, 이건 지금 이런 상황이 아니었다면 누구에게도 털어놓고 싶지 않았던 일입니다. 이렇게까지 말씀드렸으니 당신이 비밀을 지켜 줄 거라고 굳게 믿습니다. 저보다 열 살 어린 제 여동생은 어머니의 조카인 피츠윌리엄 대령과 저의 보호를 받게 되어 있었는데 약 1년 전, 그 애는 학교를 마치게 되었고 런던에 집 한 채를 갖고 정착하게 되었습니다. 그리고 지난여름, 그 애는 그곳의 관리자인 영 부인과 함께 람즈게이트로 갔고, 위컴 씨도 그곳에 왔습니다. 아마 계획적이었겠죠. 왜냐하면 그와 영 부인은 그 전부터 아는 사이였다는 게 밝혀졌거든요. 우리는 영 부인에게 매우 불행하게 속고 말았던 겁니다. 그녀의 공모와 도움으로 위컴 씨는 조지아나에게 좋은 사람인 척하며 접근했습니다. 조지아나는 어린 나이였기에 그가 베풀었던 상냥함에 강한 인상을 받았고, 결국 자신이 사랑에 빠졌다고 믿게 되어 같이 도망가기로 동의하게 되었습니다. 그 애는 당시 겨우 15세였고, 이게 그나마 그녀의 변명이 되겠죠. 그러나 그 애의 경솔함을 언급하고는 있으나 한 가지 기쁘게 덧붙일 건 그나마 제가 이 사실을 그 애한테서 듣게 되었다는 겁니다. 저는 그들이 도망가기로 예정된 날 이틀 전, 그들을 우연히 만나게 되었고, 조지아나는 거의 아버지처럼 존경하던 오빠를 슬프게 하고 실망시킨다는 생각을 견딜 수 없어 모든 걸 저에게 털어놓았어요. 제가 어떤 기분이었는지, 어떻게 행동했는지 상상하실 수 있을 겁니다. 동생의 체면과 감정을 고려해서 일체 그 사실을 아무에게도 알리지 않았지만 저는 위컴 씨에게 편지를 써서 즉시 그곳을 떠나라 했고 영 부인도 당장 해고했지요. 위컴 씨의 주된 목적은 분명 제 여동생의 재산인 3만 파운드였을 거라 생각되지만 저에게 복수하고자 하는 마음이 강한 유인으로 작용했을 것이란 생각도 있습니다. 정말 완벽한 복수가 될 뻔했죠.

엘리자베스 양, 이것은 우리가 함께 겪었던 모든 사건을 사실대로 말씀드린 겁니다. 만약 당신이 이걸 완전히 거짓이라 부정하지 않는 한 제가 위컴 씨에게 잔인했다는 오명은 앞으로 벗어날 수 있겠죠. 그가 당신에게 어떤 방식의 거짓말로 속였는지는 모르겠지만, 당신을 속인 것도 아마 놀라운 일은 아닐 겁니다. 당신이 그의 과거 일들에 대해 아무것도 모르고 있었던 만큼 그를 파악할 능력이 안 되었을 거고, 또 의심하는 건 당신의 성향에도 맞지 않으니까요.

당신은 아마도 제가 왜 이 모든 걸 어젯밤에 말씀드리지 않았는지 궁금해할 겁니다. 그때 저는 저 자신을 제어할 수 없었고 무엇을 말씀드려야 할지 몰랐습니다. 이 편지에서 언급된 모든 것의 진실성에 대해서는 피츠윌리엄 대령의 증언을 특별히 요청해도 좋습니다. 그는 저의 친척이며 저와 친밀함을 유지해 왔고, 무엇보다 제 아버지의 유언 집행인 중 한 명이었어요. 그러니 이 사건의 모든 자세한 사항을 모를 수가 없죠. 만약 당신이 제가 너무 싫어서 제 주장이 일말의 가치도 없다고 여길 수는 있지만, 제 사촌인 피츠윌리엄 대령에게는 그런 감정이 없으니 믿으실 수 있을 겁니다. 아무튼 그와 상담할 가능성도 있으니 저는 내일 아침 중에 이 편지를 당신에게 전달할 기회를 찾아보겠습니다.

마지막으로, 하나님의 축복이 당신과 함께 하길 바랍니다.

피츠윌리엄 다아시

• 36장 •

엘리자베스는 다아시 씨가 편지를 주었을 때, 그 내용에 다시 한 번 구애를 반복했을 거라고 기대하지는 않았지만, 무슨 내용이 들어 있을지 전혀 예상하지 못했다. 그러나 편지 내용이 이러했으므로 그녀가 그것들을 얼마나 진지하게 읽었을지, 그리고 그 내용이 얼마나 상반된 감정을 불러일으켰을지는 가히 짐작이 가능할 것이다. 그녀가 편지를 읽으면서 느낀 감정은 말로 표현하기 힘든 것이었다. 엘리자베스는 다아시가 자신의 행동에 대해 사과할 수 있다고 생각한다는 것을 알고 매우 놀랐다. 그리고 그녀는 다아시가 부끄러움 없이 설명할 수 있는 것은 아무것도 없을 거라고 굳게 믿었다. 그가 말할 수 있는 모든 것에 강한 편견을 가지고, 그녀는 네더필드에서 일어난 일을 그의 관점에서 읽기 시작했다. 그녀는 너무나 열심히 편지를 읽어서 내용을 제대로 이해할 수 없을 정도였다. 다음 문장에 뭐가 나올지 너무 궁금해서 지금 읽고 있는 문장의 뜻에 집중할 수가 없었다. 그가 언니가 빙리에게 무관심했다고 믿었다는 것에 대해서는 즉시 거짓으로 결론지었고, 그가 그들의 결혼에 대한 반대 사유를 설명하는 내용은 그녀를 너무 화나게 만들었으므로 그를 어떤 공정함이나 정의감을 가지고 대하고 싶은 마음이 싹 사라졌다. 그는 자신이 한 일에 대해 그녀가 화를 풀 만한 어떤 후회도 표현하지 않았고, 그의 문체는 회개하는 것이 아니라 오히려 오만했다. 모든 게 오만함과 무례 자체였다.

하지만 언니에 대한 이야기 이후 이어진 위컴 씨에 대한 그의 이야기는 그녀가 조금 더 명확하게 읽었을 때 더욱 아픈 감정을 느꼈다. 만약 사실이라면 위컴에게 가진 소중한 의견이 다 무너질 것인데 위컴 씨가 자신에 대해 말한 것이 다아시 씨의 언급과 거의 일치했기 때문이다. 그녀의 감정은 뭐라 정의하기 힘들었다. 놀라움, 불안, 심지어 공포가 그녀를 압도했다. 그녀는 이 편지 내용을 완전히 불신하고 싶었고 계속해서 "이건 거짓말이야! 이건 불가능해! 이건 끔찍한 허위야!"라고 외쳤다. 그리고 그녀는 편지를 모두 읽고 나서 마지막 한두 페이지는 그 내용의 뜻조차 거의 알지 못한 채 급히 치워버리며, 다시는 신경 쓰지 않고 쳐다보지도 않겠다고 다짐했다.

이런 혼란스러운 마음 상태에서 아무것에도 집중하지 못한 채로 그녀는 계속 걸어갔다. 그러나 아무 생각도 하지 않는 것은 불가능했다. 30초도 채 지나지 않아 편지를 다시 펼쳤고, 최대한 마음을 가다듬고 위컴과 관련된 내용을 다시 읽기 시작했다. 그녀는 자신을 통제하면서 각 문장의 의미를 다시 생각해 보려고 애썼다. 펨벌리 가족과 위컴 씨의 관계에 대한 설명은 위컴 씨가 직접 이야기한 것과 정확히 일치했다. 그리고 다아시 씨의 돌아가신 아버지의 친절함도, 비록 그 친절함이 얼마나 컸는지 전에는 몰랐으나, 위컴 씨 자신이 말한 것과 잘 맞았다. 여기까지 각자의 이야기는 들어맞았다. 그러나 유언장 대목에서 그 차이는 컸다. 위컴이 목사직 임용에 대해 말했던 것이 그녀의 기억에 생생했고, 그의 정확한 말을 떠올리면서 누군가 한쪽에 심각한 기만이 있다고 느끼지 않을 수 없었다. 그리고 몇 분 동안 그녀는 자신의 바람이 틀리지 않을 거라 스스로를 위로했다. 그러나 그녀는 정말 주의를 기울여 다시 또 읽었을 때 위컴이 목사직 권리를 모두 포기하고 그 대신 3천 파운드라는 큰 금액을 받았다는 내용이 이어지자 다시 주저하게 되었다. 그녀는 편지를 내려놓고 자신이 공정하게 바라보려 했던 모든 상황을 신중하게 따져보았다. 각 진술의 가능성에 대해 깊이 생각해 보았지만 헛수고였다. 양쪽 모두 단지 주장일 뿐이었다. 또다시 읽었을 때, 그녀가 믿었던 것과는 달리, 이야기가 어떤 방식으로든 다아시 씨의 행동이 불명예스러웠다고 느낄 그 사건이 사실상 그를 완전히 무죄로 만드는 방향으로 틀어질 수 있음이 더욱 명확히 드러났다.

다아시 씨가 위컴 씨를 낭비벽이 심하고 방탕하다고 한 것은 그녀에게 매우 충격적이었지만 그 부당함에 대해 어떤 증거도 제시할 수 없었다. 그녀는 그가 런던에서 우연히 만난 한 젊은 남자의 설득으로 주 군대에 입대했다는 사실을 전에 그에게 들어본 적이 없었다. 하트퍼드셔에서는 그가 스스로 이야기한 것 외에는 그의 이전 생활에 대한 어떤 것도 알 수 없었다. 그의 진짜 성격에 대해서 만약 그녀가 알고자 했다면 알아볼 수도 있었을 것이다. 그러나 그녀는 외모, 목소리, 태도만 보고 그를 모든 미덕을 지닌 인물로 믿었던 것이다. 그녀는 그를 다아시 씨의 공격에서 구해줄 선행 사례나, 그의 무능력과 악덕을 상쇄할 수 있는 뛰어난 정직성 혹은 자비로움 같은 게 없나 떠올리려 애썼다. 적어도 그녀는 다아시 씨가 여러 해에 걸친 그의 게으름과 악덕으로 치부한 것, 그러나 자신은 우연한 실수라고 믿고 싶은 그 모든 걸 상쇄할 미덕이 그에게 있기를 바랐다. 하지만 도무지 그런 걸 기억해 낼 수가 없었다. 그녀는 그의 매력적인 태도와 말투를 바로 앞에서 보았지만, 이웃들이 일반적으로 그를 칭찬하고 그의 사교적 능력 덕분에 얻은 존경 이상으로 어떤 실질적인 선행을 본 기억이 없었다. 이 점에 대해 잠시 생각한 후, 그녀는 다시 읽기를 계속했다. 그러나 안타깝게도 그 다음에 이어진 위컴 씨의 다아시 양에 대한 계책에 관한 이야기는 그녀가 피츠윌리엄 대령과 일전에 말한 내용과 어느 정도 일치했다. 모든 세세한 내용에 대해 진실을 알고 싶으면 피츠윌리엄 대령에게 직접 확인하라는 말도 편지에 있었다. 그녀는 이전에 피츠윌리엄 대령이 그의 사촌의 모든 일에 깊이 관여하고 있다는 말을 들었고 그의 인격에 대해 의심할 이유가 없었다. 잠시 그녀는 그에게 확인해 보기로 결심했지만 너무 어색할 것 같았고, 또 결국 다아시 씨가 자신의 사촌에게 미리 확증 받기로 서로 입을 맞추어 놓지 않았다면 그런 제안을 결코 하지 않았을 거라는 생각이 들자 그에게 확인해 볼 생각은 완전히 사라졌다.

그녀는 삼촌 댁에서 위컴 씨와 처음 대화했던 모든 내용을 완벽하게 기억하고 있었다. 그의 표현 중 많은 것들이 여전히 그녀의 기억 속에 생생하게 남아 있었다. 그러나 이제 그와 같은 대화를 낯선 사람과 하는 것이 얼마나 부적절한 일이었는지를 깨달았고 왜 그때는 그걸 몰랐는지 궁금했다. 그녀는 그가 자신을 드러내고 내세운 것이 부적절했음과 그의 주장과 행동에 불일치가 있음을 이제 보게 되었다. 그가 자신이 다아시를 만나는 것에 두려움이 없다고 했으며, 다아시가 그 지역을 떠날 수는 있어도 자신은 그 자리를 지킬 것이라고 했던 것을 기억했다. 그러나 그는 다음 주에 열린 네더필드 무도회에 참석하지 않았다. 그녀는 또한 네더필드 일가가 떠나기 전에는 자신과 다아시의 이야기를 그녀 외에는 아무에게도 하지 않더니 그들이 떠난 후에는 그 이야기가 어디서나 들려왔고 그가 다아시의 아버지를 존경하므로 다아시의 나쁜 행동을 폭로하지 못한다고 말은 했지만 그의 명성을 떨어뜨리는 데 주저함이 없었다는 것을 기억해 냈다.

그와 관련된 모든 게 이제는 정말 너무도 다르게 보였다. 그가 킹 양에게 보이는 관심은 이제 전적으로 돈에 대한 추구임이 드러났다. 그녀가 재산이 있지만 그렇게 많지도 않다는 사실은 또한 그가 어느 정도 자신의 희망을 절제하는 것이 아니라 무엇이든 간에 움켜잡으려는 열망일 뿐이었음을 보여주는 것이다. 그가 그녀에게 보였던 행동도 이제 용납할 수 없게 느껴졌다. 그는 그녀가 재산이 많다고 잘못 알았거나 그녀가 경솔하게 보여주었던 관심에 호응해 줌으로써 자신의 허영심을 만족시키고 있었던 것이다. 그를 좋게 봐주고자 하는 마음은 점점 희미해져 갔고, 다아시에 대해서는 정당화되는 생각들이 점점 더 떠올랐다. 전에 제인이 빙리 씨에게 이 사건에 대해 물었을 때, 빙리 씨가 그의 결백을 주장했던 사실이 떠올랐고 최근 그녀는 다아시 씨와 실제 가까이 교류하면서 그의 태도에서 그런 오만함이나 혐오스러움을 발견할 수 없었을 뿐만 아니라 오히려 그의 태도에 일종의 친밀감을 느끼게 되었고 그가 비윤리적이거나 부도덕한 습관을 드러내는 어떤 행동도 본 적이 없었다. 그는 주변 사람들 사이에서 존경받고 가치 있는 사람으로 여겨졌으며 심지어 위컴조차 그를 오빠로서는 좋은 사람이라 인정했으며, 엘리자베스도 다아시 씨가 자신의 여동생에 대해 애정 어린 말을 자주 했던 것을 듣고 그가 어떤 자애로운 감정을 가질 수 있음을 느꼈던 것이다. 만약 그런 다아시 씨가 위컴 씨가 묘사한 대로 그런 나쁜 사람이라면 그렇게 중대한 잘못이 세상에 숨겨질 수는 없었을 것이며, 빙리 씨와 같은 좋은 사람과 우정을 유지하기도 힘들었을 거라는 사실이 또한 머릿속에 떠올랐다.

그녀는 너무 부끄러워졌다. 다아시와 위컴 둘 다 자신이 맹목적이고 편파적이며, 편견을 가지고 부당하게 바라보았음을 깨달았다.

'내가 이렇게 비열하게 행동하다니! 나는 내 통찰력을 자랑스럽게 여겼던 사람 아니었나? 내 능력을 소중히 여겼던 사람 아니었냐고! 언니의 그 관대한 솔직함을 종종 경멸하고, 남을 쓸모없거나 비난받을 만할 정도로 불신하는 것으로 내 허영심을 만족시켰던 사람인데 이렇게 사람을 쉽게 믿은 결과는 지금 얼마나 수치스러운가! 그래, 수치스러운 게 당연한 거다. 내가 사랑에 빠졌대도 이보다 더 비참히 눈이 멀 수는 없었을 거야. 내 허영심이 문제였다. 사랑이 아닌 나의 어리석음이 문제였다. 한 사람의 편애에는 기뻐하고 다른 사람의 무시에는 불쾌해하면서, 두 사람과의 관계가 시작할 때부터 나는 선입견과 무지를 초대하고 이성은 멀리 쫓아낸 거였어. 이 순

간까지 나는 나 자신을 전혀 알지 못했던 거야.'

자신에서 언니 제인에게로, 또 제인에서 빙리에게로 그녀의 생각은 마구 이어졌고, 다아시의 설명이 매우 불충분했다고 느껴졌기에 그녀는 편지에서 언니에 대해 말한 부분만 다시 읽었다. 두 번째 읽었을 때는 느낌이 완전히 달랐다. 어떻게 한 경우에는 그의 주장을 맞다고 하면서 또 다른 경우는 믿을 수 없다고 할 수 있지? 그는 언니가 태도와 달리 빙리에게 애정이 있었던 건 분명하다고 했다. 이것은 샬럿이 항상 말하는 언니에 대한 의견과도 같은 것이다. 엘리자베스도 그가 언니에 대해 묘사한 것이 옳지 않다고 부인할 수 없었다. 제인의 감정은 열렬했을지라도 겉으로 잘 드러나지 않았고, 그녀의 태도와 행동에는 그 깊은 감정과는 조화되지 않는 만족감이 항상 비쳐졌던 것이다.

편지에서 그녀의 가족을 언급한 부분에 이르렀을 때, 부끄럽지만 정당한 비난이기에 그녀의 수치심은 더욱 심해졌다. 그 비난의 정당성이 부정할 수 없을 정도로 강하게 다가왔고, 특히 그가 언급한 네더필드 무도회에서 일어난 사건은 그가 처음 가졌던 그녀의 가족에 대한 안 좋은 인상이 그 일 때문에 확고해졌다고 했고 엘리자베스도 실은 그 못지않게 같은 생각을 했기 때문이다.

물론 자신과 언니에게 칭찬을 해준 것도 있었다. 그것은 그나마 마음을 달래주었지만, 나머지 가족들이 스스로 초래한 모욕에 대해 위로할 수 있는 것은 없었다. 제인에 대한 실망이란 게 결국 가까운 가족들의 행동에서 비롯되었음을 생각할 때, 그리고 그들의 부적절한 행동으로 인해 자신과 언니의 평판이 크게 손상된다는 생각을 하니 그녀는 이전에 느껴본 적 없는 깊은 우울함을 느끼게 되었다.

그녀는 2시간 동안 길을 따라 거닐며 할 수 있는 모든 생각들에 빠져들었다. 사건을 다시 생각해 보기도 하고 가능성도 예측해 보았으며, 가능한 한 그렇게 갑작스럽고 중대한 변화에 스스로를 적응시키려 했다. 피곤했고 오랫동안 집을 비웠다는 생각이 들어 그녀는 결국 집으로 돌아갔고 평소처럼 밝게 보이기를 바라며 집안 사람들과의 대화를 방해할 생각들은 억누르겠다는 결심을 품고 집에 들어섰다.

그녀는 즉시 그녀가 없는 동안 로징스에서 두 신사가 각각 방문했었다는 말을 들었다. 다아시 씨는 잠시 인사하러 온 것이었지만, 피츠윌리엄 대령은 그녀가 돌아오길 기다리며 적어도 한 시간 동안 그들과 앉아 있다가 급기야는 찾아 나섰다고 했다. 엘리자베스는 그를 못 만난 것에 대해 아쉬워하는 척했지만 사실은 다행이라고 생각했다. 피츠윌리엄 대령은 더 이상 그녀에게 관심의 대상이 아니었고, 그녀는 오직 편지만 생각할 뿐이었다.

• 37장 •

다음 날 아침 두 신사는 로징스를 떠났다. 콜린스 씨는 그들에게 인사하기 위해 문지기 숙소 근처에서 기다리고 있다가 로징스 가족들과 헤어지는 우울한 상황이었지만 괜찮은 기분이고 건강한 얼굴이었다는 기쁜 소식을 가지고 돌아왔다. 그는 서둘러 로징스로 가서 캐서린 부인과 그녀의 딸을 위로했고, 돌아와 만족스럽게 캐서린 부인의 메시지를 전했는데 그녀가 너무 우울해서 모두 함께 저녁 식사를 하고 싶어 한다는 내용이었다.

엘리자베스는 캐서린 부인을 떠올리니 만약 자신이 원했더라면 지금쯤 그녀의 미래의 조카 며느리로 소개되었을 것이고 그녀의 분노가 어떠했을지를 상상하니 미소가 지어졌다. '그녀는 뭐라고 말했을까? 어떻게 행동했을까?'라고 혼자 궁금해하며 즐거워했다.

그들의 첫 번째 주제는 로징스 파티에 사람이 줄었다는 얘기였다. "정말로 너무 아쉬워요. 친구들이 가버린 걸 나만큼 슬퍼하는 사람은 없을 겁니다. 저는 그 젊은이들에게 특히 애착이 있고, 그들도 저에게 많은 애정을 가지고 있다는 것을 알고 있어요. 그들은 떠나는 것을 매우 안타까워했답니다. 하지만 그 애들은 항상 그렇죠. 사랑하는 우리 대령은 마지막 순간까지 쾌활한 기분을 유지했지만, 다아시는 작년보다도 떠나는 게 더 크게 아쉬웠나 봐요. 로징스에 대한 애착이 점점 커지고 있나 봅니다."

콜린스 씨는 끼어들어 맞장구를 치며 칭찬을 보냈고 부인과 그 딸은 친절한 미소로 받아들였다.

캐서린 부인은 저녁 식사 후, 베넷 양이 기운이 없어 보인다고 말하더니, 엘리자베스가 곧 집으로 돌아가는 게 싫어서 그런 거라고 추측하며 말했다.

"그렇다면 어머니께 편지를 써서 조금 더 머물게 해달라고 부탁해요. 콜린스 부인은 분명 베넷 양이 더 머무르는 걸 기뻐할 겁니다."

"정말 감사합니다만, 다음 주 토요일까지는 런던에 가야 합니다." 엘리자베스는 답했다. 이에 대해 캐서린 부인은 놀라며 말했다. "그렇다면 여기서 겨우 6주만 머무는 거네요. 나는 두 달은 머물 거라고 기대했는데요. 베넷 양이 오기 전에 콜린스 씨도 그렇게 말했고요. 이렇게 빨리 갈 필요는 없어요. 베넷 부인도 베넷 양이 여기서 2주 더 있는 것을 충분히 허락할 수 있을 거예요."

"하지만 아버지는 아니셔요. 지난주에 저보고 빨리 돌아오라고 편지를 쓰셨어요."

"아, 아버지는 어머니만 괜찮다 하시면 더 있도록 해주실 거예요. 딸들은 아버지에게 그렇게 중요한 존재가 아니죠. 만약 한 달 더 머문다면 제가 런던까지 한 분을 데려다 줄 수 있어요. 제가 6월 초에 일주일 동안 런던에 갈 예정이거든요. 도슨이 사륜마차 모는 걸 반대하지 않으면 한 분을 더 태우기에 충분합니다. 만약 날씨가 덥지 않다면 두 분 다 모셔가는 것도 가능해요. 두 분 다 몸이 날씬하니까요."

"정말 친절하시군요. 하지만 저희는 원래 계획대로 하는 게 좋을 것 같아요."

캐서린 부인은 포기한 것 같았다. "콜린스 부인, 그들이 갈 때 꼭 하인을 같이 보내야 합니다. 저는 항상 제 생각을 말하는 사람인 거 아시죠? 젊은 여성 단둘이서 여행하는 건 상상할 수 없는 일이에요. 매우 부적절합니다. 어떻게든 누군가를 같이 보내요. 저는 그런 걸 세상에서 제일 싫어해요. 젊은 여성들은 항상 그들의 신분에 맞게 적절히 보호받고 시중을 받아야 합니다. 제 조카 조지아나가 지난여름 람스게이트에 갔을 때, 저는 두 명의 하인을 같이 보냈죠. 그렇지 않았다면 펨벌리의 다아시 양과 앤 부인은 당연히 적절하지 않다고 생각했을 겁니다. 저는 그와 같은 것들에 지나치게 신경을 쓰죠. 그러니 콜린스 부인, 당신은 젊은 숙녀들을 보낼 때 존을 함께 보내요. 이 이야기를 하게 되어 좋네요. 정말로 그들을 둘만 가게 한다면 콜린스 부인에겐 결례가 될 테니까요."

"저희 외삼촌이 저희에게 하인을 보내주실 거예요."

"아! 외삼촌이요? 그는 하인을 두고 계시군요. 이런 일들을 신경

써 주는 사람이 있어 참 다행입니다. 그럼 어디에서 말을 갈아탈 예정이죠? 물론 브롬리겠죠? 거기에서 혹시 벨 여관에 가게 되면 제 이름을 말해요. 잘 챙겨줄 거예요."

캐서린 부인은 그들의 여행에 대해 그 외에도 많은 걸 물어보았는데 평소와 달리 자신의 질문에 자신이 직접 대답하지 않았기에 엘리자베스는 대답하기 위해 주의를 기울여야 했다. 엘리자베스는 오히려 다행이라고 생각했다. 마음이 혼란스러워 자신이 어디에 있는지도 잊어버릴 수 있는 상태라 무언가에 집중하는 게 좋았다. 생각은 혼자 있는 시간을 위해 남겨두어야 하는 법이다. 그녀는 혼자일 때마다 생각에 잠겼고 하루도 산책하지 않고 지나가는 날은 없었다. 그때마다 그녀는 괴로운 기억을 다시 떠올리며 상념에 잠겼다.

다아시의 편지는 하도 봐서 이제는 달달 외울 정도가 되었다. 그녀는 문장 하나하나 세심하게 따져보았고 편지를 쓴 사람에 대한 그녀의 감정은 그때마다 달라졌다. 그의 구애하던 방식이 떠오를 때마다 그녀는 여전히 분노로 가득 차 있었지만, 자신이 그를 부당하게 비난하고 꾸짖었던 것을 생각하면 분노가 다시 자신에게로 향했다. 그의 실망한 감정이 불쌍하게 느껴졌다. 그의 애정은 감사할 일이며 그의 일반적인 성격은 존경을 불러일으켰지만, 그녀는 그를 받아들일 수가 없었고 자신이 거절한 것도 후회되지 않았다. 다시는 그를 만나고 싶다는 생각도 들지 않았다. 자신의 과거 행동이 끊임없이 괴롭게 생각되고 후회스러웠으며 가족의 결점은 커다란 고통의 원인이었다. 그들이 바뀔 희망은 없었다. 아버지는 그런 문제들을 웃어 넘겼고 결코 어린 딸들의 경솔한 행동에 대해 제지하지 않았으며 어머니는 자신의 행동이 얼마나 부적절한지 전혀 인식하지 못했다. 엘리자베스는 종종 제인과 함께 캐서린과 리디아의 경솔함을 제지하려 했지만, 어머니가 그 애들을 관대하게 대하는 한 개선의 가능성은 없었다. 캐서린은 마음이 약하고 짜증을 잘 내며, 리디아가 하라는 대로 했으며 항상 큰 언니들의 조언에 불쾌감을 느꼈고, 리디아는 고집이 세고 태평한 스타일로 그녀 또한 언니들의 말을 거의 듣지 않으려 했다. 그들은 무지하고 게으르며 자만심이 강했다. 메리턴에 장교가 있는 동안 그들은 그 장교들과 시시덕거릴 것이고, 메리턴이 롱본과 가까운 거리에 있는 한 그들은 언제까지고 그곳에 가고 싶어 할 것이다.

제인에 대한 불안함도 또 다른 주요한 걱정거리였다. 그리고 다아시 씨의 설명이 빙리를 그녀가 그에게 가진 좋은 이미지로 되돌려 놓음으로써 제인이 잃은 것이 크게 느껴졌다. 그의 사랑은 진실한 것으로 입증되었고, 그는 비난받을 만한 행동을 한 게 없었다. 친구를 맹목적으로 신뢰하고 있다는 점만 빼면 말이다. 그러므로 모든 면에서 바람직하고 많은 이점이 있었던, 행복을 약속하는 그런 상황에서 언니가 가족의 어리석음과 예의 없는 행동으로 인해 그 예견된 행복을 박탈당했다는 생각은 너무나도 슬펐다.

이러한 생각 위에 위컴에 대해 새로 알게 된 인성에 대한 생각이 보태지자 이전에 거의 우울해 본 적이 없는 엘리자베스는 너무나 큰 영향을 받아 적당히 괜찮아 보이는 정도로조차도 명랑한 모습을 보일 수 없었다.

엘리자베스가 그곳에 머무는 마지막 주 동안은 처음과 마찬가지로 로징스에서의 모임이 자주 있었다. 마지막 저녁 또한 로징스에서 보냈고, 캐서린 부인은 다시 한번 그들의 여행에 대해 세세하게 물었으며, 짐을 싸는 가장 좋은 방법에 대해서도 지시하듯 알려주었다. 특히 드레스를 제대로 접어 넣어야 한다는 것을 심하게 강조하였으므로 마리아는 집에 돌아가 그날 아침에 쌌던 모든 짐을 풀고 다시 가방을 싸야 한다는 의무감을 느낄 정도였다.

그들이 떠날 때, 캐서린 부인은 대단한 친절을 보이며 그들에게 좋은 여행이 되기를 기원했고, 내년에 다시 헌스포드에 놀러 오라고 초대했다. 드 버그 양도 두 사람에게 손을 내밀고 인사할 정도로 아쉬워했다.

• 38장 •

토요일 아침, 엘리자베스와 콜린스 씨는 다른 사람들이 나타나기 몇 분 전 아침 식사 시간에 마주하게 되었다. 콜린스 씨는 이 기회를 놓치지 않고 꼭 필요하다고 여겼던 작별 인사를 건넸다.

"엘리자베스 양, 제 아내가 당신이 우리를 방문해 준 친절에 대해 감사를 표했는지 모르겠습니다. 하지만 당신이 떠나기 전에 그녀가 꼭 감사 인사를 할 거라고 확신합니다. 당신의 방문이 우리에게 큰 기쁨이었다는 것을 꼭 알아주셨으면 합니다. 소박한 우리 집이 누구를 초대하기엔 부족한 점이 많다는 걸 잘 알고 있습니다. 우리의 단순한 생활 방식, 작은 방들, 그리고 많지 않은 하인들, 그리고 우리가 생활에서 접하는 것들도 협소하기만 해 당신 같은 젊은 숙녀에게 헌스포드가 매우 지루한 곳이라는 인상을 줬을지도 모르겠습니다. 하지만 우리의 감사한 마음을 믿어주시고, 당신이 계신 동안 즐거운 시간이 되게 하려고 최선을 다했다는 것을 알아주셨으면 좋겠습니다."

엘리자베스는 감사를 표하며 와 있는 동안 행복했었다고 답했다. 그녀는 6주 동안 많이 즐거웠고 친구 샬럿과 함께하는 기쁨, 그리고 자신이 받은 친절한 배려에 감사를 느낀다고 했다. 콜린스 씨는 만족스러워하며 더욱 미소 띤 진지한 태도로 대답했다.

"당신이 불쾌하지 않은 시간을 보냈다는 말을 듣게 되어 매우 기쁩니다. 우리는 확실히 최선을 다했어요. 그리고 운 좋게도 당신을 상류 사회에 소개해 드릴 수 있었고요. 로징스와의 관계 덕분에 지루한 삶에 다양함도 주고요. 그래서 우리는 당신의 헌스포드 방문이 즐거웠을 거라 자부합니다. 캐서린 부인 가족과 우리의 관계는 실로 자랑하지 않을 수 없는 특별한 이점과 축복입니다. 당신도 우리가 얼마나 자주 그들과 가깝게 지내는지 보셨겠지요. 사실 이 초라한 목사관에 여러 단점이 있다 하더라도 이곳에 사는 사람을 연민의 대상으로 생각하지는 않을 겁니다. 로징스에 우리의 친밀함을 함께 나누는 한은요."

그는 고양된 감정을 표현할 단어가 부족해 방을 왔다 갔다 했다. 한편 엘리자베스는 몇 마디의 짧은 문장 안에 예의와 진실을 함께 담아내려고 애썼다.

"나의 사촌 엘리자베스 양, 당신은 하트퍼드셔에 돌아가면 우리가 잘 지낸다는 좋은 소식을 전할 수 있을 겁니다. 적어도 제 생각에 당신은 그렇게 하실 수 있을 거라고 자부합니다. 캐서린 부인이 제 아내에게 보여준 큰 배려를 당신은 매일 목격하셨죠. 그러니 저는 절대적으로 당신의 친구가 불운한 선택을 한 게 아니었다고 당신이 믿을 거라 생각합니다. 이 부분에 대해서는 돌아가시더라도 침묵하는 게 좋을 것 같습니다. 단 한 가지, 친애하는 엘리자베스 양에게 말씀드리고 싶은 건 당신도 결혼해서 우리와 같은 행복을 누리기를 진심으로 바란다는 것입니다. 사랑하는 샬럿과 저는 모든 것에서 한마음 한뜻이에요. 성격과 생각에 놀라운 유사성이 있습니다. 우리는 서로를 위해 태어난 것처럼 보입니다."

엘리자베스는 그렇다면 큰 행복일 거라고 답했고 그의 가정이 안락하고 행복함을 확신하기에 기쁘다고 진정성 있게 덧붙였다. 그러나 그들의 대화는 대화의 원천인 여인이 나타나면서 중단되었고 엘리자베스는 대화가 중단된 것을 전혀 아쉬워하지 않았다. 불쌍한 샬럿! 그녀를 그런 곳에 남겨놓고 떠나는 것은 슬픈 일이었다. 하지만 샬럿은 스스로 그 선택을 했고, 방문객들이 떠나는 것을 분명히 아쉬워했지만 연민을 구하는 것 같지는 않았다. 그녀의 집과 살림살이, 교구와 가금류 등 그리고 이에 딸린 많은 일들은 그녀에게 아직은 매력을 지니고 있었다.

마침내 마차가 도착했고, 트렁크는 매달고 작은 소지품들은 안에 넣은 후 준비가 완료되었다고 알려왔다. 친구들 간의 애정 어린 작별 인사가 있은 후, 엘리자베스는 콜린스 씨의 안내를 받아 마차로 향했고, 정원을 걸어 내려가면서 그는 그녀의 가족 모두에게 안부를 전해달라고 부탁하며 겨울 동안 롱본에서 받은 친절에 대한 감사와 비록 잘 알지는 못하지만 가디너 부부에게도 인사를 전했다. 그는 엘리자베스의 손을 잡아 마차에 타도록 도왔고 마리아가 뒤따랐다. 마차 문이 닫히려는 순간, 그는 갑자기 당황한 표정으로 로징스에 있는 숙녀들에게 전할 인사말을 잊었다고 상기시켰다.

"하지만 당연히 그들에게 존경과 여기 있는 동안 베풀어 준 친절에 대한 감사의 마음을 전하고 싶으시죠?"

엘리자베스는 이의 없이 그렇다 했고, 그러자 문이 닫히고 마차가 출발했다.

몇 분 후 조용하던 마리아가 외쳤다. "세상에, 우리가 여기 온 지 겨우 하루이틀밖에 안 된 것 같은데, 얼마나 많은 일들이 있었던 거야!"

"정말 많은 일이 있었지." 엘리자베스가 한숨을 쉬며 맞장구쳤다.

"우리는 로징스에서 아홉 번이나 저녁을 먹었고, 또 차도 두 번이나 마셨어! 가서 해줄 이야기가 너무 많아!" 마리아가 말했다.

엘리자베스는 속으로 생각했다. '그리고 나는 숨길 이야기도 너무 많은걸!'

그들은 마차 속에서 별다른 대화도, 큰 문제도 없이 헌스포드를 떠난 지 네 시간 만에 가디너 씨의 집에 도착하게 되었다. 그곳에서 며칠을 머무를 예정이었다.

제인은 건강해 보였고, 엘리자베스는 외숙모가 친절하게 베풀어주는 여러 가지 일정 속에서 언니의 기분을 제대로 살펴볼 기회가 별로 없었다. 하지만 언니는 자신과 함께 집으로 돌아갈 것이고, 자신들의 집 롱본에서는 언니를 관찰할 여유가 충분할 것이라고 생각했다.

하지만 롱본 집으로 돌아가기 전까지 다아시가 자신에게 청혼한 사실을 제인에게 말하지 않고 기다리는 것은 결코 쉬운 일이 아니었다. 제인이 얼마나 놀랄지, 동시에 자신에게 남아 있는 자존심을 만족시킬 수 있다고 생각하니 이를 빨리 말하고 싶은 유혹이 컸다. 그러나 그녀는 무엇을 얼마만큼 언니에게 알려야 할지 망설여졌다. 이 주제에 대해 얘기하게 되면 빙리와 관련된 어떤 이야기든 다 해버리게 될 것이고 그렇게 해서 제인을 더 슬프게 할까 봐 두려운 마음이 들어 그녀는 주저했다.

• 39장 •

　5월 둘째 주에, 세 젊은 숙녀는 그레이스처치 가에서 하트퍼드셔의 어느 마을로 함께 출발했다. 그리고 베넷 씨의 마차가 그들을 맞이하기로 되어 있는 여관에 가까워지자, 마부가 시간을 잘 지킨 덕분에 2층 식당에서 키티와 리디아가 밖을 내다보고 있는 것을 알아차렸다. 이 두 자매는 그곳에 한 시간 넘게 머물며 반대편 모자 가게를 방문하거나 경비원을 관찰하고 또 오이 샐러드를 만들기도 하면서 즐겁게 시간을 보내고 있었다.

　그들은 언니들을 맞이한 후, 여관 식품 저장고에서 흔히 볼 수 있는 차가운 고기로 차려진 식탁을 자랑스럽게 보여주며 외쳤다. "이거 근사하지 않아? 정말 기분 좋은 놀라움이지?"

　그러고는 리디아가 덧붙였다. "이제 우리는 언니들 모두를 대접할 생각이야. 하지만 우리에게 돈을 좀 빌려줘야 해. 우리는 방금 저기 가게에서 돈을 다 써버렸거든." 그러고는 구매한 것들을 보여주며 말했다. "이거 봐봐. 모자 샀어. 썩 예쁘지는 않지만 안 사는 것보단 나을 것 같아서. 집에 가자마자 내가 뜯어내서 더 예쁘게 다시 만들 수 있을지 보려고."

　언니들이 모자가 별로 예쁘지 않다고 했지만 그녀는 전혀 개의치 않고 덧붙였다. "아! 하지만 가게에는 이것보다 훨씬 안 예쁜 게 두세 개 더 있던걸. 예쁜 색 새틴을 사서 내가 장식하면 이것도 꽤 괜찮아질 거라 생각해. 게다가 여름엔 무슨 모자를 쓰든 크게 상관없을 거야. 2주 후엔 군대가 메리턴을 떠난대."

　"아, 그래?" 엘리자베스는 다행스럽게 생각하며 외쳤다.

　"응, 브라이턴 근처에 캠프를 차릴 거래. 아빠가 여름에 우리 모두 거기로 데려가셨으면 좋겠다! 정말 기분 좋은 여름휴가가 될 거야. 비용도 거의 들지 않을 거야. 엄마도 모든 걸 다 제쳐두고라도 가고 싶어 하실걸! 거기에 가지 않으면 우리 여름은 정말 우울할 거야!"

"그래, 무척 재미있는 계획이 되겠네. 우리에게 딱이다. 세상에, 브라이턴 마을에 한 캠프 가득한 군인들이라니! 그 하찮은 민병대 한 부대만으로 메리턴에서의 무도회도 정신이 없었는데 말이야."

"그런데 언니들, 내가 새로운 소식을 알려줄까? 어때? 정말 멋진 소식이거든. 굉장한 소식이라고. 우리가 모두 좋아하는 어떤 사람에 대한 이야기야!" 리디아가 테이블에 앉으며 말했다.

제인과 엘리자베스는 서로를 바라보았고 웨이터에게 그만 가보라고 했다. 리디아는 웃으며 말했다.

"아이고, 언니들은 꼭 그렇게 격식을 차리고 신중하다니까. 웨이터가 들으면 안 된다고 생각하나 보네. 그는 관심도 없을걸. 내가 장담하건대 그는 내가 하는 말보다 더 심한 것들도 자주 듣고 있을걸. 하지만 잘 내보냈어. 잘생긴 것도 아닌데 잘됐다. 내 평생 저렇게 긴 턱은 처음 보네. 자, 그럼 이제 그 소식을 말할게. 누구냐면 위컴 씨 얘기야. 웨이터가 듣기엔 너무 좋은 사람 얘기지? 위컴 씨가 메리 킹과 결혼할 걱정은 이제 없어졌어. 잘됐지? 메리는 리버풀에 있는 삼촌에게로 갔어. 거기서 머물 모양이야. 이제 위컴 씨는 걱정 없어."

"메리 킹이 걱정 없는 거지, 재산 때문에 결혼 당할 뻔했잖아."

"그래도 그녀가 그를 좋아했다면 가버린 건 바보 같은 행동이지."

"하지만 난 그들이 둘 다 서로에게 너무 애착하지 않았으면 한다." 제인이 말했다.

"내가 알려줄게. 위컴 씨에겐 애착이 없었던 게 확실해. 그는 절대 그녀에게 조금도 관심을 두지 않았을 거야. 누가 그런 못생긴 주근깨투성이에게 관심을 가질 수 있겠어?" 리디아가 말했다.

엘리자베스는 자신은 동생처럼 그런 조잡한 말을 하지 않는 사람이라고 생각하면서도, 감정의 조잡함은 그녀가 가슴 속에 품고 있던 생각들과 크게 다르지 않다는 사실에 충격을 받았다. 식사를 끝내고 언니들이 계산을 마치자마자 마차가 준비되었다. 일행은 상자와 뜨개질 가방, 소포들, 거기에 키티와 리디아가 구매한 반갑지 않은 물건들까지 요령 있게 모두 싣고 마차에 앉았다.

리디아가 말을 꺼냈다. "이렇게 꽉 끼어 앉아 있다니, 정말 좋네! 모자를 사길 잘했어. 모자 상자를 하나 더 갖게 되었잖아! 자, 이제 우리 편안하게 앉아 집에 가는 동안 재밌는 이야기하고 웃으면서 가자. 먼저 언니들이 떠나 있는 동안 무슨 일이 있었는지 듣고 싶어. 멋진 남자라도 만났을까? 남자들이랑 재밌게 놀았어? 언니들 중 아무라도 결혼할 남자를 얻어 돌아오면 좋겠다고 생각했어. 제인 언니는 곧 노처녀가 되겠어, 정말! 이제 거의 23살이야! 23살이 돼도 결혼 못하고 있으면 얼마나 창피할까. 외숙모가 얼마나 언니들이 빨리 남편을 얻기를 바라는지 모를 거야. 외숙모는 리지 언니가 콜린스 씨 청혼을 받아들였어야 한다고 말했지만 나는 그건 재미가 없을 것 같아. 오, 내가 언니들보다 먼저 결혼하게 된다면 나는 모든 무도회에 언니들의 샤프롱(사교 행사 때 젊은 미혼 여성을 보살펴 주던 나이 든 여인) 역할을 할 텐데! 우리는 지난번 포스터 대령님 댁에서 정말 재미있는 시간을 보냈어. 키티와 나는 거기서 하루를 보내기로 했고, 포스터 부인은 저녁에 작은 무도회를 열겠다고 약속했거든. 그런데 말이야, 포스터 부인과 나는 정말 친해! 아무튼 그래서 그녀가 해링턴 가의 두 딸을 불렀거든. 그런데 해리엇이 아파서 펜만 혼자 오게 되었어. 그러고 나서 우리가 뭘 했는지 알아? 챔벌레인에게 여자 옷을 입혀 꾸며 여자로 속이게 했어. 생각만 해도 너무 재미있었겠지! 아무도 눈치채지 못했어. 포스터 대령과 부인, 키티와 나만 알고 있었어. 물론 이모도 알게 됐지. 이모에게 옷을 하나 빌려야 했거든. 그가 여자 분장이 얼마나 잘 어울렸는지 상상도 못 할 거야. 데니 씨, 위컴 씨, 프랫 씨, 그리고 다른 남자 두세 명이 들어왔는데 그들은 그를 전혀 알아보지 못했어. 세상에, 얼마나 웃었는지! 포스터 부인도 같이 웃었고 우린 정말 웃다 죽을 뻔했어. 그런데 너무 웃어서 남자들이 뭔가 수상하다고 느꼈고, 결국 곧 무슨 일이 있었는지 알아차렸지.”

리디아는 이렇게 파티 이야기와 재밌는 농담들을 하며 롱본으로 가는 내내 언니들을 즐겁게 하려고 애썼다. 와중에 키티는 리디아의 이야기에 힌트나 추가 설명을 하며 말을 보탰다. 엘리자베스는 위컴 씨 이야기는 가능한 한 듣고 싶지 않았지만 자주 언급되는 것을 피할 수는 없었다.

그들이 돌아오니 집에서는 무척 좋아했다. 베넷 부인은 제인이 여전히 아름다운 것을 보고 기뻐했으며, 저녁 식사 중에 베넷 씨는 몇 번씩이나 엘리자베스에게 말했다.

“네가 돌아와서 기쁘구나, 리지.”

식당에는 많은 인원이 모였는데 루카스 가족 대부분이 마리아를 맞이하여 소식을 듣기 위해 왔기 때문이었다. 그들은 다양한 주제들로 이야기를 나눴고 루카스 부인은 마리아에게 맏딸의 안부와 그곳 가축들에 대해서도 물었고, 베넷 부인은 제인에게 런던의 현재 유행에 대한 이야기를 듣느라 바쁘면서도 또 그 이야기를 어린 루카스 자매들에게 전해주느라 정신이 없었다. 그리고 리디아는 다른 누구보다 목소리를 높이며 아침에 있었던 여러 즐거운 일들을 얘기하고 있었다.

"아! 메리 언니, 언니가 우리와 함께 갔으면 좋았을 거야. 우리는 정말 재미있었어! 가는 동안 키티랑 나는 차양막을 걷어 올리고 마치 안에 아무도 없는 것처럼 꾸며냈어. 키티 언니가 멀미만 하지 않았더라면 계속 그렇게 갈 수 있었을 텐데. 그리고 조지 여관에 도착했을 때, 우리가 얼마나 멋지게 행동했는지 알아? 우리가 언니 둘과 마리아에게 세상에서 제일 맛있는 냉동 고기를 대접했거든. 언니가 갔으면 언니에게도 대접했을 텐데 말이야. 그리고 다시 돌아올 때 정말 즐거웠어! 마차에 다시 타기까지 얼마나 웃었는지 몰라. 웃다가 배꼽 빠지는 줄 알았어. 그리고 집으로 오는 내내 얼마나 신났는지! 우리가 말하고 웃던 소리가 십 마일도 더 떨어진 데서도 들렸을 거야!"

이 말에 메리는 매우 진지하게 대답했다. "그런 즐거움을 무시할 생각은 전혀 없어, 리디아. 그런 즐거움이 대부분의 여자들에게는 확실히 잘 맞을 거야. 하지만 나에게는 전혀 매력이 없어. 나는 책을 읽는 게 훨씬 좋으니까."

그러나 리디아는 메리의 대답을 한마디도 듣지 않았다. 그녀는 누구의 말을 30초 이상 들은 적이 거의 없었고, 메리의 말은 아예 신경 쓰지 않았다.

오후가 되자 리디아는 메리턴으로 가서 군인들 소식을 알아보자고 심하게 재촉했으나 엘리자베스는 그 계획에 단호히 반대했다. 베넷 자매들이 집에 도착한 지 반나절도 되지 않아 군인들을 찾아다닌다는 말이 나오는 것을 원하지 않았기 때문이다. 그녀가 반대한 데는 또 다른 이유도 있었다. 다시 위컴 씨를 만나는 것이 두려워

가능한 한 피하고 싶었기 때문이다. 부대가 곧 이사를 갈 거라는 사실은 그녀에게 말로 표현할 수 없을 정도로 큰 위안이었다. 2주 후 그들이 떠나게 되면 더 이상 위컴 씨로 인해 괴로울 일이 없을 것이라 생각했다.

집에 돌아온 지 몇 시간도 지나지 않아 엘리자베스는 리디아가 여관에서 얘기한 브라이턴 여행 계획에 대해 부모님이 자주 언급하고 있는 걸 알게 되었다. 엘리자베스는 아버지가 전혀 양보할 생각이 없다는 걸 곧바로 깨달았지만, 대답이 때로 매우 모호하고 애매해서 어머니는 낙담은 했어도 결국 성공할 거라는 희망을 포기하지 않았다.

· 40장 ·

엘리자베스는 자신에게 일어났던 일을 언니에게 알려주고 싶은 마음을 더 이상 참을 수 없었다. 결국 제인과 관련된 모든 세세한 사항은 숨기고 언니를 놀라게 할 준비를 한 후 다음 날 아침 다아시 씨와 있었던 주요 사건들을 이야기했다.

놀랍기는 했으나 엘리자베스에 대한 어떤 찬사도 지극히 당연하게 여기는 언니로서는 그렇게까지 놀랄 일은 아니었다. 그리고 그 놀라움은 곧 다른 감정들에 묻혀버렸다. 그녀는 다아시 씨가 자신의 마음을 그렇게 좋지 않은 방식으로 전달한 것에 대해 유감스러워했다. 하지만 그보다 더 마음 아팠던 것은 여동생의 거절이 그에게 안겼을 불행이었다.

"그가 성공을 너무 확신한 게 잘못이었어. 그걸 얼굴에 드러내 보이지 말았어야지. 하지만 생각해 봐. 이 일로 그가 얼마나 실망을 했겠니?"

"정말이야, 그에게 정말 미안하고 마음 아파. 하지만 그에겐 다른 감정들도 있어서 아마 곧 나에 대한 마음을 지워버릴 수 있을 거야. 그렇지만 언니, 내가 그의 청혼을 거절한 걸 탓하진 않지?"

"널 탓한다고? 오, 그럴 리가."

"하지만 언니는 내가 위컴 씨에 대해 너무 좋게 말한 건 뭐라 할 것 같은데."

"아니, 네가 한 말들에 잘못된 게 뭐가 있는지 난 모르겠는걸."

"그래, 그렇지만 곧 알게 될 거야. 바로 다음 날 무슨 일이 일어났는지 내가 얘기해주면 말이야."

그녀는 편지에 대해 이야기하기 시작했다. 조지 위컴에 관한 내용을 모두 들려주었다. 이 이야기는 가엾게도 착하디착한 제인에게는 큰 충격이었다. 그녀는 이 세상 어디에도 이런 사악함이 존재하지 않는다고 믿으며 살고 싶어 했는데, 그 모든 악덕이 한 사람에게 모여 있었다니. 다아시의 결백이 밝혀진 것은 그녀의 마음을 위로했지만, 위컴 씨가 그렇게 못된 남자였다는 사실을 알게 된 것에 대한 위안은 되지 못했다. 제인은 간절히 무슨 오해가 있는 게 아니었는지 그 가능성을 증명하려 애썼고, 다아시 씨는 개입시키지 않으면서 위컴 씨를 변호하려 노력했다.

이에 엘리자베스가 대답했다. "언니, 그건 아니야. 언니는 그들둘 다를 좋은 사람으로 만들 수는 없어. 언니 마음이지만 한 명에만 만족해야 해. 둘 다 좋은 점이 있지. 그걸 합치면 딱 좋은 한 사람이 나올 것 같은데. 그런데 그 좋은 점들이 최근에는 자꾸 왔다 갔다 하네. 지금 내 생각엔 다아시 씨가 좋은 사람 같아. 하지만 언니는 언니 생각대로 판단해."

제인은 한참 후 억지로 웃으며 말했다.

"내가 이토록 충격을 받는 건 처음인 것 같아. 위컴이 그렇게 나쁜 사람이라니! 정말 믿기 힘들어. 그리고 가엾은 다아시 씨! 리지, 그가 얼마나 고통스러웠을지 생각해 봐. 얼마나 큰 실망이었겠어! 게다가 네가 그를 안 좋게 생각하고 있다는 사실까지 알게 되었고 말이야. 자신의 여동생에 대한 이야기까지 다 해줬잖아! 정말 너무 가슴 아픈 일이다. 너도 분명 그렇게 느끼고 있지?"

"아니. 언니가 그렇게 후회를 하고 동정에 가득 차 있는 걸 보니까 처음엔 나도 그런 것들을 느꼈지만 이제는 싹 사라졌어. 언니가 그에게 관대한 평가를 할 걸 알기에 나는 그에게 점점 더 무관심해지는 것 같네. 언니의 과한 동정 덕분에 나는 감정을 절제하게 되는 걸. 만약 언니가 계속 그를 불쌍히 여긴다면 내 마음은 새털처럼 아주 가벼워질 거야."

"가엾은 위컴! 얼굴은 그렇게 착해 보일 수가 없고 태도에도 그렇게 솔직함과 온화함이 묻어났는데!"

"분명 그 두 남자의 교육에 큰 문제가 있었던 게 확실해. 한 사람은 선함을 모두 가졌고, 다른 사람은 그저 겉으로만 선해 보였으니까."

"나는 예전에도 너가 생각했던 만큼 다아시 씨가 겉으로 보기에 착한 사람이 절대 아니라고 느끼진 않았어."

"물론 그랬지. 그렇지만 나는 다아시 씨에게 아무 이유도 없이 그렇게 확고한 반감을 느끼면서 나름대로 똑똑한 척을 하고 싶었어. 그런 반감은 사람의 재능을 자극하고 재치 있는 말을 할 기회를 주거든. 계속 험담을 하고 제대로 평가하는 말은 하나도 없이 말이야.

하지만 한 남자를 두고 계속 비웃다 보면 가끔은 재치 있는 말을 하게 되지."

"리지, 네가 처음 그 편지를 읽었을 때는 지금처럼 그렇게 자신만만하진 않았겠지?"

"맞아, 그럴 수 없었지. 정말 불편하고 솔직히 말하면 불행했어. 내가 느낀 것을 이야기할 사람도 없었고, 나를 위로해 주고 내가 그렇게 어리석고 허영심 많고 바보 같지 않았다고 말해 줄 언니도 없었잖아! 아, 언니가 곁에 있었으면 좋겠다고 얼마나 생각했는지 몰라!"

"네가 다아시 씨에게 위컴에 대해 말할 때 너무 단정적으로 얘기한 게 잘못이었어. 이제 보니 그 말들이 너무 부당하단 게 드러났잖아."

"그렇지. 하지만 그게 내가 키워왔던 편견의 너무나도 자연스러운 결과야. 한 가지 언니 조언이 필요한데, 주변 사람들에게 위컴이 어떤 사람인지 알려야 할까 말까?"

제인은 잠시 조용히 있다가 대답했다. "그를 그렇게 심하게 폭로할 필요는 없겠지. 네 생각은 어때?"

"나도 그렇게 하는 건 좋지 않을 것 같아. 다아시 씨도 나에게 자신의 이야기를 공개하라고 허락한 적 없어. 자신의 여동생과 관련된 자세한 내용은 가능한 한 나 혼자만 알고 있으라 했고. 만약 내가 다아시의 다른 행동들에 대해 사람들의 오해를 풀려고 한다 해도 누가 내 말을 믿겠어? 다아시 씨에 대한 사람들의 편견이 너무 강해서, 내가 그를 좋은 사람으로 보이게 하려면 메리턴 사람의 절반은 죽어야만 가능하다고나 할까. 나는 그들을 설득시킬 능력이 없어. 게다가 위컴은 곧 떠날 거고, 그가 진짜 어떤 사람인지는 여기 있는 사람들에게 그다지 중요하지 않을 거야. 세월이 흐르면 모두 그의 실체를 알아차릴 것이고, 그럼 그때 가서 나는 그들은 왜 그걸 미리 알지 못했냐며 비웃을 수 있겠지. 지금으로서는 아무 말도 하지 않을래."

"네 말이 맞아. 그의 잘못을 공개하면 영원히 그를 망칠 수도 있어. 지금 그는 자신이 한 일을 후회하고 명예를 회복하고 싶어 하는 중일지도 모르잖아. 우리가 그를 절망에 빠뜨려서는 안 되지."

이 대화로 엘리자베스는 마음이 편해졌다. 그녀는 2주 동안 그녀를 짓눌렀던 두 가지 비밀을 털어놓았고, 앞으로 그 둘 중 어느 것에 대해 다시 이야기하고 싶을 때마다 제인이 기꺼이 들어줄 거라고 확신했다. 하지만 아직도 말하지 않은 게 있었고, 그녀는 신중하게 그것을 공개하지 않았다. 감히 다아시 씨 편지의 절반에 해당하는 내용을 이야기하고 빙리 씨가 언니를 얼마나 진심으로 소중히 여겼는지를 말할 수는 없었다. 이는 누구와도 나눌 수 없는 이야기였다. 그리고 그녀는 당사자들 간의 완벽한 이해만이 이 풀리지 않는 문제를 해결할 수 있을 거라고 생각했다. 그녀는 혼자 중얼거렸다. "그리고 일어날 일은 절대 없겠지만 내가 만약 언니에게 그 말을 할 수 있다면 그건 빙리 씨가 나보다 훨씬 더 잘, 기분 좋게 직접 말할 수 있는 때겠지. 그래서 나의 이야기가 더 이상 중요하지 않을 때겠지. 그때까지 내가 언니에게 그 이야기를 할 수는 없어."

집에 와서 정리가 좀 되니, 엘리자베스는 여유를 가지고 언니의 실제 마음 상태를 관찰할 수 있었다. 제인은 행복하지 않았다. 그녀는 여전히 빙리를 향한 부드러운 애정을 간직하고 있었다. 이전에는 단 한 번도 사랑에 빠졌다고 생각해 본 적이 없었기에 그녀의 마음은 첫사랑의 따뜻함을 지녔으면서도, 그녀의 나이와 성격 덕분에 대부분의 첫사랑보다 더 안정적인 느낌을 가지고 있었다. 그녀는 빙리를 추억하는 것을 너무나 소중히 여겼고, 그 어떤 남자보다도 여전히 그를 좋아했다. 그래서 그녀는 친구들과 있을 때면 분별력을 유지하고 친구들의 감정을 배려하려고 노력했다. 그렇지 않으면 자신의 건강과 주변 친구들과의 평온한 관계를 해칠 수도 있기 때문이었다.

어느 날 베넷 부인이 물었다. "그런데 리지, 너는 언니의 이 슬픈 사건에 대해 어떻게 생각하니? 나는 이제 누구에게도 다시는 이 일에 대해 말하지 않기로 결심했단다. 며칠 전 너희 외숙모에게도 그렇게 말했지. 제인이 런던에서 그를 만났는지 아닌지 알 수가 있어야 말이지. 아무튼 그는 별 가치가 없는 청년 같구나. 이제 제인이 그와 다시 만날 기회는 거의 없을 거란 생각이 든다. 그가 이번 여름에 네더필드로 다시 올 거라는 말은 들을 수가 없어. 알 만한 사람들에게 모두 물어봤는데 말이야."

"제가 볼 때 그는 더 이상 네더필드에 살 것 같지 않아요."

"아, 그래, 뭐 어쩔 수 없지. 그가 여기 살건 말건 자기 마음이니까. 아무도 그가 오는 걸 원하지 않아. 하지만 나는 항상 그가 내 딸을 망쳤다고 말할 거야. 만약 내가 제인이라면 난 그렇게 참지 않았을 거야. 제인이 마음이 너무 아파 죽어 버리면 그 작자는 자신이 한 일을 후회하겠지? 그런 상상으로라도 위안을 삼아야지."

그러나 엘리자베스는 그런 상상에서 어떤 위로도 받을 수 없었기에 아무 대답도 하지 않았다.

"그건 그렇고, 리지, 콜린스 부부는 아주 편안하게 살고 있던? 그래, 그래. 걔들이 오래 그렇게 살길 바랄 뿐이다. 식사는 어떻디? 뭘 차려 먹고 살던? 샬럿은 훌륭한 살림꾼일 거야, 아마. 그 애가 제 어머니의 절반만이라도 영리하다면 아끼며 잘살 거다. 그들 살림에 사치스러운 건 하나도 없을 것 같구나." 어머니가 계속해서 말했다.

"그럼요, 전혀 사치하지 않죠."

"아주 훌륭하게 살림하겠지. 그럴 거야. 그래, 그래. 그들은 수입을 초과해 지출하는 일은 없도록 조심할 거야. 절대 돈 때문에 곤란을 겪지 않을 거야. 뭐, 잘 되든 말든 그들이 알아서 하겠지! 아마도 네 아버지가 돌아가시면 롱본 저택을 차지하게 될 이야기를 자주 하겠지? 그들은 아버지만 돌아가시면 이 집이 자기네 것이라 생각하고 있을 거야."

"제 앞에서 그런 얘기를 하진 못하죠."

"그래, 만약 그랬다면 이상한 거지. 하지만 그들끼리는 자주 이야기했을 거다. 법적으로 자기 것이 아닌 재산을 그렇게 편하게 생각할 수 있다면 자기들한텐 좋은 거지 뭐. 나는 나에게 상속된 것만으로 만족해야 하니 부끄러워서 원."

· 41장 ·

그들이 집에 돌아오고 나서 첫 주는 매우 빨리 지나갔고 두 번째 주가 시작되었다. 이번 주는 연대가 메리턴에 머무는 마지막 주였고, 동네의 젊은 아가씨들은 모두 우울해졌다. 거의 모든 사람이 다 침울해 있었다. 오직 베넷 가의 큰 언니들만이 아무렇지 않게 먹고, 마시고, 잠을 자고, 평소처럼 일상생활을 할 수 있었다. 극도로 비참한 기분에 빠진 키티와 리디아는 언니들의 이런 무감각함을 자주 비난했다. 그들은 가족 중 누구라도 그렇게 냉정할 수 있다는 것을 이해할 수 없었다.

"세상에! 우리는 이제 어떻게 되는 거지? 우리는 뭘 해야 해?" 그들은 비통한 슬픔 속에서 자주 이렇게 외쳤다. "리지 언니, 어떻게 그렇게 웃고 있을 수 있어?"

그들의 애정 넘치는 어머니는 슬픔을 함께 나눠 주었다. 그녀는 25년 전 비슷한 상황에서 자신이 겪었던 일을 기억하고 있었다.

"정말이야, 나는 밀러 대령의 연대가 떠났을 때 이틀 내내 울었단다. 마음이 찢어지는 것 같았어." 어머니는 말했다.

"내가 그래요, 엄마. 마음이 미어질 것 같아."

"브라이턴에만 갈 수 있다면!" 베넷 부인이 말했다.

"오, 그래요! 브라이턴에만 갈 수 있다면! 하지만 아빠가 너무 반대하시잖아요."

"해수욕만 잠깐 해도 완전 기운 날 것 같은데."

"이모도 그게 저에게 아주 좋을 거라고 말했다고요." 키티가 덧붙였다.

이런 종류의 한탄이 롱본 저택 전체에서 끊임없이 울려 퍼졌다. 엘리자베스는 이런 것들로 기분 전환을 하려고 노력했지만, 모든 즐거운 생각은 가족에 대한 수치심 속에 사라졌다. 그녀는 다아시 씨가 빙리 씨와 언니 사이를 반대한 이유가 정당했음을 새삼 느꼈고, 그가 친구 일에 개입한 것을 용서하고 싶은 마음이 자주 들었다.

리디아가 앞날에 대해 느끼던 암울함은 곧 사라졌다. 그녀는 연대 대령의 아내인 포스터 부인에게서 브라이턴에 동행하자는 초대를 받았다. 이 귀중한 친구는 아주 젊은 여성으로 최근에 결혼했다. 유쾌한 기분과 명랑한 성격이 서로 닮아 리디아와 가까워졌고 3개월간 사귀면서 둘도 없는 친구가 되었다.

이렇게 되자 리디아의 황홀감, 포스터 부인에 대한 리디아의 숭배에 가까운 예찬, 베넷 부인의 기쁨, 그리고 키티의 좌절감은 거의 묘사가 불가능할 정도였다. 언니의 감정에는 전혀 신경 쓰지 않고, 리디아는 집 안을 들뜬 기분으로 돌아다니며 모든 사람의 축하를 요구하고, 그 어느 때보다도 격렬하게 웃고 떠들었다. 반면 불운한 키티는 응접실에 남아 짜증 섞인 말투로 이치에도 맞지 않는 불평을 늘어놓으며 자신의 운명을 한탄했다.

"포스터 부인이 왜 리디아만 초대하고 나는 안 했는지 모르겠어. 내가 그녀의 특별한 친구는 아니지만, 나도 리디아만큼 초대받을 권리가 있다고. 오히려 더 많지. 내가 두 살이나 더 많으니까."

엘리자베스는 그녀가 합리적으로 생각하게 설명하려 했고, 제인은 그녀가 상황을 받아들이게 하려고 했지만 소용이 없었다. 엘리자베스에겐 이 초대가 그녀의 어머니와 리디아를 흥분시킨 것과 같이 좋게 느껴지질 않았다. 그녀는 이에 대해서 리디아의 상식이 완전히 사라진 거라고 생각했다. 나중에 가족들이 알게 되면 난리가 날지 몰라도 엘리자베스는 몰래 아버지에게 리디아를 보내지 말라고 귀띔했다.

그녀는 아버지에게 리디아의 행동이 전반적으로 부적절하고 포스터 부인 같은 여자와의 우정에서 얻을 수 있는 이점이 거의 없다는 점, 그리고 브라이턴에서 그런 여자와 있으면 집에서보다 유혹이 훨씬 큰 만큼 리디아가 경솔한 행동을 할 가능성이 크다고 설명했다. 아버지는 그녀의 말을 주의 깊게 들은 다음 말했다.

"리디아는 어떤 공개적인 장소에서 망신당하기 전까지는 절대 정신을 못 차릴 애다. 이번 상황처럼 비용도 들지 않고 가족에게 불편도 주지 않으면서 깨달음을 얻을 수 있는 경우는 다시 없을 거야."

"만약 아버지께서 리디아의 무분별하고 경솔한 행동으로 인해 우리 모두에게 얼마나 큰 불이익이 생길지, 아니 이미 생겨난 걸 알고 계신다면 그렇게 놔두지 못하실걸요." 엘리자베스가 말했다.

"이미 생겨났다고? 리디아가 너의 구혼자들을 겁주어 쫓아버리기라도 했다는 거냐? 불쌍한 리지! 하지만 너무 낙담하지 마라. 그 애가 좀 모자란 행동을 했다고 해서 관계를 끊으려는 그런 까탈스러운 청년들은 애석해할 가치도 없는 녀석들이다. 자, 리디아의 어리석음 때문에 떨어져 나간 친구들이 있다면 그 불쌍한 친구들의 목록을 나에게 줘 봐라."

"아니요, 그런 얘기가 아니에요. 저는 그런 식의 피해를 입은 적이 없어요. 제가 지금 불평하는 건 특정한 문제가 아니라, 일반적인 손실에 대한 거예요. 리디아의 거칠고 변덕스러운 성격, 어떤 제약도 무시하는 태도로 인해 우리 가족의 중요성과 사회적으로 받아야 할 존중이 훼손될 수밖에 없다는 얘기예요. 아버지, 죄송한데 저는 솔직하게 말해야겠어요. 만약 아버지께서 리디아의 넘치는 기운을 억제하고 지금 그녀가 추구하는 것들이 인생의 본질적인 일이 아님을 가르치려는 노력을 하지 않으신다면, 그 애는 곧 구제불능의 상태가 될 거예요. 그 애의 성격은 굳어질 것이고, 16살에 가족과 자신을 한심하게 만드는 고집스러운 바람둥이가 될 거예요. 그것도 가장 형편없고 비열한 바람둥이요. 젊다는 것과 얼굴이 반반하다는 것 외에는 아무 매력도 없고 머리는 텅 빈 채 남들에게 칭찬만 받고 싶어 하는 열망이 불러올 그 모든 비웃음을 피할 수 없을 거라고요. 이런 위험은 키티도 마찬가지예요. 키티는 리디아가 가는 곳이면 어디든 따라갈 거예요. 허영심 많고, 무지하며, 게으르고, 통

제가 안 된다고요! 아버지, 그 애들이 어디에서든 비난과 경멸을 받지 않을 거라고, 그들의 자매인 우리들도 그 수치스러움을 함께 받지 않을 거라고 생각하실 수 있어요?"

베넷 씨는 엘리자베스가 이 문제를 심각하게 받아들이고 있다는 것을 알고 애정 어린 손길로 그녀의 손을 잡으며 대답했다.

"너무 걱정하지 말거라, 우리 딸. 너와 제인은 어딜 가도 반드시 존경받고 가치 있게 여겨질 거다. 바보 같은 동생들이 두 명, 아니 세 명 있다고 해서 너희에게 흠이 될 일은 없을 거야. 만약 리디아가 브라이턴에 못 가면 여기 롱본은 결코 평화롭지 못할 거다. 그러니 그 애를 가라고 놓아두자. 포스터 대령은 똑똑한 사람이고, 그 애를 어떤 큰 문제에 빠뜨리는 일은 없을 거다. 게다가 리디아는 돈이 없어 보이잖니. 누군가가 이용해 먹으려 하지도 않을 거야. 브라이턴에 가면 그 애는 여기서보다 더 평범한 여자로 여겨질 거야. 장교들은 더 멋진 여성들을 만날 테니 그 애가 거기 가서 자신이 얼마나 하찮은 존재인지 깨닫고 오길 바라자꾸나. 그래도 못 깨달으면 평생 가둬두든지 어쩌든지 해야겠지."

아버지의 대답에 엘리자베스는 어쩔 수 없이 수긍해야 했지만 그녀의 생각은 변하지 않았고, 대화를 마친 후 실망스럽고 안타까운 마음으로 아버지 방을 나왔다. 하지만 엘리자베스는 자신의 불만을 오래 곱씹으며 더 크게 만드는 성격이 아니었다. 그녀는 자신이 할 만큼 했다고 확신했고, 어쩔 수 없는 문제에 대해 괴로워하거나 그것을 걱정으로 더 키우는 것은 그녀의 성격에 맞지 않았다.

만약 리디아와 그녀의 어머니가 엘리자베스와 아버지의 대화 내용을 알았다면 두 사람의 분노는 이루 말할 수 없었을 것이다. 리디아의 상상 속에서 브라이턴 방문은 지상의 모든 행복의 결정체였다. 그녀의 상상력이 만들어 낸 눈은 그 화려한 휴양지의 거리들이 군인들로 가득한 모습을 보았다. 그녀는 자신이 수십 명의 군인들에 둘러싸여 관심을 받는 모습을 상상했다. 그녀는 병영지의 영광, 천막들이 아름답게 정렬된 가운데 젊은 장교들이 붉은 제복을 입고 활달히 모여 있는 장면을 보았다. 그리고 그 장면을 완성하기 위해, 리디아는 최소 여섯 명의 군인과 함께 천막 아래 앉아 애교 섞인 대화를 나누는 자신의 모습을 상상했다.

그런데 만약 언니가 이와 같은 기대와 현실에서 자신을 떼어놓으려 했다는 사실을 알았다면 그녀는 어떤 기분이 들었을까? 아마 그 기분은 같은 감정을 느꼈던 그녀의 어머니만이 이해할 수 있었을 것이다. 리디아가 브라이턴으로 떠나는 것은 어머니에게는 남편이 여름휴가로 그곳에 갈 의사가 전혀 없다는 우울한 확신을 위로해 주었던 것이다. 하지만 리디아와 어머니는 무슨 일이 있었는지 전혀 알지 못했고, 리디아가 집을 떠나는 그날까지도 기쁜 상상은 끊임없이 계속되었다.

엘리자베스는 이제 위컴 씨를 마지막으로 보게 되었다. 그녀가 롱본으로 돌아온 이후 그를 종종 봤고 이제는 어떤 동요도 일지 않았다. 과거에 느꼈던 감정적인 동요는 완전히 사라졌다. 그가 이렇게 하찮고 경박한 방식으로 자신을 유혹의 대상으로 선택했다는 것을 깨달은 후, 그녀는 그에 대한 모든 관심을 잃어버렸다. 그녀는 단호히 그의 접근을 거절했는데, 그가 믿는 것이 너무나 모욕적이었기 때문이었다. 자신이 아무리 오랫동안, 어떠한 이유로 그녀를 무시했더라도, 다시 관심을 보이기만 하면 그녀의 허영심이 채워지고 자신에 대한 호감이 유지될 것이라 생각하는 것에 대해 경멸의 마음을 느끼지 않을 수 없었다.

연대가 메리턴에 머무르는 마지막 날, 위컴은 다른 장교들과 함께 롱본에서 저녁 식사를 했다. 엘리자베스는 그와 기분 좋게 이별할 생각이 전혀 없었기에 그가 헌스포드에서 어땠냐고 물었을 때 피츠윌리엄 대령과 다아시 씨가 로징스에서 3주를 보냈다는 사실을 말해주며 혹시 피츠윌리엄 대령을 아는지 물었다.

그는 놀란 것처럼 보였고 뭔가 불쾌하며 당황한 것 같았다. 하지만 잠시 생각한 후 미소를 되찾고 예전에 그를 자주 보았다고 답했다. 그리고 그가 매우 신사다운 사람이라고 언급한 후, 엘리자베스에게 그를 어떻게 생각했는지 물었다. 그녀는 그에 대해 호의적으로 대답했다. 그러자 위컴은 무심한 태도로 곧 덧붙였다.

"그가 로징스에 얼마나 있었다고 했죠?"

"거의 3주 동안요."

"그래서 그를 자주 만났나요?"

"네, 거의 매일 만났어요."

"그는 태도 면에서 그의 사촌과 많이 다르죠."

"네, 많이 다르더라고요. 하지만 다아시 씨도 알아갈수록 점점 나아지는 것 같더라고요."

"그렇겠죠." 위컴은 이렇게 대답했지만 그 표정은 엘리자베스의 눈에 띄지 않을 수 없었다.

"하나만 물어봐도 될까요?" 그는 잠시 멈추더니, 더 가벼운 말투로 덧붙였다. "그가 나아진다는 말씀은 그의 태도 면에서 말인가요? 그의 태도에 약간의 예의가 생겼나요?" 그는 목소리를 낮추더니 진지하게 말했다. "왜냐하면 감히 말하건데 저는 그가 본질적인 면에서는 나아졌을 리 없다고 믿거든요."

"그건 그렇죠! 본질적으로, 그는 예전과 별로 다르지 않다고 믿어요." 엘리자베스는 대답했다.

그녀가 말을 하는 동안 위컴은 그녀의 말에 기뻐해야 할지, 그녀의 말을 의심해야 할지 망설이는 듯한 표정을 지었다. 그녀의 얼굴에는 그가 불안하고 걱정스러운 마음으로 귀 기울이게 만드는 무언가가 있었다. 그녀는 덧붙였다.

"다아시 씨가 알면 알수록 더 나아진다고 말한 건 그의 태도가 나아졌다는 뜻이 아니라, 그를 좀 더 알게 되면서 그의 성향을 더 잘 이해하게 되었다는 의미였어요."

위컴은 이 말을 듣고 얼굴이 창백해지며 불안한 표정을 보였다. 잠시 그는 침묵하더니 당황스러움을 떨쳐내면서 다시 엘리자베스를 바라보고 아주 부드럽게 말했다.

"당신은 내가 다아시에 대해 어떤 감정을 가지고 있는지 잘 알고 있잖아요. 저는 그가 겉으로라도 좋은 사람인 척할 만큼 현명해진 것이 다행이라는 생각이 들어요. 아마 당신도 제 생각을 쉽게 이해할 수 있을 거라고 생각해요. 그의 자만심이 그렇게라도 발휘된다면 자기 자신에게는 아닐지라도 다른 많은 사람들에게는 도움이 되지 않을까요. 그 자만심 덕분에 제가 당했던 것과 같은 심각한 잘못을 더 이상은 저지르지 않게 될 테니까요. 하지만 제가 우려하는 것은, 당신이 암시한 그의 조심스러움 같은 건 오직 그의 이모님을 만날 때만 적용된다는 점입니다. 그는 그녀가 자신을 어떻게 평가하는지 매우 두려워하는 걸로 보여요. 이모님을 만날 때 그의 두려움은 항상 작용했고, 드 버그 양과 결혼을 성사시키려는 소망도 많은 영향을 미쳤을 겁니다. 저는 그가 그런 점을 매우 중요하게 마음속에 두고 있었다고 확신해요."

엘리자베스는 그의 말에 조소가 절로 나왔지만 그저 고개를 살

266

짝 끄덕이는 것으로 답했다. 그녀는 위컴이 예전과 같은 불만을 다시 꺼내고 싶어 한다는 것을 알았지만, 그를 받아줄 기분이 아니었다. 그날 저녁 나머지 시간 동안 위컴은 겉으로는 평소처럼 쾌활한 모습을 유지했지만, 엘리자베스를 특별히 대하려는 시도는 없었다. 그들은 마지막으로 서로 예의를 지키며 작별했고, 아마도 다시는 만나고 싶지 않다는 공통된 생각을 품었던 것 같다.

파티가 끝났을 때, 리디아는 포스터 부인과 함께 메리턴으로 돌아갔고, 그곳에서 그들은 다음 날 이른 아침에 출발할 예정이었다. 그녀가 가족과 헤어지는 건 슬프기보단 시끌벅적했다. 키티만이 눈물을 흘렸는데, 그 이유는 불만과 질투 때문이었다. 베넷 부인은 계속해서 딸의 행복을 기원하며 축복의 말을 했고, 즐길 수 있는 기회는 최대한 놓치지 말고 즐기라고 강렬히 당부했다. 어머니의 이 당부는 충분히 잘 지켜질 것이라 믿어졌다. 기뻐하며 떠들썩하게 떠나는 리디아에게 그녀의 언니들이 조용히 전한 작별 인사는 거의 들리지도 않았다.

• 42장 •

엘리자베스의 결혼관이 자신의 가족만을 보고 형성되었다면 결혼의 행복이나 가정의 안락함에 대해 그녀는 기분 좋은 의견을 가질 수 없었을 것이다. 그녀의 아버지는 젊음과 아름다움, 그리고 그것들이 주는 좋은 기분에 이끌려 결혼했지만, 그의 아내는 이해가 부족하고 편협한 마음을 가진 여성이었기에 결혼 초기에 모든 애정은 다 사라져 버렸다. 존경과 존중, 신뢰는 영원히 사라졌고,

가정의 행복에 대한 그의 모든 기대는 무너졌다. 그러나 베넷 씨는 자신의 경솔함이 초래한 실망을 위로받기 위해, 흔히 불행한 사람들이 자신들의 어리석음이나 악행을 달래기 위해 찾는 즐거움 속에서 위안을 찾는 성격의 사람이 아니었다. 그가 아내에게서 받은 혜택이라고는 없었다. 그저 아내의 무지함과 어리석음이 웃음을 줄 뿐이었다. 보통의 남자라면 아내에게서 이런 종류의 행복을 얻고 싶어 하지는 않을 것이다. 하지만 진정한 철학자라면 다른 즐거움을 찾을 수 없을 때는 주어진 것에서 무어라도 이득을 이끌어 낼 것이다.

엘리자베스는 남편으로서의 아버지의 부적절한 행동을 항상 알고 있었다. 그녀는 이를 늘 가슴 아프게 지켜봤지만, 아버지의 능력을 존중하고 자신을 애정 어린 마음으로 대해 준 것에 감사하며, 그녀가 눈감아줄 수 없는 행동들도 잊으려 노력했다. 자신의 아내를 자녀들에게까지 멸시받게 만드는, 부부 간의 의무와 품위를 지속적으로 저버리는 행동은 매우 비난받아 마땅했다. 하지만 그녀는 이렇게 부적절한 결혼이 자녀들에게 미치는 불이익을 지금처럼 강하게 느껴본 적은 없었다. 또한 재능을 잘못 사용하여 끼치게 되는 해악이 이토록 분명하게 느껴진 적도 없었다. 아버지가 그 재능들을 제대로만 사용하였다면 아내의 식견을 넓히지는 못했더라도 최소한 딸들의 체면은 지켜줄 수 있었을 것이다.

엘리자베스는 위컴이 떠나서 기뻤지만 연대가 철수해서 좋을 것은 그 외 하나도 없었다. 그들의 외출 모임은 이전보다 다양하지 않았고, 집에서는 모든 것이 지루하다고 끊임없이 불평하는 어머니와 여동생이 있어 집안 분위기가 진짜 우울하고 어두웠다. 키티는 그녀의 정신을 어지럽히던 요소들이 사라졌으니 시간이 지나면 본래의 분별력을 되찾을 수도 있겠지만, 더 큰 문제를 일으킬 수 있는 성향의 리디아의 경우는 해변 휴양지와 군대라는 이중의 위험이 있는 상황에서 어리석음과 뻔뻔함이 더욱 굳어질 것 같았다. 결국 엘리자베스는 전에도 종종 그랬던 것처럼, 간절히 바라던 일이 실제로 일어났을 때 자신이 기대했던 만큼의 만족감을 주지 않는다는 것을 깨달았다. 그래서 결국 실제 행복의 시작을 위한 다른 시점을 정하는 것이 필요했다. 그녀의 소망과 희망이 고정될 수 있는 또 다른 목표를 세워 두고, 다시 한번 기대하는 즐거움을 누림으로써 현재의 불만을 위로하고 다음 실망을 준비하기 위한 것이었다. 호수 지방으로의 여행이 지금은 그녀에게 있어 가장 행복한 생각의 대상이 되었다. 그것은 어머니와 키티의 불만으로 가득한 피할 수 없는 불편한 시간들에 대한 최고의 위안이었다. 만약 제인도 이 여행 계획에 포함시킬 수 있다면 모든 것이 완벽할 것이었다.

그녀는 생각했다. '그래도 다행이야. 내가 바랄 것이 있다는 게. 만약 모든 계획이 완벽했다면 나는 분명 실망했을 거야. 언니가 없어서 계속 아쉬움을 느끼는 만큼 내가 기대하는 즐거움이 모두 실현될 것이라고 합리적으로 기대할 수 있겠지. 모든 면에서 즐거움을 가져다 줄 거라 약속하는 계획은 절대 성공할 수 없어. 짜증나거나 걱정되는 작은 문제가 있음으로써 전반적인 실망을 피할 수 있는 법이야.'

리디아는 떠날 때 어머니와 키티에게 자주, 그리고 아주 자세히 편지를 쓰겠다고 약속했지만, 그녀의 편지는 늘 오래 기다려야만 왔고 편지 내용도 항상 매우 짧았다. 어머니에게 보낸 편지에는 포스터 부인과 도서관에 다녀왔다거나 오는 길에 어떤 장교들이 그들에게 따라붙었다는 이야기, 그리고 자신을 완전히 흥분시킨 아름다운 액세서리들을 봤다는 등의 이야기 말고는 별 내용이 없었다. 새 드레스나 새 양산에 대해서도 더 자세히 설명하고 싶었지만 포스터 부인이 지금 그녀를 부르는 바람에 급하게 편지를 끝내야 했고, 그들은 병영에 갈 것이라는 내용이 다였다. 키티에게 보낸 편지들은 좀 더 길기는 했지만, 알아낼 수 있는 정보는 여전히 적었다. 너무 많은 단어들에 밑줄이 그어져 있어서 알아보기 어려웠기 때문이다.

리디아가 떠난 지 2~3주가 지나자, 롱본에는 건강과 유쾌함, 그리고 밝은 분위기가 돌아오기 시작했다. 모든 게 더 행복한 분위기를 띠었다. 겨울 동안 런던에 머물던 가족들이 다시 돌아왔고, 여름옷과 여름 활동들에 대한 이야기가 다시 시작되었다. 베넷 부인은 평소처럼 불평은 많지만 평온한 일상을 되찾았고, 6월 중순이 되자 키티는 눈물을 흘리지 않고도 메리턴에 갈 수 있을 만큼 회복되었다. 이런 희망적인 변화에 엘리자베스는 크리스마스쯤이면 키티가 장교 이야기를 하루에 한 번 이상은 꺼내지 않을 정도로 합리적으로 변할 것이라고 기대했다. 물론 전쟁부에서 또 다른 연대를 메리턴에 주둔시키지 않는다면 말이다.

북부 여행을 떠나기로 한 날짜가 가까워지고 있었다. 여행을 시작하기까지 2주 정도가 남았을 때 외숙모 가디너 부인에게서 한 통의 편지가 도착하는데 여행 출발 날짜가 좀 늦춰지고 일정도 좀 줄이자는 내용이었다. 삼촌이 업무 때문에 7월 중순까지 출발할 수 없게 되었고, 한 달 안에 다시 런던에 가봐야 한다는 내용이었다. 그래서 계획했던 만큼 멀리 갈 시간도 여유도 없어서 호수 지방 여행은 포기하고, 좀 더 짧은 여행으로 변경해야 하고 더 북쪽으로 가지 않고 더비셔까지만 가자는 거였다. 그곳도 3주 동안 볼거리와 즐길 거리가 충분했고, 가디너 부인에게는 특히 매력적인 장소라고 했다. 예전에 거기서 몇 년간 살았던 경험이 있기 때문이며, 그곳은 매틀록, 챗스워스, 도브데일, 그리고 피크 지역의 유명한 경치들과 함께 호기심을 불러일으킨다는 것이었다.

엘리자베스는 매우 실망했다. 그녀는 호수들을 보는 것에 마음을 빼앗겼고, 3주만 간다 해도 여전히 호수 지방에 갈 시간이 충분하다고 생각했다. 하지만 그걸로 만족해야 했고 그렇더라도 행복한 것이 그녀의 성격이었다. 그래서 곧 모든 것이 다시 괜찮아졌다.

더비셔 얘기를 듣자 많은 생각들이 떠올랐다. 우선 펨벌리와 그곳 주인인 다아시를 떠올리지 않을 수 없었다. 그녀는 혼자 생각했다. '정말로 그가 알아차리지 못하게 그의 영지에 들어가서 기념품으로 돌 몇 개쯤 몰래 집어 올 수도 있지 않을까?'

그래서 여행까지 기다리는 시간이 두 배로 길어졌다. 삼촌과 외숙모가 도착하기까지 4주가 지나야 했다. 하지만 그 시간은 결국 지나갔고, 가디너 부부와 그들의 네 자녀가 마침내 롱본에 도착했다. 6살과 8살의 두 소녀와 더 어린 두 소년인 아이들은 그들의 사촌 제인의 특별한 보살핌을 받게 되었다. 제인은 모두의 총애를 받는 인물로, 그녀의 안정된 감각과 달콤한 성격은 아이들을 가르치고 함께 놀아주고 사랑해 주는 모든 면에서 아이들을 돌보는 데 완벽했다.

가디너 부부는 롱본에서 단 하룻밤만 머물렀고, 다음 날 아침 엘리자베스와 함께 새로움과 즐거움을 찾아 여행길에 올랐다. 그들 부부에겐 한 가지 확실한 즐거움이 있었다. 여행의 동행자가 여행을 같이 하기에 적합하다는 것. 불편한 게 있어도 견디고 넘길 수 있는 건강한 정신과 기질, 모든 즐거움을 더 끌어올릴 쾌활함, 그리고 여행지에서 실망스러운 일이 있더라도 서로에게 채워줄 수 있는 애정과 지성을 지니고 있다는 사실이었다.

더비셔나 그들이 여행하며 거쳐 간 주목할 만한 지역들에 대한 설명을 하는 것은 이 글의 목적이 아니다. 옥스퍼드, 블레넘, 워릭, 케닐워스, 버밍엄 등은 충분히 잘 알려진 곳들이다. 더비셔의 작은 지역 한 곳만이 현재는 이 글의 관심사다. 그들은 램턴이라는 작은 마을로 발걸음을 옮겼는데, 이곳은 가디너 부인이 이전에 거주했던 곳이며 그녀가 아는 사람들이 여전히 남아 있는 곳이라 했다. 그들은 그 지역의 주요 명소들을 모두 본 후에 램턴으로 향했다. 엘리자베스는 외숙모에게 램턴에서 5마일 떨어진 곳에 펨벌리가 위치해 있다고 들었다. 그곳은 그들의 여행 경로상에 있지 않았지만, 1~2마일 정도만 벗어나면 되었다. 전날 저녁, 여정에 대해 이야기하면서 외숙모는 그곳을 다시 보고 싶어 했다. 삼촌은 기꺼이 동의했고, 엘리자베스에게 승인을 구했다.

"엘리자베스, 네가 그토록 많이 들어 왔던 그 장소를 보고 싶지 않니? 게다가 네 지인들 중 많은 사람들과 연관된 장소이기도 하잖니. 위컴이 젊은 시절을 모두 그곳에서 보냈다는 건 알지?" 외숙모가 말했다.

엘리자베스는 괴로웠다. 그녀는 펨벌리에 갈 이유가 없었고, 그곳에 가보고 싶지 않은 척해야 했다. 그래서 그녀는 커다란 저택들을 구경하는 것에 싫증 났다고 했다. 너무 많은 저택을 돌아보았더니 고급 카펫이나 새틴 커튼 등에서 이젠 즐거움을 못 느끼겠다고 했다.

가디너 부인은 그건 바보 같은 생각이라고 했다. "만약 펨벌리가 그저 호화롭게 꾸며진 멋진 저택에 불과하다면 나도 별로 신경 쓰지 않을 거야. 하지만 그 부지와 정원들은 정말 멋지단다. 그들이 가진 숲은 정말 이 나라에서 가장 아름다운 숲들 중 하나야."

엘리자베스는 더 이상 말하지 않았지만, 그녀의 마음은 동의할 수 없었다. 그곳을 구경하는 동안 다아시 씨를 만날 수도 있다는 가능성이 순간 떠올랐다. 그것은 끔찍할 것이다! 그녀는 그 생각만으로도 얼굴을 붉혔고, 그런 위험을 감수하느니 차라리 외숙모에게 솔직히 말하는 것이 나을 것이라고 생각했다. 하지만 이것도 쉽지는 않았으니 그녀는 결국 펨벌리 가에 지금 가족들이 묵고 있는지 몰래 알아보고 그들이 집에 있다면 그때 가서 외숙모에게 솔직히 말하자고 결심했다.

그날 밤 호텔방으로 갔을 때, 그녀는 객실 하녀에게 펨벌리가 정말 멋진 곳인지, 그 소유주의 이름은 무엇인지, 그리고 약간의 불안감을 가지고 그 가족이 여름 동안 내려와 있는지를 물었다. 반갑게도 마지막 질문에 대해 하녀는 그 가족이 부재중이라고 답했다. 이제 엘리자베스는 불안이 사라졌고, 그 집을 직접 볼 수 있다는 큰 호기심을 느낄 여유가 생겼다. 다음 날 아침 그 주제가 다시 언급되고 삼촌 부부가 그녀에게 다시 의견을 물었을 때, 그녀는 쉽게 대답할 수 있었다. 적절히 무관심한 척하며 그 계획에 대해 정말로 싫은 건 아니라고 말했다. 그래서 그들은 펨벌리로 가기로 했다.

• 43장 •

그들이 마차를 타고 가는 동안, 엘리자베스는 처음 보는 펨벌리 숲에 약간의 불안을 느꼈다. 그러나 마침내 그들이 숲속 문지기의 오두막으로 들어섰을 때, 그녀의 마음은 크게 설렜다.

공원은 매우 넓었고, 땅의 형태도 다양해 보였다. 그들은 가장 낮은 지점 중 하나로 들어섰고, 넓게 펼쳐진 아름다운 숲을 통과하며 한동안 마차를 몰았다.

엘리자베스의 마음은 너무 부풀어 있어 대화를 나눌 수도 없었다. 그녀는 모든 멋진 장소와 경치를 보고 감탄했다. 그들은 반 마일 동안 점차 오르막길을 올랐고, 상당히 높은 지대의 정상에 도달했다. 그곳에서 숲이 끝나고, 눈앞에 펨벌리 저택이 나타났다. 저택은 계곡 반대편에 자리 잡고 있었고, 그 계곡으로 길이 급격하게 굽어 내려갔다.

저택은 크고 아름다운 석조 건물로, 높은 언덕 위에 자리 잡고 있었으며, 뒤로는 높고 울창한 산들에 둘러싸여 있었다. 앞쪽으로는 자연 그대로의 커다란 개울이 흘렀고 인공적인 모습이라곤 전혀 없었다. 개울의 둑은 형식적이지도 않았고 거짓되게 장식된 느낌도 없었다. 엘리자베스는 매우 기뻤다. 그토록 자연의 혜택을 받고, 어색한 꾸밈에 의해 자연이 방해받지 않은 그런 곳을 본 게 처음이었다. 그들 모두가 감탄해 마지않았다. 그 순간 그녀는 펨벌리의 안주인이 되는 건 정말 대단한 일일 거라는 생각이 들었다.

그들은 언덕을 내려가 다리를 건너서 정문 쪽으로 향했다. 저택을 가까이에서 살펴보고 있자니 엘리자베스는 그 집 주인과 마주칠 것만 같은 불안감이 다시 돌아왔다. 그녀는 하녀가 잘못 알았을까 봐 두려웠다. 집을 구경하고 싶다고 말하자 그들은 현관으로 안내되었다. 엘리자베스는 가정부를 기다리는 동안 잠시 자신이 이곳에 있다는 사실이 얼마나 놀라운지를 느꼈다.

드디어 가정부가 나왔는데 엘리자베스가 예상했던 것보다 훨씬 더 풍채도 있고 예의 바른 나이 든 부인이었다. 그들은 그녀를 따라 식당으로 들어갔다. 그곳은 크고 균형 잡힌 방이었으며, 우아하게 꾸며져 있었다. 엘리자베스는 방을 간단히 둘러본 후 창가로 가서 그 경치를 즐겼다. 그들이 내려왔던 나무로 덮인 언덕은 거리가 있는 곳에서 보니 더욱 가파르게 보였고 그것은 아름다운 광경이었다. 여러 지형이 잘 배치되어 있었고 강, 강둑에 흩어진 나무들, 그리고 굽이굽이 흐르는 계곡 등 그녀는 눈이 닿는 한 끝까지 전체 풍경을 기쁘게 바라보았다. 그들은 다른 방들로 이동하면서 같은 풍경을 다른 위치에서 볼 수 있었고 어떤 창문에서 보아도 한결같이 아름다운 경치였다. 방들은 고상하고 아름다웠으며, 가구들도 재산이 많은 그 집 주인에 걸맞았다. 엘리자베스는 다아시 씨의 취향을 감탄하며 보았는데, 그것은 너무 화려하거나 쓸데없이 겉으로만 고급스럽지 않았다. 로징스의 가구들보다 덜 화려했지만 진정한 우아함을 지니고 있었다.

'내가 이곳의 안주인이 될 수도 있었는데…. 이 방들과 친해졌을 수도 있었는데! 낯선 사람처럼 그것들을 바라보는 대신, 내 소유로 즐길 수 있었고, 삼촌과 외숙모를 손님으로 맞이할 수 있었을 텐데….' 그녀는 생각했다. '하지만 아니야.' 그녀는 다시 생각했다. '그럴 수는 없었을 거야. 만약 그랬다면 삼촌과 외숙모와는 멀어져서 연락도 끊겼을 거야. 두 분을 초대하고 그런 일은 불가능했겠지.'

두 번째 생각이 다행스럽게 그녀를 후회와 비슷한 감정에서 구해주었다.

그녀는 가정부에게 주인이 정말로 집에 없는지 확인하고 싶었지만, 그럴 용기가 나지 않았다. 그러나 마침내 삼촌이 그 질문을 대신해주었고, 그녀는 놀라 몸을 돌렸다. 그러자 가정부인 레이놀즈 부인은 주인이 부재 중이라고 답하면서 "하지만 내일 많은 친구들과 함께 돌아올 예정이에요"라고 덧붙였다. 엘리자베스는 자신들의 그곳 여행이 내일이 아니고 오늘인 걸 너무나도 다행스럽게 생각했다.

외숙모가 그녀를 불러 그림 한 점을 보라고 했다. 엘리자베스가 다가가자, 벽난로 위 여러 작은 초상화들 사이에 위컴 씨의 초상화가 걸려 있었다. 외숙모는 미소 지으며 그녀에게 그 그림이 마음에 드는지 물었다. 그때 가정부가 다가와 그 그림은 돌아가신 주인의 집사의 아들의 초상화라고 설명했다. 그리고 주인이 자신의 돈으로 그를 키워주었다고 했다. "지금은 군대로 갔어요. 하지만 그는 무척 방탕하게 변한 것 같아요"라고 그녀는 덧붙였다.

가디너 부인은 미소를 지으며 조카를 바라보았지만, 엘리자베스는 그 미소에 답할 수 없었다.

"그리고 저건…." 레이놀즈 부인은 다른 초상화를 가리키며 말했다. "이분이 지금 저의 주인님이에요. 실물과 정말 닮았죠. 저 그림과 동시에 그려졌답니다. 약 8년 전이죠."

"주인님의 훌륭한 인품에 대해서는 많이 들었어요." 가디너 부인이 그림을 바라보며 말했다. "잘생긴 얼굴이네요. 리지, 네가 보기에도 정말 닮았니?"

엘리자베스가 주인을 알고 있는 듯한 이 말에 엘리자베스에 대한 레이놀즈 부인의 관심이 커지는 것 같았다.

"저 아가씨가 다아시 씨를 알고 있나요?"

엘리자베스는 얼굴을 붉히며 대답했다. "네, 조금요."

"아주 잘생긴 신사라고 생각하지 않나요, 아가씨?"

"네, 잘생겼죠."

"정말로 이렇게 잘생긴 사람은 본 적이 없어요. 하지만 위층 갤러리에 가시면 이 그림보다 더 크고 멋진 그의 초상화를 보실 수 있어요. 이 방은 돌아가신 주인님이 가장 좋아하시던 방이었어요. 이 초상화는 그때와 똑같이 놓여 있답니다. 주인님께서 아주 좋아하셨거든요."

이 설명에 엘리자베스는 왜 위컴 씨의 초상화가 그들 사이에 있는지 알 수 있을 것 같았다. 그다음 레이놀즈 부인은 그들의 시선을 다시 양의 초상화로 돌렸는데, 그녀가 겨우 8살이었을 때 그려진 것이었다.

"다아시 양도 오빠만큼 아름답나요?" 가디너 부인이 물었다.

"아! 네, 이 세상에서 가장 아름다운 아가씨랍니다. 게다가 정말 재주도 많으시죠! 하루 종일 연주하고 노래를 부른답니다. 옆 방에는 아가씨를 위해 막 도착한 새로운 악기가 있어요. 주인님이 선물해 주신 거죠. 내일 아가씨와 주인님이 함께 여기로 온답니다."

삼촌 가디너 씨는 아주 유순하고 쾌활한 사람으로 가정부가 즐겁게 이야기하는 걸 북돋아 주는 질문도 던지고 의견도 말했다. 레이놀즈 부인은 자부심이든 애정이든 그녀의 주인과 그의 여동생에 대해 이야기하는 게 매우 즐거워 보였다.

"당신의 주인께선 일 년 동안 여기 펨벌리에 얼마나 계시나요?"

"제가 바라는 만큼은 아니지만, 여기서 절반은 보내시는 것 같아요. 그리고 다아시 아가씨는 여름 내내 여기 계시죠." 그러더니 레이놀즈 부인은 잠시 생각한 후 "람즈게이트에 갈 때를 제외하고요"라고 말했다.

"당신의 주인께서 결혼을 한다면 그를 더 많이 볼 수 있겠군요."

"네, 하지만 그게 언제가 될지는 모르겠어요. 그분에게 어울릴 정도로 좋은 사람이 있을지."

가디너 부부는 미소를 지었다. 엘리자베스는 "그렇게 생각하는 것은 분명히 그가 정말 좋은 분이라는 의미네요"라는 말밖에 할 수 없었다.

"저는 그저 진실만 얘기합니다. 그를 아는 사람이라면 누구나 그렇게 말할 거예요"라고 그녀가 대답했다. 엘리자베스는 다소 지나친 칭찬이라 생각했지만 가정부의 말을 점점 더 놀라며 들었다. "저는 주인님을 네 살 때부터 모셨지만 한 번도 그분에게서 불평을 들어본 적이 없어요."

이것은 엘리자베스의 생각과 너무도 반대되는 특별한 칭찬이었다. 그녀는 그가 성격이 좋은 남자가 아니라고 확고하게 믿어 왔다. 그녀는 관심이 크게 끌렸고 더 많은 이야기를 듣고 싶어졌다. 삼촌은 고맙게도 다음과 같이 말을 이어 나갔다.

"이렇게 칭찬을 많이 받을 수 있는 사람은 정말 드물죠. 당신은 정말 좋은 주인을 모시고 있어 좋으시겠네요."

"네, 선생님, 정말 그래요. 세상을 다 돌아다녀도 더 좋은 사람을 만날 수는 없을 겁니다. 제가 봐온 바로는 어린 시절에 성격이 좋은 사람들이 성장해서도 성격이 좋더군요. 주인님은 다정한 기질에 세상에서 마음이 가장 후한 소년이었습니다."

엘리자베스는 그녀를 뚫어지게 쳐다보았다. '그녀가 말하는 사람이 정말 다아시 씨가 맞을까?' 하고 생각했다.

"그의 아버지는 훌륭한 분이셨어요." 가디너 부인이 말했다.

"네, 부인, 정말 그러셨어요. 그러니 그분의 아들인 제 주인님도 그와 똑같을 겁니다. 가난한 사람들에게도 똑같이 친절하시죠."

엘리자베스는 얘기를 들으며 놀라기도 하고 의심도 하면서 더 많은 이야기를 듣고 싶어 안달이 났다. 레이놀즈 부인은 다른 어떤 주제로도 엘리자베스의 흥미를 끌 수 없었다. 그녀는 무엇을 그린 그림인지, 방의 크기는 어떤지, 가구는 얼마나 비싼 것인지 등을 이야기했으나 다들 큰 관심이 없었고 가디너 씨는 가정부가 주인을 지나치게 칭찬하며 편애하는 것에 재미있어하며 다시 주제를 그쪽으로 이끌었다. 그들은 함께 커다란 계단을 올랐고 가정부는 다아시 씨의 많은 장점에 대해 열광적으로 읊었다.

"주인님은 살아 있는 최고의 지주이자 주인이십니다. 요즘 젊은 이들이 자신만 생각하는 것과는 달라요. 그의 세입자나 하인 중 누구도 그를 나쁘게 말하는 사람이 없답니다. 어떤 사람들은 그를 오만하다고 하는데 저는 그런 걸 본 적이 없어요. 제 생각에는 단지 주인님이 다른 젊은이들처럼 수다스럽지 않아서 그렇게 보이는 것 같아요."

'이곳에서는 그를 정말 사랑스러운 사람으로 보는구나.' 엘리자베스는 생각했다.

"다아시 씨에 대한 이런 좋은 소리는 우리의 가엾은 친구 위컴 씨에 대한 그의 행동과는 좀 일치하지 않는 것 같네." 외숙모가 걸으면서 속삭였다.

"우리가 속았는지도 모르죠."

"아냐, 믿을 만한 사람이 얘기한 건데."

위 층의 넓은 복도에 도착하자 그들은 아래에 있는 방들보다 더 우아하고 밝게 최근에 꾸며진 것 같은 매우 예쁜 거실로 안내되었다. 그 방은 다아시 양이 펨벌리에 머물 때 가장 좋아했기 때문에 그녀에게 기쁨을 주기 위해 새로 꾸몄다고 말해주었다.

"그는 분명 좋은 오빠군요." 엘리자베스가 창문 쪽으로 걸어가며 말했다.

레이놀즈 부인은 다아시 양이 방에 들어섰을 때 얼마나 기뻐할지 기대했다. "네, 주인님은 항상 이렇답니다. 여동생에게 기쁨을 줄 수 있는 것은 무엇이든 바로 바로 해주죠. 다아시 아가씨를 위해서라면 못할 일이 없어요." 그녀는 덧붙였다.

더 볼 것으로 그림 갤러리와 주요 침실 두세 개가 남아 있었다. 갤러리에는 좋은 그림들이 많이 있었지만, 엘리자베스는 예술에 대해 아는 것이 없었고, 또 아래층에서도 이미 봤던 그런 그림들이라 다아시 양이 크레용으로 그린 그림 몇 점에 훨씬 흥미가 갔다. 주제도 이해하기 쉬운 그림들이라 기꺼이 그것들만 둘러보았다.

갤러리에는 많은 가족 초상화가 있었지만, 낯선 이들에게 관심을 끌 수 있는 것은 거의 없었다. 엘리자베스는 자신이 아는 얼굴이 있나 찾아 보았고 마침내 그녀의 시선을 사로잡은 초상화가 있었다. 다아시 씨와 매우 유사한 모습이었고 그의 얼굴에 퍼져 있는 미소는 가끔 다아시 씨가 자신을 바라볼 때 보았던 그 미소였다. 그녀는 그 초상화 앞에 몇 분간 진지하게 서 있었고, 일행이 갤러리를 떠날 때 다시 한번 돌아와 초상화를 보았다. 레이놀즈 부인은 그것이 그의 아버지가 살아계실 때 그려진 것이라고 알려주었다.

그 순간, 엘리자베스의 마음속에는 예전에 한참 알고 지낼 때 느꼈던 것보다 다아시 씨에게 더 부드러운 감정이 느껴졌다. 레이놀즈 부인이 그에게 보낸 칭찬은 결코 가벼워 보이지 않았다. 지혜로운 하인이 하는 칭찬보다 더 가치 있는 게 있을까? 그녀는 다아시 씨가 오빠로서, 지주로서, 주인으로서 얼마나 많은 사람들의 행복을 책임지고 있는지를 생각했다. 그가 얼마나 많은 기쁨이나 고통을 줄 수 있는지, 얼마나 많은 선이나 악을 행할 수 있는지에 대해서도 떠올렸다. 가정부가 말한 그에 대한 의견은 모두 그의 성품에 대해 긍정적이었다. 엘리자베스는 그의 초상화 앞에 서서 자신을 바라보고 있는 그의 눈을 응시하며, 그가 자신을 아껴준 것에 대해 이전보다 더 깊은 감사를 느꼈다. 그가 보였던 따뜻함을 기억했고 다소 형식에 있어서 부적절했던 것을 너그럽게 받아들였다.

일반인에게 공개된 저택 안의 구역을 모두 둘러본 후, 그들은 아래층으로 돌아가 가정부와 작별 인사를 나누었고, 현관문 앞에서 그들을 마중 나온 정원사에게 안내를 맡겼다.

그들이 현관문 건너편의 강 쪽으로 걸어가던 중, 엘리자베스는 다시 한번 집을 돌아보았다. 그녀의 삼촌과 외숙모도 멈춰 섰고, 그 집 건물이 언제 지어진 건가 그녀가 궁금해하고 있을 때 건물 뒤편의 마구간으로 이어진 길에서 그 집의 주인인 다아시 씨가 갑자기 모습을 드러냈다.

그들은 서로 약 20야드 정도밖에 안 되는 거리에 있었고, 그의 등장은 너무나 갑작스러워 그를 피할 수는 없었다. 두 사람의 눈이 마주쳤고, 둘 다 볼이 순식간에 빨갛게 변했다. 다아시 씨는 너무 깜짝 놀라 잠시 동안 놀라움에 몸이 굳어버렸다. 그러나 곧 마음을 가다듬고 그들 쪽으로 다가와 엘리자베스에게 말을 걸었다. 완벽하게 침착한 어조는 아니었지만, 적어도 완벽하게 예의를 갖춘 말투였다.

엘리자베스는 본능적으로 몸을 돌렸지만, 다아시 씨가 다가오자 멈춰서 당황스러움을 감추지 못한 채 그의 인사를 받았다. 다아시 씨를 처음 보았지만, 방금 감상한 초상화와 닮았다는 생각을 하던 삼촌과 외숙모는 그가 맞는지 확신하지 못하고 있었다. 그때 정원사의 놀라는 표정을 보고 그들은 그가 다아시 씨임을 곧바로 알아차렸다. 삼촌과 외숙모는 그가 조카와 대화하는 동안 약간 떨어져 서 있었고, 엘리자베스는 놀라고 당황한 나머지 그의 얼굴을 똑바로 쳐다보지 못한 채, 가족의 안부를 묻는 그의 정중한 질문에 어떤 대답을 했는지조차 알지 못했다. 지난번 그들이 헤어졌을 때와는 완전히 달라진 그의 태도에 놀란 엘리자베스는 그가 말을 할 때마다 더욱 당황스러워졌다. 그리고 그곳에 자신이 와 있다는 게 부적절하다는 생각만 계속 떠오르면서 그들이 함께한 몇 분간은 그녀의 인생에서 가장 괴로운 순간이 되어 버렸다. 하지만 다아시 씨도 크게 다르지 않아 보였다. 말할 때 그의 목소리에는 평소의 차분함이 전혀 없었고, 엘리자베스가 언제 롱본을 떠났는지, 또 언제부터 더비셔에 머물렀는지 물어보며 말을 되풀이하는 모습에서 그의 생각이 갈피를 못 잡고 있음이 역력히 드러났다.

마침내 그에게는 더 이상 할 말이 떠오르지 않는 듯했다. 잠시 말을 잊은 채 서 있던 그는 갑자기 정신을 차리고 엘리자베스와 작별 인사를 나누고 떠나버렸다.

일행이 엘리자베스에게 다가와 다아시 씨의 외모에 대해 감탄했지만, 엘리자베스에게는 한마디도 들리지 않았다. 그녀는 자신의 감정에 완전히 사로잡혀 아무 말 없이 일행을 따라 걸었다. 그녀는 부끄러움과 당혹감에 압도되었다. 이곳에 온 것은 세상에서 가장 불행하고 잘못된 선택이었다! 그에게 얼마나 이상하게 보였을까? 허영심 강한 그에게 얼마나 수치스럽게 보였을까! 자신이 일부러 그의 눈앞에 나타나려고 한 거라고 생각했을지도 모른다. 아, 왜 여기에 왔을까? 아니, 왜 그는 예정된 날보다 하루 일찍 나타났을까? 일행이 10분만 더 일찍 떠났더라면 그의 눈에 띄지 않고 무사히 지나갔을 텐데. 그가 말이나 마차에서 내린 직후였기에 그 시간에 집에 막 도착한 것은 확실했다. 그들의 어긋난 만남 때문에 그녀는 계속해서 얼굴을 붉혔다. 그런데 그의 태도가 그렇게 눈에 띄게 변한 것은 왜일까? 먼저 말을 건 것부터가 놀라웠다. 그렇게 정중하게 먼저 말을 걸고 그녀 가족의 안부를 묻다니! 그녀는 위엄이 사라진 그의 태도를 전에 본 적이 없었고, 이번 예기치 못한 만남에서처럼 그렇게 상냥하게 말하는 모습도 본 적이 없었다. 로징스 정원에서 마지막으로 그녀에게 편지를 건넸을 때와 얼마나 대조적인 모습인가! 그녀는 이 상황을 어떻게 이해해야 할지, 어떻게 해석해야 할지 도무지 알 수 없었다.

이제 그들은 물가를 따라 이어진 아름다운 산책길에 들어섰고, 점점 더 웅장한 경사진 지형을 오를수록 멋진 숲의 풍경이 눈앞에 펼쳐졌다. 그러나 엘리자베스는 한동안 그 모든 것을 전혀 알아차리지 못했다. 그녀는 삼촌과 외숙모가 되풀이해 묻는 질문에 기계적으로 대답하며 그들이 가리키는 풍경에 눈을 돌리는 듯했지만, 실제로는 어떤 풍경도 제대로 보지 못했다. 그녀의 모든 생각은 다아시 씨가 있을 펨벌리 저택의 한 장소, 그곳이 어디건 간에 그곳에 고정되어 있었다.

그녀는 그 순간에 그가 어떤 생각들을 했는지, 자신에 대해 어떻게 생각하고 있는지, 그리고 그 모든 일에도 굴하지 않고 그가 아직도 자신에게 호감을 가지고 있는지 알고 싶었다. 아마도 그는 자신을 편하게 느끼게 되어 정중하게 행동한 걸지도 모른다. 하지만 그의 목소리는 뭔가 편한 느낌과는 거리가 있었다. 그가 그녀를 보며 기뻤는지 아니면 고통을 느꼈는지 모르겠지만 분명한 건 그가 그녀를 보며 침착하지 못했다는 것이다.

결국 일행이 왜 이렇게 멍하게 있느냐고 지적하고 나서야 엘리자베스는 정신을 차리게 되었고, 평소의 자신처럼 행동해야겠다고 생각했다.

그들은 숲속으로 들어가 강에게 잠시 작별 인사를 하고 더 높은 지대로 올라갔다. 나무들 사이로 계곡과 맞은편 언덕, 그리고 그 위로 펼쳐진 길게 뻗은 숲의 매력적인 풍경이 눈에 들어왔고 시냇물의 물줄기도 간간이 보였다. 가디너 씨는 공원을 전부 한 바퀴 둘러보고 싶다고 했지만, 걸어서 다 보기엔 힘든 거리일 것 같았다. 그러자 정원사는 자부심 띤 미소를 지으며 그 둘레가 10마일이나 된다고 알려주었고, 다 둘러보는 건 불가능하다는 것이 판명 났다. 그들은 할 수 없이 걷던 산책로를 그대로 따라갔고 나무가 무성한 언덕을 내려가 잠시 후 다시 강가의 좁은 부분에 이르렀다. 그들은 대체적으로 그곳 분위기와 어울리는 소박한 다리를 건넜다. 그곳은 그들이 지금까지 본 중 가장 꾸밈없이 자연스러운 장소였다. 계곡이 좁아지며 골짜기 형태가 되어, 흐르는 물과 거칠게 자란 덤불 사이로 좁은 산책길만이 보였다. 엘리자베스는 그 구불구불한 길을 더 탐험해 보고 싶었으나, 다리를 건너고 나자 저택과의 거리를 느낀 가디너 부인이 더 이상 못 걷겠다며 빨리 마차로 돌아가길 원해서 할 수 없이 이에 따랐고, 그들은 강 건너편에 있는 저택 쪽으로 가장 가까운 길을 따라 걷기 시작했다.

하지만 그들이 걷는 속도는 느렸는데, 비록 자주 즐기지는 못해도 낚시를 무척 좋아하는 가디너 씨가 물속에서 가끔씩 나타나는 송어를 보면서 그에 대해 정원사와 이야기를 나누느라 속도를 내지 못했기 때문이다. 이렇게 지체되면서 천천히 걷던 그들은 또다시 놀라게 되었다. 엘리자베스는 멀지 않은 곳에서 다아시 씨가 다가오는 모습을 보고 아까와 마찬가지로 크게 놀라지 않을 수 없었다. 이쪽 산책로는 강 건너편과 달리 나무가 많지 않아, 서로 마주치기 전에도 그가 오는 모습을 볼 수가 있었다.

엘리자베스는 놀라긴 했지만, 아까보다는 그를 만날 준비가 조금 더 되어 있었고, 그가 정말로 그들과 만날 생각에 온 것이라면 침착하게 행동해야겠다고 생각했다. 잠깐 그가 아마 다른 길로 가나 보다 생각도 했는데 산책로가 구불구불해 돌 때마다 그가 시야에서 사라졌기 때문이다. 그러나 모퉁이를 다 돌자 그는 바로 그들 앞에 있었다. 엘리자베스는 한눈에 그가 아까 지니고 있던 정중함을 잃지 않았음을 알아차렸다. 그에게 예의를 갖추기 위해, 만나자마자 엘리자베스는 이곳의 아름다움을 감탄하며 칭찬하기 시작했다. 하지만 그녀는 '멋지다'라든가 '매력적이다'라는 말 이상 더 나아가지 못했다. 불행히도 몇 가지 생각이 떠오르며 자신이 펨벌리를 칭찬하는 것이 오해를 불러올 수도 있겠다는 생각이 들어서였다. 그녀의 얼굴은 붉어졌고, 더 이상 말을 이어가지 못했다.

가디너 부인은 살짝 뒤에 서 있었는데, 그녀가 말을 잠시 멈추자 그는 그녀의 친구들에게 자신을 소개해달라고 청했다. 이는 그녀가 전혀 예상하지 못했던 정중한 요청이었다. 그녀는 그가 자신에게 구애할 때 자존심 때문에 거부했던 그녀의 가족들 중 일부를 이제 소개시켜 달라고 하는 모습에 웃음이 나왔다. '그가 이 사람들이 누구인지 알면 얼마나 놀랄까? 지금 이 사람들을 상류층 사람들로 여기고 있나 보네.' 그녀는 생각했다.

그러나 그녀는 곧 소개를 했다. 그들이 삼촌과 외숙모라고 얘기하면서 그가 어떻게 반응하는지를 보려고 그를 슬쩍 쳐다보았고, 그렇게 자신의 자존심에 맞지 않는 사람들에게서 재빨리 도망쳐 가버리지는 않을까 하는 생각도 없지 않았다. 관계를 설명하자 그가 놀란 건 분명했지만, 용감하게 이를 견뎌냈고, 가버리기는커녕 돌아서서 가디너 씨와 대화를 나누기 시작했다. 엘리자베스는 기쁘고 자랑스러운 마음마저 들었다. 자신에게 부끄러워할 필요가 없는 친척들이 있다는 것을 다아시 씨가 알게 된 것 같아 위안이 되었다. 그녀는 그들 사이에 오간 모든 대화에 귀 기울이며 자신의 삼촌이 지닌 지성, 취향, 그리고 품격을 드러내는 표현과 문장 하나하나를 자랑스럽게 들었다.

그들은 곧 낚시에 대해 이야기했고, 그녀는 다아시 씨가 매우 정중하게 삼촌에게 그곳에 머무는 동안 원할 때마다 와서 낚시를 하라고 하는 말을 들었다. 다아시 씨는 또한 낚시도구를 빌려주겠다고까지 하며 낚시가 잘 되는 구역들도 알려주었다. 엘리자베스와 팔짱을 끼고 걷던 가디너 부인은 놀랍다는 표정을 엘리자베스에게 보냈다. 엘리자베스는 아무 말도 하지 않았지만 매우 기뻤다. 그녀는 다아시 씨의 그런 친절이 결국은 자신을 향한 것이라는 생각이 들었다. 그러나 그녀는 여전히 몹시 놀라웠다. '그가 왜 이렇게 달라진 걸까? 무슨 이유가 있었나? 나 때문일 리 없어. 그의 태도가 나 때문에 이렇게 부드러워졌다고? 헌스포드에서의 내 질책이 그를 이렇게 바꿨단 말이야? 아냐, 그가 아직도 나를 사랑하는 건 불가능해' 라고 생각했다.

두 여성이 앞서고 두 남성은 뒤에서 걸었다. 얼마간 그렇게 걷다가 그들은 강가로 내려가서 특이한 수중 식물들을 구경했는데 그 후 약간의 변화가 있었다. 가디너 부인이 아침에 많은 운동을 한 탓에 지쳐 엘리자베스의 팔에 기대는 걸로는 부족했는지 남편의 팔에 매달린 것이다. 그래서 다아시 씨는 자연스레 외숙모 자리를 대신해 엘리자베스와 함께 걷게 되었다. 잠깐의 침묵 후, 엘리자베스가 먼저 말을 꺼냈다. 그녀는 여기 올 때 다아시 씨가 여기 없다는 걸 알고 왔다는 사실을 그에게 알리고 싶었고, 이에 따라 그가 갑자기 집에 돌아온 게 매우 예상 밖이었다는 말로 대화를 시작했다. "댁의 가정부가 당신이 분명 내일 올 거라고 알려주었거든요. 사실 베이크웰을 떠나기 전에 당신이 오실 거라곤 정말 생각 못했어요." 그는 이 모든 게 사실임을 인정하며, 집사와의 일이 있어 함께 여행 중이던 일행보다 몇 시간 앞서 도착하게 되었다고 설명했다. "나머지 일행은 내일 아침 일찍 여기 올 거예요. 그리고 그들 중에는 당신과 인연이 있는 분들도 있죠. 빙리와 그의 자매들이요."

엘리자베스는 살짝 고개를 숙임으로써 대답했다. 그녀의 생각은 즉시 빙리 씨의 이름이 그들 사이에서 마지막으로 언급되었던 그때로 돌아갔다. 그리고 다아시 씨의 얼굴빛을 보니 그의 마음도 같은 곳에 머물러 있는 것 같았다.

잠시 후 그는 말을 이었다. "그 일행 중에는 또 한 사람이 있는데, 특히 당신과 알고 지내고 싶어 하는 사람이에요. 제가 너무 많은 걸 부탁하는 건지 모르겠지만, 램턴에 머무는 동안 제 여동생을 당신에게 소개해도 될까요?"

그 제안은 너무나도 놀라웠다. 그녀는 너무 놀란 나머지 어떻게 대답해야 할지조차 몰랐다. 그녀는 즉시 다아시 양이 자신과 친해지고자 하는 건 오빠의 영향 때문일 거라 느꼈고, 그 이상의 이유가 없더라도 만족스러웠다. 자신이 다아시 씨를 질책한 것 때문에 그가 자신을 정말로 나쁘게 생각하고 있지 않다는 생각이 들어 기뻤다.

두 사람은 말없이 계속 걸었고, 각자 깊은 생각에 잠겼다. 엘리자베스는 마음이 편하지 않았다. 그건 불가능한 일이었다. 그러나 그녀는 만족스러웠고 기분이 좋았으며, 다아시가 자신의 여동생을 소개하고 싶어 하는 건 자신에 대한 최고의 칭송이었다. 그들은 곧 가디너 부부를 앞질렀고, 마차에 도착했을 때 가디너 부부는 그들보다 약 반 마일 뒤에 있었다.

그는 그녀에게 집 안으로 들어가자고 했으나, 그녀는 피곤하지 않다며 함께 잔디밭에 서 있었다. 그런 순간에는 많은 이야기를 나눠야 하는 것인데 어색한 침묵만 흘렀다. 그녀는 말을 하고 싶었지만 마치 모든 주제에 금지령이 내려진 것 같았다. 결국 그녀는 자신이 여행 중임을 떠올렸고, 둘은 인내심을 가지고 매틀록과 도브데일에 관해 이야기를 했다. 그러나 시간은 더디게 흘렀고, 그녀의 삼촌 부부도 너무 늦게 와서 두 사람의 대화는 그녀의 인내심과 아이디어가 거의 바닥날 때까지 이어졌다. 가디너 부부가 도착하자, 다아시 씨는 모두 집 안으로 들어가서 다과를 하자고 권했지만, 그들은 이를 정중하게 거절하고 최대한의 예의를 갖추어 헤어졌다. 다아시 씨는 여성들을 마차에 태워 주었고, 마차가 출발할 때 엘리자베스는 그가 천천히 집으로 걸어가는 모습을 보았다.

삼촌과 외숙모의 평가가 시작되었다. 두 사람 모두 다아시 씨가 기대했던 것보다 훨씬 더 훌륭하다고 평했다. "그는 정말 예의 바르고 공손하더구나. 겸손하기도 하고." 삼촌이 말했다.

"그는 확실히 조금 위엄 있는 면이 있었어. 태도가 그래 보였는데 어색하지는 않더라. 나는 이제 가정부가 말한 걸 완전 이해할 것 같아. 일부 사람들이 그를 오만하다고 하지만 자신은 그런 모습을 전혀 보지 못했다고 했잖아." 외숙모가 말했다.

"그가 우리를 대하는 태도가 너무 놀라웠어. 단순한 예의 이상이었던 것 같아. 정말로 세심하더라고. 그럴 필요까진 없을 텐데 말이야. 엘리자베스랑 아는 사이라지만 그게 그렇게 중요한가?"

"확실히 그는 위컴처럼 잘생기진 않았어. 아니, 뭐랄까 그는 위컴과는 달라. 그런데 이목구비는 완벽하게 좋았던 것 같아. 그런데 너는 어째서 그렇게 그가 불쾌한 사람이라고 했던 거니?" 외숙모가 말했다.

엘리자베스는 가능한 한 잘 변명했다. 그녀는 켄트에서 그를 만났을 때 그를 더 알게 되어 좋은 사람이라고 생각했고, 오늘 아침에는 특히 그가 좋은 모습을 보였다고 했다.

"하지만 어쩌면 그런 공손함도 변덕을 보일지 모르지. 잘난 사람들은 종종 그렇잖아. 그래서 나는 그가 낚시하러 오라고 한 말을 그대로 받아들이지 않으려고. 다른 날 마음이 바뀌어 그의 땅에 들어오지 말라고 나에게 경고할지 모르니까." 삼촌이 말했다.

엘리자베스는 삼촌 부부가 그의 성격을 완전히 오해하고 있다고 생각했지만 아무 말도 하지 않았다.

가디너 부인이 계속해서 말을 이었다. "우리가 본 바로는 그가 불쌍한 위컴에게 그렇게 잔인하게 행동했을 거라고는 생각이 안 돼. 악한 인상이 전혀 아니던데. 오히려 말할 때 그의 입가에는 뭔가 호감 가는 부분이 있어. 그리고 얼굴에는 뭔가 품위가 있어서 아무도 그가 나쁜 마음을 가지고 있을 거라 생각 못하게 만들지. 하지만 집을 친절하게 안내해 준 그 가정부의 평가는 좀 심하게 과장되지 않았니? 나는 소리내 웃지 않는 게 힘들 정도였어. 그래도 그는 너그러운 주인일 테고, 하인의 입장에서 보면 그것만으로도 모든 덕목을 갖춘 것이나 다름없겠지."

여기서 엘리자베스는 그가 위컴에 대해 한 행동을 변호해야 할 필요성을 느꼈고, 그래서 켄트에서 그의 친척들에게 들은 이야기를 가능한 한 신중하게 그들에게 전달하여 그의 행동이 완전히 다르게 해석될 수 있음을 이해시켰다. 그리고 하트퍼드셔에서 다들 그렇게 생각하는 것처럼 다아시의 성격이 그리 나쁘지는 않고, 위컴의 성격도 그렇게 좋은 것만은 아니라고 설명했다. 이를 확실히 증명하려고 그녀는 돈과 관련된 그들의 사건들에 대해 상세히 알려주었다. 직접적인 출처는 밝히지 않고, 그저 신뢰할 만한 곳에서 들었다고만 했다.

가디너 부인은 이 말을 듣고는 놀라고 또 걱정도 했지만, 이제 그들은 그녀가 예전에 즐거움을 느꼈던 추억의 장소에 가까워지고 있었기 때문에 모든 생각이 그에 의해 밀려났다. 그녀는 그 주변의 흥미로운 장소들을 가리키며 남편에게 이야기해 주느라 여념이 없었다. 아침 산책으로 피곤했지만 점심을 먹자마자 그녀는 옛 친구들을 만났고 저녁 시간은 오랜 세월 후 다시 이어진 교류의 기쁨을 느끼며 보냈다.

엘리자베스에게는 그날 일어난 일들이 너무나 흥미진진해서 새로 만난 친구분들에게 집중할 수가 없었다. 그녀는 오직 그날 보여준 다아시 씨의 친절함과, 무엇보다도 그가 자신의 여동생과 자신이 친해지길 원한다는 사실에 대해 놀라움과 궁금함을 가지고 생각에 빠질 수밖에 없었다.

· 44장 ·

엘리자베스는 다아시 씨가 여동생이 펨벌리에 도착하면 다음 날 바로 그녀를 데리고 자신을 방문할 것이라고 단정 지었고, 그날 아침은 내내 여관 안에 머물기로 마음먹었다. 그러나 그녀의 예상은 빗나갔다. 엘리자베스 일행이 램턴에 도착한 바로 다음 날 아침, 다아시 씨와 여동생이 찾아왔기 때문이다. 엘리자베스 일행은 몇몇 새로운 친구들과 함께 그 지역을 산책하고 있다가, 함께 아침 식사를 하기 위해 여관으로 돌아와 옷을 갈아입으려는 참이었다. 그때 마차 소리가 들려 창문 쪽으로 다가갔고, 한 신사와 한 숙녀가 이륜마차를 타고 거리로 들어서는 것을 보았다. 엘리자베스는 즉시 그 마차의 휘장을 알아보고는 그들이 왜 온 건지 짐작했으며, 그들의 영예로운 방문을 삼촌 내외에게 알렸다.

그녀의 삼촌과 외숙모는 매우 놀랐다. 엘리자베스가 말할 때 보인 당혹스러운 태도와 지금의 상황 자체, 그리고 전날 일어났던 여러 사건들이 머릿속에 섞이며 그들은 다아시 씨와 엘리자베스 간에 뭔가 있는 것이 아닌가 하는 생각을 갖게 되었다. 그전까지는 전혀 생각하지 못했던 일이었지만, 그들은 이 특별한 관심이 엘리자베스에 대한 호감을 나타내는 것이라고밖에는 설명할 수 없다고 생각했다. 그들이 이런 생각을 하는 동안 엘리자베스의 마음은 점점 더 불안해졌고 자신이 이렇게 불안해하는 것에 대해 스스로도 놀라웠다. 그녀는 오빠가 자신을 너무 좋아한 나머지 동생에게 자신의 좋은 점을 과장해서 말한 것은 아닌지 두려웠고 평소보다 더 잘 보이고 싶은 마음에 자신이 가진 모든 매력들을 제대로 내보이지 못할 것만 같았다.

엘리자베스는 창문가에 서 있는 자신의 모습이 남매에게 보일까봐 창문에서 물러났고, 좀 침착해지려고 방 안을 왔다 갔다 했는데 삼촌과 외숙모의 놀라움 어린 눈빛에 마음은 더욱 초조해질 뿐이었다.

드디어 다아시 양과 그녀의 오빠가 나타났고, 긴장되는 소개가 이어졌다. 엘리자베스는 새 친구가 자신만큼이나 당황스러워하는 것에 놀랐다. 램턴에 머무르는 동안 엘리자베스는 다아시 양이 매우 거만하다는 소문을 들었지만, 몇 분간 관찰한 결과 그녀가 거만한 게 아니고 단지 매우 수줍어하는 타입이란 걸 알 수 있었다. 엘리자베스는 다아시 양이 어떤 질문에도 한 마디 이상 대답하지 않는 걸 보았다.

다아시 양은 키가 크고 엘리자베스보다 체격이 더 컸다. 겨우 16세가 조금 넘었지만 몸매가 이미 성숙하게 형성되어 있었고, 여성스럽고 우아했다. 오빠만큼의 인물은 아니었으나, 얼굴에는 지적이면서도 유쾌한 표정이 드러났고, 태도는 매우 겸손하고 부드러웠다. 엘리자베스는 다아시 양이 오빠인 다아시 씨만큼이나 예리하고 무엇을 보아도 당황하지 않고 관찰하는 타입일 거라 예상했지만, 전혀 다른 느낌을 받았고 그래서 마음이 놓였다.

얼마 있지 않아 다아시 씨는 곧 빙리도 그녀를 보러 올 거라고 알려주었다. 엘리자베스가 이에 기쁨을 표현하며 그를 맞이할 준비를 할 틈도 없이 빙리의 빠른 발걸음 소리가 계단에서 들려왔고, 그는 곧 방으로 들어왔다. 그에 대한 엘리자베스의 분노는 이미 오래전에 사라졌고, 만약 여전히 감정이 조금 남아 있었다 하더라도 그가 그녀를 다시 만났을 때 보여준 그 꾸밈없는 친근함 앞에서 모두 사라져 버렸을 것이다. 그는 예전에 그랬듯 친절하게 가족의 안부를 물으며 유쾌하고 편안한 모습으로 그녀를 대했다.

가디너 부부에게도 빙리는 엘리자베스 못지않게 흥미로운 인물이었다. 그들은 오랫동안 그를 만나보고 싶어 했기 때문이다. 그들은 앞에 있는 이 모든 사람들이 그저 놀라울 뿐이었다. 그들이 조금 전 느낀 다아시 씨와 조카 사이의 의심은 그들을 더욱 집중해서 관찰하게 만들었고, 신중하게 다아시와 엘리자베스의 태도를 살폈다. 그 결과, 그들은 곧 적어도 한 사람은 사랑에 빠져 있다는 확신을 얻었다. 엘리자베스의 감정에 대해서는 조금 알 수 없는 부분이 있었으나 다아시 쪽에서는 넘치는 사랑으로 그녀를 대하는 게 분명했다.

엘리자베스는 할 일이 많았다. 각각의 방문객의 감정을 파악하고 싶었고, 자신의 마음을 가라앉히고 그들을 잘 대해주며 호감을 주고 싶었다. 그녀가 그러지 못할까 봐 두려워했던 이 목적은 그러나 성공을 확신하게 할 수밖에 없는 조건이었다. 왜냐하면 그녀가 기쁘게 해주고 싶은 이 사람들은 모두 그녀에게 우호적인 선입견을 가지고 있었기 때문이다. 빙리는 즐거워할 준비가 되어 있었고, 조지아나도 열망하고 있었으며, 다아시는 그녀로 인해 기뻐하려고 결심한 사람처럼 보일 정도였다.

빙리를 보면서 엘리자베스의 생각은 자연스럽게 언니로 향했다. 그녀는 그의 마음도 같은 방향으로 향하고 있는지 알고 싶어 애가 탔다. 때때로 그녀는 그가 예전보다 말수가 적어졌다고 느끼기도 했고, 몇 번은 그가 자신을 바라보는 동안 언니와의 닮은 점을 찾으려 하고 있다고 생각하며 기뻐했다. 비록 이것이 상상에 불과하다 해도 한때 언니의 연적이었던 다아시 양에 대한 그의 행동은 분명했다. 두 사람 사이에는 특별한 감정을 나타내는 표정이 전혀 보이지 않았다. 빙리 씨의 여동생이 바라마지 않던 그 관계를 정당화할 그런 모습은 전혀 보이지 않았다. 엘리자베스는 이 점에 대해 곧 만족했고 그들이 헤어지기 전에 두세 가지 작은 일들이 있었는데, 그녀가 초조한 마음으로 해석하기엔 이것들이 제인에 대한 그의 애정 어린 기억을 나타내는 것 같았다. 만약 그가 용기만 있었다면 제인에 대해 더 많은 이야기를 하고 싶어 했을 거라 생각했다.

그는 다른 사람들이 함께 이야기하고 있을 때, 진심으로 아쉬움이 담긴 어조로 "언니를 본 지 정말 오랜 시간이 지났네요"라고 말했다. 엘리자베스가 대답할 겨를도 없이, 그는 "이제 8개월이 넘었네요. 우리 모두 함께 네더필드에서 춤을 췄던 11월 26일 이후로 만나지 못했으니까요"라고 덧붙였다.

엘리자베스는 그가 그렇게 정확히 기억하고 있다는 사실에 기뻤다. 이후, 다른 사람들과 떨어져 있는 틈을 타 그는 엘리자베스에게 모든 자매들이 롱본에 있는지 물어보았다. 이 질문 자체나 이전의 언급에는 특별한 의미가 없었지만, 그러나 그의 표정과 태도는 분명 의미를 지니고 있었다.

그녀가 다아시 씨를 직접 바라볼 기회는 흔치 않았지만, 가끔 그를 힐끗 볼 때면 그는 전반적으로 친절한 표정을 짓고 있었다. 그가 말할 때마다 앞에 있는 사람들에 대해 오만한 태도를 취하거나 경멸을 보인다고 전혀 느껴지지 않았으며 어제 목격했던 태도가 아주 일시적인 것은 아니고 적어도 하루는 더 지속되고 있는 거라 확신할 수 있었다. 몇 달 전만 해도 그에겐 교류 자체가 불명예스러운 사람들이었을 텐데 이제 그들의 좋은 의견을 얻으려 노력하는 그를 보았다. 그가 이렇게 친절하게 자신에게, 그리고 그가 공개적으로 경멸했던 자신의 친척들에게 다가가는 모습을 보고 헌스포드의 목사관에서 있었던 마지막 생생한 장면을 떠올렸다. 그 차이와 변화가 너무 커서 그녀는 놀라움을 감출 수 없었다. 네더필드의 사랑하는 친구들 사이에서, 또 로징스의 품위 있는 친척들 사이에서도 그가 지금처럼 이렇게 사람들을 기쁘게 해주고 싶어 하는 건 처음 봤다. 자기중심적이고 고집스러운 냉담함에서 이렇게 자유로워 보이는 모습을 본 적은 없었던 것 같았다. 지금처럼 그의 노력의 성공이 아무 중요성을 띠지 않을 상황에서, 그리고 그가 관심을 보이는 사람들과의 교제가 네더필드와 로징스의 숙녀들에게 조롱과 비난을 받을 수 있을 상황인데도 말이다.

방문객들은 30분 이상 머물렀고, 떠나려고 일어서면서 다아시 씨는 여동생에게 가디너 부부와 베넷 양을 그 지방 여행에서 떠나기 전에 펨벌리에 초대해 저녁 식사를 함께하고 싶다는 뜻을 같이 표현해 주길 원했다. 다아시 양은 초대에 익숙하지 않음을 나타내는 수줍음을 보이면서도 곧바로 그들에게 초대의 말을 전했다. 가디너 부인은 조카를 바라보며 이 초대와 가장 관련 있는 그녀가 초대를 허락할지 어떨지 알고 싶어 했지만, 엘리자베스는 고개를 돌려버렸다. 하지만 이런 의도적인 회피가 초대에 대한 거부감보다는 일시적인 당혹감을 나타낸다고 여겼고, 사교를 좋아하는 남편이 기꺼이 초대를 수락하려는 것을 보고는 가디너 부인은 조카의 참석을 자신이 약속해 버렸고 날짜는 모레로 정해졌다.

빙리는 엘리자베스를 다시 만날 수 있다는 것에 큰 기쁨을 표했고, 그녀에게 할 말이 아직 많이 남아 있으며 하트퍼드셔의 모든 친구들에 대해 궁금한 게 많았다. 엘리자베스는 이 모든 걸 그녀의 언니에 대해 듣고 싶어 하는 마음으로 해석했고 기뻐했다. 이런 이유와 또 다른 몇 가지 이유로, 방문객들이 떠난 후 그녀는 지나간 30분의 시간을 어느 정도 만족스럽게 생각할 수 있었다. 정작 그 시간 동안에는 즐거움이 별로 없었지만 말이다. 엘리자베스는 혼자 있고 싶었고 또 삼촌과 외숙모가 떠보는 질문들을 할 게 두려워 빙리에 대한 그들의 호의적인 의견을 들을 만큼 들어준 후 서둘러 옷을 갈아입으러 가버렸다.

하지만 그녀는 가디너 부부의 호기심을 두려워할 이유가 없었다. 그들은 그녀에게 이야기를 강요하고 싶어 하지 않았다. 그들이 이전에 알고 있던 것보다 그녀가 다아시 씨를 훨씬 더 잘 알고 있다는 것이 분명했고, 그가 그녀를 매우 사랑하고 있다는 것도 분명했다. 그들은 흥미로운 점은 많이 보았지만 굳이 캐물을 만한 것은 없었다.

이제 그들은 다아시 씨에 대해 좋게 생각하게 되었다. 그들이 알게 된 바로는, 그는 흠잡을 곳이 없었다. 그의 예의 바른 태도에 감동하지 않을 수 없었고 만약 다른 이야기들은 제쳐두고 그들 자신의 감정과 그 집 가정부의 증언만으로 그의 성격을 판단했다면, 하트퍼드셔에서 그를 아는 사람들은 그가 진짜 다아시 씨인지 알아보지 못했을 것이다. 이제 그들은 가정부의 말을 믿고 싶어졌다. 4살 때부터 그를 알아왔고, 스스로도 존경할 만한 태도를 지닌 가정부가 하는 증언을 쉽게 거부할 수 없다는 것을 깨달았다. 또한 램턴의 친구들에게서 들은 정보 중에서도 이러한 평가가 잘못된 거라고 느끼게 할 것은 없었다. 그들이 그를 비난할 수 있는 것은 오직 자만심뿐이었다. 그는 아마도 자만심을 가지고 있었을 것이고, 설령 그렇지 않다 하더라도 그와 그의 가족은 가지 않는 그런 장이 서는 작은 마을의 주민들은 틀림없이 그렇게 여겼을 것이다. 하지만 그가 관대한 사람이며 가난한 사람들에게 많은 선행을 베푼다는 것은 이미 인정받고 있었다.

그들 일행은 위컴의 경우엔 그곳에서 그다지 좋은 평가를 받지 못하고 있다는 것을 알게 되었다. 비록 그의 후원자의 아들인 다아시 씨와의 관계에 대한 중요한 부분은 잘 알지 못하고 있었지만 그가 더비셔를 떠날 때 많은 빚을 남기고 갔고, 이를 다아시 씨가 나중에 변제했다는 사실은 다들 잘 알고 있었다.

이날 저녁 엘리자베스의 생각은 전날보다 더욱 펨벌리에 가 있었다. 저녁 시간은 길었지만 그 저택의 한 사람에 대한 자신의 감정을 정리하기에는 충분하지 않았다. 그녀는 잠자리에서도 두 시간 내내 잠들지 못하고 자신의 감정들을 이해하려고 노력했다. 그녀는 확실히 그를 미워하지 않았다. 아니, 증오는 오래전에 사라졌고, 그에 대한 혐오감이라고 할 수 있는 것을 느꼈다면 그런 느낌을 받은 시간만큼 부끄러워했다. 처음에는 마지못해 인정했지만 나중에는 그의 좋은 점들을 확신하게 되었고 그로 인해 생긴 존경심 덕분에 얼마 전부터 그녀는 그를 싫어하지 않고 있었다. 그리고 이제 그런 감정은 어제 있었던, 그의 성품을 매력적인 빛으로 드러낸 증언들로 인해 호의적 감정 이상의 더욱 친근한 느낌이 되었다. 하지만 무엇보다도 존경심을 넘어 좋은 느낌을 받을, 간과할 수 없는 동기가 있었다. 그것은 감사였다. 단순히 한때 그녀를 사랑했던 것에 대한 감사가 아니라, 그녀가 그를 거절할 때 보였던 모든 괴팍함과 신랄함, 그리고 거절과 함께했던 모든 부당한 비난들을 용서할 만큼 여전히 그녀를 사랑하고 있다는 것에 대한 감사였다. 그녀는 그가 자신을 가장 큰 적처럼 피할 거라고 믿었다. 하지만 이번 우연한 만남에서 그는 오히려 그녀와의 관계를 유지하고 싶어 하는 것 같았다. 그는 둘만 있을 때도 특별히 부적절하거나 이상한 태도를 보이지 않았다. 오히려 그녀의 친구들에게 좋은 인상을 주려 노력했고, 자신의 여동생에게 그녀를 소개하고 싶어 했다. 그토록 자존심 강한 사람의 이러한 변화는 놀라움뿐만 아니라 감사함도 불러일으켰다. 이는 열렬한 사랑에서 비롯된 것임이 틀림없었다. 그래서 그녀도 이런 변화에 대해 좋은 감정을 느꼈다. 정확히 뭐라고 말하기는 어렵지만, 그녀도 그 감정이 나쁘지 않다고 생각했다. 그녀는 그를 존경했고 존중했으며, 그에게 감사했고, 그의 행복에 진정으로 관심 있었다. 그녀는 그의 행복이 자신에게 얼마나 달려 있는지 알고 싶었다. 그가 다시 청혼하게 만드는 힘이 자신에게 아직 있다고 생각했고 그 힘을 사용하는 게 둘 다에게 얼마나 행복할지 궁금했다.

외숙모와 조카 사이에는 다음과 같은 의견 일치가 있었다. 다아시 양이 친절하게도 막 펨벌리에 도착한 그날 그들을 만나러 왔으니, 그 친절을 똑같이 따라 할 수는 없지만 그들의 입장에서도 그에 걸맞은 예의를 갖추는 것이 필요하며 따라서 다음 날 아침에 펨벌리에 답례 방문을 하기로 말이다. 엘리자베스는 기뻤고, 왜 그런 기분이 드는지 스스로에게 물었지만 딱히 대답할 말은 없었다.

가디너 씨는 아침 식사 후 곧 그들을 떠났다. 전날 낚시 계획을 다시 세웠고, 정오 전에 펨벌리에서 다른 신사들과 만나기로 약속했기 때문이었다.

• 45장 •

엘리자베스는 이제 빙리 양이 자신에 대해 반감을 가지는 게 질투에서 비롯되었다고 확신하게 되자, 자신이 펨벌리에 나타나면 얼마나 불편해할지 생각하지 않을 수 없었고, 그녀가 얼마나 정중하게 다시 인사를 나눌지도 궁금했다.

펨벌리 저택에 도착하자, 그들은 현관을 지나 북향으로 되어 있어 여름에 특히 좋은 응접실로 안내되었다. 바닥까지 이어지는 창문을 통해 집 뒤편의 울창한 숲이 보였고, 그 사이사이 잔디밭에는 아름다운 참나무와 스페인 밤나무들이 흩어져 있었다.

그곳에서 다아시 양이 그들을 맞이했는데, 그녀는 허스트 부인, 빙리 양, 그리고 런던에서 함께 지내던 여성과 앉아 있었다. 조지아나는 그들을 매우 정중하게 맞이했지만, 수줍음 때문에 또 실수할까 봐 두려운 마음에 행동이 조금 어색했다. 이는 자신이 열등하다고 느끼는 사람들에게는 그녀가 거만하고 냉담하다고 생각하게 만들 수도 있었다. 하지만 가디너 부인과 엘리자베스는 조지아나를 이해하고 그녀를 안쓰럽게 여겼다.

허스트 부인과 빙리 양은 단지 가볍게 고개를 숙여 인사할 뿐이었다. 그들이 자리에 앉자마자 어색한 침묵이 잠깐 이어졌다. 이 침묵을 먼저 깬 사람은 품위 있고 호감 가는 외모의 앤즐리 부인이었는데, 그녀는 대화를 이어가려고 노력했고 그런 모습을 통해 그녀가 다른 두 사람보다 훨씬 더 교양 있다는 것을 알 수 있었다. 앤즐리 부인은 가디너 부인과 주로 이야기를 나눴고, 때때로 엘리자베스가 대화를 거들었다. 다아시 양은 대화에 동참하고 싶어 하는 것 같았는데 가끔 아무도 들을 것 같지 않은 순간 짧게 몇 마디를 꺼내곤 했다.

엘리자베스는 곧 빙리 양이 자신을 주의 깊게 지켜보고 있으며, 특히 다아시 양에게 말을 걸 때마다 더욱 관심 있게 바라보는 걸 알아챘다. 그래도 너무 멀리 떨어져 앉아 있지만 않았다면 엘리자베스는 그녀의 그런 관찰에 아랑곳없이 다아시 양과 이야기를 시도했을 것이다. 하지만 많은 말을 할 필요가 없어 오히려 마음이 편했다. 그녀는 자신의 생각에 몰두하고 있었고, 언제라도 신사들이 방에 들어올지 모른다고 생각하고 있었다. 그녀는 이 저택의 주인인 다아시 씨가 그들과 함께 있으면 좋겠다는 생각과 그런 상황에 대한 두려움이 동시에 밀려왔다. 그가 오기를 바라는 건지 아닌지, 엘리자베스는 확신할 수 없었다.

그렇게 15분 정도 빙리 양의 목소리를 듣지 않고 앉아 있었는데, 빙리 양이 무심하게 가족의 안부를 묻는 질문에 정신이 돌아왔다. 엘리자베스는 똑같이 무심하게 짧게 대답했고, 그 후 더 이상 대화는 이어지지 않았다.

그들의 방문은 하인들이 차가운 고기, 케이크, 제철의 최고급 과일들을 들고 들어오면서 변화를 맞이했다. 하지만 이것도 앤즐리 부인이 다아시 양에게 초대한 주인으로서 그녀의 역할을 상기시키기 위해 여러 번 의미심장한 눈짓과 미소를 보낸 후에야 비로소 이루어졌다. 이제 모두에게 할 일이 생겼다. 함께 할 대화가 별로 없었던 사람들이었지만 함께 음식을 먹을 수는 있었다. 포도, 천도복숭아가 피라미드처럼 아름답게 쌓여 있는 테이블 주위로 모두가 모여들었다.

이렇게 시간을 보내고 있자, 다아시 씨가 들어왔고 이에 그녀는 자신이 다아시 씨와 함께 있기를 원한 건지 아닌지 알아볼 기회를 가졌다. 그가 방에 들어서자마자, 바로 직전까지만 해도 그를 보고 싶다는 마음이 더 컸다고 생각했던 엘리자베스는 그가 들어온 것이 두려워지기 시작했다.

다아시 씨는 가디너 씨와 집에 있는 다른 신사 두세 명과 함께 강가에서 시간을 보내고 있었지만 엘리자베스와 외숙모가 그날 아침 조지아나를 방문할 계획이라는 소식을 듣고 그들과 헤어져 집으로 왔다. 그가 방에 들어오자마자, 엘리자베스는 차분하고 어색하지 않게 행동하겠다고 마음먹었지만, 쉽게 지킬 수가 없었다. 방에 있던 모두가 그들 관계에 대해 의심을 품고 있었고, 다아시 씨가 처음 방에 들어서자 그의 행동을 주의 깊게 지켜보고 있다는 것을 느꼈기 때문이다. 그중에서도 빙리 양은 다른 사람들에게 미소를 지으면서도 가장 호기심이 가득한 표정을 감추지 못했다. 그녀의 질투는 아직은 절망적인 상태에 이르지는 않았기에 다아시 씨에게 신경 쓰는 모습은 여전히 드러났다. 다아시 씨가 들어오자, 다아시 양은 더 적극적으로 이야기를 하려고 노력했고, 엘리자베스는 그가 여동생과 자신이 친해지기를 바란다는 것을 느낄 수 있었다. 그는 두 사람 사이의 대화를 최대한 돕고 있었다. 빙리 양 역시 이를 알아챘고, 화가 난 나머지 경솔하지만 기회를 잡아 비꼬듯 정중한 말투로 말했다.

"엘리자베스 양, 메리턴에서 군대가 떠났다면서요? 당신 가족에게는 큰 타격이었겠군요."

다아시가 있는 자리에서 빙리 양은 감히 위컴의 이름을 직접 언급하지 못했지만, 엘리자베스는 그녀의 말이 위컴을 암시하고 있다는 걸 즉시 알아차렸다. 그리고 위컴과 관련된 여러 기억들이 나자 잠시 고통스러웠다. 그러나 엘리자베스는 악의적인 공격에 맞서기 위해 힘을 내어, 비교적 차분한 어조로 질문에 대답했다. 말을 하는 동안, 그녀는 자신도 모르게 다아시 쪽을 쳐다보았고, 그가 얼굴이 붉어진 채로 진지하게 자신을 바라보고 있는 것을 목격했다. 그의 여동생은 혼란스러운지 고개를 들지 못하고 있었다. 만약 빙리 양이 그 순간 자신이 사랑하는 사람에게 얼마나 큰 고통을 주고 있는지 알았다면, 분명 그런 질문은 피했을 것이다. 그러나 그녀의 목적은 엘리자베스를 당황하게 만드는 것이었다. 엘리자베스가 좋아한다고 생각하는 남자 이야기를 꺼내서 엘리자베스의 감정을 다아시 씨에게 들키게 하여 다아시 씨의 눈에 안 좋게 보이길 바랐다. 그리고 엘리자베스의 가족 중 일부가 그 군대와 관련해서 저질렀던 바보 같고 어리석은 행동들을 다아시에게 상기시키고 싶었을 수도 있다. 그녀는 다아시 양이 위컴과 도망가려 했던 일에 대해서는 전혀 알지 못했다. 비밀을 지킬 수 있는 한, 이 사실은 엘리자베스에게만 알려져 있었고, 다아시 씨는 이 일을 빙리 가의 모든 이들에게 특히 숨기고 싶어 했다. 그 이유는 빙리와 조지아나가 나중에 결혼하는 것을 원하기 때문이라고 엘리자베스는 오래전부터 생각하고 있었고 다아시는 확실히 그런 계획을 세웠을 것이다. 이 계획이 빙리를 제인과 떼어놓으려는 그의 노력에 영향을 준 건 아니고 아마도 그는 친구의 행복에 더 관심이 많았을 것이다.

그러나 엘리자베스의 차분한 태도에 곧 그의 감정도 가라앉았고, 빙리 양은 화가 나고 실망했으나 위컴에 대해 더 이상 말을 꺼낼 용기가 나지 않았다. 조지아나 역시 더 이상 말할 생각이 없었고 안정을 찾았다. 그녀는 오빠의 눈을 마주치기가 두려웠지만 오빠는 위컴이 동생과 관련된 것에 대해서는 거의 잊고 있었다. 빙리 양이 위컴 이야기를 꺼내 엘리자베스에 대한 다아시 씨의 생각을 돌리려 했던 상황은 오히려 다아시 씨가 엘리자베스에게 더 집중하게 만든 것 같았다.

위와 같은 질문과 답변들 이후 그들의 방문은 곧 끝났고, 다아시 씨가 그들을 마차까지 배웅하는 동안 빙리 양은 엘리자베스의 외모, 행동, 옷차림에 대한 비판을 쏟아냈다. 하지만 조지아나는 동참하지 않았다. 오빠가 그녀와 엘리자베스가 친하게 지내기 원했기에 조지아나는 엘리자베스를 호의적으로 생각하기에 충분했다. 오빠의 판단이 틀릴 리 없다고 믿었다. 그가 엘리자베스에 대해 너무 좋게 말해서 조지아나는 엘리자베스를 사랑스럽고 친절한 사람 이외의 다른 모습으로는 볼 수 없었다. 다아시가 다시 거실로 돌아왔을 때, 빙리 양은 다아시 양에게 했던 자신의 말 중 일부를 그에게 또 반복했다.

"오늘 아침 엘리자 베넷 양은 너무 상태가 안 좋아 보이던걸요, 다아시 씨. 겨울 이후로 그녀가 그렇게 변할 줄은 몰랐어요. 피부도 검어지고 거칠어졌던데요. 루이자 언니와 저는 둘 다 그녀를 몰라볼 뻔했어요."

다아시 씨는 이런 말이 정말 듣기 싫었고 그녀가 여름에 여행한 결과로 당연히 약간 햇볕에 탄 것 외에는 별다른 변화를 느끼지 못했다고 차갑게 대답했다.

"제 개인적으로는 그녀에게서 어떤 아름다움도 느끼지 못하겠어요. 그녀의 얼굴은 너무 마르고, 피부는 생기가 없고, 이목구비도 전혀 매력적이지 않아요. 코는 특징이 없고, 치아는 괜찮지만 평범해요. 그리고 사람들이 아름답다고 하는 그녀의 눈조차, 저는 특별함을 느끼지 못했어요. 오히려 날카롭고 심술궂은 인상을 주거든요. 전체적으로 그녀의 분위기는 세련되지 않은 자만심으로 가득차 있어서 정말 참을 수가 없어요." 빙리 양이 계속했다.

빙리 양은 다아시가 엘리자베스를 흠모한다고 생각해서 이런 말을 했지만 이것이 자신을 좋게 보이게 하는 데에 좋은 방법은 아니었다. 화가 난 사람들은 항상 현명하지 못한 법, 그녀는 마침내 그가 약간 불쾌해 보이는 것을 보고 자신이 기대했던 성공을 거두었다고 생각했다.

"저는 분명히 기억해요. 하트퍼드셔에서 그녀를 처음 만났을 때, 그녀가 미인이라는 평판에 우리 모두가 놀랐잖아요. 네더필드에서의 저녁 식사 후, 당신이 '그녀가 미인이라고? 그녀의 어머니를 재치 있다고 하는 것만큼이나 터무니없는 소리야'라고 하셨죠. 하지만 시간이 지나면서 당신의 눈에도 그녀가 예뻐 보이기 시작한 것 같았어요."

"맞습니다만⋯." 다아시가 더는 참지 못하고 말했다. "그건 제가 그녀를 처음 보았을 때의 판단일 뿐입니다. 지금은 그녀를 제가 아는 여성들 가운데 가장 아름다운 사람 중 하나라고 생각하고 있으니까요."

그는 그렇게 말하고 자리를 떠났고, 빙리 양은 자신 말고는 아무도 상처받지 않을 그 말을 결국 그에게서 끌어낸 것에 대해 만족해야만 했다.

돌아가는 길에 가디너 부인과 엘리자베스는 방문 중 일어났던 모든 일에 대해 이야기를 나눴지만, 그들 둘 다 특별히 관심이 있는 다아시 씨에 대해서는 말하지 않았다. 그들이 본 모든 사람들의 모습과 행동에 대해 얘기했지만, 그들의 관심을 가장 많이 끌었던 사람에 대해서는 이야기하지 않았던 것이다. 그들은 그의 여동생, 친구들, 집, 과일 등 다아시 씨만 빼고 모든 것에 대해 이야기했다. 하지만 엘리자베스는 외숙모가 그에 대해 어떻게 생각하는지 궁금했고, 가디너 부인 역시 조카가 그에 대한 얘기를 꺼냈다면 기뻐했을 것이다.

· 46장 ·

엘리자베스는 램턴에 처음 도착한 날부터 언니 제인에게서 편지가 오지 않아 실망했다. 이 실망감은 매일 아침마다 새롭게 느껴졌지만 셋째 날에 그녀의 불만은 사라졌다. 한 번에 두 통의 편지를 받았기에 그 실망은 충분히 상쇄되었다. 편지 중 하나는 잘못된 주소로 발송되었다고 적혀 있었다. 엘리자베스는 제인이 주소를 정말로 엉뚱한 곳으로 썼기에 편지가 잘못 갔던 것이 놀랍지 않았다.

편지를 받았을 때 일행은 산책을 준비하고 있었고, 그녀의 삼촌과 외숙모는 그녀가 조용히 편지를 읽을 수 있도록 나가주었다. 먼저 잘못 배달된 편지부터 읽었다. 그 편지는 5일 전에 쓴 것으로 언니가 참여한 작은 모임과 약속들에 대한 내용이 담겨 있었고, 롱본에서 흔한 그런 소식들이 적혀 있었다. 하지만 편지의 후반부는 하루 뒤에 쓰여진 것이었는데 언니가 명백히 동요한 상태에서 쓴 것 같았고 중요한 소식을 전하고 있었다.

리지야, 위의 편지를 쓴 후에 뜻밖의 심각한 일이 생겼어. 하지만 놀라지 마. 우리 모두 괜찮으니까. 내가 할 얘기는 불쌍한 리디아 얘기야. 어젯밤 열두 시에 우리 모두 잠자리에 든 참인데, 포스터 대령님한테서 급한 전갈이 왔어. 리디아가 대령님 부하 장교 한 명이랑 스코틀랜드로 도망갔다는 거야. 솔직히 말하면 위컴이랑 같이!

우리가 얼마나 놀랐겠니? 근데 키티한텐 별로 놀랄 일도 아닌 것 같더라. 난 정말 속상해. 둘 다 너무 경솔하잖아! 그래도 난 좋게 생각하고 싶어. 위컴이란 사람을 오해했던 것 같아. 생각 없고 경솔하단 건 인정하는데, 이번 일은 (그나마 다행인 건) 그가 본성이 나쁘단 걸 보여주진 않잖아. 최소한 그의 선택에 사심은 없는 것 같아. 우리 아버지가 리디아한테 아무것도 줄 수 없다는 걸 그도 알 텐데 말이야. 불쌍한 엄마는 너무 슬퍼하시고, 아버지는 그나마 더 잘 견디고 계셔. 전에 위컴의 나쁜 소문에 대해 엄마랑 아버지한테 알리지 않은 게 얼마나 다행인지 몰라. 우리도 그냥 잊어버려야 할 것 같아. 위컴과 리디아는 토요일 밤 열두 시쯤 떠난 것 같은데, 어제 아침 여덟 시가 되어서야 없어진 걸 알았대. 그래서 바로 급한 전갈을 보낸 거지. 리지야, 그 둘은 우리한테서 10마일도 안 되는 곳을 지나갔을 거야. 포스터 대령님이 곧 여기 롱본에 오실 거래. 리디아가 대령 부인한테 짧은 편지를 남겼는데, 자기들 계획에 대해 대충 알리는 내용이었나 봐. 이만 줄여야겠다. 불쌍한 엄마 곁을 오래 비울 수가 없네. 내가 뭘 썼는지도 잘 모르겠다. 너도 이해하기가 힘들 거야.

엘리자베스는 이 편지를 읽자마자 생각해 볼 겨를도 없이, 자신의 감정이 뭔지도 모른 채, 즉시 다른 편지를 집어 들었다. 최대한 서둘러 편지를 열어보았고, 그 편지는 첫 번째 편지를 마친 다음 날 쓰인 것이었다.

리지야, 내가 급하게 쓴 편지는 받았겠지? 이번엔 좀 더 알아들을 수 있게 쓰고 싶은데, 시간은 충분해도 머리가 너무 혼란스러워서 말이 맥락 있게 나올지 모르겠다. 리지야, 뭐라고 써야 할지 모르겠지만 나쁜 소식이 있어서 바로 알려줘야 할 것 같아.

위컴이랑 우리 불쌍한 리디아의 결혼이 경솔하긴 해도, 이제는 결혼이라도 했으면 좋겠어. 그 애들이 스코틀랜드에 가지 않았을까 봐 너무 걱정되거든. 어제 포스터 대령님이 오셨어. 우리에게 전갈을 보내고 몇 시간 안 돼서 브라이턴을 떠나오신 거야. 리디아가 포스터 부인한테 남긴 짧은 편지에선 그레트나 그린으로 간다고 했는데, 데니 말로는 위컴은 애초에 거기 갈 생각도 없었고 리디아랑 결혼할 생각도 없었다는 거야. 이 말을 들은 포스터 대령님이 바로 불안해져서 브라이턴을 떠나 그 애들의 행방을 쫓으신 거야.

클래펌까지는 쉽게 쫓아갔는데 거기서부터가 문제야. 그 애들이 거기서 일반 마차로 갈아타고, 에프섬에서 타고 온 마차는 돌려보냈나 봐. 그 뒤로 알려진 건 그 애들이 런던 방향으로 간 걸 봤다는 것뿐이야. 난 어떻게 생각해야 할지 모르겠어. 포스터 대령님이 런던 쪽으로 가능한 모든 수소문을 다 하시고 하트퍼드셔로 오셨어. 도로 요금소랑 바네트랑 하트필드의 여관을 다 돌아다니면서 애타게 찾아보셨대. 근데 아무 소득은 없었고 그런 사람들은 본 적이 없다는 얘기만 들었나 봐. 대령님이 롱본까지 친절하게 직접 오셔서 우리한테 이 걱정스러운 상황을 최대한 조심스럽게 알려주셨어. 정말 마음 써주신 게 느껴졌지. 포스터 대령님 부부가 너무 안타까워. 그분들 탓은 아니잖아. 리지야, 아무튼 우리 가족은 정말 큰일 났어. 아버지랑 엄마는 최악의 상황을 생각해서. 그런데 난 그 사람을 그렇게 나쁘게 생각하고 싶지 않아. 여러 가지 상황이 그들로 하여금 처음 계획을 따르기보다는 런던에서 조용히 결혼식을 올리는 것이 더 적합하게 만들지도 모르잖아. 게다가 비록 그가 리디아 정도의 지위를 가진 젊은 여성에게 그런 계책을 세울 수 있다고 해도, 그럴 가능성은 낮지만, 나는 리디아가 모든 걸 다 저버릴 거라곤 상상할 수 없어. 불가능해! 하지만 포스터 대령님은 그들의 결혼을 그다지 믿지 않으시는 것 같아. 내가 희망적으로 얘기했을 때 고개를 저으시면서 위컴은 믿을 만한 사람이 아니라고 걱정하시더라. 불쌍한 엄마는 정말 아프셔서 방에서 나오지도 못하셔. 좀 힘을 내시면 좋을 텐데, 그건 기대하기 어려울 것 같아. 그리고 아버지는 말이지, 태어나서 아버지가 그렇게 괴로워하시는 걸 본 적이 없는 것 같아. 가엾은 키티는 그 둘이 서로 좋아하는 걸 자기한 테 숨겼다고 화가 나 있고. 하지만 다 비밀로 행해진 일인데 어쩌겠어. 리지야, 네가 이런 괴로운 상황을 피할 수 있어 다행이다. 그래도 이제 첫 충격이 좀 지났으니 집에 돌아오면 안 될까? 물론 너무 이기적이지. 네가 원하지 않는다면 굳이 오라고 하진 않을게.

그럼 잘 있어. 그런데 방금 하지 않겠다고 해놓고 다시 펜을 들었네. 상황이 너무도 긴박해서 가능한 한 네가 빨리 집에 돌아오길 간절히 부탁할 수밖에 없어. 삼촌과 외숙모를 잘 아니까 이런 부탁드려도 될 것 같아. 사실 삼촌한텐 부탁드릴 게 더 있어. 아버지가 포스터 대령님 이랑 지금 당장 런던으로 가신대. 리디아를 찾으려고. 아버지가 뭘 어 떻게 하실 건진 나도 모르겠어. 너무 괴로워하셔서 제대로 된 판단을 하시긴 어려울 것 같아. 게다가 포스터 대령님은 내일 저녁엔 꼭 브라 이턴으로 돌아가셔야 한대. 이런 급한 상황에서는 삼촌의 조언과 도움 이 정말 절실하다. 삼촌이라면 내 마음을 바로 이해하실 거야. 삼촌의 따뜻한 마음을 믿어.

"아! 삼촌은 어디에 계시지?" 엘리자베스는 편지를 다 읽자마자 소중한 시간을 한순간도 잃지 않으려는 마음에 자리에서 벌떡 일 어나 외쳤다. 하지만 그녀가 문 앞으로 가자 하인이 밖에서 문을 열 며 다아시 씨가 나타났다. 그녀의 창백한 얼굴과 급한 태도에 그는 깜짝 놀랐고, 말을 꺼내기도 전에 엘리자베스는 온통 리디아의 상 황으로 머릿속이 가득 차 급히 외쳤다. "죄송하지만 지금 저는 가봐 야 해요. 지금 당장 삼촌을 찾아야 해서요. 잠시도 지체할 수 없는 일이 생겼어요. 죄송해요."

"오, 세상에! 무슨 일이죠?" 그는 예의보다도 감정이 앞선 듯 외쳤다. 그리고 이내 정신을 가다듬고 말했다. "1초라도 붙잡지는 않을게요. 하지만 제가 가든지, 아니면 하인을 보내서 가디너 씨 부부를 찾게 하는 게 어떨까요. 당신 상태로는 직접 갈 수 없을 것 같아요."

엘리자베스는 잠시 망설였으나 무릎이 떨리고 있었고, 그 상태로 쫓아가 봐야 얻을 것이 거의 없음을 느꼈다. 그래서 하인을 다시 불러 헐떡이는 목소리로 그의 주인 부부를 당장 모셔와 달라고 부탁했다.

하인이 방을 나가자 엘리자베스는 더 이상 몸을 지탱할 수 없어 앉았고, 너무 상태가 안 좋은 모습에 다아시 씨는 그녀를 떠날 수가 없었다. 그는 연민 어린 부드러운 목소리로 말했다. "하녀를 불러올까요? 뭐라도 당장 나아질 만한 걸 드릴까요? 와인 한 잔이라도? 상태가 많이 안 좋아 보입니다."

"아니요, 저는 괜찮아요." 그녀는 진정하려 애쓰며 대답했다. "저는 아무렇지 않아요. 그냥 롱본에서 막 받은 끔찍한 소식 때문에 마음이 괴로울 뿐이에요."

그녀는 결국 눈물을 터뜨렸고, 잠시 동안 말을 잇지 못했다. 다아시는 불안한 마음으로 불분명한 걱정의 말을 건넬 수 있을 뿐이었다. 그는 연민 어린 침묵 속에 그녀를 지켜보는 게 전부였다. 마침내 그녀가 다시 입을 열었다. "지금 막 언니에게서 끔찍한 소식이 담긴 편지를 받았어요. 이제 아무에게도 숨길 수 없을 것 같네요. 제 여동생이 친구들 모두를 뒤로하고 떠났어요. 도망쳤다고요. 자기 자신을… 위컴 씨에게 던진 거예요. 그들이 브라이턴에서 함께 떠났대요. 그를 너무 잘 아시니까 그 나머지는 의심 안 하시겠죠. 그 애는 돈도 없고, 가문도 별로고, 그를 유혹할 만한 건 아무것도 없어요. 그 애를 영원히 구제할 수 없을 거예요."

다아시는 놀라서 굳어버렸다.

엘리자베스는 더욱 격앙된 목소리로 말했다. "제가 막았을 수도 있었다는 걸 생각하면…. 저는 그가 어떤 사람인지 알고 있었잖아요. 제가 알게 된 것 중 일부만이라도 우리 가족에게 조금이라도 설명했더라면! 그의 못된 인성을 조금이라도 알렸더라면 이런 일은 벌어지지 않았을 텐데요. 하지만 이제는 모든 게, 모든 게 너무 늦어버렸어요."

"너무 충격이네요, 정말 유감입니다. 하지만 그게 확실한 거예요? 정말 확실한가요?"

"네, 맞아요! 그들은 일요일 밤에 브라이턴을 함께 떠났고, 런던 근처까지는 수소문해서 쫓아가 보았지만 그 이후로는 알 수가 없었대요. 스코틀랜드로 간 건 확실히 아닌 것 같아요."

"그래서 리디아 양을 찾기 위해 어떤 계획을 세웠답니까?"

"아버지께서는 런던으로 가셨고, 언니는 저희 삼촌께 당장 도움을 달라고 편지를 썼어요. 그리고 저희도 곧 출발할 거예요. 아마도 30분 안에요. 하지만 아무것도 할 수는 없을 거예요. 아무것도 할 수 없다는 걸 잘 알아요. 위컴 씨 같은 사람 마음을 어떻게 돌려요? 그들을 어떻게 찾아낼 수 있겠어요? 전혀 희망이 없어요. 모든 게 끔찍해요!"

다아시는 그녀의 말에 공감하며 조용히 고개를 흔들 뿐이었다.

"그가 진짜 어떤 사람인지 깨달았을 때, 제가 해야 할 일을, 제가 용기 내서 그에 대해 알려야 한다는 걸 알았더라면 좋았을 텐데요. 그렇지만 못했어요. 너무 심한 것 같아 차마 그렇게 못했어요. 참으로 비참한 실수였네요!"

다아시는 대답하지 않았다. 그는 그녀의 말을 거의 듣지 않는 듯 보였고, 방을 왔다 갔다 하며 깊은 생각에 잠긴 채 이마를 찌푸리고 어두운 표정을 하고 있었다. 엘리자베스는 그 모습을 보고는 곧 그 뜻을 이해했다. 그녀의 자존심은 점점 꺾이고 있었고, 가족이 겪는 이런 치욕과 심각한 불명예에 모든 게 무너지는 것만 같았다. 그녀는 다아시를 탓하거나 비난할 수도 없었지만, 그가 자신의 감정을 억누르고 있다는 믿음은 그녀에게 위안을 주지 못했고 그녀의 괴로움을 덜어주지도 못했다. 반대로 그 상황은 그녀가 자신의 진정한 마음을 깨닫는 순간이었다. 이제는 모든 사랑이 헛되다고 느껴지는 지금처럼 그에 대한 사랑을 그렇게나 절실하게 느낀 적은 없었다.

그러나 그런 자신에 대한 생각이 머릿속을 스쳐갔지만, 그 생각에 사로잡혀 있을 수는 없었다. 리디아가 가족 모두에게 가져올 굴욕과 고통이 이내 자기 자신에 대한 모든 걱정을 삼켜버렸고, 손수건으로 얼굴을 가리고는 다른 모든 생각은 잊고 리디아 걱정만 했다. 엘리자베스는 깊은 생각에 빠졌지만 몇 분 후 다아시 씨의 목소리에 의해 현재 상황을 인식하게 되었다. 그의 말투는 동정심을 드러내면서도 자제하는 태도를 담고 있었다. "계속 제가 가기를 바라셨을 텐데, 저는 진심으로, 비록 도움이 되지 않을지라도 진심으로 걱정이 되어서 머물러 있습니다. 이처럼 고통스러운 상황에 조금이나마 위안을 드릴 수 있는 말이나 행동이 있다면 하늘에라도 빌겠지만, 당신에게 뭔가 도움을 주고 감사를 바라는 것처럼 보일까 봐 걱정스럽네요. 그만 가볼게요. 이 일로 오늘 펨벌리에서 제 여동생과 만나는 저녁 약속은 성사되기 어렵겠죠?"

"아, 네. 우리 대신 다아시 양에게 사과 좀 해주세요. 급한 일 때문에 우리가 곧바로 집에 갔다고요. 이 불행한 일은 가능한 한 말하지 마시고요. 물론 오래 갈 수 없다는 건 저도 알지만요."

그는 그녀에게 이것을 비밀로 할 것이라 약속해 주었고 그녀의 고통에 대해 다시 한번 위로하며 현재로서 희망할 수 있는 것보다 더 좋은 쪽으로 결말이 나기를 바란다고 말한 뒤, 그녀의 친척들에게 인사를 전했다. 그리고 진지하게 작별의 눈빛을 보이고는 떠났다.

그가 방을 나가자, 엘리자베스는 그들이 이렇게 더비셔에서 다정하게 여러 번 만난 것처럼 그런 관계로 서로를 다시 볼 가능성이 낮음을 느꼈다. 그녀는 자신과 다아시 씨의 모든 인연을 돌아보며, 그 인연이 얼마나 모순과 다양성으로 가득했는지를 떠올렸고, 과거에는 그 관계가 끝나서 그렇게 좋아했으면서 지금은 그 관계의 지속을 바라는 감정이 얼마나 심술궂은 것인지를 느꼈다.

감사와 존경이 애정에 있어 좋은 기초가 된다면 엘리자베스의 이 감정 변화는 결코 불가능하거나 잘못된 것이 아닐 것이다. 하지만 만약 그렇지 않다면, 즉 이런 식으로 생기는 호감이, 흔히 말하는 '첫눈에 반한 사랑'이나 '말 한마디 나누기도 전에 생기는 사랑'에 비해 부자연스럽거나 비합리적이라면…. 엘리자베스를 변호할 수 있는 말은 딱 하나뿐이었다. 그녀가 이미 위컴에 대한 호감을 통해 첫눈에 반하는 방식을 시도해 봤지만 그게 실패로 끝났기 때문에, 어쩌면 그녀에게는 덜 흥미진진하지만 앞선 방식을 택한 것이리라. 어찌 되었든, 그녀는 그가 떠나는 것을 아쉬워하며 바라보았고 리디아의 추문이 초래할 것들을 생각하니 괴로움이 더욱 커졌다. 제인이 보낸 두 번째 편지를 읽고 나서, 그녀는 위컴이 리디아와 결혼할 것이라고 생각할 수 없고 그런 기대를 품을 수 있는 사람은 제인뿐이라고 생각했다. 사건이 이렇게 전개되면서 그녀에게는 이제 놀랄 것도 없었다. 첫 번째 편지 내용만 생각한다면 그녀는 모든 것이 놀라웠다. 위컴이 돈을 따진다면 절대 그럴 리 없는 리디아와 결혼한다는 것에 전적으로 놀라웠다. 리디아가 그를 어떻게 매료시켰는지는 이해할 수 없는 일이었다. 그러나 이제는 모든 것이 너무 자연스럽게 느껴졌다. 리디아는 그런 식의 사랑에 충분한 매력을 느꼈고 비록 결혼할 생각도 없이 의도적으로 도망간 거라고는 생각하지 않았지만, 그녀의 미덕이나 이해력이 그녀를 그런 유혹에서 벗어나게 할 수는 없었으리라고 생각되었다.

연대가 하트퍼드셔에 있을 때, 리디아가 위컴을 특별히 좋아한다는 걸 전혀 몰랐다. 하지만 리디아는 누구든 자신에게 관심만 보이면 좋아할 준비가 되어 있었다는 걸 이제는 확신했다. 때로는 이 장교, 때로는 저 장교가 그녀의 관심을 끌었고 그들이 보여주는 관심에 따라 리디아의 마음도 움직였다. 그녀의 애정은 계속 흔들렸지만, 늘 좋아하는 대상은 있었던 것이다. 그런 여자애를 부주의하게 방임했던 것이 문제였다고 엘리자베스는 뼈저리게 느꼈다.

그녀는 집에 빨리 가고 싶었다. 가족이 이렇게 뒤죽박죽된 상황에서, 아버지는 부재중이고 어머니는 아무것도 못하는 상황에서 모든 책임을 다 떠맡은 제인을 빨리 만나 직접 듣고 이야기하면서 괴로움을 나누고 싶었다. 리디아를 위해 아무것도 할 수 없을 거라고 거의 확신했지만, 삼촌의 도움은 정말 중요해 보였다. 삼촌이 방에 들어올 때까지 그녀는 무척 초조하게 기다렸다. 가디너 부부는 하인의 말을 듣고 조카가 갑자기 아픈 게 아닌지 걱정하며 급히 돌아왔다. 하지만 엘리자베스는 아픈 게 아니라고 바로 알린 후 급히 부른 이유를 설명했다. 두 편지를 소리 내어 읽어드렸고, 특히 마지막 편지의 추신을 떨리는 목소리로 강조했다. 리디아는 가디너 부부가 아주 예뻐하는 조카는 아니었지만, 그들도 이 일에 깊이 마음 아파했다. 이건 리디아만의 문제가 아니라 모두의 문제였기 때문이다. 공포스러울 정도로 너무나 놀란 순간들이 지나자 가디너 씨는 할 수 있는 모든 도움을 주겠다고 약속했다. 엘리자베스는 삼촌에게 이미 예상했던 반응이었지만, 눈물을 흘리며 감사했다. 세 사람 모두 한마음이 되어 여행에 관련된 일을 모두 정리하고 가능한 한 빨리 집으로 떠나기로 했다. 이때 외숙모가 외쳤다.

"그런데 펨벌리는 어떡하지? 존이 말하길 네가 우리를 부를 때 다아시 씨가 여기 있었다고 하던데, 맞아?"

"네, 약속을 못 지킬 것 같다고 그에게 말했어요. 다 정리됐어요."

"뭐가 다 정리됐다는 거지? 엘리자베스와 다아시 씨는 정말 진실을 털어놓을 만큼 가까운 사이인 건가? 아, 도대체 무슨 관곈지 알면 좋으련만!" 외숙모는 짐을 정리하러 자신의 방으로 가며 중얼거렸다.

하지만 둘에게 무언가 있을 것이라는 바람은 헛된 것이었고, 다만 그 후 한 시간 동안 떠날 준비를 하며 부산하고 혼란한 상황 속에서 외숙모의 마음을 즐겁게 해주는 생각으로서의 역할을 할 뿐이었다. 엘리자베스는 만약 한가로울 수 있는 처지였다면 자신처럼 비참한 사람은 아무것도 할 수 없음을 느꼈을 것이다. 하지만 그녀도 외숙모만큼이나 할 일이 많았다. 그중에서도 특히 램턴에 있는 모든 친구에게 갑작스럽게 돌아가는 것에 대해 거짓 변명을 담은 편지들을 써야 했다. 하지만 한 시간 만에 모든 일이 마무리되었다. 가디너 씨가 여관비를 냈고 이제는 떠나는 일만 남았다. 엘리자베스는 아침에 생겨난 모든 비참한 일 끝에 생각보다 빨리 마차에 앉게 되었음을 느꼈고 이제 롱본을 향해 가는 길에 올랐다.

• 47장 •

마을을 벗어나며 삼촌이 말했다. "다시 한번 곰곰이 생각해 봐도 이 문제는 대해서는 네 언니의 판단이 옳아 보인다. 결혼하려고 하는 거 아닐까? 미친 청년이 아니고서야 보호자와 가족이 있고 친구도 많은 아가씨에게, 그것도 자신의 상관인 대령 집에 머물고 있던 아가씨에게 그런 짓을 꾸몄을 리가 없어. 나는 좋은 쪽으로 생각하고 싶구나. 리디아의 가족과 친척이 가만히 있을 거라고 생각했겠니? 포스터 대령에 대한 그런 모욕을 저지르고도 연대에서 다시 받아들여질 거라 생각했겠냐고? 그가 감수해야 할 위험에 비해 유혹이 그리 컸을 리는 없다!"

"정말 그렇게 생각하세요?" 엘리자베스는 잠시 기분이 좋아지며 대답했다.

가디너 부인도 거들었다. "솔직히 말하면 나도 이제 네 삼촌 의견에 동의하게 된다. 예의와 명예를 다 버리고 그런 도망을 감행할 리 없어. 게다가 자신의 이익까지 너무나 크게 해치는 일이잖아. 위컴을 그렇게 나쁜 놈으로 생각할 수가 없구나. 리지, 너도 그가 그런 짓을 저지를 수 있을 만큼 나쁜 인간이라고 보니?"

"자신의 이익을 해치는 일은 하지 않을 거라 생각하지만 다른 모든 건 별로 신경 쓰지 않을 사람이에요. 저도 삼촌과 외숙모 생각처럼 그가 그렇다면 좋겠지만, 그렇게 희망하기가 힘드네요. 만약 그런 거였다면 왜 스코틀랜드로 가지 않았을까요?"

"우선 그들이 스코틀랜드로 가지 않았다는 확실한 증거는 없잖니." 가디너 씨가 대답했다.

"아! 하지만 그들이 개인용 사륜마차에서 일반 마차로 갈아탄 것을 보면 거의 확실해요! 게다가 바네트 거리에서는 그들의 흔적을 전혀 찾을 수 없었다잖아요."

"자, 그렇다면…. 그들이 런던에 있다고 쳐보자. 단순히 숨어 있을 수 있어. 꼭 더 나쁜 의도가 있어서는 아니고 말이야. 양쪽 다 돈이 넉넉하지 않으니 스코틀랜드보다는 런던에서 결혼하는 게 시간은 더 걸려도 비용이 덜 들 거라고 생각했을 수도 있잖아."

"그렇다면 왜 몰래 해요? 왜 들킬 것을 두려워하고 결혼을 비밀리에 해야 하죠? 아, 아니에요, 그럴 리가 없어요. 언니 이야기를 들어보면 위컴의 가장 가까운 친구조차도 그가 리디아와 결혼할 생각이 전혀 없을 거라 했다잖아요. 위컴은 절대로 돈 없는 여자와는 결혼하지 않을 거예요. 그럴 형편이 절대 안 되거든요. 그리고 리디아가 딱히 매력 있는 애가 아니잖아요? 젊음과 건강, 쾌활한 성격 말고 그 애에게 무슨 매력이 있다고 다른 돈 많은 여자와 결혼해서 자신의 이익을 추구할 기회를 모두 포기하면서까지 리디아와 결혼하겠어요? 연대에서 불명예스러운 도주에 대한 비난이 그에게 어떤 제약이 될지는 제가 모르겠어요. 그런 행동이 어떤 결과를 가져올지요. 하지만 다른 이유들은 제 생각에는 그다지 설득력이 없는 것 같아요. 보호해 주는 가족이 있다지만 리디아에겐 나서서 도와줄 오빠가 있는 것도 아니고요. 위컴은 우리 아버지를 알기에 아버지 행동을 보면서 아버지가 가족들 일에 대해 무관심한 걸 알았을 거예요. 이런 일에 대해서도 다른 어떤 아버지만큼이나 신경 쓰지 않고 대수롭지 않게 여길 거라 생각했을 수 있어요."

"하지만 리디아가 사랑 말고는 다 잃어도 좋을 만큼, 그러니까 결혼 없이 그냥 숨어서 동거하며 살겠다고 생각했을 거라고 믿니?"

"네, 그래요. 죄송해요. 충격적으로 들리시겠지만, 이런 문제에 있어 여동생의 도덕성을 의심해야만 하는 언니로서 저는 더 괴로워요. 정말로 뭐라고 말씀드려야 할지 모르겠어요. 어쩌면 제가 리디아를 부당하게 판단하고 있는지도 모르죠. 하지만 그 애는 너무 어려요. 진지한 문제들에 대해 생각하는 법을 배운 적이 없어요. 지난 6개월, 아니 1년 동안 오로지 즐거움과 허영심에만 빠져 지냈어요. 게으르고 경박하게 놀면서 시간을 보내도록 내버려두었고, 마음대로 행동하도록 방치했죠. 군대가 메리턴에 주둔한 이후로 그 애 머릿속에는 연애, 남자들과 히히덕거리는 것, 장교들에 대한 생각 외엔 아무것도 없었어요. 그 애는 이런 것들에 대해 계속 생각하고 이야기하면서 할 수 있는 모든 것을 다 해왔어요. 뭐라고 하면 적절할까, 그런 것들로 자신의 감정을 더 자극하려고 노력했죠. 원래도 꽤 예민했지만요. 그리고 우리 모두 알다시피, 위컴은 여자의 마음을 사로잡을 수 있는 매력적인 외모와 태도를 가지고 있잖아요."

외숙모가 이에 대답했다. "하지만 제인은 위컴이 그런 시도를 할 만한 인간이라고 나쁘게만 보지는 않는 것 같던데."

"언니가 누구를 나쁘게 생각하는 걸 본 적 있으세요? 언니는 어느 누구도 과거의 행실이 어떻든 간에, 확실한 증거가 나오기 전까지는 그런 짓을 저지를 수 있는 사람이라고 믿는 스타일이 아니에요. 하지만 언니도 저만큼이나 위컴이 진정 어떤 사람인지 잘 알고 있어요. 저희 둘 다 그가 모든 면에서 방탕했다는 걸 알죠. 그에게는 성실함도 명예도 없어요. 아첨 좋아하는 걸 보면 알아요. 거짓되고 기만적인 사람이죠."

"네가 그 모든 걸 정말 다 알아?" 가디너 부인이 물었다. 엘리자베스가 위컴에 대해 어떻게 이렇게 잘 아는지 외숙모의 호기심이 한껏 솟구쳐 올랐다.

"네, 알아요." 엘리자베스가 얼굴을 조금 붉히며 대답했다. "전에 말씀드렸잖아요, 그가 다아시 씨에게 했던 그 불명예스러운 행동에 대해서요. 그리고 외숙모도 지난번 롱본에 계실 때 직접 들으셨잖아요. 그토록 관대하고 너그럽게 대해 준 사람을 그가 어떻게 험담했는지. 그리고 제가 말씀드릴 수 없는… 아니, 말씀드릴 가치도 없는 다른 일들도 있어요. 그가 펨벌리 가문 전체에 대해 퍼뜨린 거짓말은 끝이 없어요. 그가 다아시 양에 대해 한 말만 들었을 때는 저도 그녀가 완전 오만하고 내성적이며 불쾌한 스타일의 아가씨라고 생각했죠. 아마 위컴도 실제로는 그녀가 전혀 그렇지 않단 걸 알고 있었을 거예요. 우리는 그녀가 얼마나 친절하고 겸손한 사람인지 이제 알잖아요."

"하지만 리디아는 이런 걸 전혀 몰라? 제인과 너는 그토록 잘 알고 있는 걸 리디아는 왜 모르고 있단 말이야?"

"아, 그게 바로 가장 심각한 문제죠. 제가 켄트에 있으면서 다아시 씨와 그의 친척 피츠윌리엄 대령을 직접 만나보기 전까지는 사실 저도 진실을 전혀 몰랐어요. 그리고 제가 집으로 돌아왔을 때, 군대는 일이 주 안에 메리턴을 떠나기로 되어 있었어요. 그래서 전 말을 모두 알게 된 저와 언니는 우리가 위컴에 대해 아는 사실을 공개적으로 알릴 필요가 없다고 생각했어요. 이웃들이 그에 대해 갖고 있던 좋은 평판을 무너뜨리는 게 누구에게 도움이 되겠어요? 심지어 리디아가 포스터 부인을 따라가기로 결정됐을 때도 위컴의 진짜 모습에 대해 알려줘야겠다는 생각은 전혀 하지 못했어요. 그로 인해 리디아가 위험에 빠질 수 있다는 생각은 제 머릿속에 단 한 번도 떠오르지 않았거든요. 이런 결과가 일어날 거라고 정말 꿈에도 생각하지 못했어요."

"그러니까 그 둘이 브라이턴으로 떠났을 때도, 그들이 서로 좋아할 거라고 의심할 만한 근거는 없었다는 거지?"

"전혀요. 양쪽 누구도 그런 기색을 보이지 않았어요. 만약 그런 게 조금이라도 있었다면 우리 가족이 몰랐을 리 없죠. 처음 그가 군대에 들어왔을 때, 리디아는 그를 많이 칭찬했지만 그건 우리 모두 다 그랬거든요. 메리턴과 그 근처의 모든 아가씨가 처음 두 달 동안은 그에게 푹 빠져 있었죠. 하지만 그는 리디아에게 특별한 관심을 보인 적이 없었어요. 그래서 한동안의 지나친 열광과 광적인 동경의 시간이 지나고 나자 리디아의 관심도 시들해졌고, 그녀에게 더 많은 관심을 보여준 다른 연대 장교들에게 리디아는 관심을 돌렸어요."

아무리 되풀이해서 이야기를 나누어도 두려움과 걱정 혹은 희망적인 추측 등에 더 새로울 것은 거의 없었겠지만, 돌아가는 여행길 내내 이들은 다른 어떤 주제에도 그들의 관심을 돌릴 수 없었다. 엘리자베스의 머릿속에서는 이 생각이 한순간도 떠나지 않았다. 가장 날카로운 고통인 자책감에 사로잡혀, 그녀에겐 그걸 잊고 편한 마음이 되는 순간이 거의 없었다.

그들은 가능한 한 빨리 마차를 달렸고, 도중에 하룻밤을 묵은 뒤 다음 날 저녁 식사 시간에 롱본에 도착했다. 엘리자베스는 제인이 지칠 정도로 오래 기다리지 않게 빨리 도착한 것을 다행스럽게 생각했다.

마차가 목장 안으로 들어서는 게 보이자 가디너 부부의 아이들은 집 현관 계단에 서서 기다렸다. 마차가 대문 앞에 도착하자 아이들의 얼굴은 기쁨으로 가득 차더니, 이리저리 깡충거리며 온몸으로 반가움을 표현했다. 이것이 그들이 여행에서 돌아와 받은 첫 번째의 기분 좋은 환영이었다.

엘리자베스는 마차에서 뛰어내려 아이들 모두에게 서둘러 입맞춤을 한 뒤, 현관으로 급히 달려 들어갔다. 어머니의 방에서 달려 내려온 제인이 그녀를 바로 맞이했다.

두 사람은 눈에 눈물이 가득한 채 애정 어린 포옹을 하면서도 엘리자베스는 도망간 그 둘에 대해 어떤 소식이라도 없는지 바로 물었다.

"아직 없어. 하지만 이제 사랑하는 삼촌이 오셨으니 모든 게 잘 될 거라 믿어." 제인이 대답했다.

"아버지께서는 런던에 계신 거야?"

"응, 내가 편지에 썼던 것처럼 화요일에 가셨어."

"그 후로 아버지한테 소식은 계속 듣고?"

"두 번밖에 못 들었어. 수요일에 아버지가 무사히 도착하셨다는 것과 내가 특별히 부탁드린 대로 지시 사항을 알려주는 짧은 편지를 보내셨지. 중요한 소식이 있기 전까지는 다시 편지하지 않으시겠다고만 덧붙이셨어."

"엄마는 어떠셔? 다들 어떻게 지내?"

"엄마는 그런대로 괜찮으신 것 같아. 정신적으로는 심하게 충격을 받으셨지만. 지금 위층에 계셔. 널 보면 정말 기뻐하실 거야. 아직 방을 잘 나가지 않으셔. 메리와 키티는 천만다행으로 아주 건강히 잘 지내고 있고."

"그런데 언니는? 괜찮아? 너무 창백해 보여. 어려운 일을 겪느라 힘들었지?"

그러나 언니는 자신은 완전히 괜찮다고 안심시켰고, 가디너 부부가 아이들과 함께하는 시간 동안 나누었던 둘의 대화는 그들이 다가오면서 중단되었다. 제인은 삼촌과 외숙모에게 달려가서 미소를 짓기도 눈물을 흘리기도 하며 감사의 인사를 전했다.

모두가 거실에 모였을 때, 삼촌 부부는 엘리자베스가 이미 다 했던 질문들을 반복해서 물었고 제인이 알고 있는 건 다 전달해서 더이상 새로울 게 없었다. 그러나 제인은 마음속으로 아직도 희망을 가지고 있었다. 모든 일이 잘 끝날 것이라고 여전히 기대하고 있었고, 매일 아침 리디아나 아버지에게서 그들의 지금 상황을 전하는 편지가 오지 않을까, 혹시나 결혼 소식을 전하는 편지가 오지 않을까 기대하고 있었다.

몇 분간의 대화를 한 후 그들은 모두 베넷 부인 방으로 갔고 부인은 예상대로 눈물과 한탄으로 그들을 맞이했다. 그녀는 위컴의 악랄한 행동에 대한 비난과 자신이 받은 고통에 대한 불만을 쏟아내며, 자신의 잘못된 판단으로 딸이 잘못을 저질렀음에도 책임을 다른 사람들에게 돌리고 있었다.

"내가 만약 브라이턴에 가족여행 가는 계획을 실행시켰더라면 이런 일은 일어나지 않았을 거야. 하지만 불쌍한 리디아는 아무도 돌봐주지 않았어. 포스터 부부는 왜 그 애를 제대로 살피지 않은 거지? 분명 소홀히 대한 거야. 리디아는 제대로 보살핌을 받았다면 그런 일을 할 아이가 아니야. 나는 그 부부가 그 애를 잘 봐줄 거라고 믿지 않았어. 그러나 언제나처럼 내 의견은 무시당했지. 불쌍한 내 새끼! 그리고 이제 너희 아버지는 떠났고 어디서 만나든 위컴을 만나면 그랑 싸울 거야. 그러면 너희 아버지는 죽고 말 거다. 우리 모두는 이제 어떻게 해야 하는 거니? 콜린스 부부는 그이가 무덤에서 몸이 차가워지기도 전에 당장 이 저택에서 우리를 쫓아낼 거야. 동생아, 너희 부부마저 우리에게 친절하지 않으면 그때 우리 가족은 어떻게 살아갈까."

모두가 어머니의 그런 부정적인 생각에 대해 반발하는 반응을 보였다. 가디너 씨는 누이와 조카들에 대한 자신의 애정을 확인시켜 준 후, 다음 날 런던에 갈 예정이라고 말하며 베넷 씨가 리디아를 찾는 걸 돕기 위해 모든 노력을 기울이겠다고 했다.

"누님, 너무 불필요한 걱정에 빠지지 마세요. 물론 최악의 상황에 대비해야 하는 것은 맞지만, 미리 단정지을 필요는 없어요. 그들이 브라이턴을 떠난 건 일주일도 안 되었어요. 며칠 더 지나면 그들에 대한 소식이 올 테고 그들이 결혼하지 않았거나 결혼할 계획이 없다는 것을 알기 전까지는 일을 다 망쳤다고 생각하면 안 돼요. 제가 런던에 도착하면 매형을 찾아가서 그레이스처치 가의 우리 집으로 모셔갈게요. 그리고 거기서 우리가 무엇을 해야 할지 함께 의논을 해볼게요." 가디너 씨가 말했다.

"오, 사랑하는 동생아, 그게 바로 내가 가장 바라는 거야. 그리고 런던에 가면 그 애들이 어디에 있든 꼭 찾아내주렴. 만약 그들이 아직 결혼하지 않았다면 반드시 결혼하게 해줘. 리디아가 결혼 예복 이야기를 한다면 그것 때문에 기다리지 말고 결혼부터 하라고 해줘. 결혼 후 원하는 만큼 돈을 주겠다고 말이야. 그리고 무엇보다 네 매형이 위컴과 절대 싸우지 않게 네가 말려다오. 내가 얼마나 끔찍한 상태인지 그이에게 전해주고, 내가 정신이 나갈 정도로 무서워하고 있다고, 온몸이 떨리고 두근거리고 옆구리에 경련이 나고 머

322

리가 아프고 가슴이 뛰어서 밤낮으로 못 자고 있다고 전해줘. 리디아에게는 나를 보기 전까지 어떤 옷도 사지 말라고 전해줘. 그 애는 어떤 곳이 좋은 가게인지 모르니까. 오, 내 동생, 너는 정말 친절하구나! 나는 네가 모든 걸 잘 해결해 줄 거라고 믿는다."

가디너 씨는 누이에게 최선을 다하겠다고 다시 한번 약속했지만 누이의 이랬다저랬다 하는 모습에 미래에 대한 긍정과 부정 사이에서 적절히 중간 지점을 찾으라고 충고하지 않을 수 없었다. 이렇게 이야기를 나누다가 저녁 식사가 차려지자 이들은 딸들이 없을 때 베넷 부인을 돌봐주는 가정부에게 그녀의 감정을 마저 쏟아부으라고 남겨둔 후 방을 떠났다.

가디너 부부는 베넷 부인을 식사 전 그렇게 떨어뜨려 놓는 게 꼭 필요한 건 아니라고 생각했지만 같이 나오면 하인들이 식사를 준비하는 동안에도 누이가 조용히 있을 만큼 신중하지 않은 사람이란 걸 잘 알기에 반대하지 않았다. 가장 신뢰할 수 있는 가정부 한 사람이 그녀의 모든 두려움과 걱정, 한탄을 들어주는 게 더 낫다고 판단했다.

메리와 키티도 식당으로 곧 들어왔다. 그들은 각자의 방에서 자신들의 일에 너무 열중하고 있어서 이제야 모습을 드러낸 것이다. 한 명은 책을 보다가, 다른 한 명은 화장을 하다가 나왔다. 그러나 둘 모두 꽤 평온해 보였고, 눈에 띄는 변화는 없었다. 다만 가장 좋아하는 자매가 그렇게 된 데 대해 화가 나고 괴로워서인지 키티의 목소리에는 평소보다 더 짜증이 섞여 있었다. 메리는 그나마 자신을 잘 다스릴 수 있어서 식탁에 자리를 잡은 직후 진지한 표정으로 엘리자베스에게 속삭였다.

"이건 매우 불행한 일이고 아마도 많은 사람들에게 회자될 거야.

하지만 우리는 악의의 물결에 맞서야 해. 서로의 상처받은 마음에 자매애를 느끼도록 위로의 향유를 부어주어야 한다고."

그러고 나서 엘리자베스가 대답할 기색이 없음을 느끼자, 그녀는 덧붙였다. "이번 일이 리디아에게 불행한 사건임에는 틀림없지만, 우리는 이번 일로 다음과 같은 교훈을 얻을 수가 있어. 여자가 도덕성을 한 번 잃으면 회복할 수 없다는 것, 잘못된 첫 발걸음이 끝없는 파멸로 이끌 수 있다는 것, 여자의 명예란 아름다운만큼이나 깨지기 쉽다는 것, 그리고 가치 없는 남성 앞에서의 행동은 아무리 조심해도 지나치지 않다는 것 말이야."

엘리자베스는 놀라서 눈이 동그래졌지만 너무 기가 막혀 아무 대답도 하지 못했다. 메리는 눈 앞에 펼쳐진 불행한 상황에서도 그런 도덕적 교훈으로 스스로를 계속해서 위로하는 게 가능한 모양이었다.

오후에 제인과 엘리자베스는 반 시간가량 단둘이 있을 수 있었다. 엘리자베스는 이 기회를 이용해 좀 더 허심탄회한 질문을 했고, 제인도 나누고 싶던 이야기를 할 수 있었다. 이 사건의 끔찍한 결과에 대해 둘 다 걱정하며 한탄했고 엘리자베스는 그 결과는 분명 뻔한 것이라 했다. 제인도 엘리자베스의 예상이 전혀 불가능하다고 단언할 수만은 없었다. 엘리자베스는 주제를 계속 이어가며 말했다. "내가 듣지 못한 게 있으면 이야기해 줘. 언니 더 자세히 아는 거 없어? 포스터 대령은 뭐라고 했어? 둘이 도망치기 전에 아무 낌새가 없었대? 그들이 항상 함께 있는 걸 봤을 거 아냐?"

"포스터 대령님은 리디아가 위컴을 좋아하는 게 아닌가 하고 의심이 든 적은 있었지만 그에게 경각심을 줄 만한 것은 아무것도 없었대. 그분한테도 미안한 일이지! 우리에게 정말 친절하고 배려심

깊으셨어. 같이 걱정해 주려고 오셨는데 그건 그 둘이 스코틀랜드로 가지 않았다는 사실을 알기 전이었어. 우려가 커지자 여행을 서두르셨어."

"그리고 데니는 위컴이 리디아랑 결혼할 리 없다고 했다면서? 그들이 도망갈 계획이 있다는 걸 알았던 거야? 포스터 대령이 데니를 직접 만났어?"

"그래. 하지만 대령님이 데니를 추궁했을 때 데니는 그들의 계획에 대해 아는 바가 전혀 없다고 부인했고, 이 일에 대해서 자신의 진짜 의견을 말하려고 하지 않았대. 이전에 말했던 것처럼 그 둘이 결혼하지 않을 거라고 확신해서 반복하진 않았나 봐. 그래서 나는 이전에 그가 한 말을 잘못 이해했을 수도 있다는 희망을 품게 되었어."

"포스터 대령이 직접 올 때까지 누구도 그 둘이 실제로 결혼할 거라는 것을 의심하지 않았다는 거야?"

"어떻게 그런 생각을 할 수 있었겠어? 물론 나는 약간 불안했어. 그와의 결혼에서 리디아가 행복할 수 있을지 조금 걱정됐지. 위컴의 품행이 늘 바르지만은 않았다는 걸 알고 있었으니까. 엄마와 아버지는 그런 사실을 전혀 모르셨고, 단지 그 결혼이 경솔한 것이 아닌지 걱정하셨어. 그때 키티가 자기는 우리보다 훨씬 더 많은 사실을 알고 있다고 큰소리치며 리디아의 마지막 편지에서 이런 일이 있을 거라는 암시가 있었다고 털어놓았어. 키티는 몇 주 전부터 그 둘이 그런 관계에 있다는 걸 알고 있었던 것 같아."

"브라이턴에 가기 전부터 알고 있었던 건 아니지?"

"아니, 그렇지는 않겠지."

"포스터 대령은 위컴에 대해 좋게 생각하는 것 같았어? 그의 진짜 성격을 알고 있을까?"

"솔직히 말하면, 대령님은 예전만큼 위컴에 대해 좋게 말하지 않았어. 그를 경솔하고 낭비벽이 있는 사람이라고 생각했지. 그리고 이 슬픈 일이 있고 나서 그가 메리턴을 떠날 때 많은 빚을 지고 갔다는 소문이 났어. 나는 이게 다 거짓이길 바랄 뿐이야."

"오, 언니, 우리가 위컴에 대한 사실을 숨기지 않았더라면, 그에 대해 알고 있던 걸 다 말했더라면 이런 일이 일어나지 않았을 텐데."

"아마 그랬을지도 모르지. 하지만 누구라도 그 사람의 현재 상태가 어떤지 모르면서 과거의 잘못을 드러내는 건 옳은 일이 아닐 거야. 우리는 좋은 의도로 그렇게 한 거니까 걱정하지 마."

"포스터 대령은 리디아가 그의 부인에게 보낸 편지 내용을 자세히 알고 있었어?"

"우리 보라고 편지를 가져왔어." 제인은 주머니에서 그 편지를 꺼내 엘리자베스에게 건네주었다.

친애하는 해리엇에게

제가 어디로 갔는지 알면 웃으실 거예요. 내일 아침 제가 사라진 걸 알았을 때 놀라시는 모습을 생각하니 웃음이 나네요. 저는 그레트나 그린으로 가고 있어요. 누구와 함께 가는지 짐작하지 못하신다면 바보라고 생각할 거예요! 세상에서 제가 사랑하는 사람은 단 한 명뿐이에요. 그리고 그는 천사랍니다. 저는 그 사람 없이는 절대 행복할 수 없어서 이렇게 도망치는 것도 나쁘지 않다고 생각해요. 롱본에 이 사실을 알리고 싶지 않으시다면 알리지 않으셔도 돼요. 제가 편지를 보내서 거기에 '리디아 위컴'이라고 서명하면 큰 놀라움이 되겠죠. 정말 재미있을 거예요! 저는 웃느라 글씨를 쓰기도 힘드네요. 프랫에게 약속을 지키지 못하고 오늘 밤 같이 춤추지 못하는 것에 대해 사과해 주세요. 모든 걸 알게 되면 그가 이해해 줄 거라고 믿고 있다고 말해 주세요. 그리고 다음 무도회에서 만나면 기쁜 마음으로 그와 춤추겠다고도 전해 주세요. 나중에 롱본에 가면 제 옷가지들을 보내달라고 하겠지만 그전에 샐리에게 제 모슬린 드레스의 찢어진 부분을 수선해 놓아달라고 전해 주세요. 그럼 안녕히 계세요. 포스터 대령님께도 안부 전해 주시고요. 우리의 순조로운 여정을 위해 건배해 주시길 바랄게요.

당신의 애정 어린 친구, 리디아 베넷

"오! 이런 무분별한…." 엘리자베스는 편지를 다 읽고 나서 외쳤다. "그런 순간에 이런 편지를 쓰다니! 하지만 그래도 걔는 둘의 계획에 진지했던 것 같네. 나중에 위컴이 그 애를 어떻게 설득했든, 적어도 그 애 쪽에서 이 불명예스러운 계획을 짠 건 아닌 것 같아. 불쌍한 우리 아버지! 얼마나 마음이 아프셨을까!"

"아버지가 그렇게 충격받은 모습을 본 적이 없어. 정말 10분 동안 한 마디도 하지 않으셨다니까. 어머니는 즉시 병나셨고, 집안 전체가 정말 혼란스러웠어!"

"아, 그날 하인들도 모두 이 이야기를 알았겠네."

"글쎄, 아직 모르는 하인도 있으면 좋겠다. 하지만 그런 상황에서 아무도 모르게 한다는 게 정말 어려웠어. 어머니는 히스테리 상태가 되셨고, 나는 할 수 있는 한 보살펴 드리려 했지만 그러지 못한 것 같아. 일어날 수 있는 끔찍한 일들을 생각하니 정신이 거의 마비될 것 같았거든."

"엄마 간호하느라 언니가 너무 지친 것 같아. 안색이 좋질 않아. 내가 같이 있었더라면 좋았을 텐데! 언니 혼자서 모든 걱정과 불안을 떠안고 있었겠어."

"메리와 키티도 열심히 거들었어. 뭐든 힘든 일을 나누려 했어. 그렇지만 그 아이들에게는 그러는 게 안 맞는 것 같더라고. 키티는 너무 연약하고 섬세하잖아. 그리고 메리는 공부를 열심히 하니까 휴식 시간을 방해해선 안 되겠지. 필립스 이모가 아버지가 떠나신 다음 화요일에 여기 오셔서 목요일까지 함께 계셔 주셨어. 우리 모두에게 큰 도움과 위안이 되어주셨지. 그리고 루카스 부인도 매우 친절하셨고. 수요일 아침에 위로차 들르셔서 우리에게 도움이 된다면 본인도 돕고 딸들을 보내서 도와주겠다고 하셨어."

"그래? 그냥 집에 계시지 왜 그러셨을까. 좋은 뜻이었겠지만, 이런 안 좋은 일에서는 이웃이 좀 조용히 있어 주는 게 좋은 거 아닌가. 도움이라니 가당치 않아. 위로라는 것도 웃기고. 멀리서 가만히 우리를 비웃으며 그걸로 만족하지 말이야."

그런 다음 엘리자베스는 아버지가 리디아를 찾기 위해 런던에서 어떤 조치를 취하실 계획인지 물었다.

"아마도, 마지막으로 그들이 말을 갈아탄 곳인 에프섬에 가셔서 마부들을 만나보고 그들에게서 뭐라도 알아낼 수 있을지 보실 거야. 원하는 건 클래펌에서 그들이 타고 간 마차의 번호를 알아내는 거지. 그 마차는 런던에서 손님을 태우고 왔는데 젊은 남녀가 마차를 바꿔 타는 게 눈에 띄지 않았을까 생각하시고 클래펌에서 수소문해 보실 생각인 것 같아. 만약 마부가 이전에 어느 집에서 손님을 내려줬는지 알아낼 수 있다면, 그곳에서 알아보면 마차의 정류장과 번호를 찾아낼 수 있을지 모르니까. 다른 계획이 더 있으신지는 잘 모르겠어. 너무 서둘러 떠나셨고 너무 혼란스러워 보이셔서 더 여쭤보기도 어려웠어."

• 48장 •

가족 모두는 다음 날 아침 베넷 씨의 편지를 기다렸지만, 우편이 도착했을 때 아버지에게서는 단 한 줄의 편지도 오지 않았다. 가족 모두는 평소 아버지가 편지 쓰는 걸 좋아하지 않고 뭐든 미적거리는 스타일인 건 알고 있었지만 이런 때에는 그래도 뭐가라도 해주길 바랐던 것이다. 그들은 할 수 없이 그가 전할 만한 좋은 소식이 없다고 결론지을 수밖에 없었다. 하지만 그런 상황이라도 좀 속 시원히 들을 수 있었다면 좋았을 텐데. 가디너 삼촌도 편지만을 기다리다가 떠났다.

그가 떠난 후에는 그래도 상황에 대해 계속해서 소식을 받을 수 있을 것이 확실해졌다. 삼촌은 떠나면서 가능한 한 빨리 베넷 씨가 롱본으로 돌아오도록 설득하겠다고 약속했다. 그래야만 위컴과 결투를 하여 죽는 일을 면할 수 있다고 생각한 그의 누이에게 동생의 말은 큰 위안이 되었다.

외숙모는 자신이 조카들에게 도움이 될 수 있을 거라 생각해 아이들과 하트퍼드셔에 며칠 더 머물기로 했다. 그녀는 베넷 부인을 함께 돌보았고 조카들이 자유 시간을 가질 때면 큰 위안이 되어주었다. 이모도 자주 방문했는데, 그녀는 방문할 때마다 위컴의 방탕함이나 비행에 대한 새로운 이야기를 전하는 것이었다. 그녀의 말로는 그것도 다 조카들을 격려하고 용기를 북돋아 주기 위해서라고 했지만 조카들은 그녀가 왔다 가면 더 의기소침해지곤 했다.

메리턴의 모든 사람이 불과 석 달 전까지만도 거의 빛나는 천사라고 여겼던 그 사람의 평판을 더럽히려 애쓰는 것 같았다. 그는 마을의 모든 상인에게 빚을 지고 있다고 알려졌고, 그의 은밀한 관계들에 대해서는 '유혹'이라는 이름으로 포장되어 모든 상인의 가정들에 소문이 퍼져나갔다. 모두가 그를 세상에서 가장 사악한 젊은이라고 말했고, 이제 모두는 자신들이 늘 그가 겉모습만 선한 게 아닌가 의심해 왔다고 말하기 시작했다. 엘리자베스는 사람들이 하는 말의 절반도 믿지 않았지만, 점점 더 여동생이 인생을 망쳤다고 느껴지는 것이었다. 심지어 엘리자베스보다 다른 사람들 말에 신경을 덜 쓰던 제인조차도 거의 희망을 잃어가고 있었다. 만약 그들이 스코틀랜드로 갔다면 지금쯤은 어떤 소식이든 들렸어야 할 시기였기에 그렇게까지 절망적이지는 않았지만 지금은 최악의 심정이었다.

삼촌은 일요일에 롱본을 떠났고, 화요일에 외숙모가 그에게서 편지를 받았다. 도착하자마자 매형을 찾아내어 그레이스처치 가로 오도록 설득했다는 내용이었다. 베넷 씨는 그가 도착하기 전에 이미 에프섬과 클래펌에 다녀왔지만, 만족할 만한 정보를 얻지는 못했다는 것이었다. 그리고 이제 베넷 씨는 위컴과 리디아가 런던에 처음 와서 머물 곳을 구하기 전에 주요 호텔 중 한 곳에 묵었을 가능성이 있다고 생각해서 시내의 모든 주요 호텔을 수소문해 보기로 결심했다는 것이었다. 삼촌 자신은 이 방법이 성공할 것이라 기대하지 않았지만, 매형이 열심히 하고자 했기에 그를 도울 거라 했다. 그는 베넷 씨가 현재로서는 런던을 떠날 생각이 전혀 없어 보인다고 덧붙이며, 곧 다시 편지를 쓰겠다고 약속했다.

또한 다음과 같은 추신이 있었다.

나는 지금 포스터 대령에게 편지를 써서 가능하다면 연대에 있는 위컴의 친한 동료들을 통해 그가 현재 런던 어디에 숨어 있을지 알 만한 친척이나 인맥이 있는지 알아봐달라고 부탁했소. 그런 단서를 얻을 만한 사람이 있다면 그것이 매우 중요한 실마리가 될 수 있을 거요. 현재로서는 우리가 뭘 어찌해야 할지 모르겠소. 포스터 대령은 분명 우리를 도우려 최선을 다할 거요. 하지만 다시 생각해 보니, 어쩌면 리지가 다른 누구보다도 위컴의 친척들에 대해 잘 알고 있지 않을까 하는 생각이 드오.

엘리자베스는 자신이 잘 알 거라는 삼촌의 추측이 어디에서 비롯된 것인지 쉽게 알 수 있었다. 하지만 그런 기대에 걸맞은 만족스러운 정보를 제공할 수는 없었다. 그녀는 그의 부모 외에 어떤 친척이 있었다는 이야기를 들어 본 적이 없었고, 그의 부모님도 이미 몇 년 전에 돌아가신 상태였다. 그의 부대 동료들 중 몇 사람이 더 많은 정보를 제공할 수 있을 것이었다. 엘리자베스는 그 정보도 얻기 쉬울 거라 생각하지는 않았지만, 그래도 기대해 볼만하다고 생각했다.

롱본에서의 매일매일은 불안의 연속이었다. 매일 아침 우편물이 도착할 때가 가장 초조한 순간이었다. 편지를 통해 좋은 소식이든 나쁜 소식이든 전해질 것이고, 그래서 매일매일 중대한 소식이 올 것이라고 생각하며 기다렸다.

그러나 그들이 다시 삼촌에게서 소식을 듣기 전에 예상치 못한 곳, 즉 콜린스 씨로부터 아버지에게 온 편지를 받게 되었다. 제인은 아버지가 자리를 비운 동안 그에게 오는 모든 편지를 열어봐도 된다는 지시를 받았기 때문에 그 편지를 읽었고, 항상 그의 편지에 호기심을 갖고 있던 엘리자베스도 그녀의 옆에서 함께 편지를 읽었다.

친애하는 숙부님

우리 관계와 제 도리로 볼 때 현재 겪고 계신 슬픔에 대해 애도를 표해야 할 의무를 느껴 편지를 드립니다. 어제 하트퍼드셔에서 온 편지로 이 소식을 알게 되었습니다. 제 사랑하는 아내와 저는 현재의 고통에 대해 진심으로 동정심을 느끼고 있습니다. 이는 시간이 지나도 사라지지 않을 원인에서 비롯된 만큼 가장 쓸쓸한 슬픔임이 틀림없습니다. 조금이라도 제가 이 심각한 불행을 덜어드리거나, 부모의 마음에 가장 큰 고통이 될 수밖에 없는 이 상황에 위로를 드릴 수 있도록 노력하겠습니다. 차라리 따님이 죽었다면 이보다 더 나았겠지요. 이 사태가 더욱 애석한 이유는, 제 사랑하는 아내의 말로는 따님의 이러한 방종한 행동이 과도한 관용에서 비롯된 것이라는 추측이 있기 때문입니다. 그러나 동시에 숙부님과 베넷 부인의 위안을 위해 말씀드리자면, 저는 리디아 양의 성품이 본래 나쁜 것이라고 생각할 수밖에 없습니다. 그렇지 않았다면 이렇게 어린 나이에 이런 엄청난 죄를 저지를 수 없었을 테니까요. 어쨌든 숙부님께 심심한 동정심을 표합니다. 이 의견은 제 아내뿐 아니라, 제가 말씀을 드려 알고 계신 캐서린 부인과 그분의 딸도 동의하는 바입니다. 그들은 따님들 중 한 명의 이러한 잘못된 선택이 나머지 자매들의 운명에 해를 끼칠 것이라는 점을 우려하고 있습니다. 캐서린 부인이 말씀하듯이 누가 그런 가문과 연을 맺으려 하겠습니까? 이러한 점을 고려할 때, 저는 작년 11월의 사건에 대해 더욱 다행스럽게 생각할 수밖에 없습니다. 만약 그때 제가 엘리자베스 양과 결혼하게 되었더라면 지금의 모든 슬픔과 수치에 함께 휘말릴 수밖에 없었을 것입니다. 그러니 친애하는 숙부님, 가능한 한 스스로 잘 위로하시고 부끄러운 자식을 영원히 당신의 사랑에서 제외하시어, 그녀가 자신의 끔찍한 죄의 결과를 감당하도록 두시기 권해 드립니다.

삼촌은 포스터 대령에게서 답장을 받기 전까지 다시 편지를 보내오지 않았고, 그 후에 보내온 소식은 기쁜 내용이 아니었다. 위컴이 누구와 관계를 유지하고 있는지는 알려지지 않았고, 그에게 살아 있는 가까운 친척이 없다는 것은 확실했다. 그가 이전에 알던 사람은 많았지만, 군대에 복무한 이후로는 그들과 특별한 친분을 이어가고 있지 않은 듯했다. 따라서 그에 대한 소식을 전할 수 있는 사람은 아무도 없었다. 그리고 그는 재정 상태가 매우 좋지 않았고 그것이 리디아의 친척들에게 발각되는 것에 대한 두려움에 더해 숨어 머물고 있는 강력한 동기였을 것이다. 그가 브라이턴에서 상당한 금액의 도박 빚을 남겼다는 사실이 드러났기 때문이다. 포스터 대령은 그가 브라이턴에서의 빚을 정리하는 데 천 파운드 이상이 필요할 것이라고 믿었다. 그는 런던에서 많은 빚을 졌지만, 그의 명예와 관련해서는 더욱 큰 부채를 진 것이었다. 삼촌은 이 사항들을 롱본 가족에게 숨기지 않았다. 제인은 이를 듣고 충격에 빠졌다. "도박꾼이라니! 이건 전혀 예상치 못한 일이야. 그 정도까진 줄은 전혀 몰랐어."

삼촌은 편지에 그들이 아버지를 다음 날, 즉 토요일에 집에서 볼 수 있을 것이라고 덧붙였다. 모든 노력이 실패로 돌아가 기운이 빠진 베넷 씨는 처남의 간청에 따라 가족에게 돌아가기로 하고, 둘을 계속 추적하는 데 필요한 모든 일을 자신에게 맡기기로 했다는 것이다. 베넷 부인이 이 소식을 들었을 때 그녀는 자녀들이 예상했던 것만큼 만족해하지는 않았다. 그동안 남편의 생명에 대한 불안감이 컸던 것을 감안할 때 더욱 그랬다.

"어떻게, 너희 아버지는 집에 그냥 돌아온다니. 불쌍한 리디아 없이? 런던을 떠나기 전에 꼭 그 애들을 찾아야 하는 거 아니니? 그냥 와버리면 누가 위컴과 싸워서 리디아와 결혼하도록 만들겠니?"

가디너 부인은 이제 슬슬 집에 돌아가고 싶어졌고, 베넷 씨가 런던에서 돌아오는 것과 동시에 아이들과 런던으로 돌아가기로 결정되었다. 따라서 마차는 그들을 먼저 런던으로 데려다주고, 오는 길에 그 주인을 롱본으로 데려왔다.

가디너 부인은 엘리자베스와 그녀의 더비셔 친구, 다아시에 대해 더비셔에 있을 때부터 가졌던 의혹과 혼란을 풀지 못하고 떠났다. 그녀의 조카가 다아시의 이름을 먼저 언급한 적도 없었고, 그에게서 편지가 올 거라는 반쯤의 기대도 가지고 있었지만, 결국 아무런 소식도 없었다. 엘리자베스는 집에 돌아온 이후로 펨벌리에서 아무 편지도 받지 못했다.

지금의 이런 불행한 가족 상황 덕에 엘리자베스는 그녀의 울적한 기분에 대해 다른 변명을 할 필요가 없었다. 아무것도 정확히 말할 수는 없으나 이제 자신의 감정에 대해 조금 이해할 수 있게 된 그녀는 다아시의 마음을 모르고 그와 아무 일이 없었더라면 지금 리디아의 이 문제를 좀 더 잘 견뎌낼 수 있었을 것이라는 걸 분명히 알고 있었다. 그랬다면 이틀에 한 번꼴로 찾아오는 불면의 괴로움은 피할 수 있었을 것이다.

베넷 씨가 집에 도착했을 때, 그는 평소처럼 냉정한 철학자인 양 침착한 태도를 보였다. 그는 평소처럼 말수가 적었고 집을 떠났던 일에 대해 전혀 언급하지 않았다. 딸들은 오랜 시간이 지나서야 겨우 그 일에 대해 먼저 이야기를 꺼냈다.

오후가 되어 아버지가 차를 마시러 가족들과 함께했을 때 엘리자베스는 조심스럽게 그 주제를 꺼낼 수 있었다. 아버지가 겪었을 고통에 대해 짧게 위로의 말을 건네자, 그는 대답했다.

"그런 말은 하지 말거라. 내가 아니면 누가 고통받아야 하겠느냐? 이건 내가 자초한 일이고, 당연히 그 결과를 감내해야 하는 거지."

"너무 자책하지 마세요." 엘리자베스가 대답했다.

"네가 그런 나쁜 행동을 하지 말라고 나를 위로해 주는 건 고맙지만 인간의 본성이란 그런 행동을 하기 쉬운 법이지! 리지야, 내가 내 인생에서 한 번은 얼마나 잘못했는지 처절히 느끼는 시간을 갖게 내버려두어라. 이런 감정에 압도될까 봐 두렵지는 않아. 곧 지나갈 테니까."

"아버지는 리디아와 위컴이 런던에 있을 거라고 생각하세요?"

"응. 다른 어디에 그렇게 잘 숨어 있을 수 있겠니?"

"리디아는 항상 런던에 가고 싶어 했잖아요." 키티가 덧붙였다.

"그럼 그 애는 행복하겠구나. 거기서 오래오래 살겠군." 아버지가 냉담하게 말했다. 그러고는 잠시 침묵 후 말을 이었다.

"리지, 지난 5월에 네가 나에게 해준 충고가 옳았다. 그걸 인정하지 않으면 안 되겠지. 지금 일어난 일들을 생각해 보면 그건 꽤나 통찰이 있었다."

그때 제인이 어머니의 차를 가지러 와서 그들의 대화는 중단되었다.

"너희 어머니는 참 볼만한 시위를 하시는구나. 이런 불행에도 그렇게 품위가 있다니! 나도 다음에는 그렇게 해야겠어. 내 서재에 앉아서 나이트캡을 쓰고 나이트가운을 입은 채, 할 수 있는 한 많은 곤란을 일으켜 식구들을 걱정시키면서 말이야. 어쩌면 키티가 가출할 때까지 기다려 볼까나?" 아버지가 말했다.

"아버지, 저는 가출하지 않아요. 제가 브라이턴에 가게 된다면 리디아보다는 더 잘 처신할 거예요." 키티가 짜증 나는 듯 대답했다.

"브라이턴에 간다고? 오, 누가 50파운드를 준대도 난 너를 안 보낸다. 이스트본만큼 가까운 곳이라 해도! 키티, 나는 이제 조심해야 한다는 걸 배웠다. 너도 그 결과가 어떤 건지 알게 될 거다. 앞으로는 어떤 장교도 우리 집에 들이지 않을 거고 우리 동네를 지나가는 것조차 허용하지 않을 거야. 언니들과 같이 가지 않는 한 무도회는 절대 금지다. 앞으로 매일 10분 동안이라도 제대로 된 정신상태로 보냈다는 걸 증명하기 전까지는 절대로 집 밖에 못 나갈 줄 알아라."

키티는 아버지의 이 모든 위협을 심각하게 받아들여 울기 시작했다.

"자, 자, 스스로를 불행하게 만들지 말거라. 앞으로 10년 동안 착한 아이로 지내면 너를 내가 열병식에 데려가 주마."

• 49장 •

베넷 씨가 돌아오고 나서 이틀 후, 제인과 엘리자베스가 집 뒤 숲에서 함께 걷고 있을 때였다. 그들은 가정부가 자신들에게 다가오는 것을 보았고, 어머니가 불렀나 보다고 생각하며 그녀에게 다가갔다. 그러나 예상했던 어머니의 호출 대신, 가정부는 베넷 양에게 이렇게 말했다. "아가씨, 방해해서 죄송하지만, 런던에서 좋은 소식이라도 들으셨을까 해서 이렇게 여쭤보러 왔습니다."

"무슨 말씀인지요, 힐 부인? 우리는 런던에서 아무 소식도 못 들었는데요?"

"아, 아가씨! 가디너 씨에게서 아버지께 온 급한 소식이 있었는데 아직 모르세요? 우체부가 30분 전에 왔다 갔고 아버님께서는 편지를 받으셨습니다." 힐 부인은 놀라며 말했다.

이 말에 두 자매는 더 이상 듣지도 않고 아버지에게 달려갔다. 그들은 현관을 지나 식당으로 들어갔고, 그곳에서 서재로 갔지만 아버지는 그곳에도 계시지 않았다. 어머니와 함께 계신가 하고 위층으로 올라가려 하는데 집사를 만났다.

"아가씨, 아버님을 찾고 계신다면, 그분은 지금 작은 숲 쪽으로 걸어가고 계십니다."

이 말에 두 자매는 다시 한번 홀을 지나 아버지를 쫓아 잔디밭을 가로질러 달려갔다. 아버지는 마당 한쪽에 있는 작은 숲으로 천천히 걸어가고 있었다. 제인은 엘리자베스처럼 가벼운 체형이 아니었고 달리기에 익숙하지 않아 곧 뒤처졌고, 그 사이 엘리자베스는 숨을 헐떡이며 아버지에게 다가가 외쳤다.

"아버지, 무슨 소식이에요? 네? 삼촌에게서 소식이 왔다면서요?"

"그래, 삼촌에게서 속달로 편지를 받았다."

"그래요? 좋은 소식이에요, 나쁜 소식이에요?"

"좋은 소식이 뭐 있겠냐?" 아버지는 주머니에서 편지를 꺼내며 말했다. "하지만 당연히 읽어보고 싶겠지."

엘리자베스는 조급하게 아버지의 손에서 편지를 잡아챘고 그때 제인이 다가왔다. "소리내어 읽어 봐라. 나도 아직 무슨 내용인지 잘 모르겠다." 아버지가 말했다.

매형, 드디어 조카에 대한 소식을 전할 수 있게 되었어요. 대체적으로는 만족할 만한 소식이기를 바랍니다. 매형이 토요일에 떠난 직후, 저는 다행히 그들이 런던 어느 지역에 있는지 알아내게 되었습니다. 구체적인 내용은 우리가 만날 때 다시 이야기하겠지만 일단 그들이 발견되었다는 것만으로도 충분히 안심하리라 믿습니다. 저는 두 사람을 모두 만났습니다.

"오, 그렇다면 내가 바랐던 대로 두 사람이 결혼했구나!" 제인이 외쳤다. 엘리자베스는 편지를 계속 읽었다.

저는 두 사람을 모두 만났습니다. 그들은 아직 결혼하지 않았고, 그럴 의사가 있었는지도 확실하지 않았어요. 하지만 제가 말씀드리는 것들을 매형께서 대담하게 이행해 주신다면, 머지않아 그들이 결혼하게 되지 않을까 생각합니다. 뭐냐면, 매형과 누나가 돌아가신 다음에 자녀들에게 나눠주기로 된 돈 5천 파운드 중 리디아의 몫도 동등하게 보장하는 것과 더불어 매형이 살아계신 동안에 리디아에게 매년 100파운드씩 주겠다고 약속하는 겁니다. 이 조건들은, 모든 상황을 고려해 볼 때, 제가 매형을 대신해서 권한이 있다 생각되는 한도 내에서 주저 없이 수락한 내용입니다. 매형께 가능한 한 빨리 답변을 받고자 특급 우편으로 이 편지를 보냅니다. 이를 통해 위컴 군의 상황이 사람들에게 알려진 것처럼 그렇게 절망적이지는 않다는 것을 이해하실 수 있을 거라 생각해요. 다행히 모든 빚을 청산하고 나서도 리디아의 재산에 보탤 약간의 돈이 남나 봅니다. 이 모든 일들에서 제가 매형 이름으로 행동할 수 있도록 전권을 제게 부여해 주시면 즉시 변호사 해거스턴에게 적절하게 합의서를 준비하도록 지시할게요. 매형이 다시 런던에 오실 필요는 없을 것 같아요. 롱본에서 편히 계시면서 저를 믿고 봐주시면 돼요. 가능한 한 빨리 답장 보내주시고, 의견을 명확하게 작성해 주세요. 우리 부부는 리디아가 우리 집에 있다가 결혼하는 것이 최선이라고 생각해요. 매형도 이를 허락해 주시리라 희망합니다. 리디아는 오늘 우리 집에 올 거예요. 더 결정되는 사항이 있으면 곧바로 다시 편지 드리겠습니다.

에드워드 가디너

"그게 가능한 일이야? 위컴이 정말 리디아와 결혼할 수가 있다고?" 편지를 다 읽은 엘리자베스가 외쳤다.

"그렇다면 정말 위컴이 우리가 생각했던 것만큼 나쁜 사람은 아니었나 보네." 제인이 말했다. "아버지, 축하드려요."

"아버지, 편지에 답장은 하셨나요?" 엘리자베스가 말했다.

"아직이다. 하지만 바로 해야겠지."

그러자 그녀는 더 이상 시간을 지체하지 말고 빨리 답장을 쓰시라고 아버지께 부탁했다.

"오! 아버지, 빨리 돌아가서 당장 답장을 써주세요. 이런 상황에서는 일분일초가 중요하잖아요."

"제가 대신 써드릴까요? 직접 쓰시는 게 귀찮으시면요." 제인이 말했다.

"그래, 참으로 지긋지긋하구나. 그렇지만 내가 해야만 하는 일이지." 아버지는 그렇게 말하며 딸들과 함께 돌아서서 집을 향해 걸었다.

"저, 아버지, 그 조건들은 당연히 수락하셔야 할 것 같아요." 엘리자베스가 말했다.

"수락하다마다지. 이렇게 돈을 적게 요구한 게 낯부끄러울 정도다."

"그들은 결혼해야만 해요! 그가 그런 인간이긴 해도."

"그래, 그래, 결혼해야만 한다. 달리 방법이 없지. 하지만 내가 정말 알고 싶은 게 두 가지가 있구나. 하나는 네 삼촌이 이 일을 성사시키기 위해 얼마나 많은 돈을 쓰는지이고, 다른 하나는 내가 어떻게 그 돈을 갚아야 할지다."

"돈이요? 삼촌이요? 무슨 말씀이세요, 아버지?" 엘리자베스가 갸우뚱했다.

"내 말은, 어떤 제정신 박힌 사람이 내가 살아 있는 동안 매년 100파운드, 그리고 내가 죽은 후에는 연 50파운드라는 그저 그런 조건만으로 리디아와 결혼하겠냐는 말이다."

"오, 정말 그렇네요! 저는 편지 읽으면서도 그 생각은 못했어요. 위컴이 빚을 다 갚고, 그래도 돈이 남단다! 그럴 리가 없죠. 오! 이건 반드시 삼촌이 하신 일이에요! 너무 관대하고 좋은 우리 삼촌. 내가 보기엔 삼촌은 자기 자신을 엄청 괴롭혔을 거야. 작은 돈으로는 이런 결과를 절대 가져올 수 없었을 테니까."

"당연하지. 위컴이 만약 만 파운드도 안 되는 돈에 리디아와 결혼한다면 그는 바보지. 아이고, 우리 사위가 되는 시작부터 이렇게 나쁘게 말하는 것도 참 슬픈 일이구나."

"만 파운드라고요? 아, 그 절반이라도 어떻게 우리가 갚아요?"

베넷 씨는 대답하지 않았고, 각자는 깊은 생각에 잠겨 말없이 집까지 걸었다. 그 후 아버지는 서재로 가서 답장을 쓰기 시작했고, 딸들은 식당으로 들어갔다.

"정말 결혼을 한다고?" 엘리자베스는 그들만 있게 되자 곧바로 외쳤다. "이건 미친 거야. 우리가 감사해야 한다니. 그들이 결혼해야 한다니. 그들은 행복할 리 없어. 그의 성격은 끔찍해. 그런데 우리가 기뻐해야 한다니. 아, 리디아!"

"그래도 나는 이렇게 생각해 볼래. 그가 리디아를 진심으로 아끼지 않는다면 결코 결혼하려 하지 않을 거야. 친절한 우리 삼촌이 그를 도운 건 맞겠지만 만 파운드나 줄 거라곤 믿을 수 없어. 삼촌네도 애들이 많은데, 또 더 많아질 수도 있고 말이야. 어떻게 만 파운드의 반이라도 쓸 수 있겠니?" 제인이 말했다.

"만약 위컴의 빚이 얼마였는지 알고 삼촌이 리디아에게 얼마를 주시는 건지 알 수 있다면, 정확히 삼촌이 그 둘을 위해 쓰는 돈이 얼만지 알 수 있을 텐데. 왜냐하면 위컴은 자기 돈이 한 푼도 없거든. 삼촌과 외숙모의 친절을 우리는 결코 다 갚지 못할 거야. 리디아를 데려와 보호해 주고 지지해 주는 건 정말 큰 희생이야. 삼촌 부부가 해주는 것에 대해선 두고두고 갚아도 모자랄 거야. 지금쯤은 리디아가 삼촌네 와서 함께 있겠네! 삼촌이랑 외숙모가 그렇게 잘해주는 것에 대해 리디아가 괴로움을 못 느낀다면 그 애는 절대 행복할 자격이 없어! 그 애가 외숙모를 만나면 무슨 생각이 들까? 복잡한 마음이겠지?"

"우리는 이제까지 두 사람에게 일어난 모든 일을 잊으려고 노력해야 해. 나는 그들이 결국 행복할 수 있을 거라고 믿어. 그렇게 바라고. 위컴이 결혼을 하겠다는 건 그가 올바른 생각을 하게 되었다는 증거라고 믿을 거야. 서로의 애정이 그들을 점점 안정시킬 거고. 나는 그들이 조용히 정착해서 올바르게 살아가면서 과거의 경솔함도 시간이 지나면서 잊게 될 거라고 생각해." 제인이 말했다.

"그들의 행동은 너무나 특별했어. 언니나 나나, 그리고 누구도 결코 잊을 수 없는 일이라고. 언니가 지금 한 말은 한마디로 불가능한 얘기야."

그때 두 자매는 어머니가 아마도 지금 일어난 일에 대해 분명 모르고 계실 것이라는 생각이 들었다. 그래서 그들은 서재로 가서 아버지에게 어머니한테 이 소식을 알려주면 좋지 않겠냐고 말씀드렸다. 아버지는 편지를 쓰고 계셨고, 고개도 들지 않은 채 태연히 대답했다.

"너희들 맘대로 하렴."

"엄마에게 편지 가져가서 읽어드려도 될까요?"

"원하는 대로 다 가지고 나가거라."

엘리자베스는 아버지의 책상에서 편지를 집어 들고 언니와 위층으로 올라갔다. 메리와 키티는 모두 베넷 부인과 함께 있었으므로 한 번에 모두에게 소식을 전할 수 있었다. 좋은 소식이라 간단히 말한 후 편지를 소리내어 읽었다. 베넷 부인은 거의 참을 수 없었다. 삼촌이 리디아가 곧 결혼하기를 희망한다는 부분을 읽자마자 어머니의 기쁨은 폭발했고, 이어지는 모든 내용은 그 기쁨을 더욱 키웠다. 어머니는 이제 기쁨으로 격렬한 흥분 상태에 있었고, 과거의 불안과 짜증과 완전히 대조되었다. 그녀에게는 딸이 결혼하게 될 것이라는 사실만으로도 충분했다. 딸의 미래 행복에 대한 걱정도 없었고 딸의 과거 소행에 대해 수치스러운 마음도 없었다.

"오, 우리 리디아! 정말 기쁘기 그지없구나! 리디아가 결혼을 하다니! 그 애를 다시 볼 수 있겠구나! 열여섯 살에 결혼을 하다니! 그리고 우리 친절하고 착한 동생! 나는 이렇게 될 줄 알았어. 모든 일을 내 동생이 해결해 줄 거라 생각했지! 리디아가 너무 보고 싶구나! 그리고 위컴도! 하지만 옷은, 결혼식 옷은 어떡하지? 당장 올케에게 편지를 써야겠다. 리지야, 아빠한테 내려가서 리디아에게 얼마를 주실 건지 여쭤보렴. 잠깐, 잠깐. 아냐, 내가 직접 가야겠다. 키티야, 벨을 울려서 힐을 불러줘. 금방 준비할게. 오, 귀여운 우리 리디아! 다시 만나면 얼마나 즐거울까!"

제인은 어머니의 격한 흥분을 조금이라도 진정시키려고 삼촌에게 모두가 진 빚과 감사의 의무에 대해 어머니의 생각을 돌리려 애썼다.

"우리는 이 행복한 결말을 크게 보았을 때 모두 삼촌의 친절함 덕분으로 돌려야 해요. 삼촌이 위컴 씨를 금전적으로 돕겠다고 약속한 게 분명해요."

"그래, 맞아. 다 맞는 말이야. 삼촌 아니면 누가 하겠니? 너희 삼촌에게 자기 가족이 없었다면 그 재산이 다 나와 너희들에게 돌아왔을 거야, 알잖니. 그런데 우리가 삼촌에게 받은 건 몇 가지 선물 말고는 이번이 처음이야. 뭐 어찌 됐건! 정말 기쁘다! 곧 내 딸이 결혼하게 될 거라니. 위컴 부인! 얼마나 잘 어울리는 이름이니! 그리고 리디아는 지난 6월에 겨우 열여섯이 되었잖니. 사랑하는 제인아, 내가 너무 흥분해서 편지를 쓸 수 없을 것 같구나. 내가 불러줄 테니네가 대신 써줘. 돈 문제는 아버지랑 나중에 해결하더라도 물건은 지금 당장 주문해야겠어."

그녀는 곧 캘리코, 모슬린, 캠브릭 같은 원단들을 말하며 상당히 많은 주문을 하라고 편지를 불러 줄 참이었다. 제인이 어렵사리 설득하여 아버지가 한가하실 때까지 기다려서 상의한 후 쓰자고 어머니를 겨우 말릴 수 있었다. 제인은 하루 정도 늦어져도 별문제 없을 거라고 말했고 어머니는 너무 행복한 나머지 평소처럼 고집을 부리지 않았다. 다른 계획들도 그녀의 머릿속에 떠올랐다.

"옷 갈아입고 나는 메리턴에 가야겠다. 이 좋은, 정말 좋은 이 소식을 너희 이모에게 전해야지. 돌아오는 길에는 루카스 부인과 롱부인에게도 들를 수 있겠네. 키티야, 내려가서 마차를 준비해 달라

고 해라. 바람을 쐬면 내 기분도 훨씬 좋아질 것 같아. 애들아, 메리
턴에서 뭐 필요한 거 없니? 내가 해줄 게 있을까? 아, 힐이 오네! 오,
힐, 좋은 소식 들었어요? 우리 리디아가 결혼을 한다오! 결혼식 날
은 다 같이 즐겁게 펀치 한 잔씩 만들어 줘요!"

힐 부인은 즉시 기쁨을 표현했고 엘리자베스가 다른 사람들 모
두를 대신해서 축하를 받았다. 그러나 그녀는 이 모든 어리석음에
질려 자신의 방으로 피신했다. 혼자 있어야 자유롭게 생각할 수 있
을 것 같았기 때문이다.

불쌍한 리디아의 상황은 아무리 좋게 보려 해도 충분히 나쁠
수밖에 없었다. 하지만 더 나쁜 상황이 아니라는 점에서 감사해야
한다고 느꼈다. 앞으로 리디아에게 합리적인 행복이나 세속적인 번
영을 기대할 수는 없겠지만, 두 시간 전만 해도 두려워했던 상황을
돌아볼 때, 지금의 결과가 얼마나 다행인지 생각했다.

• 50장 •

베넷 씨는 자신의 수입을 다 써버리는 대신, 매년 일정 금액을 저
축하여 자녀들과 혹시 자신보다 오래 살게 될 아내를 위해 대비책
을 마련해야 한다고 종종 생각해 왔다. 그리고 지금 그 어느 때보다
그 생각이 컸다. 만약 그 점에서 자신의 의무를 다해 왔다면 리디아
가 지금 명예나 체면을 사기 위해 삼촌에게 의지할 필요는 없었을
것이다. 영국에서 가장 가치 없는 젊은이 중 한 명을 리디아의 남편
으로 삼는 일이 오롯이 자신의 책임으로 그쳤을 것이다.

그는 아무에게도 별 이득이 없는 일이 처남의 전적인 희생으로

추진된 것에 대해 진지하게 괴로워했다. 가능한 한 처남의 지원이 얼마나 큰지 알아내고, 그 의무를 최대한 빨리 갚기로 결심했다.

베넷 씨가 처음 결혼했을 때는 절약할 필요가 없다고 생각했다. 왜냐하면 당연히 아들을 낳을 거라 생각했기 때문이었다. 아들이 성인이 되면 지금처럼 딸만 낳았을 경우의 상속 제한이 필요 없이 미망인과 어린 자녀들이 보살핌을 받을 수 있을 것이라 생각했다. 그들은 다섯 딸이 연이어 태어난 후에도 여전히 아들을 낳을 거라 믿었다. 리디아가 태어난 후에도 여러 해 동안 베넷 부인은 아들이 반드시 태어날 것이라고 확신했다. 그러나 마침내 그런 희망을 버리게 되었고, 그 시점에서는 절약하기에는 이미 너무 늦었던 것이다.

베넷 부인은 절약하는 성격이 아니었고, 오직 남편의 독립성 강한 태도가 그들이 수입을 초과해 돈 쓰는 것을 막아주었다. 결혼 계약으로 5천 파운드가 베넷 부인과 자녀들에게 나눠지도록 책정되어 있었지만, 그 돈을 자녀들에게 어떻게 나눌지는 부모의 결정에 달려 있었고 이제 리디아에게 줄 돈은 당장 해결해야 할 문제 중 하나가 되었다. 베넷 씨는 자신 앞에 놓인 제안을 수락하는 데 망설일 이유가 없었다.

베넷 씨는 처남의 친절에 대해 감사의 마음을 담아 간결하게 편지로 지금까지 이루어진 모든 일에 대해 전적인 승인을 표하고, 자신을 대신해 약속된 의무를 이행하라고 의사를 전했다. 그는 위컴이 딸과 결혼하도록 설득하는 것이 이렇게까지 적은 부담으로 이루어질 것이라고는 결코 생각하지 못했다. 지금 합의된 것에 따른다 해도 그가 부담해야 할 비용은 1년에 10파운드도 채 되지 않을 것이었다. 왜냐하면 리디아의 식비와 용돈, 그리고 어머니를 통해 전달되는 지속적인 선물 같은 것을 다 포함하면 리디아가 쓰는 돈은 이미 100파운드에 가까웠기 때문이다.

그렇게 적은 노력으로 이 일이 해결된다는 사실은 또 하나의 반가운 놀라움이었다. 이 일이 가능한 한 힘을 덜 들이고 끝나기만 바라고 있었던 게 사실이기 때문이다. 리디아를 찾으려고 열정적으로 움직였던 분노의 첫 감정이 가라앉고 나자, 그는 자연스럽게 다시 이전의 나태함으로 돌아갔다. 그는 편지를 바로 발송했다. 그는 일을 시작하는 데는 느렸지만, 막상 시작하면 신속히 처리하는 편이었다. 그는 처남에게 자신이 얼마나 빚을 지는 건지 더 구체적으로 알려달라는 내용을 썼으나 리디아에게는 여전히 화가 나 있어서 그녀에게 전할 메시지는 쓰지 않았다.

좋은 소식은 집안뿐 아니라 이웃들에게도 순식간에 전해졌다. 이웃들은 이 사건에 대해 적절한 철학자적 태도를 가지고 받아들였다. 물론 리디아가 몰락해서 매춘부가 되었다거나 차선의 선택으로 외딴 농가에서 은둔 생활을 하게 되었더라면 대화의 소재거리로 더 적합했을 것이다. 하지만 그녀의 결혼에 대해서도 이야기할 거리는 충분했다. 메리턴의 사악한 노부인들이 이전에 리디아의 안녕을 바라며 했던 선의의 기원은 상황이 이렇게 변했어도 그 열의를 거의 잃지 않았다. 왜냐하면 그런 남편과 함께라면 그녀의 불행은 확실하다고 여겨졌기 때문이다.

베넷 부인은 2주 만에 아래층에 내려왔고 이 기쁜 날 식탁 맨 윗자리에 앉았다. 그녀의 기분은 지나치게 고조되어 있었다. 어떤 수치심도 그녀의 승리감에 찬물을 끼얹지 못했다. 제인이 열여섯 살 되던 때부터 항상 그녀의 첫 번째 소원이었던 딸의 결혼이 이제 막 이루어지려 하고 있었고, 그녀의 생각과 말은 온통 우아한 결혼식에 따르는 것들, 즉 고운 모슬린 천, 새 마차, 그리고 하인들에 관한 것뿐이었다. 그녀는 딸이 결혼해서 살 곳을 찾으려고 이웃들을 통해 바쁘게 수소문하고 있었고, 두 사람의 수입이 얼마나 될 것인지도 모른 채 집이 좁다거나 하찮다며 많은 곳을 거절했다.

"헤이 파크가 괜찮을 수도 있겠네. 굴딩 가족이 이사 나간다면 말이야. 아니면 스토크의 큰 저택도 좋겠어. 응접실만 좀 더 크면 좋겠는데. 애쉬워드는 너무 멀어! 딸이 10마일이나 떨어져 사는 건 안 될 일이야. 그리고 펄비스 로지는 다락방이 끔찍하단 말이야."

남편은 하인들이 있는 동안은 그녀가 말을 계속할 수 있게 허락했다. 그러나 하인들이 물러나면 그는 부인에게 말했다.

"여보, 당신이 딸과 사위를 이 집들 중 하나든 아니면 전부든 골라주기 전에 제대로 이해하고 넘어가야 할 게 있소. 이 동네의 어느 집에도 그 애들을 들이지 않을 거요. 나는 롱본에 그들을 맞이해서 그 뻔뻔함을 북돋아 줄 마음이 없소."

남편이 이렇게 말한 후 긴 논쟁이 벌어졌지만, 베넷 씨 마음은 굳건했다. 그 논쟁은 또 다른 논쟁으로 이어졌고, 베넷 부인은 남편이 리디아를 위해 옷을 살 돈을 한 푼도 주지 않을 거라는 사실을 알게 되면서 기겁을 했다. 그는 어떤 경우든 딸이 자신에게서 어떤 애정의 표시도 받지 못할 것이라고 선언했다. 베넷 부인은 그것을 도저히 이해할 수 없었다. 그의 분노가 딸의 결혼식에 필요한 새 옷을 사는 것을 거부할 만큼 컸다는 게 도저히 믿어지지 않았다. 그녀에게는 딸이 결혼식도 올리기 전 2주씩이나 위컴과 도망쳐 동거를 한 사실보다 딸의 결혼식에 새 옷을 입지 못한다는 사실이 더 큰 수치로 다가왔다.

엘리자베스는 순간의 괴로움 때문에 다아시 씨에게 동생에 대한 그들의 걱정을 알린 것이 가장 후회스러웠다. 결혼함으로써 도망 사건을 적절히 마무리 지을 것이었기에, 그 불행한 시작을 잘 모르는 사람들에게는 숨길 수도 있었을 것이기 때문이다.

그녀는 다아시를 통해 이 소문이 더 퍼질 거라고 걱정하지는 않았다. 그녀가 더 확실히 의지할 만한 비밀을 잘 지킬 사람도 거의 없었지만, 동시에 동생의 약점을 안다고 해서 그렇게까지 굴욕적으로 느껴져야 할 사람이 있는 것도 아니었다. 개인적으로 자신에게 불리해질 것이 두려워서가 아니라, 다아시와 자신 사이에는 넘을 수 없는 심연의 벽이 있는 것 같았다. 만약 리디아가 좋은 조건으로 명예롭게 결혼한다 해도 다아시 씨가 정당한 이유로 경멸하는 남자와 사돈이 된 자신의 가족과 연을 맺을 것이라곤 생각할 수 없었다.

그런 연결을 그가 피하려 할 것은 놀랄 일이 아니다. 더비셔에서는 그녀가 그의 사랑을 얻었다고 확신했지만 그녀에 대한 그의 관심이 이런 타격을 받고 나서도 이성적으로 살아남을 수는 없을 것이다. 그녀는 뭔가 초라해지는 느낌에 슬퍼졌으며, 무엇인지 정확히 알 수 없지만 후회스러웠다. 그의 마음을 더 이상 얻을 수 없을 것 같으니 이제는 그게 너무 아쉬웠고, 그에 대한 소식을 들을 가능성이 거의 없으니 그에 대해 몹시 듣고 싶었다. 그들이 만날 가능성이 더 이상 없어 보이자 그녀는 자신이 그와 함께라면 행복할 수 있었을 거라고 확신하게 되었다.

그녀는 4개월 전 그녀가 오만하게 거절했던 청혼을 만약 지금이라면 자신이 가장 기쁘고 감사하게 받아들일 거라는 사실을 그가 안다면 얼마나 득의양양해할까 하는 생각이 종종 들었다. 엘리자베스는 그가 남자 중에서도 가장 마음이 넓은 사람임을 믿어 의심치 않았지만 그도 인간이므로 승리감을 가질 수밖에 없을 거라 생각했다.

그녀는 이제 그가 성격과 재능 면에서 자신에게 가장 잘 어울리는 사람이라 생각하기 시작했다. 그의 이해력과 기질은 그녀 자신과는 달랐지만, 그녀의 모든 바람을 충족시켰을 것이다. 그것은 둘 모두에게 이로운 결합이었을 것이다. 그녀의 편안함과 활기로 그의 마음은 부드러워지고 태도도 좋아졌을 것이며, 그의 판단력이나 정보, 세상에 대한 지식으로 그녀는 훨씬 더 이익을 얻었을 것이다. 하지만 이제 그런 행복한 결혼이 사람들에게 진정한 결혼의 행복이 무엇인지 알려줄 기회는 끝났다. 엘리자베스의 가족 안에서는 전혀 다른 기질의 결합이라는 결혼이 곧 있을 예정이었고, 그 결합은 다른 결혼의 가능성을 불가능하게 만들고 있었다.

위컴과 리디아가 어떻게 그럭저럭 독립적으로 생활할 수 있을지 그녀는 상상할 수 없었다. 하지만 열정이 도덕보다 강해 결합하게 된 커플이 지속되는 행복을 누릴 가능성이 얼마나 작을지는 쉽게 짐작할 수 있었다.

가디너 씨는 곧 매형에게 다시 편지를 썼다. 베넷 씨의 감사 인사에 대해 그는 간단히 답하며, 가족의 행복을 증진시키고자 하는 자신의 의지를 확실히 전했고 돈에 대해서는 더 이상 언급하지 않으면 좋겠다고 부탁했다. 삼촌의 이번 편지의 주요 내용은 위컴 씨가 연대를 떠날 결심을 했다는 것을 알리는 것이었다.

그와 리디아의 결혼이 확정되자마자 저는 그렇게 되기를 바라고 있었습니다. 그리고 저는 매형께서도 그가 부대를 떠나는 것이 그에게나 리디아에게나 매우 바람직하다고 생각하실 거라 확신합니다. 위컴 군은 정규군에 들어갈 계획입니다. 그의 이전 친구들 중 일부가 그를 군대에서 도울 능력도 되고 도울 의지도 있어 보입니다. 북부에 주둔하고 있는 어떤 장군의 연대에서 소위 임관을 약속받았습니다. 이 지역에서 멀리 떨어져 있어서 잘된 것 같아요. 다른 환경의 사람들과 섞여 살면서 둘 모두 갖추어야 할 인격에 대해 배우고 더 신중해질 것이라 기대합니다. 저는 포스터 대령에게 현재 상황을 알려주고, 브라이턴과 그 근처에 있는 위컴 씨의 채권자들에게 빠른 상환을 보증해 달라고 편지를 보냈습니다. 저는 제가 상환을 하겠다고 약속했습니다. 그러니까 매형도 메리턴에 있는 위컴의 채권자들에게 상환을 보증해 주실 수 있을까요? 채권자 목록은 위컴에게 알아보고 제가 따로 보내드릴게요. 위컴이 자신의 모든 채무에 대해 알려주었어요. 적어도 그가 속이지 않았기를 바라고 있습니다. 변호사 해거스턴에게 지시해 두었고 모든 일이 일주일 내로 완료될 것입니다. 그 후에는 만약 그 둘을 롱본에서 초대하지 않는다면 북부 연대에 합류할 것입니다. 아내에게 들은 바로는 리디아가 떠나기 전에 매형과 가족들 모두를 만나기를 매우 원한다고 합니다. 리디아는 건강하게 지내고 있고요, 매형과 누나에게 공손히 인사를 전해 달라고 부탁하고 있습니다.

에드워드 가디너

베넷 씨와 그의 딸들은 위컴이 그곳 부대를 떠나는 게 가디너 씨만큼이나 잘된 거라고 생각했으나 베넷 부인은 그렇게 기쁘지 않았다. 리디아가 가까이 사는 것을 즐거움과 자부심으로 기대하고 있던 때에 북부로 간다는 것은 베넷 부인에게 큰 실망이었다. 그녀는 리디아를 하트퍼드셔에 살게 하려는 계획을 결코 포기하지 않았기 때문이다. 게다가 리디아가 모든 사람과 알고 지냈고, 좋아하는 사람들이 많은 그 부대에서 떠나는 것이 아쉬웠다.

"리디아는 포스터 부인을 정말 좋아해. 그녀를 보내는 것은 정말 충격적일 거야! 그리고 리디아가 정말 좋아하는 젊은 남자들도 몇명 있지. 북부의 그 장군 연대 장교들은 그렇게 유쾌한 사람들이 아닐지도 몰라."

북쪽으로 떠나기 전에 가족들을 한번 만나게 해달라는 딸의 요청을 베넷 씨는 처음에는 단호히 거절했다. 하지만 제인과 엘리자베스는 여동생의 감정과 앞날을 위해 그녀의 결혼을 부모가 인정해 줘야 한다고 생각하니 아버지에게 리디아와 그녀의 남편이 결혼하자마자 롱본에 오도록 허락해 달라고 합리적으로 설명하며 부탁했다. 그런 간곡하고도 온화한 요청에 결국 아버지는 그들의 생각대로 하라고 하면서 마음을 바꾸었다. 그리고 어머니는 딸이 북부로 가기 전에 이웃들에게 결혼한 딸을 보여줄 수 있다는 사실에 만족했다. 따라서 베넷 씨는 그들이 롱본에 오는 것을 허락한다는 편지를 다시 썼다. 그리하여 결혼식이 끝나자마자 그들은 롱본으로 오기로 결정되었다. 하지만 엘리자베스는 위컴이 이에 동의한다는 것이 놀라웠고 그녀 마음대로만 할 수 있다면 정말 그를 만나지 않았을 것이다.

· 51장 ·

리디아의 결혼식 날이 다가왔다. 제인과 엘리자베스는 리디아 자신보다도 더 그녀를 걱정했다. 마차가 그들을 맞이하러 보내졌고, 그들은 저녁 식사 시간까지 오기로 되어 있었다. 제인과 엘리자베스는 그들이 오는 게 두려웠는데 특히 제인은 더욱 그랬다. 제인은 마치 자신이 죄인이라도 된 것처럼 리디아의 감정을 대신 느꼈고, 여동생이 겪어야 할 일들을 생각하니 마음이 아팠다.

드디어 그들이 도착했다. 가족들은 그들을 맞이하기 위해 식당에 모여 있었다. 마차가 문 앞으로 다가오자 베넷 부인의 얼굴에는 미소가 가득했다. 그녀의 남편은 꿰뚫기 어려운 심각한 표정을 지었고, 그녀의 딸들은 불안하고 걱정스러워 보였다.

현관에서 리디아의 목소리가 들렸다. 문이 열리고 그녀가 방으로 뛰어 들어왔다. 어머니는 다가가 그녀를 포옹하고 열광적으로 환영했다. 그리고 리디아를 따라 들어온 위컴에게 애정 어린 미소와 함께 손을 내밀었으며, 그들의 행복을 의심하지 않음을 보여주는 열의로 두 사람의 축복을 빌었다.

그들은 다음으로 베넷 씨에게 돌아섰으나 그는 그렇게 따뜻하게 환영하지 않았다. 그의 표정은 오히려 더 근엄했고 거의 입을 열지 않았다. 실제로 젊은 부부의 뻔뻔스러울 만큼 태연한 모습은 베넷 씨를 자극하기에 충분했다. 엘리자베스는 혐오감을 느꼈고, 심지어 제인조차 충격을 받았다. 리디아는 여전히 리디아였다. 길들여지지 않고, 뻔뻔하며, 거칠고, 수다스럽고, 겁없는 모습이었다. 그녀는 자매들에게 차례로 돌아가며 축하를 요구했다. 그리고 모두가 자리에 앉았을 때, 그녀는 열심히 방 안을 둘러보며 약간의 변화를 알아차리고는 웃으면서 자신이 이곳에 오지 않은 지 꽤 오래되었다고 말했다.

위컴도 그녀와 마찬가지로 전혀 곤란해하는 태도가 아니었다. 하지만 그는 언제나 매력적이어서 그의 인격이나 결혼 방법에 대해 비난할 거리가 없었다면 그와 사돈 관계가 됨에 있어 그가 보여주는 미소와 태연한 행동은 모두를 기쁘게 했을 것이다. 엘리자베스는 그가 그렇게까지 뻔뻔할 수 있을 거라고 이전에는 믿지 않았으나, 앞으로는 뻔뻔한 사람의 뻔뻔함에는 한계를 두어서는 안 되겠다고 마음먹으며 자리에 앉았다. 그녀도 제인도 얼굴이 붉어졌지만, 그들의 당황스러움을 초래한 두 사람의 얼굴에는 조금도 변화의 기색이 없었다.

대화거리에는 부족함이 없었다. 신부와 어머니는 둘 다 더 이상 빨리 말할 수 없을 정도로 빠르게 말을 했고 엘리자베스 옆에 앉게 된 위컴은 그 동네에서 알고 지내던 사람들의 소식을 묻기 시작했다. 그는 명랑한 태도로 물어왔지만 엘리자베스는 그에 맞춰 대답하는 것이 힘겨웠다. 리디아와 위컴은 세상에서 가장 행복한 기억만을 가진 사람들처럼 보였다. 과거의 일을 괴로워하는 기색은 하나도 없었고 리디아는 자매들이 절대로 언급하지 않았을 주제들에 대해 자발적으로 이야기를 꺼냈다.

"내가 떠난 지 세 달이나 되었다니…. 마치 보름밖에 안 된 것 같아, 정말로. 그런데도 그동안 많은 일이 일어났어. 세상에! 내가 떠날 때만 해도 결혼해서 돌아올 거라고는 전혀 생각 못 했는데! 하지만 결혼하면 정말 재미있을 거라고 생각하긴 했지."

아버지는 눈을 위로 치켜떴다. 제인은 당황해했고 엘리자베스는 리디아를 의미 있게 쏘아보았다. 그러나 리디아는 자신이 무시하고 싶은 것은 절대 듣지도 보지도 않는 사람처럼 명랑하게 말을 이어갔다. "엄마, 이 동네 사람들이 내가 오늘 결혼한다는 걸 알까요? 그들이 모를까 봐 걱정했어요. 오는 길에 윌리엄 굴딩 씨의 마차를 우리가 따라잡았거든요. 그에게 알려야겠다 생각해서 마차 옆 유리를 내리고 장갑을 벗은 다음 손을 창틀 위에 살짝 올려놓

앉어요. 그러면 반지가 보이잖아요. 그러고 나서 활짝 웃으면서 인사했죠!"

엘리자베스는 더 이상 참을 수가 없어 일어나 방을 나갔고, 한참 후 그들이 식당에서 나와 지나가는 소리가 들리자 다시 돌아와 응접실에 합류했다. 그녀는 리디아가 자랑스럽게 어머니의 오른쪽으로 다가가더니 "아! 제인 언니, 이제 내가 언니 자리를 차지할게. 언니는 더 낮은 자리로 가야 해. 왜냐하면 나는 이제 결혼한 여자니까"라고 말하는 것을 보았다.

리디아에게서 처음에 전혀 찾아볼 수 없던 불편하고 죄송한 마음은 시간이 지난다고 생겨날 리 없었다. 그녀는 점점 더 편안해 보였고 기분은 더욱 나아졌다. 그녀는 필립스 부인, 루카스 가족, 그리고 다른 이웃들을 만나고 싶어 했고, 그들 모두에게 위컴 부인이라고 불리는 것을 듣고 싶어 했다. 그러는 동안 그녀는 저녁 식사 후에 힐 부인과 두 명의 하녀에게 자신의 반지를 보여주고 결혼한 것을 자랑했다.

모두 식당으로 돌아왔을 때 리디아가 말했다. "그런데 엄마, 우리 남편 어때요? 정말 매력적인 남자 아니에요? 분명 언니들은 다나를 부러워할 거예요. 다들 제 반만이라도 행운이 있었으면 좋겠는데… 브라이턴에 꼭 가야 해요. 거기가 신랑감을 만나는 곳이죠. 우리가 다 같이 가지 못한 게 아쉬워요."

"맞는 말이다. 내가 원하는 대로 할 수만 있었다면 그렇게 했을 거야. 하지만 리디아, 이제 네가 멀리 가야 한다니 맘이 안 좋구나. 꼭 그렇게 해야 하니?"

"오, 엄마, 그렇지만 그건 아무것도 아니에요. 저는 그리로 가는 게 무엇보다 좋은걸요. 엄마랑 아버지, 그리고 언니들 모두 꼭 우리를 보러 내려오셔야 해요. 겨우내 뉴캐슬에 있을 텐데, 아마 무도회도 몇 번 열릴 거예요. 제가 모두를 위해 멋진 파트너를 골라줄 거예요."

"정말이지, 너무 좋겠다!" 어머니는 대답했다.

"그러고 나서 집으로 돌아가실 때는 언니들 중 한두 명은 두고 가세요. 겨울이 끝나기 전에 제가 언니들에게 남편감을 찾아줄 수 있을 거예요."

"그 친절은 참 고맙지만, 나는 너처럼 그런 방식으로 남편을 구하는 건 딱 질색이다." 엘리자베스가 끼어들었다.

리디아와 위컴은 열흘 이상 머물지 않을 예정이었다. 위컴 씨는 런던을 떠나기 전에 임관장을 받았고 보름 후에 부대에 합류하기로 되어 있었다.

오직 베넷 부인만이 그들이 짧게 머물다 가는 것을 아쉬워했다. 그녀는 딸과 함께 이웃을 방문했고 집에서 자주 모임을 열며 시간을 보냈다. 이러한 모임은 모두에게 반가운 일이었다. 가족끼리만 있는 걸 피하는 게 생각 없는 사람들보다는 생각 있는 사람들에겐 더 바람직한 일이었기 때문이다.

리디아에 대한 위컴의 애정은 엘리자베스가 예상했던 그대로였다. 리디아가 위컴에게 가진 애정만큼 깊은 감정은 아니었다. 그녀는 직접 그들을 보면서 느낀 것이 아니라 여태까지의 사건의 전말로 보아 그걸 이미 확신하고 있었다. 그들이 그렇게 도망간 것도 리디아의 강한 애정에 의해 촉발된 것이지, 위컴의 감정 때문이 아니라는 것을 말이다. 엘리자베스는 위컴이 리디아를 깊이 사랑하지도 않으면서 왜 그녀와 도망을 갔는지 궁금했지만, 그가 도망가지 않을 수 없는 불가피한 상황이었음을 알고 있었기에 이해할 수 있었다. 그런 상황에서 같이 도망갈 사람이 있었으니 그 기회를 마다할 사람이 아니었던 것이다.

위컴에 대한 리디아의 애정은 극심했다. 그녀에게 그는 언제나 '소중한 위컴'이었다. 누구도 그와 비교될 수 없었다. 위컴은 세상에서 모든 것을 가장 잘하는 사람이라고 믿었고, 사냥철이 시작되는 9월 1일에 그 누구보다 많은 새를 사냥할 것이라고 확신했다.

그들이 집에 온 지 며칠이 지난 어느 아침, 두 명의 언니와 함께 앉아 있을 때, 리디아가 엘리자베스에게 말했다. "리지 언니, 내가 결혼식에 대해 언니에게 이야기한 적이 없는 것 같아. 내가 엄마와 다른 사람들에게 이야기할 때 언니는 그 자리에 없었으니까. 어떻게 진행되었는지 듣고 싶지 않아?"

"아니, 결혼에 대해서는 별로 듣고 싶지 않아."

"어머! 언니는 정말 이상해! 난 결혼식이 어떻게 진행되었는지 말해 줄래. 우리는 알다시피 세인트 클레멘트 교회에서 결혼했어. 왜냐하면 위컴의 숙소가 그 구역에 있었거든. 우리는 모두 오전 11시까지 거기서 만나기로 정했어. 나와 삼촌, 외숙모는 함께 가기로 했고, 나머지 사람들은 교회에서 우리를 만날 예정이었어. 그런데 월요일 아침이 되었고, 나는 너무 안달이 났어! 뭔가 일이 생겨서 결혼식이 연기될까 봐 너무 두려웠거든. 그랬다면 나는 정말 미쳐버렸을 거야. 그리고 내가 옷을 입는 동안 외숙모는 내내 설교하듯 말씀하셨지. 하지만 나는 열 마디 중 한 마디나 들었으려나. 왜냐하면 언니가 짐작할 수 있듯이, 사랑하는 위컴 생각만 하고 있었거든. 그가 청색 제복을 입고 결혼식을 올릴지 궁금했어. 우리는 평소처럼 10시에 아침을 먹었어. 난 이런 생활이 정말 끝나지 않을 것만 같았어. 그런데 말이야, 언니가 알아둬야 할 게 있어. 나는 삼촌과 외숙모와 지내면서 정말 끔찍하게 불편했어. 믿을 수 있겠어? 거기서 보름이나 있었는데 한 번도 밖에 나가보지 못했어. 모임도 계획도, 아무것도 없었다고. 물론 런던이 조금 한산하긴 했지만, 그래도 소극장은 열려 있었단 말이야. 어쨌든, 그런데 아침에 마차가 문 앞에 도착했을 때, 삼촌이 사업 문제로 스톤 씨라는 끔찍한 남자를 만나러 급히 불려갔어. 그 두 사람이 만나면 끝이 없거든. 그래서 난 정말 어떻게 해야 할지 몰랐어. 삼촌이 결혼식에서 나를 데리고 나가 위컴 씨에게 넘겨줄 거였으니까. 만약 시간이 늦으면 하루 종일 결혼을 못 할 뻔했단 말이지. 하지만 다행히도 삼촌이 10분 만에 돌아와서 우리 모두 출발을 했어. 그런데 나중에 생각해 보니, 만약 삼촌이 못 오게 되었더라도 결혼을 미룰 필요는 없었겠더라고. 다아시 씨가 대신해 줄 수도 있었으니까."

"다아시 씨라고?" 엘리자베스는 완전히 놀란 채 되물었다. "응, 다아시 씨가 위컴과 함께 거기로 오기로 했거든. 그런데, 이런! 완전 깜빡했네! 이건 절대 말하면 안 되는 거였는데. 그들에게 정말 철저히 비밀을 지키겠다고 약속해 놓고는 내가 왜 이래! 위컴이 뭐라고 할까? 이건 정말 비밀이어야 했는데!"

"비밀로 하기로 한 거라면 그 주제에 대해서는 더 말하지 마. 우리도 더 이상 알아내려 하지 않을 테니 걱정 말고." 제인이 말했다. "아, 물론이지, 우리는 아무 질문도 하지 않을게." 엘리자베스도 말했다. 하지만 그녀는 호기심으로 속이 타들어가고 있었다.

"고마워, 만약 언니들이 물어본다면 나는 분명히 다 말할 텐데, 그럼 위컴이 화를 낼 거야." 리디아가 말했다. 그런 유혹에 질문을 하지 않기로 한 엘리자베스는 거기서 도망침으로써 질문을 불가능하게 만들 수밖에 없었다.

하지만 그것에 대해 모른 채로 지내는 것은 불가능했다. 아니, 적어도 다아시 씨 소식을 얻기 위한 시도를 하지 않는 것은 불가능했다. 다아시 씨가 그녀의 동생 결혼식에 참석을 했다니. 그와 관련이 거의 없고 가장 가고 싶지도 않았을 자리다. 그에 대한 추측들이 빠르고 격렬하게 엘리자베스의 머릿속에 떠올랐다. 하지만 어떤 생각도 만족스럽게 받아들일 수 없었다. 그중 가장 마음에 드는 것은 그가 고귀한 인격을 지녀 그런 행동을 했다고 해석하는 것이었다. 하지만 그것은 가장 불가능해 보였다. 그녀는 이런 불확실함을 견딜 수 없었고, 종이 한 장을 급히 집어 들고 외숙모에게 짧은 편지를 썼다. 리디아가 언급한 것에 대해, 그것이 원래 의도된 비밀과 양립할 수 있는 거라면 리디아가 다 못한 내용을 설명해 달라고 요청했다.

외숙모는 왜 우리와 아무 관계도 없는, 비교적 우리 가족에겐 이방인과도 같은 사람이 그 자리에 오게 되었는지 제가 궁금해하는 것에 대해 이해하실 수 있겠죠? 즉시 답장해 주세요. 이해할 수 있게 알려주세요. 만약 그 이유가 매우 중요한 것으로 비밀로 남겨야 한다면, 그럼 저는 모르고 지내는 데 만족하도록 노력해 볼게요.

"물론 그렇게 지내진 못하겠지만…" 그녀는 혼잣말을 하면서 편지의 끝을 상상으로 덧붙였다.

'하지만 사랑하는 외숙모, 만약 외숙모가 제게 솔직하게 알려주지 않으신다면, 저는 그 사실을 확실히 알아내기 위해 술책과 계략을 쓰고 말 겁니다.'

제인은 섬세하고 충실한 성격 덕분에 리디아가 무심코 말한 것에 대해 엘리자베스와 개인적으로 얘기하려 하지 않았다. 엘리자베스는 그것을 기쁘게 여겼다. 그녀의 질문에 대한 답이 만족스럽게 얻어지기 전까지는 차라리 비밀을 나눌 사람이 없는 게 나았다.

· 52장 ·

엘리자베스는 최대한 빨리 자신의 편지에 대한 답장을 받아 만족스러웠다. 답장을 손에 넣자마자, 그녀는 방해받지 않을 만한 작은 숲으로 서둘러 갔다. 그곳의 벤치 중 하나에 앉아 행복을 맞이할 준비를 했다. 편지 길이가 거절의 내용이 아님을 확신시켰기 때문이다.

사랑하는 조카에게
방금 네 편지를 받았고, 그것에 답하는 데 이 아침 전체를 바쳐야 겠다. 내가 말할 게 꽤 많을 것 같아서 잠깐의 글쓰기로는 끝낼 수 없을 것임을 미리 예견했어. 솔직히 말하자면 너의 편지에 놀랐어. 너에게서 이런 내용의 편지를 받을 줄은 몰랐으니까. 그러나 그에 대해 언짢게 생각하지는 마라. 내가 말하려는 건 네가 그런 질문을 해야 할 상황이 아니라고 생각했기 때문이다. 만약 네가 내 말을 이해하지 못한다면 내 불손함을 용서해 주기를 바란다. 네 삼촌도 나만큼 놀랐으며, 우리는 너도 관련된 당사자라고 믿었기에 그런 거야. 그러나 네가 정말로 모르는 일이라면 나도 좀 더 솔직히 말해야겠지.
내가 롱본에서 돌아온 그날, 네 삼촌에게 예상치 못한 손님이 찾아왔다. 다아시 씨가 방문하여 몇 시간 동안 삼촌과 함께 있었단다. 내가 도착하기 전에 모든 일이 끝났기 때문에 너처럼 그렇게 심한 궁금증을 겪지는 않았어. 다아시 씨는 삼촌에게 리디아와 위컴이 어디에 있는지 알게 되었고, 그들 둘을 만나 대화를 나누었음을 전하러 왔던 거였어. 위컴은 여러 번 만났고 리디아는 한 번 만났다고 했어. 내가 들은 바로는, 다아시 씨는 우리가 떠난 지 하루 뒤에 더비셔를 떠났고, 그들 두 사람을 찾겠다는 결심을 하고 런던에 왔대. 그렇게 한 이유는, 그가 밝힌 바로는 어떤 품격 있는 여성이라도 위컴을 사랑하거나 신뢰할 수 없도록 그의 무가치함을 세상에 알리지 못한 게 자기 잘못이기 때문이라는 거야. 그는 모든 것이 자신의 잘못된 자존심 때문이라며, 이전에는 자신의 개인적인 행동을 세상에 드러내는 것이 자존심에 맞지 않는다고 생각했었다고 하더라. 위컴의 인격이 어차피 스스로 드러날 것이라고 생각했다고. 그래서 자신이 초래한 불행을 나서서 해결하는 게 자신의 의무라고 생각했대. 만약 그게 아닌 다른 동기가 있대도 그는 불명예스러운 행동을 할 사람은 아니잖아. 그는 며칠 동안 런던에 있다가 결국 그들을 찾을 수 있었는데 우리가 가진 것보다 더 많은 정보가 그에게 있었고 그래서 그가 우리를 따라오기로 결심한 거였다고 해.

그런데 영 부인이라는 사람이 있다더라고. 그녀는 이전에 다아시 양의 가정교사였고, 무슨 이유인지 해임되었대. 다아시 씨는 그 이유를 말하지 않았어. 아무튼 이후 그녀는 에드워드 가에 큰 집을 얻고, 지금까지 하숙을 통해 생계를 유지하고 있었나 봐. 이 영 부인은 위컴과 친밀한 사이였고, 그래서 다아시 씨는 런던에 도착하자마자 그녀에게 위컴에 대한 정보를 얻으러 간 거야. 하지만 그녀에게 원하는 정보를 얻기까지 이삼일이 걸렸다고 해. 위컴의 위치를 잘 알고 있었지만 아마도 뇌물 없이는 비밀을 말하지 않으려 했겠지. 위컴은 런던에 도착하자마자 그녀를 찾았고, 만약 그녀가 그들을 집에 받아들일 수 있었다면 그들은 그녀와 함께 살았을 거래. 어쨌거나 결국 다아시 씨는 원하는 걸 알아냈지. 그들이 있는 곳을 알려줬고, 그래서 다아시 씨는 위컴을 만 났고, 그 후에는 리디아를 만나야겠다고 고집했어. 그가 그녀에게 처음 으로 말하고자 했던 것은 그녀가 현재의 수치스러운 상황에서 벗어나 친구들에게 돌아갈 수 있도록 설득하는 것이었고, 도와줄 수 있는 한 최대한의 도움을 제공하겠다고 약속했어. 하지만 그는 리디아가 위컴 이 있는 곳에 남겠다는 결심이 굳다는 걸 알게 됐어. 리디아는 친구들 에게 전혀 관심도 없고, 그의 도움도 필요하지 않다고 했대. 위컴과 헤 어지라는 말은 들으려고도 하지 않았다는 거야. 리디아는 그들이 언젠 가 결혼할 것이라 확신했으며, 언제 결혼하든 그건 중요한 게 아니라고 했대. 리디아의 생각이 그러니 다아시 씨는 결혼을 빠른 시간에 진 행하는 게 좋겠다고 생각했단다. 그는 위컴과 처음 이야기를 나누었을 때 결혼이 그가 원했던 것이 아니라는 것을 쉽게 알 수 있었어. 그는 빚 때문에 연대를 떠나야 한다고 말했고, 리디아와 도망간 걸 어리석은 리 디아 탓이라고 말했단다. 그는 장교를 사직할 계획이었지만 앞으로의 상황에 대해서는 거의 짐작도 못하고 있더래. 어딘가로 가야겠지만 어 디로 가야 할지 몰랐고, 도저히 생활을 해나갈 수 없다는 것도 잘 알고 있더라는 거야.

다아시 씨는 그에게 왜 리디아와 결혼하지 않았냐고 물었대. 베넷 씨 가 그리 부유하지 않다고 여겨졌지만, 그를 위해 뭔가 해줄 수 있을 것 이고 결혼으로 상황이 개선될 수 있었을 것이라고 말했고, 이 질문에 대한 위컴의 대답에서 위컴이 여전히 다른 나라에서 결혼을 통해 더 효과적으로 재산을 만들 수 있다는 희망을 품고 있다는 것을 알게 되 었다는 거야. 그렇지만 그런 상황이다 보니 위컴도 즉각적인 구제의 유 혹에 저항하기는 어려웠던 것 같아.

그들은 여러 번 만났고 상의할 게 많았지. 위컴은 당연히 자신이 얻을 수 있는 것 이상의 것을 원했지만, 결국에는 현실적인 타협을 해야 한다고 생각하게 되었지.

모든 일이 그들 사이에서 정리된 후, 다아시 씨의 다음 단계는 너희 삼촌에게 이 사실을 알리는 것이었어. 다아시 씨는 내가 집에 돌아오기 전날 저녁에 그레이스처치 가에 먼저 들렀대. 하지만 삼촌을 만날 수 없었고, 더 알아본 결과 삼촌이 너희 아버지와 함께 있었고 다음 날 아침에 런던을 떠날 것이라는 사실을 알게 되었대. 그는 너희 아버지가 삼촌만큼 적절히 상담할 수 있는 인물이라고 생각하지 않았고, 그래서 아버지가 떠나신 후에 삼촌을 만나기로 미뤘다고 해. 이름을 남기지 않았고, 다음 날까지는 비즈니스 때문에 한 남자가 방문했다는 것만 알려졌어.

토요일에 그는 다시 왔고 너희 아버지는 이미 떠난 때였지. 삼촌은 집에 있었으며, 아까 말했듯이 그들은 많은 이야기를 나누었어.

그들은 일요일에 다시 만났고, 그때는 나도 같이 보았어. 월요일이 되어서야 모든 것이 정리되었어. 정리가 되는 즉시 롱본으로 속달 편지를 보냈지. 그런데 다아시 씨는 매우 고집이 셌어. 엘리자베스, 나는 그의 고집이 정말 그의 성격에 있어 큰 결점이라고 생각한다. 그는 여러 번 많은 결점에 대해 비난받았지만, 이것만은 진정한 결점이라 생각해. 그는 뭐든지 다 자기가 하려 했어. 내가 확신하건대, 그가 아니라도 너희 삼촌이 기꺼이 모든 일을 해결했을 거야. (감사를 받기 위해 말하는 것이 아니니, 이 점에 대해서는 아무 말도 하지 말아라.)

그래서 다아시 씨와 삼촌은 오랫동안 서로 논쟁을 벌였는데, 이는 관련된 신사와 숙녀 모두에게 과분한 일이었지. 하지만 결국 너희 삼촌은 어쩔 수 없이 물러설 수밖에 없었어. 조카를 직접 도와주는 대신, 그저 도움을 준 것처럼 보이는 것에만 만족해야 했지. 이것이 그의 마음에 크게 걸렸단다. 내가 보기에 오늘 아침 너의 편지가 그에게 큰 기쁨을 준 것 같아. 왜냐하면 그 편지 때문에 설명이 필요했고, 그로 인해 진짜 공을 세운 사람에게 그 공을 돌려줄 수 있게 되었으니까. 하지만 리지, 이 이야기는 너만 알고 있거나 기껏해야 제인까지만 알아야 해.

그 두 젊은이들을 위해 어떤 일이 이루어졌는지 너도 대충 알겠지. 그의 빚을 갚아주었는데, 내가 알기로는 천 파운드가 훨씬 넘었어. 그리고 그녀가 원래 받기로 한 돈에 천 파운드를 더 얹어주었고, 그의 장교 임명도 사 준 거야. 이 모든 일을 그가 혼자 처리하기로 한 이유는 내가 앞서 말한 그대로야. 그가 위컴의 진짜 모습을 밝히지 않고 적절하게 행동하지 못해서 사람들이 위컴을 잘못 알게 되었고, 그래서 그런 일이 벌어진 거니까 자기 탓이라는 거지. 이 말이 어느 정도는 사실일 수도 있겠어. 하지만 나는 그의 자존심이든 누구의 자존심이든 그게 이 일의 원인이 될 수 있었을지는 의문이다. 하지만 리지야, 이런 그럴듯한 이야기가 있었어도 우리가 그에게 다른 이해관계가 있다고 인정해 주지 않았다면 아마 삼촌은 절대로 물러서지 않았을 거야.

모든 것이 결정되자, 그는 아직 펨벌리에 머물고 있는 친구들에게 돌아갔어. 하지만 결혼식 날 다시 런던에 와서 모든 금전적인 문제들을 마무리 짓기로 합의했단다.

이제 모든 걸 다 말한 것 같다. 이게 네가 놀랄 이야기의 전말이야. 적어도 불쾌하게 하지는 않았길 바란다. 리디아는 우리 집에 왔고 위컴은 계속해서 우리 집을 드나들었어. 그는 내가 하트퍼드셔에서 알았던 때와 똑같은 모습이었지. 지난 수요일 제인의 편지를 통해 리디아가 집에 돌아가서도 똑같이 행동했다는 것을 알지 못했다면, 그 애가 우리와 지내는 동안 보여준 행동에 내가 얼마나 힘들었는지 말하지 않았을 거야. 지금 내가 말하는 게 네게 상처가 되지는 않을 것 같아서 다 말하는 거야. 나는 리디아에게 매우 진지하게 여러 번 이야기했어. 그 애가 저지른 일이 얼마나 나쁜 짓인지, 그로 인해 가족들에게 얼마나 큰 누를 끼친 건지 설명했지. 그 애가 내 말을 들었다면 그건 정말 운이 좋은 거야. 그 애는 진정으로 귀 기울여 듣지 않은 게 분명하거든. 때로는 정말 화가 났지만, 그때마다 사랑하는 우리 조카들, 너와 제인을 생각하면서 그 애를 참았다.

다아시 씨는 약속대로 정확히 돌아왔고 리디아가 너에게 말했듯 결혼식에 참석했어. 그 다음 날 우리와 함께 식사를 했고 수요일이나 목요일에 다시 떠나기로 했지. 리지, 이 기회를 빌려 (전에는 감히 말하지 못했지만) 내가 그를 얼마나 좋아하게 되었는지 말해도 너무 화내지 않겠지? 우리를 대하는 그의 태도는 더비셔에서처럼 모든 면에서 기분 좋았어. 그의 이해심과 생각들이 모두 마음에 들어. 다만 조금 더 활기가 있으면 좋겠는데, 만약 그가 현명하게 결혼만 한다면 그의 아내가 그걸 가르쳐줄 수 있을 것 같아. 그는 좀 응큼한 데가 있다고 생각했어. 네 이름을 거의 입 밖에도 안 내더라고. 요즘은 그런 응큼함이 유행인가.

내가 너무 나갔다면 용서해 줘. 적어도 나를 펨벌리에서 제외시키지 말아다오. 나는 그 공원을 전부 둘러보기 전까지는 완전히 행복할 수 없을 것 같아. 귀여운 조랑말 한 쌍이 끄는 낮은 사륜마차를 타고 둘러본다면 딱 좋겠네.

이제 그만 써야겠다. 아이들이 날 찾은 지 벌써 30분이나 됐어.

진심을 담아, 외숙모가

이 편지의 내용은 엘리자베스의 마음을 크게 동요시켰고, 기쁨과 괴로움 중 어느 것이 더 큰지 판단하기 어려웠다. 여동생의 결혼을 성사시키기 위해 다아시 씨가 했을지도 모르는 일들에 대해 그녀는 막연하고 불확실한 의심들이 들었다. 그녀는 그것이 믿기 힘들 정도로 너무나 큰 선행이라 생각하여 그런 추측을 하기를 꺼렸고, 동시에 그것이 사실이어서 그에게 빚을 지게 될까 두려웠다. 하지만 이제 그 모든 것이 사실로 밝혀졌고, 심지어 그녀가 상상했던 것보다 더 큰 일이었다! 그는 일부러 삼촌과 외숙모를 따라 런던으로 갔고, 그런 조사 과정에서 따르는 모든 곤란과 수치스러운 일을 혼자 감당했다. 그 과정에서 그는 자신이 혐오하고 경멸할 수밖에 없는 여자애인 리디아에게 애걸해야 했고, 가장 피하고 싶어 했던, 심지어 그 이름을 말하는 것조차 고통스러웠던 남자 위컴을 자주 만나고 이야기하고 설득하고 마침내는 돈으로 매수해야 했다. 그는 자신이 존경할 수도, 사랑할 수도 없는 여자를 위해 이 모든 일을 했다.

하지만 엘리자베스는 마음 한구석에서 그가 자신을 위해 그렇게 했다는 속삭임을 들었다. 그러나 이 희망과도 같은 생각은 곧 다른 많은 생각들에 덮여 좌절되었다. 그녀는 그의 애정이, 이미 자신에게 거절당한 여자를 위한 애정이 위컴과의 가족 관계라는 자연스러운 혐오감을 이길 수 있을 것이라고 기대하다니 지나친 허영심이 아닌가 하는 생각이 들었다.

위컴과 동서지간이라니! 모든 종류의 자존심이 그 관계를 거부할 것이다. 그는 분명 많은 일을 했다. 그녀는 그가 한 일이 얼마나 큰 것이었는지 그 규모를 생각하니 자신의 생각에 부끄러움을 느꼈다. 하지만 그는 그 일에 개입하며 납득 가능한 이유를 내세웠고, 그것은 과도한 믿음을 요구하지는 않는 것이었다. 그가 자신의 잘못을 느낀 것은 당연했으며 그는 관대한 사람이었다. 또 그 관대함을 실천할 수 있는 능력도 있었다. 엘리자베스는 자신이 그의 행동의 주요 동기가 될 수 없다는 점을 인정했다. 하지만 자신의 마음이 평온해지느냐 마느냐 하는 이 커다란 문제에 있어 그의 남아 있는 애정이 문제를 해결하려는 노력을 부추겼을지 모른다고 생각되었다. 그러나 절대로 보답할 수 없는 사람에게 신세를 졌다는 사실은 고통스러웠다. 리디아의 명예와 모든 것을 되찾은 것은 그의 덕분이었다. 그녀는 그에게 품었던 모든 불쾌한 감정과 그에게 내뱉었던 모든 까칠한 말들을 얼마나 깊이 후회했는지 모른다. 그녀는 겸손해졌고 그에 대해서는 자부심을 느꼈다. 연민과 명예의 문제에서 그가 자기 자신을 이겨낸 것이라 생각되어 자랑스러웠다. 그녀는 그에 대한 외숙모의 칭찬을 여러 번 읽어보았다. 그것은 충분하지는 않았지만 기분을 좋아지게 했다. 그녀는 외숙모와 삼촌이 다아시씨와 자신 사이에 애정과 신뢰가 존재한다고 굳게 믿고 있었다는 사실을 알게 되었을 때, 약간의 기쁨을 느꼈지만 뭔가 후회 섞인 묘한 느낌이었다.

누군가 다가오는 소리에 그녀는 자리에서 일어났고 생각에서도 깨어났다. 다른 길로 빠져나가기도 전에 위컴이 그녀를 따라잡았다.

"우리 처형의 혼자만의 산책을 방해한 것은 아닌가 모르겠네요." 그는 옆으로 함께 걸으며 말했다.

"확실히 방해하셨죠. 하지만 그렇다고 해서 그 방해가 반갑지 않다는 뜻은 아니에요." 엘리자베스는 웃으며 말했다.

"만약 그랬다면 정말 죄송해요. 우리는 늘 좋은 친구였잖아요. 그리고 이제는 그보다 더 가까운 사이고요."

"맞아요. 다른 사람들도 나올 건가요?"

"모르겠네요. 베넷 부인과 리디아는 마차를 타고 메리턴에 갈 거예요. 그런데 말이에요, 삼촌 내외분께 들었는데 처형도 펨벌리에 다녀오셨다면서요?"

그녀는 그렇다고 대답했다.

"부럽네요. 하지만 제가 펨벌리에 가는 건 너무 버거울 것 같아요. 그렇지만 않다면 뉴캐슬로 가는 길에 들렀을 텐데요. 그 늙은 가정부도 만나셨겠죠? 가엾은 레이놀즈. 그녀는 항상 저를 무척 아꼈어요. 물론 그녀가 제 이름을 언급하지는 않았겠죠?"

"아뇨, 언급했어요."

"그래요? 뭐라고 했어요?"

"당신이 군대에 갔고, 그러나 당신이 잘되지는 않은 것 같다고 걱정하셨어요. 하지만 뭐, 그런 먼 거리에서는 왜곡된 소문이 들리기도 하죠."

"확실히 그렇죠." 그가 입술을 깨물며 대답했다. 엘리자베스는 그가 더 이상 말하지 않기를 바랐지만, 그는 곧이어 말했다. "지난 달에 다아시가 런던에 있는 걸 보고 놀랐어요. 우리는 몇 번이나 마주쳤어요. 그가 거기서 무엇을 하고 있는지 궁금하네요."

"아마도 드 버그 양과 결혼 준비를 하고 있는지도 모르죠. 이 시기에 그를 런던에서 보게 된 건 특별한 일이 있어서겠죠."

"그럴 거예요. 처형이 램턴에 가셨을 때 그를 보았나요? 삼촌 내외분께 당신이 만났다고 들었어요."

"네, 그는 우리를 그의 여동생에게 소개해 주었어요."

"아, 그녀가 마음에 드셨나요?"

"네, 매우 좋아해요."

"그녀가 지난 1~2년 사이에 매우 많이 발전했다고 들었어요. 제가 마지막으로 그녀를 봤을 때는 별로 기대할 게 없었거든요. 그래도 당신이 그녀를 좋아해서 기쁘네요. 그녀가 잘되면 좋겠어요.”

“그녀도 가장 힘든 나이를 넘겼으니 잘될 거라 믿어요.”

“킴프턴 마을을 지나갔나요?”

“아닌 것 같은데요.”

“그곳 얘기를 하는 이유는 그곳이 내가 받았어야 할 목사 자리였기 때문이에요. 정말 멋진 곳이었죠! 목사관도 훌륭했고요! 모든 면에서 나에게 딱 맞았을 거예요.”

“설교를 하는 걸 좋아했을까요?”

“아주 좋아했어요. 그것을 내 의무의 일부로 여겼죠. 그러나 곧 그 노력이 아무것도 아니게 되었어요. 불평해서는 안 되겠지만, 확실히 그건 나에게 정말 좋은 일이었을 거예요! 그런 조용한 삶과 은퇴 생활은 내가 생각하는 행복의 모든 것과 딱 맞았을 텐데! 하지만 그렇게 되지 않았죠. 당신이 켄트에 있을 때 다아시가 이런 이야기에 대해 언급하던가요?”

“믿을 만한 출처에서 들었는데 그 자리는 조건부로만 당신에게 주어졌고, 현재 후원자의 의지에 따라 결정된 거라 하더군요.”

“들으셨나 보군요. 네, 그런 면이 있었죠. 처음부터 제가 처형께 그렇게 말했던 것 기억하실 텐데요.”

“그런데 또 듣기로는 한때 설교를 하는 것이 지금처럼 당신 마음에 들지 않았다던데요. 실제로 당신이 성직자가 되지 않겠다고 선언했고, 그에 따라 일이 타협되었다고 하더군요.”

“그렇게 들으셨어요? 전혀 근거 없는 얘기는 아니에요. 우리가 처음 그 얘기를 했을 때 제가 말씀드린 것을 아마 기억하실 거예요.”

그들이 집 문 앞에 거의 도착했을 때, 엘리자베스는 위컴을 빨리 떠나보내기 위해 빠르게 걸었다. 그녀는 여동생을 위해 그를 자극하고 싶지 않아서 친절한 미소로 이렇게만 말했다.

"자, 위컴 씨, 우리는 이제 사돈이잖아요. 과거에 대해 다투지 말기로 해요. 앞으로는 우리가 항상 한마음이길 기원해요."

엘리자베스가 손을 내밀자 위컴은 어떤 표정을 지어야 할지 잘 모르면서도 애정 어린 태도로 그 손에 입을 맞추었고, 그들은 집으로 들어갔다.

• 53장 •

위컴은 이 대화에 완전히 만족해서 다시는 그 주제로 자신을 괴롭히지도 않았고, 엘리자베스를 자극하지도 않았다. 엘리자베스는 자신이 그의 입을 다물게 하기에 충분한 말을 했다는 것을 기쁘게 생각했다.

그와 리디아가 떠날 날이 곧 다가왔고 베넷 부인은 이별을 받아들여야 했는데, 그녀의 남편은 그들 모두가 뉴캐슬로 가는 계획에 전혀 동의하지 않았기 때문에 이 이별은 적어도 1년은 계속될 것 같았다.

"사랑하는 딸 리디아, 우리가 언제 다시 만날 수 있을까?" 어머니가 외쳤다.

"오, 저도 모르겠어요. 아마도 2~3년 후 아닐까요?"

"그래, 자주 편지 써라."

"할 수 있는 한 자주 쓸게요. 하지만 아시다시피 결혼한 여자들은 편지 쓸 시간이 많지 않아요. 언니들이 편지 먼저 해! 언니들은 할 일이 없잖아."

위컴 씨는 그의 아내보다 훨씬 더 애정 어린 작별 인사를 했다. 그는 미소 지으며 잘생긴 그 모습으로 기분 좋은 말들을 많이 했다.

"저 친구만큼 훌륭한 사람을 본 적이 없어. 우리 모두에게 아양도 떨고, 항상 미소 짓고, 능청스럽게 사랑을 표현하지. 나는 그가 우리 집 자랑거리가 된 것 같아. 윌리엄 루카스 경도 이보다 멋진 사위를 얻진 못할걸." 베넷 씨가 그들이 떠나자마자 말했다.

딸을 보낸 후 베넷 부인은 며칠 동안 매우 우울했다.

"친구 같은 가족들과 헤어지는 것만큼 힘든 건 없는 것 같아. 그들이 없으니 너무나 외롭다."

"딸을 시집보내면 다 그런 거죠, 엄마. 아직 다른 네 딸이 혼자여서 다행으로 생각하셔야겠네요."

"리디아가 결혼해서 떠났다기보다는 그저 남편의 부대가 너무 멀리 있다는 얘기다. 만약 더 가까웠다면 그렇게 빨리 가버리지 않았을 것 아니냐."

하지만 이 일로 인한 베넷 부인의 의기소침한 상태는 곧 나아졌다. 당시 퍼지기 시작한 한 소식으로 그녀의 마음은 다시 희망으로 들떴다. 네더필드의 가정부가 주인의 도착을 준비하라는 지시를 받았다는 것이었다. 주인은 며칠 내로 몇 주간의 사냥을 위해 내려올 예정이라고 했다. 베넷 부인은 안절부절못했다. 그녀는 제인을 바라보며 미소를 짓기도 하고 고개를 젓기도 했다.

"이런 이런, 그래서 빙리 씨가 온다는 거지? (이모인 필립스 부인이 처음 이 소식을 전했다.) 뭐, 잘됐네. 신경 쓰는 건 아니지만. 그는 우리와 아무 상관 없는 사람이야. 그리고 나는 분명 그를 다시 보고 싶지 않아. 하지만 뭐, 그가 원한다면 네더필드에 오는 건 매우 환영할 일이지. 그리고 무슨 일이 일어날지 누가 알겠어? 우리와는 상관없지만. 너도 알다시피, 우리는 오래전에 이것에 대해 한 마디도 하지 않기로 약속했잖아. 그런데 말이지, 그가 온다는 게 정말 확실해?"

"그건 확실해. 니콜스 부인이 어젯밤 메리턴에 있었거든. 내가 부인이 지나가는 걸 보고 진짠지 확인하려고 일부러 나갔어. 부인 말로는 확실한 사실이래. 늦어도 목요일에, 아마 수요일에 내려온다네. 부인이 말하길 수요일에 고기를 주문하려고 정육점에 가는 중이었대. 그리고 곧 잡아먹기 좋은 오리도 세 쌍이나 준비했다고 하네."

제인은 그가 온다는 소식을 들으며 얼굴색이 변하지 않을 수 없었다. 그녀는 몇 달 동안 엘리자베스에게 그의 이름을 언급하지 않았다. 하지만 이제 둘만 있게 되자 이렇게 말했다.

"오늘 이모가 빙리 씨 온다는 소식 전할 때 너 날 쳐다보더라, 리지. 내가 괴로워 보였다는 것도 알아. 하지만 그건 어떤 바보 같은 이유 때문이 아니야. 단지 사람들이 날 쳐다볼 거라는 생각에 잠시 당황했을 뿐이야. 진심으로 이 소식은 나에게 기쁨도 고통도 주지 않아. 한 가지 다행인 건 그가 혼자 온다는 거야. 그러면 우리가 그를 덜 보게 될 테니까. 나는 나 자신을 걱정해서가 아니라, 다른 사람들이 이러쿵저러쿵 말하는 게 두려울 뿐이야."

엘리자베스는 빙리 씨가 오는 것을 어떻게 생각해야 할지 몰랐다. 더비셔에서 그를 보지 않았다면 그가 공식적으로 알려진 목적으로만 올 것이라 생각했을 테지만, 그녀는 여전히 빙리 씨가 언니 제인에게 애정이 있다고 생각했다. 그가 친구의 허락을 받고 오는 건지, 아니면 허락 없이 올 만큼 대담한 건지 확신하지 못했다.

그녀는 혼자 계속 생각했다. '참 딱하네. 이 남자가 합법적으로

빌린 자기 집에 오는 건데 뭔 추측들이 이리 많담! 그냥 내버려두고 봐야겠어.'

빙리 씨의 소식에 제인은 아무렇지 않은 듯 말했고 그 말을 진심이라 믿었지만 엘리자베스는 그가 도착하기를 언니가 기대하고 있음을 쉽게 알 수 있었다. 제인은 평소보다 더 불안해하고 감정의 기복이 심했다.

약 1년 전 그들의 부모님 사이에서 뜨겁게 논의되었던 주제가 이제 다시 떠올랐다.

"빙리 씨가 오자마자 당신이 그를 방문해요, 여보." 베넷 부인이 말했다.

"아니, 안 가. 작년에 당신이 나에게 강제로 그를 방문하게 했고, 내가 가서 그를 만나면 우리 딸 중 하나와 결혼할 거라고 자신했잖소. 하지만 뭔 일이 일어났지? 아무 일도 없었고, 나는 다시는 그런 바보 같은 심부름을 하고 싶지 않소."

그의 아내는 빙리가 네더필드로 돌아올 때 이웃의 모든 신사가 그를 방문하는 것은 절대적으로 필요한 예의라고 설명했다.

아버지는 대답했다. "그건 내가 경멸하는 예절이오. 그가 우리와 교제하고 싶다면 직접 찾아오라고 하시오. 그는 우리가 어디 사는지 알고 있소. 나는 이웃들이 떠났다 돌아올 때마다 그들을 쫓아다니며 시간을 낭비하고 싶지 않소."

"글쎄요, 제가 아는 한, 당신이 그를 방문하지 않는다면 그건 무례하기 짝이 없는 일이에요. 하지만 그래도 제가 그를 저녁 식사에 초대하는 것까지 막지는 못하겠죠. 롱 부인과 굴딩 가족도 곧 초대해야 해요. 우리까지 하면 13명이니 식탁에 그를 위한 자리가 딱 맞겠네요."

이런 결심으로 위안을 얻은 그녀는 남편의 무례함을 잘 견딜 수 있었다. 비록 이웃들이 그들보다 먼저 빙리 씨를 보게 될 것이라는 사실은 매우 굴욕적이었지만 말이다. 그의 도착일이 가까워지고 있었다.

"그가 차라리 안 온다면 좋겠다. 이제 나는 그를 완전히 무심하게 볼 수 있을 것 같은데, 계속해서 엄마가 이렇게 얘기하는 걸 듣기가 힘들어. 엄마는 좋은 뜻이겠지만, 당신 말씀이 나를 얼마나 괴롭게 하는지 모를 거야. 그가 네더필드를 빨리 떠나면 차라리 행복하겠어!"

"위로가 될 만한 말을 해주고 싶지만, 내가 할 수 있는 게 없네. 언니가 스스로 감당해. 고통받는 사람에게 인내를 설교하는 건 내게 안 맞아. 그리고 언닌 워낙 인내심이 많으니."

드디어 빙리 씨가 왔다. 베넷 부인은 하인들의 도움으로 가장 빨리 소식을 접할 수 있었기에 그만큼 불안과 초조의 시간도 길어졌다. 그녀는 초대장을 보낼 수 있기까지 남은 날을 헤아리며, 그전에는 그를 볼 수 없을 것이라는 생각에 절망했다. 하지만 그가 하트퍼드셔에 도착한 지 사흘째 되는 날 아침, 그녀는 화장실 창문에서 그가 목장으로 들어와 집 쪽으로 말을 타고 오는 것을 보았다.

어머니는 기쁨을 함께 나누고자 다급히 딸들을 불렀다. 제인은 식탁에 단호한 분위기로 앉아 있었고, 엘리자베스는 어머니를 만족시키기 위해 창가로 갔다. 그녀는 다아시 씨가 함께 오는 것을 보고는 다시 언니 옆에 앉았다.

"신사 한 분이 빙리 씨랑 같이 오고 있어요, 엄마. 누구지?" 키티가 말했다.

"아마 아는 분이겠지. 나도 모르겠네."

"아! 저 사람, 전에 그와 함께 있던 그 남자 같아 보여요. 이름이 뭐였더라…. 키 크고 거만했던 그 사람이요." 키티가 말했다. "세상에! 다아시 씨라니! 진짜 그러네. 뭐, 빙리 씨의 친구라면 언제든 환영이긴 하겠지만, 솔직히 말하자면 그 사람은 꼴도 보기 싫다." 제인은 엘리자베스를 놀라움과 걱정의 눈으로 바라보았다. 그녀는 더비셔에서 있었던 두 사람의 만남에 대해 거의 알지 못했기 때문에 그 편지를 받고 난 후 처음으로 그를 보는 상황에서 엘리자베스가 겪을 곤혹스러움을 짐작했다. 두 자매 모두 불편한 마음을 감출 수 없었다. 각자 상대방의 감정을 신경 쓰면서도 자신도 불편한 기분을 느끼고 있었고, 그 와중에 어머니는 다아시 씨가 싫다는 말을 계속하며 그를 빙리 씨의 친구로서만 예의를 갖춰 대할 것이라고 했다. 두 딸은 이 말을 전혀 귀담아듣지 않았다.

엘리자베스는 제인이 짐작조차 할 수 없는 또 다른 걱정거리를 품고 있었다. 그녀는 외숙모의 편지를 보여줄 용기가 나지 않았고, 다아시 씨에 대한 자신의 복잡한 감정 변화를 이야기할 엄두도 내지 못했다. 제인에게 다아시 씨는 단지 청혼을 거절당한 불행한 남자일 뿐이었다. 하지만 엘리자베스는 그 이면에 숨겨진 진실을 알고 있었다. 다아시 씨는 가족 모두가 가장 큰 은혜를 입은 인물이며, 엘리자베스 자신도 이제는 그를 제인이 빙리 씨에게 품고 있는 애정만큼은 아니더라도 합리적이고 공정한 시선으로 바라보고 있었다.

다아시 씨가 네더필드로 다시 돌아와 엘리자베스를 다시 만나고자 한다는 사실이 그녀는 너무 놀라웠다. 이는 더비셔에서 그의 태도가 변한 것을 처음 보았을 때 느꼈던 경악에 버금가는 감정이었다.

그녀의 얼굴에서 사라졌던 혈색이 잠시 동안 돌아왔고, 그와 함께 얼굴에는 환희에 찬 미소가, 눈빛에는 광채가 더해졌다. 그의 애정과 바람이 여전히 흔들리지 않았을 것이라는 생각이 잠깐 동안 그녀를 기쁘게 했다. 그러나 그녀는 확신하지 않기로 결심했다.

'먼저 그가 어떻게 행동하는지 보자. 그러고 나서 기대해도 늦지 않을 거야.' 그녀는 생각했다.

그녀는 마음을 가라앉히려고 애쓰며 뜨개질에 몰두했다. 그러나 눈을 들지 않고는 견딜 수 없을 정도로 초조한 호기심이 그녀를 사로잡았고, 하인이 문으로 다가오는 동안 조심스레 언니의 얼굴을 바라보았다. 제인은 평소보다 약간 창백해 보였지만, 엘리자베스가 예상했던 것보다 더 차분했다. 남자들이 모습을 드러내자 제인의 얼굴에 붉은 기운이 더해졌지만, 그녀는 적당히 자연스러운 태도로 그들을 맞이했다. 그녀의 행동은 분노의 기색도, 과도한 아부도 없는 절제된 품위로 가득했다.

엘리자베스는 예의를 지키는 범위 내에서 최소한의 말만 건넸고, 다시 자신의 일에 몰두하려는 듯 자리로 돌아갔다. 그러나 평소보다 지나치게 열심히 하는 듯한 모습이었다. 그녀는 다아시를 단 한 번 흘끗 바라볼 용기를 냈다. 그는 평소처럼 진지한 표정을 짓고 있었고, 엘리자베스는 그가 펨벌리에서보다 하트퍼드셔에서의 모습과 더 비슷하다고 느꼈다. 그러나 그의 태도가 어머니 앞에서는 삼촌과 외숙모 앞에서와 같을 수 없다는 것도 이해할 수 있었다. 이는 고통스럽지만 전혀 가능성 없는 추측은 아니었다.

빙리 씨도 그녀의 시야에 잠깐 들어왔다. 그 짧은 순간 동안 그는 기쁨과 당혹스러움을 동시에 드러내고 있었다. 베넷 부인은 그를 상당히 예의 바르게 맞이했지만 다아시 씨에게 건넨 차갑고 형식적인 인사와 태도가 너무 대조적이어서 딸들은 부끄러움을 느꼈다.

엘리자베스는 특히 그녀의 어머니가 가장 아끼는 딸을 돌이킬 수 없는 불명예로부터 구해준 사람이 바로 다아시라는 사실을 알고 있었기에, 이런 잘못된 대우가 더더욱 고통스러웠다.

다아시 씨는 엘리자베스에게 가디너 부부의 안부를 물었고 엘리자베스는 당황한 나머지 제대로 대답할 수도 없었다. 그 후로 그는 거의 아무 말도 하지 않았다. 그가 그녀 옆에 앉지 않아서 그랬을 수 있다. 그러나 더비셔에서는 그렇지 않았다. 자신과 대화가 불가능할 때에는 삼촌 내외와 이야기를 나누었다. 그런데 지금은 몇 분이 지나도록 그의 목소리를 들을 수 없었다. 가끔 그녀가 호기심을 억누르지 못하고 그의 얼굴을 올려다볼 때면 그는 제인을 바라보거나 바닥만 쳐다보고 있었다. 이전에 만났을 때보다 더 사색적으로 보였고 그녀를 기쁘게 하려 안달하는 모습은 덜했다. 엘리자베스는 실망했다. 그리고 그런 자신에게 화가 났다.

'뭘 기대했던 거야? 그런데 도대체 여긴 왜 온 걸까?'

엘리자베스는 그와 대화하는 것 외에는 누구와도 이야기할 기분이 아니었지만 그에게는 말을 걸 용기가 나지 않았다.

다아시 씨 여동생의 안부 정도를 묻고는 더 이상 아무 말도 할 수 없었다.

"빙리 씨, 여기를 떠나신 지 꽤 시간이 지났어요." 베넷 부인이 말했다. 그는 그렇다고 했다.

"빙리 씨가 다시는 돌아오지 않을까 봐 걱정했어요. 사람들은 미카엘 축제 때 빙리 씨가 이곳을 완전히 떠날 것이라고 말하더군요. 하지만 그게 사실이 아니기를 바랐어요. 당신이 떠난 이후로 이웃에 많은 변화가 있었답니다. 루카스 양이 결혼해서 정착했어요.

그리고 제 딸 중 한 명도요. 이미 들으셨겠죠. 신문에서 보셨을 겁니다. 〈타임즈〉와 〈쿠리어〉에 실렸으니 말이에요. 물론 그렇게 제대로 실리지는 않았지만요. 단지 '최근에 조지 위컴 씨가 리디아 베넷양과 결혼했다'고만 나오고 그녀의 아버지나, 그녀가 살고 있는 곳에 대한 언급은 없더라고요. 제 동생 가디너가 작성한 것인데, 어떻게 그렇게 어색하게 썼는지 참. 혹시 그 기사 보셨어요?"

빙리 씨는 보았다고 말했다. 그리고 축하의 말을 전했다. 엘리자베스는 감히 눈을 들지 못했다. 그래서 다아시가 어떤 표정이었는지 알 수 없었다.

"딸이 시집을 잘 가는 건 정말 기쁜 일이지요. 그렇지만 동시에, 딸이 이렇게 멀리 떠나게 된다는 건 정말 힘든 일이에요. 그들은 뉴캐슬로 갔는데, 북쪽으로 꽤 먼 곳이에요. 거기서 얼마나 있을지 잘 모르겠어요. 그의 연대가 거기 있거든요. 아마 당신도 그가 있던 부대를 떠났고 정규군에 들어갔다고 들었을 거예요. 감사한 일이죠! 그에게 몇몇 친구들이 있었나 봐요. 친구가 많아야 맞는 거겠지만요."

엘리자베스는 이것이 다아시를 겨냥한 말임을 알고 부끄러움에 너무나 고통스러워서 자리를 지킬 수 없을 지경이었다. 그러나 그 말은 그녀에게 처음으로 어떤 힘을 내어 말을 하게 만들었다. 그 전엔 어떤 것도 그녀가 그렇게 말을 꺼내게 하지 못했다. 그래서 그녀는 빙리에게 네더필드에 얼마 동안 머물 계획인지 물었다. 그는 몇 주간 있을 것이라고 말했다.

"빙리 씨, 네더필드 부지의 새를 다 잡으시면 제발 여기 롱본에 와서 남편의 부지에서 원하는 만큼 새를 사냥하세요. 그이가 기꺼이 당신을 도와줄 것이고, 가장 좋은 새 떼는 모두 당신을 위해 남겨둘 겁니다."

엘리자베스는 그런 불필요하고 성가신 어머니의 친절에 더욱 고통스러워졌다. 만약 1년 전과 같은 희망적인 전망이 언니와 빙리 씨 간에 다시 생긴다면, 그녀는 모든 것이 예전과 똑같은 괴로운 결말로 향할 것이라고 확신했다. 그 순간, 그녀는 수년간의 행복으로도 제인이나 자신이 겪는 이토록 고통스러운 혼란의 순간들을 보상받을 수 없을 것이라고 느꼈다.

그녀는 속으로 생각했다. '내 첫 번째 소원은 두 사람 중 어느 누구와도 다시는 함께 있지 않는 거야. 그들과 함께 있는 것은 이런 비참함을 상쇄할 만한 어떤 즐거움도 줄 수 없어! 둘 중 누구도 다시는 보고 싶지 않아!'

하지만 수년간의 행복으로도 보상받을 수 없을 것 같았던 그 비참함은 얼마 지나지 않아 상당한 위안을 받게 되었다. 그녀의 언니의 아름다움이 옛 연인의 감탄을 다시 불러일으키는 것을 보면서 말이다. 그가 처음 왔을 때는 제인에게 거의 말을 걸지 않았지만, 5분마다 제인에게 더 많은 관심을 보이는 것 같았다. 그는 그녀가 작년만큼이나 아름답고, 차분하고, 꾸밈없다고 생각했다. 예전만큼 말을 많이 하지는 않았지만. 제인은 자신의 모습이 하나도 달라지지 않았음을 보이고 싶었고 자신이 예전만큼 많이 이야기하고 있다고 생각했지만 마음이 너무 바빴는지 자신이 침묵하고 있을 때조차 그걸 알아차리지 못했다.

신사들이 일어나 떠나려 할 때, 베넷 부인은 자신이 계획했던 친절을 잊지 않았고, 그들은 며칠 후 롱본에서 저녁 식사를 하도록 초대받았다.

"빙리 씨, 우리에게 방문 빚이 있으신 거 아시죠? 지난겨울 당신이 런던에 갔을 때, 돌아오면 바로 우리 가족과 저녁 식사를 하기로 약속했잖아요. 보다시피 전 잊지 않았어요. 그런데 돌아오시지도 않고 약속도 지키지 않아 제가 정말 얼마나 실망했는지 몰라요.”

빙리는 이 말에 약간 어리둥절한 표정을 지으며, 일 때문에 방문하지 못했던 것에 대해 유감을 표하는 말을 했다. 그러고 나서 그들은 떠났다.

베넷 부인은 그들에게 그날 저녁 식사를 하고 가라고 권하고 싶은 마음이 간절했다. 그러나 항상 훌륭히 식탁을 차려 왔으면서도 그녀가 그토록 간절히 바라는 사람이자 연봉이 1만 파운드나 되는 사람의 식욕과 자존심을 만족시키기 위해서라면 최소한 두 가지 이상의 코스 요리는 준비해야 한다고 생각했다.

• 54장 •

그들이 떠나고 나서 엘리자베스는 기분을 바꿔보려 밖으로 걸어 나갔다. 기운 빠지게 하는 생각들을 좀 떨어내려는 생각에서였다. 다아시의 행동은 놀랍고도 짜증이 나게 만들었다.

‘왜지? 말도 안 하고 그렇게 심각한 듯 무관심하게 있으려면 도대체 왜 온 거지?’ 그녀는 생각했다.

어떤 식으로 생각하든 그녀의 기분은 좋아지지 않았다.

‘런던에서 삼촌이랑 외숙모에게는 그렇게 친절하더니 왜 나한테는 아니야? 내가 두려운 건가? 그럼 여길 왜 와? 더 이상 나를 신경 안 쓴다면 왜 그렇게 말이 없어? 괴롭다. 그래, 그 사람 생각은 그만하자.’

언니가 다가오는 바람에 그 결심은 소용이 없었다. 제인은 엘리자베스보다는 그들이 와서 더 만족한 표정이었다.

"다시 만나니까 완전 편하다. 역시 나는 담력이 센가 봐. 그가 다시 와도 이제 당황하지 않을 것 같아. 화요일에 저녁을 먹으러 온다니까 좋아. 이제 사람들도 우리 사이가 그냥 평범한 친구 정도라고 생각할 거야."

"그래, 그냥 무덤덤한 지인 사이. 그래도 마음 잘 추슬러." 엘리자베스가 웃으며 말했다.

"오, 리지, 너는 나를 너무 약하게 보는 것 같아. 내가 다시 위험한 상태에 빠질 것 같아?"

"응. 뭐랄까, 언니가 그 사람이 다시 언니랑 사랑에 빠지게 만들 것 같아 엄청 위험해 보이는데."

* * *

그들은 화요일까지는 그 신사들을 다시 볼 수 없었다. 한편 베넷 부인은 빙리가 지난번 30분 동안 만났을 때 예전처럼 다시 쾌활해지고 예의 바른 모습을 보였다고 생각하며 행복해하고 있었다.

화요일, 롱본에 많은 사람들이 모였다. 그리고 제일 기다렸던 그 두 사람은 기대에 어긋나지 않게 제시간에 도착했다. 그들이 주방 식당으로 가자 엘리자베스는 빙리가 전처럼 제인의 옆에 앉는지를 관찰했다. 눈치 빠른 어머니도 같은 생각이었기에 빙리를 자신 옆에 앉히고 싶은 마음을 애써 억눌렀다. 식당으로 들어가자 빙리는 주저하는 것 같았다. 그러나 제인이 주위를 둘러보며 웃는 모습을 보자마자 그는 결심했다. 제인의 옆자리에 앉은 것이다.

엘리자베스는 승리한 듯한 느낌으로 그의 친구 다아시에게 눈을 돌렸다. 다아시는 무관심한 듯한 표정이었다. 그녀는 빙리 또한 반쯤은 웃고 있지만 불안한 듯한 표정으로 다아시를 똑같이 쳐다보고 있음을 느꼈다. 그 표정에서 그녀는 빙리가 다아시로부터 결혼하라는 승낙을 받지 못했음을 알 수 있었다.

식사 시간에 전보다 쳐다보는 사람들이 많았음에도 빙리는 제인에 대한 애정을 보였다. 엘리자베스는 빙리와 제인 둘만 있다면 그들이 빠르게 행복해질 것이라는 생각이 들었다. 그녀는 감히 결과에 대해선 단정할 수 없어도 빙리가 그렇게 행동하는 모습을 보는 것만으로도 기분이 좋았다. 유쾌한 기분까지는 아니어도 기운이 나는 것 같았다. 다아시는 엘리자베스와 테이블 맞은편에 멀리 떨어져 앉아 있었다. 그의 한쪽 옆으로는 베넷 부인이 앉아 있었다. 엘리자베스는 그들이 그렇게 앉은 것이 둘에게 모두 즐겁지도 않고 이득도 없는 일임을 알았다. 두 사람의 대화가 들릴 만큼 가까운 거리는 아니었지만 그들이 거의 대화를 나누지도 않으며 서로에게 너무 격식을 차리고 차갑게 대한다는 것을 알 수 있었다. 어머니가 다아시에게 그렇게 다정하지 못하게 대하는 것을 보자 엘리자베스는 가족이 그에게 지고 있는 빚을 생각하며 더 고통스러웠다. 다아시에게 그가 베푼 은혜를 가족 모두가 모르지 않고 감사하고 있다고 말해주고 싶은 충동이 계속 들었다.

엘리자베스는 저녁에 자신과 다아시 둘만의 시간이 있기를 바랐다. 와 있는 동안 형식적인 인사 이상의 대화를 나눌 시간이 없을까 봐 초조했다. 응접실에서 엘리자베스는 두 신사가 들어오기 전까지 불편하고 지루한 시간을 느끼며 거의 교양 없는 여인처럼 초조해졌다. 그날 저녁 그녀의 모든 즐거움이 두 신사가 응접실로 들어오는 순간에 달려 있기라도 한 것처럼 엘리자베스는 목 빠지게 그들이 들어오기를 기다렸다.

'그 사람이 여기로 안 들어오면… 그를 영영 포기할 거야.' 엘리자베스는 생각했다.

두 신사는 응접실로 들어왔고 그녀는 마치 그가 자신의 희망에 응답한 것처럼 보였다. 그러나 아쉽게도 다른 여자 손님들이 어머니가 차를 만들고 엘리자베스가 커피를 따르고 있던 응접실 테이블 주위로 몰려들었다. 너무 가까이 모여들어서 그녀 근처에는 의자 하나 놓을 빈자리조차 없었다. 두 신사가 다가오자 그 여자들 중 한 명이 엘리자베스에게 가까이 다가와 속삭이듯 말했다.

"저 남자들이 우릴 갈라놓지는 못할 거야. 난 결심했어. 우린 저들 중 누구도 원하지 않잖아?"

다아시는 응접실의 다른 곳으로 걸어갔다. 엘리자베스의 눈은 그를 따라갔다. 그녀는 그가 말을 건네는 모든 사람이 부러웠고 다른 이들을 위해 커피를 따라 줄 인내심도 바닥나는 것만 같았다.

'그는 나한테 이미 한 번 거절당했어! 어떻게 그가 다시 날 사랑할 거라 기대해? 참 어리석다. 같은 여자에게 두 번이나 청혼하는 남자가 있겠어? 그렇게 혐오스러운 모욕감은 없어.'

하지만 다아시가 그녀에게 자신의 커피잔을 가지고 오자 그녀는 조금 기운이 났다. 그녀는 그 기회를 놓치지 않고 말했다.

"동생분은 아직 펨벌리에 있어요?"

"네, 크리스마스까지 거기 있을 거예요."

"혼자서요? 친구들은 모두 갔죠?"

"앤즐리 부인이 함께 있어요. 다른 친구들은 3주 전에 스카버러로 갔어요."

그녀는 더 이상 할 말이 떠오르지 않았지만, 그가 계속 대화하고 싶어 한다면 더 좋은 대화거리가 있었을 것이다. 그러나 그는 그녀 곁에서 몇 분 동안 침묵하며 서 있더니 한 젊은 아가씨가 와서 엘리자베스에게 다시 귓속말을 하자 다른 곳으로 가버렸다.

차를 다 마시자 찻잔을 치우고 카드 테이블이 놓였고 여자들은 모두 일어났다. 엘리자베스는 곧 다아시가 다시 합류하기를 바라고 있었다. 그러나 그녀의 어머니가 휘스트 게임을 하려고 그를 데리고 가는 모습을 보자 희망은 물거품이 되었다. 엘리자베스는 이제 모든 기대를 다 잃었다. 서로 다른 테이블에 앉은 채 저녁 시간은 다 가버릴 것이다. 아무 희망도 없었지만 다아시의 눈이 자주 자신 쪽을 향하는 것을 보고 엘리자베스는 그 역시 자신과 마찬가지로 카드에 열중하지 못하고 있다는 생각이 들었다.

베넷 부인은 네더필드의 두 신사를 저녁 내내 붙들고 있을 계획이었지만 불행히도 그들은 다른 사람들보다 먼저 마차를 불렀고 그녀는 더 이상 그들을 붙잡을 기회가 없었다.

"얘들아, 오늘 어땠니?" 손님들이 다 떠나자마자 베넷 부인이 말했다. "모든 게 정말 다 좋지 않았니? 저녁 식사는 내가 본 것 중 가장 잘 차려진 음식이었어. 사슴고기는 잘 구워졌고 다들 허리에 그렇게 살이 많이 붙은 고기는 처음 본다고 그러더라고. 수프는 지난주 루카스 씨 집에서 먹었던 것보다 50배는 더 맛있다 하고. 다아시 씨도 자고새를 놀랍도록 잘 요리했다고 인정했지. 자기네 집에 적어도 두세 명의 프랑스 요리사가 있을 텐데 말이야. 그리고 제인, 넌 오늘 정말 예쁘더구나. 그렇지 않냐고 물으니 롱 부인도 그렇다고 인정했어. 게다가 또 뭐라는 줄 아니? '아! 베넷 부인, 드디어 우리 이제 제인을 네더필드에 시집보내는 건가요!' 정말 그랬어. 내 생각에 롱 부인은 참 좋은 사람이다. 그 조카들도 참 행동이 바르지. 인물은 없지만 말이야. 나는 그 애들이 특히 좋더라."

베넷 부인은 한마디로 기분이 무척 좋았다. 빙리가 제인을 대하는 태도를 충분히 관찰했고, 마침내 그를 사위로 얻게 될 것이라고 확신했기 때문이다. 하지만 기분이 좋을 때 그녀는 너무나 말도 안 되는 긍정을 꿈꾸었기에 다음 날 바로 빙리가 다시 나타나 청혼하지 않자 크게 실망하고 말았다.

"참 즐거운 하루였어. 파티에 온 사람들 구성도 좋았고 다들 서로에게 잘 맞는 사람들이었어. 앞으로도 자주 만나면 좋겠다." 제인은 엘리자베스에게 말했다.

엘리자베스는 미소를 지었다.

"리지, 너 또 나 의심하는 거지? 그럼 안 돼. 내가 당황스럽잖아. 그냥 기분 좋고 합리적인 젊은 남자로서의 그와 대화를 즐기는 것뿐이야. 그 이상을 바라는 마음은 전혀 없어. 그의 현재 태도를 보면 결코 내 마음을 사로잡으려거나 하는 게 아님을 알 수 있어. 그가 다른 남자들보다 더 매력적인 태도를 지니고 사람들을 기쁘게 하는 스타일일 뿐인 거야."

"언니는 정말 잔인해. 매 순간 웃음이 나오게 하면서 또 웃지 말라 하고 말이야." 엘리자베스가 대답했다.

"때론 나를 이해시키고 내 말을 믿게 하는 게 참 힘들구나."

"때론 아예 불가능하기도 하지!"

"하지만 내가 인정하지 않는데 왜 내 감정을 설득하려 들지?"

"그 질문엔 내가 어떻게 대답해야 할지 잘 모르겠다. 우리는 모두 가르치길 좋아하지만, 실은 알 가치도 없는 것들만 가르칠 수 있을 뿐이야. 용서해 줘. 언니가 계속 무관심한 척 그렇게 말할 거면 이젠

나도 언니의 비밀 상담자 역할은 못한다."

• 55장 •

며칠 뒤에 빙리 씨는 또 혼자서 찾아왔다. 그의 친구는 그날 아침 런던으로 떠났는데, 열흘 뒤에 다시 돌아올 거라고 했다. 빙리 씨는 한 시간 넘게 집에 머물렀고 굉장히 즐거워 보였다. 베넷 부인은 저녁 식사를 하고 가라고 권했지만 그는 몇 번이고 미안하다며 다른 약속이 있다고 했다.

"다음에는 우리가 같이 식사를 하는 행운이 있으면 좋겠군요." 베넷 부인이 말했다. 그는 언제든 함께 식사를 하게 되면 무척 기쁠 것이라며 부인만 허락한다면 조만간 다시 찾아뵙겠다고 했다.

그러자 베넷 부인이 물었다. "내일은 어떠신가요?"

그는 기쁘게 초대를 받아들였다.

다음 날 그가 왔는데 너무 일찍 와서 아무도 옷도 제대로 갖추어 입지 않고 있었다. 베넷 부인은 잠옷 차림에 머리도 덜 만진 채로 딸의 방으로 뛰어 들어갔다.

"제인, 얼른! 빨리 내려가야지! 빙리 씨가 왔어! 정말로 왔다고! 서둘러라, 사라! 어서 와서 제인 아가씨 옷 입는 걸 도와줘! 리지 머리는 나중에 하고."

"네, 빨리 내려갈게요. 근데 키티가 우리보다 더 빨리 준비가 될 거예요. 아까 30분 전에 이미 올라왔거든요."

"아이고, 키티는 됐어! 걔가 무슨 상관이야! 어서, 서둘러서 내려가야지! 아, 허리띠는 어딨지?"

하지만 엄마가 나가고 나서도 제인은 자매 중 한 명과 함께가 아니면 내려가지 않으려 했다.

그날 저녁에도 어머니는 제인과 빙리를 둘만 따로 있게 하려고 안간힘을 썼다. 차를 마신 뒤에 베넷 씨는 늘 하던 대로 서재로 갔고, 메리는 악기 연습을 하러 이층으로 올라갔다. 다섯 명의 방해꾼 중 둘이 사라지자, 베넷 부인은 한참 동안 엘리자베스와 캐서린을 보면서 윙크를 했지만, 둘 다 못 본 척했다. 엘리자베스는 일부러 무시했고, 결국 키티가 보고는 순진하게 물었다.

"엄마, 왜 자꾸 저한테 윙크하시는 거예요? 제가 뭘 해야 하는 거죠?"

"아무것도 아니다, 얘야. 내가 무슨 윙크를 했다고." 그러나 베넷 부인은 5분 정도 더 가만히 앉아 있더니 이런 귀중한 기회를 놓칠 수 없다는 듯 갑자기 일어나 키티에게 말했다.

"이리 와봐, 우리 귀염둥이. 할 말이 있다." 그러고는 키티를 데리고 방을 나갔다.

제인은 바로 엘리자베스를 쳐다봤는데, 그 표정에는 엄마의 이런 계획적인 행동에 대한 걱정과 함께 거기에 넘어가지 말라는 부탁이 담겨 있었다. 잠시 후 베넷 부인이 문을 살짝 열고 엘리자베스를 불렀다.

"리지, 우리 딸, 잠깐 이리 와볼래?"

엘리자베스는 할 수 없이 방을 나갔다.

"우리가 저 둘만 놔두는 게 좋지 않겠니. 키티랑 나는 위층 내 방에 가 있을 거야." 엘리자베스가 복도로 나오자마자 어머니가 말했다.

엘리자베스는 엄마를 설득하려 하지 않았다. 조용히 복도에 서서 엄마와 키티가 시야에서 사라질 때까지 기다렸다가 거실로 돌아왔다.

그리하여 베넷 부인의 계획은 실패로 끝났다. 빙리는 모든 면에서 매력적이었지만, 아직 딸의 공식적인 연인이 되진 못했다. 그는 편안하고 쾌활한 성격을 지녔기에 그가 참석한 저녁 모임은 훨씬 더 즐거웠다. 그는 어머니의 부적절한 참견도 잘 견뎌냈고, 그녀의 어리석은 말들도 딸이 고마워할 만큼 인내심을 가지고 들어주었다.

그날은 저녁 식사 때까지 머물러 달라고 요구할 필요도 없었고 돌아가기 전에는 자신도 원했고 또 베넷 부인이 주선하여, 다음 날 아침에 베넷 씨와 사냥을 가기로 약속까지 잡았다.

하지만 그날 이후로 제인은 더 이상 빙리에게 관심 없는 척하지 않았다. 자매들 사이에서 빙리에 대한 이야기는 한마디도 오가지 않았지만, 엘리자베스는 다아시 씨가 예정된 시간 안에 돌아오지만 않는다면 모든 게 곧 잘 풀릴 거라고 믿으며 잠자리에 들었다. 진지하게 생각해 보면 이 모든 일이 다아시 씨의 동의 하에 일어난 것이라는 확신이 들었다.

빙리는 약속 시간을 잘 지켰고, 계획한 대로 베넷 씨와 함께 아침을 보냈다. 베넷 씨는 빙리 씨가 예상했던 것보다 훨씬 더 즐거워했다. 빙리에게는 베넷 씨가 비웃거나 불쾌해서 입을 다물게 만들 만한 건방진 면이나 어리석은 면은 전혀 없었다. 그래서 베넷 씨는 평소보다 훨씬 더 말도 많이 했고 그 기괴한 성질을 부리지도 않았다. 당연히 빙리는 저녁 식사 때도 함께 했고, 저녁 시간에 베넷 부인은 또다시 그와 딸을 어떻게 하면 단둘이 있게 할까 하고 궁리했다. 엘리자베스는 마침 써야 할 편지가 있어서 차를 마신 직후에 식당으로 갔다. 어차피 다른 사람들 모두 응접실로 카드 게임을 하러 가는 중이었으니까 엄마의 계획을 막기 위해 자기가 필요할 것 같진 않았기 때문이다.

하지만 편지를 다 쓰고 응접실로 돌아왔을 때, 엘리자베스는 자기가 생각했던 것보다 엄마가 더 영리하게 일을 진행했다는 걸 깨달았다. 문을 열자마자 제인과 빙리가 벽난로 앞에 나란히 서서 진지한 대화를 나누는 모습이 보였던 것이다. 설사 이 모습만으로는 의심이 들지 않았더라도 둘이 급하게 돌아서더니 서로에게서 조금 멀어지는 모습을 보니 모든 걸 알 수 있었다.

그들의 상황도 충분히 어색했지만, 엘리자베스는 자기가 더 난처하다고 느꼈다. 아무도 말을 하지 않았고 엘리자베스가 막 다시 나가려던 찰나, 앉아 있던 빙리가 갑자기 벌떡 일어나더니 제인에게 몇 마디를 속삭이고는 방을 뛰어나갔다.

제인은 엘리자베스에게 비밀을 숨길 이유가 없었다. 신뢰가 기쁨을 줄 수 있는 상황이었기에 그녀는 즉시 엘리자베스를 껴안고 가장 생생한 감정으로 자신이 세상에서 가장 행복한 사람이라고 인정했다.

"너무 과분해! 정말 내겐 너무 과분해. 내가 이런 행복을 받을 자격이 있을까. 아, 왜 모든 사람이 이렇게 다 행복할 수 없는 걸까?"

엘리자베스는 진심을 다해 따뜻하고 기쁜 마음으로 축하해 주었다. 당연히 말로는 제대로 다 표현할 수 없을 정도였다. 친절한 말 한마디 한마디가 모두 제인에게는 새로운 행복의 원천이었다. 하지만 제인은 동생과 응접실에서 더 있으면서 하고 싶은 말을 다 하지는 않았다.

"엄마한테 당장 가봐야겠어! 엄마가 그렇게 애정 어린 마음으로 걱정하고 계셨는데 빨리 말씀드려야지. 다른 사람이 아닌 내가 직접 말씀드려야 해. 빙리 씨는 이미 아버지께 가셨어. 오, 리지, 내가 이야기하면 우리 가족 모두가 너무도 기뻐할 거야! 이 큰 행복을 어떻게 감당하지!"

제인은 서둘러 어머니한테로 갔다. 어머니는 의도적으로 카드 게임을 일찍 파하게 한 후 키티와 함께 위층에 올라가 있었다.

혼자 남은 엘리자베스는 몇 달 동안이나 불안하고 짜증나게 했던 일이 이렇게 빠르고 쉽게 해결되는 걸 지켜보며 미소를 지었다.

'이게 바로 그의 친구가 그토록 신중하게 걱정했던 일의 결말이구나! 그의 누이들이 거짓말하고 술수를 부린 끝이 이거였어! 이보다 더 행복하고 현명하고 합리적인 결말이 있을까.' 그녀는 혼자 생각했다.

잠시 후 빙리가 왔다. 아버지와의 이야기가 짧게 끝난 것 같았다.

"언니는 어디 있죠?" 빙리가 문을 열며 급하게 물었다.

그는 문을 닫고 엘리자베스에게 다가와 언니를 축복해 달라고 했다. 엘리자베스는 진심으로 그들이 결혼하게 되는 것에 기쁨을 표했다. 둘은 매우 다정하게 악수를 나누었고 언니가 내려올 때까지 엘리자베스는 언니는 완벽한 여성이며 언니의 행복을 바란다는 빙리 씨의 말을 들어야 했다. 엘리자베스는 그가 연인으로 아무리 언니에게 빠져 있다고는 해도 이렇게까지 언니를 칭찬하며 행복을 기대하는 것은 언니의 훌륭한 이해심과 뛰어난 성품, 그리고 언니와 그 사이의 전반적인 감정과 취향의 유사성을 기반으로 하고 있었기 때문에 합리적인 것이라고 진심으로 믿었다.

그날 저녁은 그들 모두 정말 특별한 기쁨을 느꼈다. 베넷 양의 만족감은 그녀의 얼굴에 달콤한 생기를 주어, 그 어느 때보다 더욱 아름다워 보였다. 키티는 히죽히죽 웃으며 자신의 차례도 곧 올 것이라는 기대를 품었다. 베넷 부인은 반 시간 동안 빙리에게 결혼을 승낙한다는 표현을 계속했으나 스스로 만족할 만큼 따뜻한 표현이 나오지 않았다. 그리고 베넷 씨가 저녁 식사 자리에 합류했을 때, 그의 목소리와 태도는 그가 진정으로 얼마나 행복한지를 분명히 보여 주고 있었다.

하지만 빙리 씨가 그날 밤 작별 인사를 하고 돌아갈 때까지 아버지는 결혼에 관해 한 마디도 하지 않았으며, 그가 떠나자마자 자신의 딸에게 돌아서서 말했다.

"제인, 축하한다. 너는 아주 행복한 여인이 될 거야." 제인은 즉시 아버지에게 달려가 입맞추고 그의 자상함에 감사를 표했다.

"넌 착한 아이다. 네가 이렇게 행복하게 결혼해서 정착하게 될 거란 생각을 하니 정말 기쁘구나. 너희 둘이 아주 잘 지낼 거라는 데에는 의심의 여지가 없다. 너희 둘의 성격은 비슷하지. 그런데 너희 둘 다 너무 순응적이라서 어떤 결정도 내리지 못할 거고, 너무 순해서 모든 하인들이 너희를 속일 것 같다. 너무 관대해서 항상 수입보다 더 많이 쓰게 될지도 모르고."

"그렇게 되지는 않을 거예요. 돈 문제에 있어서 경솔하거나 무심한 건 제가 정말 참을 수 없는 일이에요."

"수입보다 더 쓴다고요! 여보, 무슨 말씀을 하시는 거예요? 그는 일 년에 4천이나 5천 파운드, 아니 아마 그보다 더 많이 벌 거예요." 베넷 부인이 외쳤다. 그러고는 딸에게 말을 돌렸다. "오! 사랑하는 우리 딸, 나는 너무 행복하다! 오늘 밤엔 한숨도 못 잘 것 같아. 이럴 줄 알았어. 내가 항상 결국엔 이렇게 될 거라고 말했잖아. 네가 그렇게 아름다운 게 헛될 리가 없다고 확신했단 말이다! 작년에 그가 처음 하트퍼드셔에 왔을 때가 기억난다. 처음 그를 보자마자 너랑 잘 어울릴 거라고 생각했던 게 기억나. 오! 그는 내가 본 사람 중 가장 잘생긴 젊은이야!"

그녀는 위컴과 리디아는 완전히 잊고 있었다. 지금은 제인만이 그녀에게 가장 사랑스러운 딸이었다. 이 순간, 베넷 부인은 다른 누구도 신경 쓰지 않았다. 동생 둘은 제인 언니가 미래에 나눠 줄 행복의 혜택에 대해 관심을 보이기 시작했다.

메리는 네더필드의 도서관 사용을 청했고, 키티는 겨울마다 그곳에서 몇 번의 무도회를 열어달라고 간절히 부탁했다.

빙리는 이때부터 롱본에 매일 방문하는 손님이 되었다. 그는 자주 아침 식사 전에 와서 항상 저녁 식사 후까지 남아 있었다. 사정을 안 봐주는 이웃의 아침 식사 초대에 꼭 응해야 한다고 생각하는 날들에만 예외가 있을 뿐이었다.

엘리자베스는 이제 언니와 대화할 시간이 거의 없었다. 빙리가 와 있을 때 제인은 다른 누구에게도 관심을 쏟을 여력이 없었기 때문이다. 그러나 엘리자베스는 두 사람이 어쩔 수 없이 떨어져 있어야 하는 시간 동안 자신이 두 사람 모두에게 상당히 유용하다는 것을 느꼈다. 제인이 없을 때 빙리는 항상 엘리자베스에게 붙어서 언니 이야기를 하며 즐거운 시간을 보냈고, 빙리가 떠나면 언니도 엘리자베스와 빙리 이야기를 하며 위안을 찾았던 것이다.

"빙리 씨가 나를 너무 행복하게 해주었어. 그는 지난봄에 내가 런던에 있었다는 사실을 전혀 몰랐다고 말해 주었어! 나는 그가 알고 있었을 거라 생각했는데 말이야. 그건 분명 그의 누이들 때문이었을 거야. 그들은 분명히 빙리 씨가 나와 친해지는 것을 반기지 않았고, 그럴 수밖에 없었을 거라고 나도 이해해. 왜냐하면 그가 여러 면에서 훨씬 더 유리한 선택을 할 수 있었기 때문이지. 하지만 내가 바라는 것처럼 오빠가 나와 함께 하는 것이 행복하다는 것을 그들이 알게 된다면, 그들도 그것에 만족하게 될 거고 나와도 다시 좋은 관계를 유지할 수 있을 거야. 비록 예전처럼 서로에게 중요한 존재가 될 수는 없겠지만."

"언니는 정말 용서가 안 된다. 그런 말을 어떻게 해. 언닌 너무 착해서 문제야. 빙리 양의 가식적인 호의에 또다시 희생양이 되는 모습은 보고 싶지 않아."

"믿을 수 있겠어, 리지? 그가 작년 11월에 런던에 갔을 때도 그는 정말로 나를 사랑하고 있었대. 내가 자기한테 무관심하다고 확신하지만 않았다면 다시 여기 왔을 거랬어!"

"그가 잘못 확신한 게 있었던 거지. 그게 다 겸손해서 그런 거야."

엘리자베스가 이렇게 말하자 자연스럽게 제인은 빙리의 조심스럽고 자신을 낮추는 성격 등에 대해 칭찬을 늘어놓기 시작했다. 엘리자베스는 친구인 다아시가 개입되었다는 사실을 빙리가 밝히지 않았다는 것에 기뻤다. 제인이 아무리 세상에서 가장 관대하고 잘못을 포용하는 마음을 가졌다 하더라도, 그 사실을 알면 다아시 씨에 대해 편견을 가졌을 게 당연했기 때문이다.

"나는 정말 세상에서 가장 운이 좋은 사람이야! 오, 리지, 왜 나만 우리 가족 중에서 이렇게 선택받고 축복받은 사람인 걸까! 너도 이렇게 행복하면 좋겠어. 네게도 나처럼 이런 남자가 있다면 좋겠어!"

"아니, 언니가 나에게 그런 남자 한 트럭을 준대도 나는 언니만큼 행복할 수 없을 거야. 언니의 성격을 가지거나 언니처럼 착하지 않고는 절대 언니가 느끼는 행복을 가질 수 없지. 아니야, 정말 아니야, 나는 내 길을 가게 해줘. 그리고 아마도, 운이 아주 좋다면 또 다른 콜린스 씨를 만날 날이 오겠지."

롱본 가족의 이 경사스러운 상황은 비밀로 유지될 수 없었다. 베넷 부인은 필립스 부인에게 그런 즐거운 소문을 속삭일 특권을 가졌다지만, 필립스 부인은 허락도 없이 메리턴의 모든 이웃들에게 소문을 냈다.

불과 몇 주 전 리디아가 가출했을 때 불행의 낙인이 찍혔던 베넷 가문은 이제는 다시 빠르게 세상에서 가장 운이 좋은 가문이라는 평가를 얻게 되었다.

· 56장 ·

빙리가 제인과 약혼한 지 일주일쯤 지난 어느 날 아침, 그와 베넷 가의 여성들이 식당에 함께 앉아 있을 때였다. 갑자기 마차 소리가 들려 그들의 주의는 창가로 쏠렸다. 그들은 네 마리의 말이 끄는 마차가 잔디밭으로 들어오는 것을 보았다. 방문객이 오기에는 이른 아침이었고, 게다가 그 마차는 아는 이웃들의 마차가 아니었다. 말들은 장거리 여행을 위한 역마였고, 마차도 앞에 선 하인의 제복도 그들에게는 낯선 것이었다. 하지만 누군가 손님이 온 것은 분명했기에, 빙리는 제인에게 방문객으로 인한 불편한 구속을 피해 자신과 함께 숲으로 산책을 나가자고 했다. 그렇게 둘은 함께 자리를 떴고, 남은 세 사람은 손님이 누굴까 생각했지만 도무지 알 수 없는 채로 문이 열리고 방문객이 들어왔다. 캐서린 드 버그 부인이었다.

그들은 모두 놀랄 준비가 되어 있었다지만 그 놀라움은 정말 예상 이상이었다. 그리고 베넷 부인과 키티의 경우에는 그 부인을 전혀 본 적이 없음에도 불구하고 엘리자베스가 느끼는 것보다도 더 크게 놀랐다. 캐서린 부인은 평소보다 더 불손한 태도로 집으로 들어섰고, 엘리자베스의 인사에 대해 고개를 약간 숙이는 것 외에는 다른 아무 대답도 없이 자리에 앉았다. 엘리자베스는 부인이 들어오자 소개를 요청받은 건 아니지만 어머니에게 그 부인의 이름을 말씀드렸다.

베넷 부인은 너무 놀라웠지만 이렇게 중요한 손님을 맞이하게 되어 기분이 좋았고, 최대한 공손하게 그녀를 맞이했다. 잠시 침묵 속에 앉아 있다가, 캐서린 부인은 엘리자베스에게 매우 딱딱하게 말했다.

"잘 지내고 있었겠죠, 베넷 양. 저분이 베넷 양의 어머니신가요?"

엘리자베스는 간결하게 그렇다고 대답했다.

"그리고 저 아가씨는 당신의 동생 중 한 명이겠군요."

"네, 그렇습니다, 부인." 베넷 부인은 캐서린 부인과 대화하게 되어 기쁜 듯 대답을 가로챘다. "저 애는 저희 막내딸 바로 위예요. 저희 막내는 최근에 결혼했고, 저희 맏딸은 지금 어딘가에서 한 청년과 산책을 하고 있지요. 그 청년은 곧 우리 가족의 일원이 될 것이고요."

"댁의 정원은 매우 작군요." 캐서린 부인은 짧은 침묵 후에 대답했다.

"그렇죠, 로징스와는 상대가 안 되지요. 하지만 부인, 감히 말씀드리지만 그래도 윌리엄 루카스 경의 정원보다는 훨씬 큽니다."

"여름 저녁에 이 거실은 매우 덥겠군요. 창문이 모두 서쪽을 향하고 있으니까요."

베넷 부인은 저녁 식사 후에는 이 거실을 사용하지 않는다고 힘주어 대답하고는 덧붙였다. "콜린스 씨 부부도 잘 지내고 있는지 여쭤봐도 될까요?"

"네, 잘 지내고 있어요. 바로 어젯밤에도 그들을 봤죠."

엘리자베스는 캐서린 부인이 샬럿이 자신에게 쓴 편지를 꺼내어 전달하지 않을까 기대했다. 캐서린 부인이 방문할 이유가 그것 말고는 없었기 때문이다. 그러나 편지 같은 것도 없었기에 도대체 무슨 이유로 이 부인이 여기 왔는지를 알 수 없었다.

베넷 부인은 매우 공손하게 캐서린 부인에게 다과를 권했지만, 캐서린 부인은 매우 단호하면서도 공손함과는 거리가 멀게 아무것도 먹지 않겠다고 거절했다. 그리고 일어나더니 엘리자베스에게 말했다.

"베넷 양, 댁의 잔디밭 한쪽에 꽤 예쁘고 작은 야생 숲이 있는 것 같더군요. 저와 함께 잠시 그곳 좀 산책할까요?"

"그래, 리지야, 그렇게 해라. 부인에게 산책로 여기저기를 안내해 드리렴. 부인이 정자를 보시면 좋아하실 것 같구나." 어머니는 엘리자베스에게 말했다. 엘리자베스는 어머니 말씀대로 자신의 방으로 달려가 양산을 챙기고, 귀빈을 모시러 아래층으로 내려갔다. 그들이 홀을 지나칠 때, 캐서린 부인은 식당과 응접실의 문을 열어 흘끗 보더니 방들이 괜찮게 정돈되어 있다고 말하면서 계속 걸었다.

그녀의 마차는 문 앞에서 기다리고 있었고, 엘리자베스는 그 안에 캐서린 부인의 하녀가 있는 것을 보았다. 그들은 숲으로 이어지는 자갈길을 따라 별말 없이 걸어갔다. 엘리자베스는 평소보다 뭔가 더 무례하고 오만한 이 부인과 대화하기 위해 어떤 노력도 하지

오만과 편견 **395**

않기로 결심했다.

'어떻게 내가 이 부인을 그녀의 조카와 같다고 생각할 수 있었을까?' 엘리자베스는 부인의 얼굴을 바라보며 혼자 생각했다.

숲에 들어서자 캐서린 부인은 다음과 같이 말했다.

"베넷 양, 내가 여기 온 이유를 이해하는 데 어려움이 없을 걸로 알아요. 당신의 마음과 양심이 내가 왜 왔는지 말해주겠죠."

엘리자베스는 진정 놀라워하며 부인을 바라보았다.

"정말로, 부인, 저는 부인을 저희 집에서 뵙게 된 영광의 이유를 전혀 모르겠습니다."

그러자 캐서린 부인은 화난 듯한 목소리로 말했다. "베넷 양, 나를 그렇게 가볍게 대할 수 있다고 생각하면 안 되죠. 하지만 당신이 불손하게 행동해도 나는 그럴 수 없어요. 내 성격은 항상 성실함과 솔직함으로 유명해요. 이처럼 중대한 문제에 있어서는 더욱 그래야죠. 이틀 전, 매우 놀라운 소식을 들었어요. 당신 언니가 매우 유리한 조건으로 결혼할 거라는 소식뿐 아니라 당신, 엘리자베스 베넷 양이 곧 제 조카인 다아시와 결혼할 가능성이 높다는 이야기였어요. 그것이 악의적인 거짓말임을 알지만, 그게 사실일지 모른다고 생각하여 조카를 괴롭히고 싶지 않기에 즉시 이곳으로 오기로 결심했어요. 당신에게 내 감정을 전하기 위해서 말이죠."

엘리자베스는 놀라움과 경멸로 얼굴이 붉어지면서도 이렇게 말했다. "그것이 사실일 리 없다고 믿으신다면 왜 그렇게 멀리서 여기까지 오시는 수고를 하셨는지 궁금합니다. 그래서 제게 뭘 말씀하시고 싶으신 건가요?"

"그런 소문이 말도 안 된다는 것을 확인하려고죠."

"부인이 저와 가족을 보기 위해 롱본에 오신 것은, 만약 그런 소문이 실제로 존재한다면 오히려 그 소문을 확증하는 일이 될 겁니다." 엘리자베스는 차분하게 대답했다.

"만약이라고요! 베넷 양, 그렇다면 당신은 그것에 대해 모른 척하는 거예요? 그 소문이 당신에 의해 부지런히 퍼져나간 것 아닌가요? 그런 소문이 퍼지고 있다는 것을 모른다고요?"

"저는 그런 소문을 들어본 적이 없습니다."

"그럼 마찬가지로 베넷 양은 그것이 아주 근거 없는 소문이라고 선언할 수 있어요?"

"저는 부인처럼 솔직한 척하지는 않겠습니다. 부인께서 무슨 질문을 하시든 자유지만 저도 대답하지 않을 자유가 있습니다."

"이건 참을 수 없군요. 베넷 양, 나는 알아야 하겠어요. 그가, 그러니까 내 조카가 당신에게 결혼하자고 했나요?"

"그런 일은 불가능하다고 부인께서 말씀하셨잖아요."

"당연히 그렇죠. 다아시가 이성을 유지하는 한은요. 그렇지만 베넷 양의 교묘한 수단과 유혹이 그 애로 하여금 자신과 그의 가족에게 마땅히 해야 할 일을 잊게 만들었을 수도 있어요. 당신이 그 애를 끌어들였을 수도 있다고요."

"제가 만약 그랬다 해도, 저는 그것을 고백하지는 않겠어요."

"베넷 양, 당신은 지금 내가 누구인지 알고 하는 말인가요? 이런 식의 대화는 처음이군요. 나는 다아시에게 세상에서 가장 가까운 친척 중 한 명이며, 그 애의 중요한 사정이나 일들을 알 권리가 있어요."

"하지만 부인께서는 저의 개인적인 일들에 대해서는 알 권리가 없으십니다. 그리고 이렇게 행동하시면 결코 제가 솔직해지도록 만들 수는 없을 거예요."

"제대로 이해시켜 주죠. 베넷 양이 감히 바라는 이 결혼은 결코 이루어질 수 없어요. 절대, 결코! 다아시는 내 딸과 약혼했어요. 할 말 더 있나요?"

"단지 이것뿐입니다. 만약 그가 부인의 따님과 약혼했다면 그가 저에게 청혼할 것이라고 생각할 이유가 없으시다는 것이요."

캐서린 부인은 잠시 주저하다가 대답했다.

"그 애들 사이의 약혼은 좀 달라요. 그 애들이 어렸을 때부터 서로를 위해 정해져 있었죠. 다아시의 어머니와 나, 둘 다의 가장 큰 소망이었죠. 우리는 그 애들이 아기일 때부터 결혼을 계획했어요. 이제 우리 두 자매의 소망이 결혼으로 이루어질 순간에, 우리보다 신분이 낮은 보잘것없는 아가씨, 우리 가족과 전혀 연관이 없는 아가씨에게 이 결혼을 방해받다니! 베넷 양은 그의 친구들의 소망을 전혀 고려하지 않나요? 내 딸과 다아시의 묵인된 약혼에 대해선 아무 생각이 없어요? 당신은 옳은 것에 대한 분별과 예의에 대한 감각이 없는 건가요? 그가 어릴 때부터 그의 사촌을 위해 운명 지어졌다는 것을 내가 전에 말하지 않았던가요?"

"네, 전에 말씀하신 걸 들었습니다. 하지만 그것이 저에게 무슨 의미죠? 만약 제가 부인의 조카와 결혼하는 데 다른 반대가 없다면, 그의 어머니와 이모가 드 버그 양과 결혼하기를 원했다는 사실 하나 때문에 결혼을 포기하지는 않을 겁니다. 두 분은 결혼을 계획하는 데 할 수 있는 모든 것을 했습니다. 그러나 그 결혼의 성사는 그 당사자들에게 달렸지요. 만약 다아시 씨가 명예나 끌림에 의해 사촌에게 얽매여 있는 게 아니라면 왜 다른 선택을 하지 못할까요? 그리고 만약 제가 그 선택의 대상이라면 그를 받아들이지 못할 이유가 있을까요?"

"그것은 명예로 보나 예의로 보나 지각으로 보나 안 될 말이에요. 남들의 이목 때문에도요. 그래요, 베넷 양, 남들의 이목 때문입니다. 왜냐하면 모든 사람의 의향에 반하여 고의로 행동한다면 그의 가족이나 친구들에게 주목받지 못할 겁니다. 당신은 그와 관련된 모든 사람에게 비난받고 무시당하고 경멸당할 거예요. 당신의 결혼은 치욕이 될 것이고, 당신의 이름을 우리 중 누구도 언급할 일은 없을 거예요."

"그것참 대단한 불행이겠군요. 하지만 다아시 씨의 아내는 자기 상황에 맞는 특별한 행복을 느끼겠죠. 전체적으로 볼 때 불만을 가질 이유가 없을 것 같은데요."

"오, 정말 완고하고 고집 센 아가씨로군! 부끄러운 일이군요. 이게 제가 지난봄 당신에게 쏟은 관심에 대한 보답인가요? 베넷 양은 내게 아무것도 은혜 입은 게 없어요? 앉아요. 당신은 이해해야 해요. 베넷 양, 나는 내 목적을 이루려는 결심으로 왔어요. 나는 베넷 양 말에 설득되지 않아요. 나는 누군가의 변덕에 놀아나는 사람이 아니에요. 실망스러운 일이 일어나도록 놔두지 않죠."

"그것은 부인의 지금 상황을 더 불쌍하게 만들 뿐이에요. 저에게는 아무런 영향도 없을 거고요."

"말 자르지 말고 조용히 들어요. 내 딸과 내 조카는 천생연분이에요. 그 애들은 외가 쪽에서 같은 귀족 혈통을 타고났고 친가 쪽으로는 비록 작위는 없어도 존경받을 만한 명예로운 전통이 있는 가문에서 태어났어요. 양쪽 가문은 재산도 많아요. 그들은 각자 가문의 모든 구성원의 의향에 의해 서로를 위해 운명 지어졌어요. 그런데 그들을 갈라놓으려는 이유가 뭐죠? 가문도, 좋은 인맥도, 재산도 없는 신흥 계층 출신 아가씨의 건방진 야망이죠. 이걸 내가 참아야 한다고요? 어림없는 일이에요. 베넷 양이 진정 자신을 위한다면 자신이 자라온 환경을 떠나고 싶어 하진 않을 거예요."

"부인의 조카와 결혼한다고 해서 제가 자라온 환경을 떠난다고 생각하지는 않아요. 다아시 씨는 신사이고, 저도 신사의 딸입니다. 그 점에서 우리는 동등해요."

"그래요. 당신은 신사의 딸이죠. 하지만 당신의 어머니는 어떤 사람이죠? 당신의 삼촌과 이모는요? 내가 그들의 신분을 모른다고 생각하진 않겠죠."

"제가 어떤 인맥을 가지고 있든 부인의 조카가 그것을 문제 삼지 않는다면, 그것은 부인께는 아무 의미가 없습니다."

"확실하게 말해줘요. 베넷 양, 다아시와 약혼했어요?" 엘리자베스는 캐서린 부인의 목적을 달성시켜 주고 싶지 않았으나 질문에 대답하지 않을 수 없어서 잠시 고민 후 말했다.

"아니요."

캐서린 부인은 기쁜 모습이었다.

"그럼 앞으로도 절대 약혼하지 않겠다고 약속해 줄 수 있어요?"

"그런 약속은 하지 않겠어요."

"베넷 양, 충격적이군요. 난 베넷 양이 합리적인 젊은 여성이라고만 생각했어요. 나는 결코 물러서지 않을 거예요. 내가 요구하는 걸 보장받을 때까지는 결코 떠나지 않을 거예요."

"저는 결코 그런 약속을 하지 않을 겁니다. 위협을 받는다고 해서 비합리적으로 행동할 순 없죠. 부인께서는 다아시 씨가 부인의 따님과 결혼하기를 원하시지만, 제가 부인께서 바라는 약속을 드린다고 해서 그들의 결혼이 더 가능해질까요? 다아시 씨가 저에게 마음이 있다고 가정했을 때, 제가 그를 거절한다고 해서 그가 사촌에게 마음을 주고 싶을까요? 캐서린 부인, 감히 말씀드릴게요. 부인께서 이 비상식적인 요청을 위해 제시한 논거들은 너무나도 하찮습니다. 이런 설득으로 제 마음을 움직일 수 있다고 생각하신다면 제 성격을 크게 오해하신 거예요. 부인의 조카가 부인의 간섭을 어떻게 생각할지는 모르겠지만, 부인께서 저의 일에 간섭할 권리는 분명히 없습니다. 그러니 이 문제로 제게 더 이상 간섭하지 않아주시길 부탁드립니다."

"그렇게 서두르지 말죠. 내 얘기는 결코 다 끝난 게 아니에요. 내가 여태 제기한 모든 반대 의견에 한 가지 더 추가할 것이 있어요. 베넷 양 막내 여동생의 악명 높은 도주 사건에 대해 들었어요. 저는 다 알고 있습니다. 그 젊은 남자와 여동생이 결혼한 건 당신 아버지와 삼촌의 희생으로 이루어진 일이에요. 그런 여자가 내 조카의 처제가 되어야겠어요? 여동생의 남편, 돌아가신 다아시 씨 집사의 아들이 다아시와 동서지간이 된다뇨. 오, 하늘과 땅이시여! 베넷 양 당신은 무슨 생각을 하고 있는 건가요? 펨벌리의 그림자가 이렇게 더럽혀져야 합니까?"

"이제 다 말씀하셨나요? 부인께서는 가능한 모든 방법으로 저를 모욕했습니다. 저는 집으로 돌아가야겠어요." 엘리자베스는 분개하여 대답했다.

그녀는 말을 마치며 바로 일어섰다. 캐서린 부인도 일어났고, 그들은 돌아섰다. 캐서린 부인은 매우 화가 났다.

"그렇다면 베넷 양은 우리 조카의 명예와 신용을 전혀 고려하지 않는다는 거군요! 무감각하고 이기적인 여자! 당신과의 관계가 그를 모든 사람의 눈에 치욕스럽게 만든다는 것을 생각하지 못해요?"

"캐서린 부인, 저는 더 드릴 말씀이 없습니다. 제 감정을 아실 텐데요."

"당신은 기어이 다아시를 차지하겠다는 건가요?"

"저는 그런 말을 한 적이 없습니다. 저는 오직 저의 행복을 위해 행동하기로 결심했을 뿐입니다. 부인이나 저와 전혀 관련 없는 어떤 사람에게도 상관하지 않고요."

"좋아요. 베넷 양은 나를 도와주기를 거부하는군요. 의무, 명예, 그리고 은혜 따위는 생각 않겠다는 거죠. 다아시를 모든 친구들의 입방아에 오르게 해 망치고 세상의 경멸을 받게 하기로 결심했다는 거죠."

"의무, 명예, 은혜요? 이번 경우 그게 저에게 무슨 연관이 있죠? 다아시 씨와의 결혼으로 인해 무슨 원칙이 위배된다는 거죠? 그리고 그의 가족이 제가 다아시 씨와 결혼함으로써 분노한다 해도 저는 단 한 순간도 그런 걱정을 않겠어요. 세상은 그런 경멸에 동참할 만큼의 상식이 없지 않아요."

"그렇군요. 이게 베넷 양의 진심이군요. 최종 결심이고요! 좋아요. 그럼 이제 나도 어떻게 행동해야 할지 알겠어요. 베넷 양, 당신의 야망이 충족되리라 꿈도 꾸지 말아요. 나는 베넷 양이 어떻게 하는지 보려고 온 거예요. 당신이 합리적인 여성이라 생각하고 왔지만, 이제 내 생각을 관철해야겠군요."

이런 식의 이야기를 계속하며 캐서린 부인은 마차 문 앞에 이르렀다가 급히 돌아서서 덧붙였다. "작별 인사는 하지 않겠어요, 베넷 양. 당신의 어머니에게도 인사를 전하지 않겠어요. 당신은 그런 대접을 받을 자격이 없죠. 나는 지금 매우 불쾌하거든요."

엘리자베스는 대답하지 않았고, 부인을 자신의 집으로 들어가게 설득할 마음도 없었다. 그녀는 조용히 집 안으로 들어갔다. 계단을 올라가면서 마차가 떠나는 소리를 들었다. 그녀의 어머니는 옷방 문 앞에서 초조하게 그녀를 맞이하며 캐서린 부인이 왜 다시 들어와서 쉬어가지 않는 건지 물었다.

"부인이 들어오고 싶지 않으셨나 봐요. 돌아가고 싶어 하시더라고요." 엘리자베스가 대답했다.

"그녀는 외모는 참 멋지더구나. 여기까지 와 준 건 감사할 일이지. 아마도 콜린스 부부가 잘 지내고 있다고 알려주러 온 것 같아. 어딘가로 가는 길에 메리턴을 지나면서 우리 집에 들러 너를 보겠다고 생각했겠지. 리지 네게 특별히 할 말이 있었던 건 아니지?"

엘리자베스는 여기서 약간의 거짓말을 할 수밖에 없었다. 캐서린 부인과 한 대화의 내용을 알릴 수는 없었기 때문이다.

• 57장 •

엘리자베스가 이 특별한 방문에서 받은 불안한 느낌은 쉽게 극복되지 않았다. 그녀는 여러 시간 동안 이 일을 끊임없이 생각하지 않을 수 없었다. 캐서린 부인은 실제로 로징스에서 이 먼 곳을 올 만큼 그녀와 다아시가 약혼했다는 큰 의심을 떨치기 위해 왔던 것이다. 사실 이건 확실히 합리적인 추측이었다! 하지만 그들의 약혼 이야기가 어디서 나왔는지 엘리자베스는 상상할 수 없었다. 그녀는 한 쌍의 결혼이 기대되는 시점에, 그리고 모두에게 또 다른 결혼을 열망하게 만드는 시점에, 다아시가 빙리의 친한 친구이고, 자신이 제인의 동생이라는 사실이 그 약혼에 대한 생각을 제공하기에 충분하다는 것을 깨달았다. 그녀는 언니의 결혼이 자신과 다아시를 더 자주 만나게 할 것이라는 사실을 잊지 않았다. 따라서 루카스 로지의 사람들도 그녀가 미래의 어느 시점에 가능하다고 기대했던 것을 거의 확실하고 즉각적인 것으로 간주했다. 그녀는 콜린스와의 소통을 통해 이 소식이 캐서린 부인에게 전해졌다고 결론지었다.

하지만 캐서린 부인의 발언을 곱씹어 보면서 그녀는 이 간섭이 가져올 수 있는 결과에 대해 불안감을 느끼지 않을 수 없었다. 그녀가 결혼을 방해하겠다는 결심에 대해 한 말을 생각할 때, 엘리자베스는 그녀가 조카에게도 어떤 요청을 할 것이라는 생각이 들었다. 그리고 캐서린 부인이 다아시 씨에게 자신과의 관계에 따르는 악영향에 대해 그녀에게 했던 말과 유사한 설명을 할 때 그가 과연 어떻게 받아들일지 감히 예측할 수가 없었다. 그녀는 조카가 얼마나 이모에게 애정을 지녔는지 얼마나 이모의 판단을 믿는지는 알지 못했지만, 그는 분명히 캐서린 부인에 대해 자신이 생각하는 것보다 훨씬 더 높게 평가하고 있을 것이 당연했다. 그리고 결혼에 있어 안 좋은 점을 나열할 때, 그의 이모는 다아시의 가장 약한 면을 겨냥할 것이 분명했다. 그가 자신에 대해 가지고 있는 존엄성을 바탕으로 생각해 보면 엘리자베스에게는 약하고 우스꽝스러운 캐서린 부인의 주장들이 그에게는 많은 타당성을 지니고 또 논리가 탄탄하다고 여겨질 가능성이 높았다.

만약 그가 어떻게 해야 할지 망설이고 있었다면, 사실 그럴 가능성이 자주 있어 보였는데, 그랬다면 매우 가까운 관계인 그의 이모의 조언과 간청이 그의 이런 모든 의혹을 해소해 주고 그가 흠 없이 위엄을 지킴으로써 행복하게 만들어 줄지 모른다. 그렇게 되면 그는 다시는 네더필드로 돌아오지 않을 것이다. 캐서린 부인은 가는 길

에 런던에서 그를 만날 것이고, 빙리에게 다시 네더필드에 오겠다고
한 그의 약속은 지켜지지 않을 것이다.

'그러니까 만약 그가 며칠 내로 돌아온다는 빙리와의 약속을 지
키지 못할 어떤 변명이라도 한다면 그 사실을 나는 어떻게 이해해
야 할지 알 거야. 그렇게 되면 나는 그의 변함없음에 대한 모든 기대
와 바람을 포기할 거야. 그가 나의 애정을 얻고 내가 그 구애를 받
아들일 수 있었는데도 단지 나를 아쉬워하는 것으로 그치고 만다
면 나 또한 곧 이에 대해 전혀 후회하지 않을 거야.' 엘리자베스는
생각했다.

***

다른 가족들은 방문자가 누구였는지를 듣고는 매우 놀랐다. 그
러나 그들은 베넷 부인이 그 방문의 이유를 추측한 것과 비슷하게
생각하면서 호기심을 해소했고, 그래서 엘리자베스는 이에 대해 많
은 질문을 받지 않아도 되었다.

다음 날 아침, 엘리자베스는 계단을 내려가다가 서재에서 편지
를 들고 나오는 아버지와 마주쳤다.

"리지, 안 그래도 너를 찾아가던 참이다. 내 방으로 좀 오렴." 그
녀는 아버지를 따라갔고, 아버지가 할 말이 그의 손에 들려 있는 편
지와 연관되어 있는 것 같아 호기심이 더욱 커졌다. 갑자기 그것이
캐서린 부인에게서 온 것일지도 모른다는 생각이 들었고, 그녀는
그랬을 때 발생할 문제와 그것들을 설명해야 한다는 두려움이 몰려
들었다.

그녀는 아버지를 따라 난로 곁으로 갔고 둘 다 앉았다. 그리고

나서 아버지가 말했다.

"오늘 아침 내가 받은 편지가 나를 몹시 놀라게 했단다. 편지 내용이 주로 너와 관련된 것이니 네가 알아야 할 문제지. 내가 미처 몰랐구나. 내게는 결혼 직전에 있는 딸이 한 명이 아니고 둘이었구나. 축하한다. 대단한 사랑의 정복이야."

엘리자베스는 즉시 그 편지가 캐서린 부인이 아니라 그 조카가 보낸 것이라고 생각했고 그에 따라 볼에 홍조가 드리워졌다. 그러나 그녀는 그가 어떤 식으로든 이 모든 사건을 설명해 주어 기쁜 것인지, 아니면 편지를 자신에게 직접 보내지 않은 것에 화가 난 것인지 분간하지 못하고 있었다. 그때 아버지가 계속해서 말했다.

"그 남자를 의식하고 있구나? 젊은 아가씨들은 이런 일에 대해 통찰력이 뛰어나지. 하지만 내 생각에는 네 총명함으로도 네 구애자가 누군지를 알아내기는 어려울 것 같은데? 이 편지는 콜린스에게서 온 것이다."

"콜린스 씨에게서 온 편지라고요? 그가 무슨 말을 하려고요?"

"당연히 매우 중요한 내용을 전달하려는 거지. 그는 언니의 결혼 예정에 대해 축하 인사로 시작했다. 아마 상냥하고 수다스러운 루카스 가족들에게 들은 모양이지. 그 부분을 읽어주면 네가 기다리기 답답하겠지? 너와 관련된 부분만 읽어주마."

이렇게 저와 제 아내의 진심 어린 축하 인사를 이 행복한 경사에 보내면서 다른 주제에 대해서도 짤막이 언급하고자 합니다. 이 또한 동일한 경로를 통해 알게 되었습니다. 추정컨대, 맏따님 제인 양이 베넷이란 성을 양도하고 다른 성을 사용하게 되고 머지않아 엘리자베스 양도 마찬가지로 다른 성을 사용하게 될 것이며, 그녀의 운명의 동반자는 이 나라에서 가장 저명한 인물 중 한 명으로 당연히 여겨질 그런 분입니다.

"리지, 콜린스가 말하는 사람이 누군지 짐작할 수 있겠니?"

이 젊은 신사는 인간이 열망할 수 있는 모든 것들의 축복을 특별히 다 받은 사람입니다. 대단한 재산, 고귀한 혈통, 그리고 광범위한 승직 추천 권리까지 정말 모두 다 가진 분이지요. 그러나 이 모든 유혹에도 굴하지 않고 베넷 숙부님과 제 사촌 엘리자베스 양에게 저는 이 신사의 제안을 성급하게 수락함으로써 입게 될 해악에 대해 주의를 드리지 않을 수가 없습니다. 물론 그의 제안을 즉시 받아들이고 싶겠지만요.

"이 신사가 누군지 알겠니, 리지? 그래, 누군지가 이제 곧 나온단다."

제가 이렇게 주의를 드리는 이유는 다음과 같습니다. 그의 이모인 캐서린 드 버그 부인은 이 혼사를 우호적인 시선으로 보지 않을 거라 생각됩니다.

"이제 알겠지, 바로 다아시 씨다. 리지, 널 놀려서 미안하다. 콜린스나 루카스 가족이 우리가 아는 사람들 중에서 이런 소문을 부인할 가장 극명한 이유를 지닌 다아시를 어떻게 그 사람이라고 생각하는지 참 나. 여자를 볼 때마다 단점만 찾는 사람이고, 아마도 너를 한 번도 제대로 쳐다본 적 없을 그런 사람을 말이야! 참 놀랍구나!"
엘리자베스는 아버지의 익살에 맞장구쳐 주고 싶었지만 어처구

니없는 웃음만 나올 뿐이었다. 아버지의 익살이 그녀에게 이토록 못마땅한 적은 처음이었다.

"재미있지 않니?"

"아, 네. 계속 읽어주세요."

어젯밤 이 결혼의 가능성을 캐서린 부인께 언급했더니, 부인께서는 즉시 평소의 그 우월한 표정으로 이 상황에 대해 자신의 감정을 말씀하셨습니다. 이 과정에서 분명해진 것은, 제 사촌 엘리자베스 양의 가문에 대한 몇 가지 결함으로 인해 캐서린 부인은 이런 수치스러운 혼사에 결코 동의하지 않을 것이라는 점이었습니다. 저는 제 사촌과 그녀의 고결한 애인인 다아시 씨가 자신들이 지금 무엇을 하고 있는 것인지를 깨닫고, 인정도 받지 못할 결혼에 서둘러 뛰어드는 것을 막도록 속히 이 소식을 알리는 것이 제 의무라고 생각했습니다.

"콜린스는 또 이런 말도 덧붙였단다."

제 사촌 리디아 양의 부끄러운 사건이 잘 해결된 것을 진심으로 기쁘게 생각합니다. 다만 그들이 결혼 전에 동거를 했다는 사실이 너무 많은 사람들에게 알려진 점이 안타깝군요. 하지만 제 지위의 의무를 소홀히 할 수 없으니 말씀드립니다. 숙부님께서 그들이 결혼하자마자 집에 받아들였다는 소식을 듣고 저는 놀라움을 금할 수 없었습니다. 이는 악행을 조장하는 것이죠. 제가 롱본의 목사였다면 이를 매우 강력하게 반대했을 겁니다. 기독교인으로서 그들을 용서해야 하겠지만, 결코 눈앞에 두거나 그들의 이름이 귀에 들리게 해서는 안 됩니다.

"이렇게 썼구나. 이게 기독교적 용서의 개념이라니! 편지의 나머지 부분은 아내인 샬럿이 어떻게 지내는지 그리고 아이를 낳기를 기대한다는 내용이야. 그런데 리지야, 너는 재미가 없어 보이는구나. 얌전한 숙녀인 양 하찮은 소문에 화를 내려는 건 아니겠지? 우리가 사는 이유가 뭐더냐? 이웃들에게 재미를 주고 그 다음 우리 차례가 되면 이웃들을 비웃어 주는 재미로 사는 것 아니겠냐."

"네. 재밌어요, 저도. 하지만 너무나 이상하지 않아요?"

"그래, 이상하지. 하지만 바로 그것 때문에 더 재미있는 거야. 만약 다른 남자였다면 아무것도 아니었겠지만 말이다. 다아시의 완벽한 무관심과 네가 그를 싫어하는 모습을 생각해 보렴. 이 이야기가 얼마나 기막히게 우스운지! 내가 글 쓰는 걸 좋아하진 않지만 콜린스의 편지만은 꼭 답장을 써야겠다. 그의 편지를 읽을 때마다 내 아무리 위컴을 좋아해도 콜린스에게 더 높은 점수를 주게 된단다. 참 리지, 어제 캐서린 부인이 왔었지? 이 소문에 대해 뭐라고 하더냐? 거절하겠다고 하던?"

이 질문에 엘리자베스는 그저 웃음으로만 답했다. 그 질문은 전혀 의심 없이 던진 것이기에 아버지가 반복해서 물어봐도 괴롭지 않았다. 엘리자베스는 자신의 감정을 숨겨야 하는 이 상황을 견디기 어려웠다. 울고 싶었지만 웃어야만 하는 상황. 아버지는 다아시의 무관심에 대해 말하면서 잔인할 만큼 그녀를 곤혹스럽게 만들었고, 그녀는 아버지가 몰라도 너무 모른다는 생각이 들었다. 그러면서도 아버지가 너무 뭘 몰라서가 아니라 자신이 너무 앞서 나가 상상하는 건 아닐까 하는 생각도 들었다.

• 58장 •

엘리자베스가 반쯤 예상했던 것과는 달리, 캐서린 부인의 방문이 있고 며칠 되지 않아 빙리 씨는 다아시 씨가 돌아오지 않는다는 변명의 편지를 전달하는 대신 다아시 씨를 데리고 롱본 집에 찾아왔다. 두 신사는 일찍 도착했고, 베넷 부인이 다아시 씨의 이모님이 왔다는 이야기를 할 시간도 없이, 빙리 씨는 제인과 단둘이 걷고 싶어 모두에게 산책 나가는 게 어떠냐고 제안했다. 모두 동의했다. 그러나 베넷 부인은 산책을 좋아하지 않았고, 메리도 시간을 낼 수 없어 나머지 다섯 명만 산책을 나갔다.

빙리와 제인은 곧 다른 사람들을 앞서게 하며 일부러 뒤처졌고 이에 엘리자베스와 키티, 그리고 다아시 셋이 걸어야 했다. 아무도 별로 말을 하지 않았다. 키티는 다아시 씨가 두려워 말도 못 걸었고, 엘리자베스는 중대한 결심을 은밀히 하고 있었다. 아마 다아시 씨도 같은 생각으로 걷고 있는지 몰랐다.

그들은 루카스 가를 향해 걸었는데, 키티가 마리아를 방문하고 싶어 했기 때문이었다. 엘리자베스는 모두가 방문할 필요는 없다고 생각했다. 키티가 떠나자 엘리자베스는 다아시 씨와 함께 대담하게 계속 걸어갔다. 이제 그녀의 결심을 실행할 순간이었고, 용기가 충만하여 말을 꺼냈다.

"다아시 씨, 저는 아주 이기적인 사람이에요. 제 마음 편하고자 다아시 씨의 감정에 상처를 줄 수도 있을지 모르지만 개의치 않을래요. 더 이상 제 불쌍한 여동생에 대해 다아시 씨가 베풀어 주신 친절에 감사를 드리지 않을 수가 없어요. 그 사실을 알게 된 이후로 얼마나 감사하게 생각하는지 말씀드리고 싶었어요. 만약 우리 가족들이 다 알았더라면 모두 다 감사함을 표현했을 거예요."

"오, 정말 미안해요." 다아시는 놀라움과 감정에 찬 목소리로 대답했다. "제가 한 일 때문에 당신이 불편함을 느꼈다니 말입니다. 가디너 부인을 믿었는데, 말씀을 다 해버리셨군요."

"외숙모를 비난하지는 마세요. 다아시 씨가 이 일에 관여하셨다는 걸 처음 제게 알려준 건 동생이었어요. 리디아가 경솔하게 언급을 했고 저는 상세한 내용을 알 때까지 가만히 있기 힘들었죠. 제 가족을 대신해 또다시 감사드려요. 우리 동생네를 찾아내기 위해 그토록 많이 고생하고 힘써주신 너그러운 동정심에 깊이 감사드립니다."

"만약 감사하고 싶다면 오직 당신의 감사만 받을게요. 그렇게 한 건 당신에게 행복을 주고 싶은 바람이 컸기 때문인 걸 부인하지 않을게요. 하지만 당신의 가족은 제게 아무것도 빚지지 않았어요. 그들 모두 존경하지만 오직 당신 생각만 하면서 그렇게 한 거니까요."

엘리자베스는 한 마디도 말할 수 없을 만큼 당황스러웠다. 잠시 후 다아시가 덧붙였다. "당신은 관대한 사람이라 저를 더 이상 희롱하진 않겠죠. 만약 당신의 감정이 지난 4월과 여전히 같다면 지금 당장 말해주세요. 제 애정과 소망은 변함없습니다. 단 한 마디만 해주시면 영원히 이 문제를 잊고 침묵하겠습니다."

엘리자베스는 평소보다 더 어색함과 불안감이 느껴지는 그를 보며 말하지 않을 수가 없었다. 그리고 즉시, 비록 유창하게 얘기하지는 못했지만 그가 구애한 이후로 자신의 감정이 매우 크게 변화했고 그가 자신에게 지금도 변함없이 느끼고 있는 확신의 감정을 감사와 기쁨으로 받아들인다고 답해주었다.

이 대답을 들은 다아시는 전에는 절대 느껴보지 못한 행복을 느졌다. 그는 격렬한 사랑에 빠진 남자가 할 수 있는 가장 감성적이면서도 열정적인 모습으로 자신의 감정을 표현했다. 그 순간 엘리자베스가 그의 눈을 바라볼 수 있었다면 그의 얼굴에 퍼진 진심 어린 기쁨의 표정이 그에게 얼마나 잘 어울리고 좋아 보였는지 알 수 있었을 것이다. 그러나 그녀는 그를 바라보지는 않았으나 들을 수는 있었고, 그는 자신에게 그녀가 얼마나 중요한 존재인지, 그리고 그의 애정이 매 순간 얼마나 더더욱 소중해지는지 고백했다.

그들은 어떤 방향으로 가는지도 모른 채 계속 걸었다. 생각하고 느끼고 말해야 할 것이 너무 많아서 다른 어떤 것에도 주의를 기울일 수 없었다. 그녀는 곧 그들이 지금 서로를 잘 이해하게 된 게 모두 그의 이모인 캐서린 부인 덕분이었다는 걸 느꼈다. 그의 이모는 런던을 지나가는 길에 그를 방문했고, 롱본에 방문한 것, 그 방문의 동기, 그리고 엘리자베스와의 대화 내용을 다 이야기했다. 그녀는 특히 엘리자베스가 고집 세고 자신의 주장을 특별히 잘 드러내는 여자라고 강조하며 이야기했다. 캐서린 부인은 이러한 이야기가 조카에게서 엘리자베스는 주지 않았던 둘이 약혼하지 않겠다는 약속을 얻어내는 데 도움이 될 것이라고 믿었던 것이다. 그러나 불행히도 그녀는 생각했던 것과는 정반대의 결과를 만들어 냈을 뿐이었다.

"그 말에 저는 희망을 갖게 되었어요. 그 이전에 저는 당신의 사랑을 얻을 거라고는 거의 희망할 수 없었어요. 저는 당신의 성격을 잘 알죠. 만약 당신이 나를 완전히, 돌이킬 수 없을 정도로 싫어했다면 분명 이모님에게 그 감정을 솔직히 다 말하고 인정했을 거예요."

엘리자베스는 얼굴이 빨개졌고 웃으면서 대답했다. "네, 당신은 내가 솔직한 사람인 걸 잘 아시니 내가 이모께 다 말할 수 있다고 생각했겠죠. 당신 앞에서 당신을 그렇게 끔찍하게 비난한 사람이니 이모님 앞이라고 못했을 게 뭐겠어요."

"당신이 말한 것 중 제가 비난받지 않을 자격이 있는 게 뭐가 있겠어요? 당신의 비난은 근거 없고 잘못된 전제에서 비롯된 것이었지만, 당시 내 행동은 가장 심한 꾸지람을 받아 마땅했어요. 그것은 용서할 수 없는 일이었죠. 그 생각을 할 때마다 끔찍한 기분이 듭니다."

"그날 저녁의 일에 대해선 누가 더 잘못했는가를 두고 따지지 말아요, 이제. 엄밀히 따져보면 우리 둘의 행동 모두 잘못이 있었어요. 하지만 그 이후로 우리는 둘 다 예의 면에서 좀 향상된 게 아닌가 해요."

"저는 그렇게 쉽게 저 자신과 화해하는 사람이 아녜요. 그때 제가 했던 말, 제 행동, 태도, 표현 등을 떠올릴 때마다 지금도, 그리고 지난 몇 달 동안 말로 다 표현할 수 없을 정도로 고통스러웠어요. 당신의 꾸지람, 너무나도 적절했던 그 지적은 결코 잊지 못할 겁니다. '좀 더 신사답게 행동했더라면' 그게 당신의 말이었죠. 당신은 모를 거예요. 상상조차 하기 힘들 겁니다. 그 말이 나를 얼마나 고통스럽게 만들었는지. 하지만 솔직히 말할게요. 그 꾸지람이 정당한 것이었단 걸 인정하기까지는 다소 시간이 걸렸습니다."

"그 말이 그렇게 깊은 상처를 줬는진 몰랐어요. 그 말을 그렇게 느끼실 거라고는 조금도 생각하지 못했어요."

"그러셨을 거예요. 그때 당신은 제 감정이 적절하지 못하다고 생각했을 겁니다. 틀림없이 그렇게 생각했을 거예요. 제가 당신을 설득할 방법은 절대 없다고 말했을 때의 당신의 표정이 잊히지 않아요."

"오, 제발 그때 제가 한 말들을 다시 말하지는 마세요. 그런 기억이 무슨 도움이 되겠어요. 저도 그 일에 대해 오랫동안 진심으로 부끄러워하고 있었어요."

다아시는 자신의 편지에 대해 언급하며 말했다. "그 편지가… 그 편지를 읽고 나서 저에 대해 좀 더 낫게 생각하게 되었나요? 그 내용을 조금이라도 믿었어요?"

엘리자베스는 그 편지가 그녀에게 어떤 영향을 주었는지, 그리고 어떻게 점차 그녀의 선입견이 사라지게 되었는지 설명했다. "제가 쓴 편지 내용이 당신에게 고통을 줄 거라고 생각은 했습니다. 하지만 그건 필요했어요. 그 편지를 이미 없애버렸다면 좋겠네요. 특히 편지의 첫 부분을 당신이 다시 읽을까 너무 두려워요. 제가 사용했던 몇몇 표현은 당신이 저를 미워해도 마땅할 만큼 부적절했을 겁니다."

"저에 대한 당신의 애정 유지를 위해 꼭 필요하다면 편지는 당연히 태워버릴게요. 하지만, 비록 우리 둘 다 제 생각이 완전히 변하지 않는 것이라는 건 알지만 그래도 그렇게 쉽게 바뀌는 것도 아님을 알아주세요."

"그 편지를 쓸 당시 저는 제가 완전히 침착하고 냉정한 상태라고 생각했어요. 그런데 그 후 전 그게 끔찍한 고통 속에서 쓰였다는 것을 깨달았습니다."

"그 편지가 고통에서 시작되었을 수는 있지만, 끝은 그렇지 않았어요. 마지막 인사는 애정이 가득했죠. 하지만 더는 그 편지에 대해 생각하지 마세요. 그 편지를 썼던 사람과 받았던 사람의 감정이 그때와 지금 너무나도 다르잖아요. 그와 관련된 모든 불쾌한 상황은 우리 기억에서 다 지워요. 제 철학을 조금 배우셔야겠어요. 과거를 기억하고 싶다면 오직 기쁨을 주는 과거만 생각하라, 그게 제 철학이거든요."

"저는 당신의 그 철학을 인정 안 할래요. 당신의 기억들은 흠결이 없으니까요. 그러니까 당신의 기억들에서 오는 기쁨은 그 철학에서 기인한 게 아니라 괴로움을 모르는 당신의 순수함에서 비롯된 거죠. 하지만 제 경우는 그렇지가 않아요. 고통스러운 회상이 떠오르고 억누를 수가 없어요. 또 억누르지도 말아야 하죠. 저는 본성은 아니지만 실제로는 평생 동안 이기적인 존재였어요. 어릴 적올바른 게 뭔지 배웠지만, 성격을 바로잡는 법은 배우지 못했던 것같아요. 좋은 원칙들을 배웠으나 그것들을 오만한 마음과 자존심으로 따를 뿐이었죠. 불행히도 외동아들로 태어났고 오랫동안 동생이 없었죠. 그래서 버릇없게 자란 부분이 있습니다. 부모님, 특히 아버지는 선량하고 친절한 분이셨지만, 제가 이기적이고 거만하게 행동하도록 놔두셨고 어떤 때는 격려하고, 심지어 가르치기까지 하셨으니까요. 제 가족을 제외한 그 누구에게도 신경 쓰지 않도록 하셨어요. 세상의 나머지 사람들을 천하게 여기도록 말예요. 적어도 저자신의 지각과 가치에 비해 남들의 그것은 경시할 만한 것이라 배운 거죠. 저는 여덟 살부터 스물여덟 살까지 그렇게 살았고, 사랑하는 엘리자베스, 당신이 없었다면 여전히 그랬을지도 모릅니다! 당신에게 제가 빚지지 않은 게 뭐가 있을까요! 당신은 저에게 정말 훌륭한 교훈을 주었어요. 처음에는 매우 힘든 것이었지만 결국 매우 유익한 교훈이죠. 당신 덕분에 저는 정말 제대로 겸손해졌어요. 나는당신을 만날 때 당신이 응당 나를 환영해 줄 거라고 생각했어요. 당신은 제가 여성을 기쁘게 하기 위해 하는 행동들, 그 겉치레들이 얼마나 부족한 것이었는지를 보여주었습니다."

"그렇다면 당신은 그때 제가 당신의 그런 태도를 받아들일 거라고 생각했어요?"

"정말 그랬어요. 제 허영심을 어떻게 생각하실지 모르겠지만 저는 당신이 저를 원하고, 제 구애를 기대하고 있다고 믿었거든요."

"제 행동이 안 좋았죠. 그러나 의도적인 건 아니었어요. 당신을 속이려고 한 게 절대 아니에요. 다만 제 감정이 종종 저를 잘못된 방향으로 이끌곤 해요. 그날 저녁 이후 얼마나 저를 미워하셨을지 상상이 되네요."

"미워하다니요! 처음에는 화가 좀 났지만 제 분노는 곧 적절한 방향으로 흘러갔어요."

"펨벌리에서 만났을 때 저를 어떻게 느끼고 계신지 물어보기가 두려웠어요. 제가 그곳에 온 걸 속으로 비난하셨나요?"

"아니요, 그럴 리가요. 그저 놀랍기만 했어요."

"당신에게 관심받는다는 사실에 저는 더 놀랐는걸요. 제 양심은 제가 특별한 대접을 받을 자격이 없다고 말하고 있었고 실제 제 분수에 넘치는 친절을 받으리라곤 꿈에도 몰랐어요."

"그때 제 목적은 당신에게 제가 가진 모든 예의를 다해 과거를 원망하지 않는다는 것을 보여주는 것이었어요. 당신의 그 꾸짖음을 받아들인 모습을 보여줌으로써 당신 마음을 편하게 해주고 용서를 얻고 싶었죠. 그보다 큰 소망들은 언제 생겨났는지는 정확히 모르지만 아마도 당신을 본 지 30분도 안 되어서였던 것 같아요."

그러고 나서 그는 조지아나가 그녀와의 만남을 얼마나 기쁘게 여겼는지, 그 만남이 갑작스럽게 중단되어 얼마나 실망했는지를 전했다. 그리고 왜 그렇게 중단되었는지로 이야기가 자연스럽게 이어져, 엘리자베스는 그가 더비셔에서 그녀가 머물던 여관에 찾아왔을 때 여관을 떠나면서 이미 동생을 찾기로 결심했다는 것과, 그때 그의 그런 엄숙하고 깊은 생각은 그가 그녀를 사랑하고 결혼하고 싶은 마음 외의 다른 목적에서 비롯된 것이 아니었음을 깨닫게 되었다.

그녀는 다시 감사의 마음을 표현했지만, 그것은 서로에게 너무 고통스러운 주제여서 더 이상 이야기하고 싶지 않았다.

긴 길을 한가롭게 걸으며 주변 상황을 전혀 의식하지 못하다가 결국 시계를 확인해 보고 나서야 집에 있어야 할 시간이 지났음을 알았다.

'빙리 씨와 제인은 어떻게 될까?'라는 질문이 그들의 문제에 대해 생각해 보게 한 계기가 되었다. 다아시는 그들의 약혼에 기뻐했다. 빙리는 자신의 친구에게 가장 먼저 그 소식을 전했던 것이다.

"놀라셨어요?" 엘리자베스가 물었다.

"아니요. 전혀 안 놀랐어요. 떠날 때부터 곧 일어날 일이라고 짐작했죠."

"그렇다면 당신이 빙리 씨에게 허락해 주셨다는 말씀이군요. 그럴 거라고 짐작했어요."

다아시는 자신이 무슨 허락을 하고 말고냐며 불만을 표했지만 사실이 그랬다는 걸 알게 되었다.

"런던으로 가기 전날 밤, 제가 빙리에게 오래전에 했어야 할 고백을 드디어 했어요. 그동안 그에게 간섭한 게 터무니없고 무례했다고 모든 걸 다 말했죠. 그는 많이 놀랐어요. 그는 조금도 저를 의심하지 않았거든요. 내가 당신 언니가 그에게 관심 없다고 생각한 건 잘못이었다고 말했고, 언니에 대한 그의 애정이 조금도 변하지 않았음을 쉽게 알 수 있었기 때문에 저는 그들의 행복을 의심하지 않았어요."

엘리자베스는 그가 친구를 그렇게 편하고 태연하게 이끈다는 사실에 미소를 지을 수밖에 없었다.

"우리 언니가 빙리 씨를 사랑한다고 당신이 빙리 씨에게 말했을 때 그건 직접 관찰한 결과로 이야기한 건가요, 아니면 지난봄 제 말을 듣고 그렇게 한 건가요?" 엘리자베스는 물었다.

"직접 관찰한 거죠. 최근에 여기 두 번 방문했을 때 제인 양을 면밀히 살폈고, 그녀가 애정을 가지고 있음을 확실히 알았어요."

"그렇게 확실히 알았으니 빙리 씨에게도 즉각적인 확신을 주었겠군요."

"그래요. 빙리는 정말 진실하고 겸손한 사람이에요. 좀 소심한 면이 있어서 불안한 상황에서 자신의 판단에만 의지하지 못했지만 제 판단에 대해 그가 믿어준 게 모든 것을 쉽게 만들었어요. 한 가지를 고백해야 했는데, 그것은 잠시 동안, 당연했겠지만 그를 정말 화나게 했어요. 지난겨울 제인 양이 석 달 동안 런던에 있었다는 사실을 말하지 않았던 거요. 저는 알고 있었으면서 일부러 그에게 숨겼잖아요. 빙리는 화를 많이 냈어요. 하지만 그의 화는 제인 양의 감정에 대해 오해가 풀리면서 쉽게 누그러진 것 같아요. 이제 그도 저를 다 용서한 거예요."

엘리자베스는 빙리 씨가 정말 기분 좋은 친구고 남의 말을 쉽게 잘 받아들이기에 더욱 가치가 있는 거라고 말하고 싶었지만 자제했다. 그녀는 다아시가 아직 남들의 농담을 받아들이는 데 익숙하지 않음을 기억했고 그렇게 편하게 대하기에는 아직 이르다고 생각했다. 다아시 씨는 자신의 행복만큼은 아닐지라도 친구 빙리의 행복을 예상하며 대화를 계속했고, 마침내 집에 도착했다. 현관에서 그들은 각자 다른 방으로 들어갔다.

59장

"어디를 산책했어?" 엘리자베스가 방에 들어서자마자 제인이 물었고 그들이 식탁에 앉았을 때 다른 가족들도 모두 궁금해했다. 엘리자베스는 여기저기 걷다 보니 어딘 줄도 모르고 걸었다고만 말할 수 있었다. 말할 때 그녀는 얼굴을 붉혔지만, 가족들의 의심을 불러일으키진 못했다.

저녁 시간은 조용히 지나갔고, 특별한 일 없이 흘러갔다. 공식 연인인 제인과 빙리는 이야기하고 웃었지만, 비공식적인 연인들은 침묵을 지켰다. 다아시는 기쁨이 웃음으로 넘쳐흐르는 성격이 아니었고, 엘리자베스는 들뜨고 혼란스러운 상태여서 자신이 행복해야 함을 이성적으로는 알지만 감정적으로 느끼지 못하는 상태인 것 같았다. 사실 당장의 이런 기분 외에도 그녀 앞에는 다른 걱정거리들이 있었기 때문이다. 그녀의 상황이 알려지면 가족들이 어떻게 느낄까. 다아시를 좋아하는 사람은 제인밖에 없다는 것을 알고 있었고 다른 가족들은 그를 너무 싫어해서 그의 모든 재산과 지위로도 어쩔 수 없을 것이라는 생각에 두려움마저 들었다.

밤에 그녀는 제인에게 마음을 털어놓았다. 제인은 천성이 의심을 하지 못하는 사람이었지만 이에 대해서는 완전히 믿을 수가 없다는 태도였다.

"농담이지, 리지? 그럴 리가 없어! 다아시 씨와 약혼을 하다니! 아니야, 넌 날 속일 수 없어. 내가 알기에 그건 불가능한 일이야."

"언니가 시작부터 이러니 큰일이다! 나의 유일한 의지는 언닌데, 언니가 믿어주지 않으면 다른 사람들은 더더욱 믿지 않을 거야. 하지만 정말이야. 나는 진심이고, 진실만을 말하고 있어. 그도 여전히 날 사랑하고, 우리는 약혼할 거야." 제인은 의심스럽게 엘리자베스를 바라보았다. "아, 리지! 설마 그럴 리가 없어. 네가 그 남자를 얼마나 싫어했는지 내가 아는데."

"아니, 언닌 아무것도 모르는 거야. 싫어했지만 그건 완전 옛날 얘기야. 물론 지금처럼 그를 좋아하진 않았지. 하지만 이런 상황에서는 다 기억할 필요가 없어. 이제부터는 나도 싫어했던 기억을 지우려고 해." 제인은 여전히 놀란 표정이었다. 엘리자베스는 다시 한 번 더 진지하게 사실임을 확신시켰다.

"세상에! 정말 그게 사실이라니! 그래, 그렇다니 믿어야지 어째. 리지야, 아무튼 정말 축하해. 하지만 미안한데 안 물어볼 수가 없네. 정말 확신해? 그 사람과 함께 정말 행복할 수 있을 거란 걸?"

"응, 의심의 여지가 없어. 이미 우리 둘 사이에서 결정된 일이야. 우리는 세상에서 가장 행복한 부부가 될 거야. 하지만 언니는 어때? 그런 사람이 동생의 남편이 되는 거 말이야."

"너무, 너무 좋지. 빙리와 나 둘 모두에게 이보다 더 기쁜 일은 없을 거야. 우린 전에 그건 불가능하다고 생각했고, 그런 얘기를 했었어. 그런데 아, 너 정말 그를 충분히 사랑하는 거 맞아? 애정 없는 결혼을 하느니 뭔들 못하겠어. 너 정말로 네가 뭘 해야 하는 건지 알고 있는 거지?"

"아, 물론이지! 내가 전부를 얘기하면 언니는 내가 뭘 해야 되는지 그 이상으로 잘 알고 있다고 생각하게 될 거야."

"무슨 뜻이야?"

"음, 고백할게. 나는 빙리 씨보다 그를 더 사랑해. 언니가 화내겠지만."

"장난치지 말고 더 진지하게 얘기해 봐. 나는 진심으로 말하고 싫어. 내가 알아야 할 게 있으면 다 빨리 말해줘. 언제부터 그를 좋아하게 된 거야?"

"그게 감정이 점점 커져서 언제 시작됐는지 잘 모르겠어. 하지만 펨벌리에서 그의 아름다운 정원을 보고 사랑이 시작된 것 같아."

제인은 다시 한번 제발 진지하게 말해달라는 부탁을 했고 엘리자베스는 곧 자기가 그를 사랑한다는 것을 진심을 다해 확신시켰다. 이제 그 점에 확신이 가자, 제인은 더 이상 물어볼 것이 없었다.

"이제 나는 정말 행복하다. 너도 나만큼 행복할 거야. 나는 다아시 씨를 항상 존중했어. 네가 사랑한다는 이유만으로도 그는 항상 존경받을 사람임에 틀림없지. 그리고 이제는 빙리의 친구이자 너의 남편이잖아. 내게 빙리와 너만큼 소중한 사람이 또 어디 있다고. 아무튼 리지, 그래도 너 너무 앙큼한 거 아니니? 완전 비밀이었던 거잖아. 펨벌리와 램턴에서 일어난 일들을 나한테 거의 얘기 안 한 거였네. 대부분 다른 사람한테 들은 얘기야."

엘리자베스는 비밀로 할 수밖에 없었던 사연을 설명했다. 그동안은 빙리 씨를 언급하기 싫었고, 불안한 마음에 다아시 이야기도 하기가 꺼려졌던 것이다. 하지만 엘리자베스는 다아시 씨가 리디아의 결혼을 어떻게 도왔는지에 대해 숨기지 않았다. 제인은 모든 사정을 알게 되었고 그들은 밤새 이야기를 나누었다.

* * *

다음 날 아침 창가를 내다보던 베넷 부인이 소리쳤다. "세상에! 저 기분 나쁜 다아시가 우리의 사랑스러운 사위 빙리와 또 함께 오고 있잖아! 왜 귀찮게 자꾸 여기 오는 거지? 사냥을 가거나 다른 일도 많을 텐데 빙리랑 저렇게 붙어 다니면서 우리를 괴롭힐 줄은 몰랐네. 그를 어떻게 해야 할까? 리지, 그가 빙리랑 언니 노는 데 방해가 되지 않도록 그와 또 산책 좀 해야겠다."

엘리자베스는 결과적으론 좋은 어머니의 이런 제안에 웃음이 나왔지만 어머니가 다아시 씨에게 항상 그런 형용사를 사용하는 것에 화가 났다.

그들이 들어서자마자 빙리는 베넷 부인을 매우 의미심장한 표정으로 바라보며 따뜻하게 악수했다. 마치 좋은 소식을 가져왔다는 듯한 표정이었다. 그는 곧 큰 소리로 말했다. "베넷 부인, 오늘 엘리자베스가 산책 중 또 길을 잃어버릴 만한 곳을 혹시 아세요?"

"그래, 다아시 씨와 리지, 그리고 키티, 너희에게 오늘 아침 오컴 산을 산책하라고 추천해야겠다." 베넷 부인이 말했다. "긴 산책로지만 걸을 만할 거예요. 다아시 씨는 아직 그 전망을 보지 못했잖아요."

"다아시와 엘리자베스 양에겐 괜찮을 수 있겠지만, 키티에게는 너무 힘들 거예요. 그렇지 않아요, 키티 양?" 빙리가 말했다. 그러자 키티는 집에 있고 싶다고 말했다. 다아시 씨는 산에서 전망을 보고 싶다며 큰 호기심을 표했고, 엘리자베스는 조용히 동의했다. 그녀가 준비하러 계단을 올라갈 때, 베넷 부인이 그녀를 따라오며 말했다.

"리지, 그 기분 나쁜 남자와 단둘이 있게 해서 정말 미안하다. 하지만 너무 신경 쓰지 마. 다 언니를 위한 거니까 좀 참아줘. 그가 말시키면 일일이 다 대답해 줄 필요는 없어. 그러니 너무 불편해하지 말고."

다아시와 엘리자베스는 산책하면서 그날 저녁 둘의 약혼에 대해 베넷 씨에게 허락받기로 결정했다. 어머니에게 허락받는 것은 엘리자베스가 맡기로 했다. 그녀는 어머니가 어떻게 받아들일지 확신할 수 없었다. 때로는 그가 모든 부와 위엄을 지녔어도 그것으로 그에 대한 어머니의 혐오감이 극복될 수 있을지 의심스러웠다. 하지만 어머니가 그 결혼에 격렬하게 반대하든, 아니면 격렬하게 기뻐하든, 어느 쪽이든 그 태도는 지각 있는 행동은 아닐 것임이 분명했다. 그녀는 다아시 씨가 어머니의 첫 반응으로 열렬한 기쁨을 봐야지 격렬한 비난을 들어서는 안 된다는 생각뿐이었다.

저녁에 엘리자베스는 베넷 씨가 서재로 물러나자마자 곧 다아시 씨도 일어나 그를 따라가는 모습을 보았다. 엘리자베스는 마음이 동요되었다. 그녀는 아버지의 반대를 두려워하지는 않았지만, 아버지가 좋게 생각하지 않으면 어쩌나 하는 생각이 들었다. 자신의 선택 때문에 아버지가 가장 사랑하는 딸이 아버지를 괴롭히고, 아버지가 불안과 후회를 느끼게 되는 건 아닌지 걱정스러웠다. 그런 비참한 생각에 그녀는 고통 속에 앉아 있었다. 그러나 다아시 씨가 다시 나타났을 때, 그의 미소를 보고 약간의 안도감이 들었다. 몇 분후 그는 키티와 함께 앉아 있는 그녀의 테이블로 다가와 그녀가 하던 뜨개질을 칭찬하는 척하며 속삭였다. "아버지에게 가세요. 서재에서 당신을 찾고 계세요." 그녀는 즉시 서재로 갔다.

그녀의 아버지는 방을 왔다 갔다 하며 심각하고 불안한 표정을 하고 있었다. "리지, 도대체 어떻게 된 거냐. 너 지금 정신이 온전한 게 맞느냐? 그 남자를 받아들이다니? 넌 항상 그를 미워했잖아!"

그때 그녀는 자신이 과거에 좀 더 합리적으로 사람을 평가하고 온화하게 표현했더라면 얼마나 좋았을까 하고 얼마나 후회했는지 모른다. 그랬다면 지금 이렇게 설명하기 어렵고 고백하기가 매우 어색한 상황을 피할 수 있었을 것이다. 하지만 이제는 그렇게 하는 게 필요했고, 그녀는 다소 당황하면서 다아시 씨에 대해 자신이 가진 마음을 아버지에게 설명 드렸다.

"그러니까 너는 그를 갖기로 결심을 한 거구나. 그는 확실히 부유하고, 아마 제인보다 더 멋진 옷과 좋은 마차도 네게 줄 수 있을 거다. 하지만 그것들이 너를 행복하게 할까?"

"아버지는 제가 그를 사랑하지 않는데 결혼하려 한다고 생각하시는군요. 그것 말고 다른 반대 의견 있으세요?" 엘리자베스가 말했다.

"없지. 물론 우리는 그가 자만심이 세고 불쾌한 성격의 남자라는 걸 모두 알고 있다. 하지만 네가 그를 정말 좋아한다면 그게 무슨 문제가 되겠니."

"저는 그를 좋아해요, 정말로요." 엘리자베스는 눈물을 글썽이며 대답했다. "그를 사랑해요. 그는 부당한 자만심을 가진 사람이 아니에요. 그는 완전히 친절하다고요. 아버지는 그가 진정 어떤 사람인지 잘 모르시니 그런 식으로 그를 나쁘게 말하지 말아 주세요. 제가 너무 괴로우니까요."

"리지, 나는 그에게 허락을 해주었다. 그가 겸손하게 허락을 구하는데 내가 거절할 수 있는 사람이 아니란 걸 느꼈다. 네 마음이 확고하다면 이제 너에게도 허락을 하마. 하지만 다시 한번 생각해 보라는 조언도 하고 싶구나. 나는 너의 성격을 안다, 리지. 너는 남편을 진정으로 존경하지 않는 한 행복할 수 없는 애다. 너 또한 존경받지 못할 테고. 만약 평등하지 못한 결혼을 하게 되면 너의 활달함과 재능은 너를 가장 큰 위험에 처하게 할 거야. 그렇게 되면 그 비참함과 고통은 말로 할 수 없을 거다. 리지야, 네가 너의 인생의 동반자를 존경하지 못하는 모습을 보는 슬픔을 겪고 싶지 않구나. 난 네가 지금 무엇을 하려는 건지 알 수가 없어."

엘리자베스는 감정이 더욱 북받친 채 아버지께 진지하고 엄숙하게 대답했다. 자신은 정말로 다아시 씨를 선택했고 그를 향한 생각이 어떻게 점차적으로 변화해 왔는지 설명 드렸다. 그에 대한 애정이 하루아침에 생긴 것이 아니라 여러 달 동안의 긴 기다림을 견뎌온 것임을 분명히 말씀드렸다. 또한 그의 훌륭한 자질들을 열정적으로 나열하여 그녀는 마침내 아버지의 의심을 누그러뜨리고 그 결혼에 대해 받아들이도록 설득시켰다.

그녀가 말을 마쳤을 때 아버지가 말했다. "그래, 사랑하는 리지야, 더는 내가 할 말이 없구나. 정 그렇다면 그도 너를 가질 자격이 있다. 너를 그보다 못한 사람에게 보낼 수는 없었을 거다."

아버지에게 다아시에 대해 더 좋은 인상을 심어주기 위해 그녀는 이어 다아시 씨가 자발적으로 리디아를 위해 해준 일에 대해 이야기했다. 아버지는 놀라워하며 그 이야기를 들었다.

"이것 참 정말 놀라운 밤이로구나! 다아시가 그 모든 것을 했단 말이지! 결혼을 성사시켰고 돈을 주었다는 거지? 위컴의 빚을 갚아주고, 직업도 마련해 주었다는 거잖아. 정말 잘된 일이다. 이건 돈을 포함하여 내 걱정거리를 싹 씻어주는 거다. 만약 그게 너의 삼촌이 한 일이었다면 나는 반드시 그에게 돈을 갚아야 했을 거니까. 하지만 이 열렬한 젊은 연인들은 마음대로 일을 밀어붙였구나. 내일 다아시에게 내가 돈을 갚겠다고 제안해 볼까? 그러면 그는 너를 사랑해서 한 일이라고 한바탕 난리를 피우겠지. 그러면 그걸로 이 문제는 해결될 것이고."

그는 며칠 전 자신이 콜린스에게 받은 편지를 읽어줄 때 딸이 느꼈을 당혹감을 떠올리며 미소 띤 채 엘리자베스를 바라보더니 그만 나가봐도 좋다고 하며 말했다. "혹시 메리나 키티를 보러 어떤 청년이 오든지 간에 그들을 내 방으로 보내주지 않으련? 지금 난 아주 한가하단다."

엘리자베스는 이제 큰 짐을 내려놓은 것처럼 마음이 안정되었다. 자신의 방에서 30분간 이런저런 생각을 조용히 한 뒤, 상당히 편한 마음으로 다른 가족들에 다시 합류할 수 있었다. 모든 것이 아직은 너무 갑작스러워 밝은 기분을 내기 어려웠고 저녁은 조용히 지나갔다. 더 이상 두려워할 큰일이 없었고, 시간이 지나면 안도감과 익숙함이 찾아올 것이다.

그날 밤, 어머니가 침실로 올라갔을 때 엘리자베스는 따라가 이 중대한 소식을 전했다. 그 반응은 실로 놀라웠다. 처음 그 말을 들었을 때, 베넷 부인은 꼼짝 않고 앉아 아무 말도 하지 못했다. 보통의 경우 가족에게 이득이 되는 일이나 딸들에게 구혼자가 생기는 일이라면 쉽게 믿는 편이었지만 몇 분간이나 엘리자베스의 말을 이해할 수 없었다. 하지만 시간이 지나면서 그녀는 점차 정신을 차리기 시작했다. 의자에서 꼼지락거리다가 이제는 계속 일어났다 앉았다 하며 놀라워했고, 자신을 축복하기 시작했다.

"오, 신이시여, 어쩌면 좋아! 정말이지 다아시 씨라니! 누가 그런 상상이나 할 수 있겠어. 이게 정말 사실이니? 오, 우리 딸, 내 사랑스러운 리지야. 네가 얼마나 부유하고 대단한 사람이 될지 생각해 봐라! 얼마나 많은 돈과 보석, 마차를 갖게 될지! 제인의 결혼은 비교도 안 되겠다. 그건 아무것도 아니야. 정말 기쁘구나, 정말 행복해. 정말 매력적인 사람이야. 그는 잘생기고 키도 크고! 리지! 내가 예전에 그를 싫어했던 것에 대해서는 꼭 좀 사과해다오. 그는 그런 것쯤이야 봐주고 넘어가겠지, 그렇지? 오, 사랑스러운 우리 리지야. 런던에 네 집이 생기다니! 모든 게 다 멋질 거야! 딸 셋이 한번에 다 결혼이라니. 연 수입이 만 파운드? 오, 하느님, 도대체 제게 무슨 일이 일어나는 건가요. 정말 내 정신이 나가 버릴 것만 같구나."

이 정도면 어머니는 당연히 결혼을 승낙한 거라 믿기에 충분했다. 엘리자베스는 어머니의 이런 감격스럽다는 반응들을 자신만 들었다는 것에 안도하며 자리를 나왔다. 그러나 그녀가 자신의 방에 들어간 지 3분도 되지 않아 어머니가 따라 들어왔다.

"오, 우리 리지야, 나는 아무것도 다른 생각을 할 수가 없구나. 일 년에 만 파운드라니, 어쩌면 그 이상일지 모르지. 거의 귀족이나 다름없으니 특별 결혼 허가증이 나올 거야. 반드시 그렇게 결혼해야지. 그런데 리지야, 다아시 씨가 특별히 좋아하는 요리가 뭔지 아니? 내일은 그 음식을 좀 준비해 봐야겠다."

이는 어머니가 다아시 씨에게 어떻게 행동할지를 암시하는 것으로 엘리자베스는 걱정이 되었다. 다아시 씨의 깊은 애정을 받고 있고 가족들의 동의도 다 얻었지만 엘리자베스는 여전히 아쉬운 점이 있다고 느꼈다. 그러나 다음 날은 그녀의 예상보다 훨씬 괜찮게 지나갔다. 베넷 부인은 다행히도 미래 사위의 위엄에 눌려 기껏해야 식사 등 뭔가를 제공하거나 그의 의견에 대해 존중한다라는 표현을 할 때만 겨우 몇 마디 할 수 있었다.

엘리자베스는 아버지가 다아시 씨와 친해지기 위해 애쓰는 모습을 보며 만족감을 느꼈다. 그리고 곧 베넷 씨는 다아시 씨가 시간이 지날수록 점점 더 좋은 사람인 걸 느낀다고 엘리자베스에게 말해 주었다.

"사위 셋이 다 괜찮다니. 그중에서도 위컴이 제일 마음에 드는 사위일 거야. 하지만 제인의 남편도, 그리고 너의 남편도 나는 참으로 좋아하게 될 것 같구나."

• 60장 •

엘리자베스는 곧 쾌활하고 장난스러운 성격을 되찾았다. 그녀는 다아시에게 자신을 좋아하게 된 과정을 설명해 달라고 졸랐다. "어떻게 시작된 거예요? 일단 시작이 되면 감정이 알아서 멋지게 퍼져 나갈 수 있었겠지만, 처음에 어떻게 그런 마음이 생겼는지 너무 궁금해요."

"정확히 언제 어디서 시작되었는지 모르겠어요. 너무 오래된 얘기라 어떤 표정이나 말에서 시작되었는지는 기억하기 어렵네요. 사랑이 시작되었다는 걸 제가 미처 깨닫기도 전에 저는 이미 그 한가운데 있었죠."

"제 용모에는 눈 하나 깜짝 안 하셨던 거 알아요. 하지만 제 태도는 적어도 당신께 늘 무례에 가까웠잖아요. 당신과 이야기할 때마다 의도적으로 당신 기분을 상하게 하려고 했어요. 솔직히 말해 봐요. 그런 제 무례함이 마음에 들었던 거예요?"

"네, 당신의 생기 넘치는 성격이 좋았어요."

"결국 그게 무례하다는 거랑 같은 거겠죠. 사실 당신은 예의나 존경심, 그리고 지나친 관심에 진저리를 치고 있었던 거 아닐까요? 당신의 호의만을 바라며 말하고 행동하고 생각하는 여성들이 지겹고 짜증났던 거죠. 저는 그런 여자들과 완전 달라서 당신의 관심을 깨우고 흥미를 자극했던 것 아닐까요? 하지만 당신이 정말 좋은 사람이 아니었다면 아마 저를 증오했을지 몰라요. 당신은 자신을 감추려고 애썼지만 당신의 감정은 늘 고결하고 정의로웠죠. 그리고 속으로는 당신을 그토록 열렬히 찬양하던 사람들을 철저히 경멸했을 거예요. 아, 제가 물어봐놓고 당신이 설명할 대답을 제가 다 했네요.

428

정말이지 모든 걸 다 고려해 보니, 이게 합리적인 생각인 것 같네요. 분명히 당신은 제 진짜 좋은 점들에 대해서는 하나도 모르실 거예요. 하지만 사랑에 빠질 때 그걸 아는 사람은 없죠."

"제인이 네더필드에서 아플 때 보여준 당신의 다정한 행동, 그거 좋은 점 아니었나요?"

"오, 제인 언니요? 언니를 위해 그만큼도 못하는 사람이 어딨어요. 하지만 어쨌든 그걸 미덕으로 여겨주시는군요. 어차피 당신 눈에는 다 장점으로 보일 테니 최대한 과장해서 좋게 말해주세요. 그러면 그 대가로 저는 당신을 계속해서 놀리고 말싸움 걸 기회를 찾겠죠. 지금 당장 하나 시작해 보죠. 물어볼게요. 왜 결론을 내리는데 그렇게 주저했어요? 처음 저희 집을 방문했을 때나 이후 저녁 식사를 함께했을 때, 왜 그렇게 저를 멀리하려 했던 거예요? 왜 저에 대해 아무런 관심도 없는 것처럼 보였던 거죠?"

"당신이 진지하고 말도 없어서요. 저에게 용기를 안 줬잖아요."

"하지만 저는 어쩔 줄 모르는 상태여서…."

"저도 그랬어요."

"저녁 식사에 왔을 때 제게 말을 좀 더 거셨어야죠."

"제가 덜 감정적이었다면 그랬을지 몰라요."

"수긍 가는 대답을 하시는군요. 인정하지 않을 수 없으니 싸움이 안 되겠네요. 하지만 제가 당신을 내버려 두었다면 얼마나 그 상태로 오랫동안 있었을지, 제가 묻지 않았다면 언제 말을 했을지 궁금하네요. 리디아에 대한 당신의 친절함에 감사를 표하겠다는 나의 결심이 분명 큰 효과가 있었을 거예요. 어쩌면 지나친 효과였죠. 그 말을 하지 않겠다는 약속을 깸으로써 마음이 편안해졌으니 참 나같이 도덕적인 사람도 없겠죠. 그 얘기를 꺼내서는 안 되었는데…."

용납이 안 된다고요."

"신경 쓰지 말아요. 도덕은 언제나 공정하죠. 캐서린 이모님이 부당하게 우리를 떼어 놓으려는 시도가 오히려 제 모든 의혹을 제거하는 수단이 된 걸 봐요. 지금 제가 행복한 건 당신이 감사를 표하고 싶은 그 마음 때문이 아니에요. 나는 그런 걸 기대할 기분이 아니었어요. 이모님이 당신의 태도에 대해 말씀해 주신 게 희망을 주었던 거예요. 그 즉시 저는 모든 걸 알고 싶어졌어요."

"캐서린 부인이 우리에게 무한한 도움을 주신 셈이군요. 행복해하셔야겠어요. 그분은 남에게 도움 주는 걸 좋아하니까요. 하지만 말해줘요, 네더필드에 내려온 진짜 목적이 뭐였어요? 단순히 롱본에 말 타고 와서 당황하기 위해서는 아니었을 거잖아요. 더 중요한 목적이 있었던 것 아녜요?"

"제 진짜 목적은 당신을 보고, 당신이 나를 사랑할 희망이 있는지 판단하기 위해서였어요. 그러나 제가 스스로에게 공언했던 목적은 당신의 언니가 여전히 빙리에게 호감을 가지고 있는지 확인하고, 만약 그렇다면 빙리에게 다 말해야겠다고 생각했죠."

"이모님께 앞으로 무슨 일이 일어날지 말씀드릴 용기 있어요?"

"용기보다는 시간이 더 필요할 것 같군요, 엘리자베스. 하지만 어차피 해야 할 일이니, 편지지 한 장 주시겠어요? 바로 처리하고 싶군요."

"저도 편지 쓸 일이 있어요. 그럴 일이 없었다면 당신 옆에 앉아 글씨가 어떻다느니 내내 간섭할 수도 있었을 테지만요. 어떤 젊은 여자가 그랬던 것처럼요. 하지만 지금은 저도 외숙모에게 편지 드리는 걸 더 이상 미룰 수 없어요."

다아시 씨와 친한 관계가 과장될까 두려워 사실을 인정하기 꺼렸던 엘리자베스는 아직 가디너 부인의 긴 편지에 답장을 하지 않고 있었다. 하지만 이제 외삼촌 내외가 가장 기쁘게 받아들여질 소식을 전할 일이 생기자, 그녀는 사흘 동안이나 걱정했을 삼촌과 외숙모에게 즉시 다음과 같이 편지를 썼다.

사랑하는 외숙모

외숙모께 진작 답장 드려야 했는데 죄송해요. 친절하고 상세히 써주신 편지 너무 감사했습니다. 제가 마음이 안정이 안 돼 답장을 쓸 수 없었어요. 외숙모는 실제보다 더 많은 걸 상상하셨어요. 하지만 이제는 상상할 만큼 마음껏 상상하셔도 돼요. 그 주제에서 나올 수 있는 모든 상상을 마음껏 펼치셔도 됩니다. 제가 실제로 결혼했다고 생각하지만 않으신다면 그 상상은 모두 크게 틀리지 않을 거예요. 곧 다시 또 편지 써 주세요. 그리고 지난번보다 그분을 훨씬 더 많이 칭찬해 주세요. 다시 한번, 호수 지방에 안 놀러 간 게 정말 다행이에요. 어떻게 그런 바보 같은 생각을 했는지! 조랑말에 대한 이야기는 정말 기뻤어요. 저와 다아시 씨는 매일매일 공원에 산책 나갈 거예요. 저는 세상에서 가장 행복한 존재랍니다. 아마 다른 사람들도 자신을 그렇게 말할지 모르지만 저는 거짓말 안 보태고 진짜 행복한 사람입니다. 심지어 언니보다 더요. 언니는 그저 미소를 지을 뿐이지만 저는 활짝 웃고 있거든요. 다아시 씨는 저한테 줄 사랑을 제외한 나머지 전부의 사랑을 외숙모와 삼촌께 전한다고 하네요. 크리스마스에는 꼭 펨벌리로 오셔야 해요.

사랑하는 조카 드림

캐서린 부인에게 보낸 다아시의 편지는 완전히 스타일이 달랐다.

또한 베넷 씨가 콜린스 씨에게 보낸 답장도 그것들과 완전히 달랐다.

친애하는 콜린스

다시 한번 축하를 부탁드려야겠소. 엘리자베스는 곧 다아시 씨의 아내가 될 거라오. 캐서린 부인을 잘 좀 위로해 줘요. 하지만 내가 당신이라면 부인보다는 조카 다아시 씨 편을 들겠소. 그가 줄 수 있는 게 더 많을 테니까.

진심을 담아, 베넷

빙리 양이 오빠에게 보낸 결혼 축하 편지는 다정했으나 진심은 없었다. 그녀는 제인에게도 기쁜 마음을 전했지만 이전에 하던 것처럼 겉치레 인사만 가득했다. 제인은 이에 속지는 않았으나 감동을 받았고 빙리 양에 대해 기대하는 것은 하나 없어도 그녀 분수에 넘치게 친절한 답장을 써주었다. 반면 다아시 양이 오빠 다아시에게 결혼 소식을 듣고 표현한 기쁨은 오빠만큼이나 진심이었다. 네 장의 편지지로도 그녀의 기쁨과 엘리자베스에게 사랑받기를 바라는 마음을 다 담기에는 부족했다. 콜린스 씨에게서 어떤 회신도 오기 전, 혹은 그의 아내로부터 축하의 말이 들리기도 전에 롱본 가족은 콜린스 부부가 루카스 로지에 왔다는 소식을 들었다. 그들이 갑작스럽게 온 이유는 곧 분명해졌다. 캐서린 부인이 조카의 결혼 편지를 받고 너무 심기가 불편해 실제로 친구의 결혼을 기쁘게 생각하는 샬럿은 폭풍이 가라앉을 때까지 떠나 있고 싶어 했던 것이다. 그런 시점에서 엘리자베스에게 그녀의 친구가 도착한 건 진심으로 기쁜 일이었지만, 만남을 거듭하면서 친구와 함께 나누는 기쁨이 참 쉽게 얻어지는 게 아니라고 느꼈다. 왜냐하면 다아시 씨가 그녀의 남편인 콜린스 씨의 아부와 같은 예의를 견뎌내야 했기 때문이다. 그러나 그는 정말로 훌륭한 침착함으로 그것을 견뎌냈다. 그는 윌리엄 경이 그에게 이 나라에서 가장 빛나는 보석을 데려간 것이라고 칭찬했을 때도, 그리고 그들이 세인트 제임스 궁에서 자주 만나자고 말했을 때도 매우 침착하게 귀를 기울였다. 어깨를 으쓱하며 불쾌한 듯한 표정을 짓긴 했는데 그건 이미 윌리엄 경이 등을 돌린 후에 한 행동이었다.

필립스 부인의 예의 없음은 다아시 씨가 견뎌야 할 더 큰 부담이었다. 필립스 부인은 그녀의 언니 베넷 부인과 마찬가지로 다아시 씨가 너무 어려워서 유쾌한 성격의 빙리 씨와 하는 것처럼 쉽게 대화할 수가 없었다. 말을 할 때마다 그녀는 저속해 보였다. 다아시에 대한 존경심이 그녀를 조용하게 만들기도 했지만, 그렇다고 결코 그녀를 더 우아하게 보이게 한 것도 아니었다. 엘리자베스는 그가 어머니와 이모 두 사람 중 어느 한 사람에게도 주목받지 않도록 가능한 한 그를 보호하려 애썼다. 그가 불쾌감 없이 대화할 수 있는 자신 혹은 다른 가족에 집중하게 애썼다. 비록 이 모든 일에서 겪는 불편함이 서로 사랑을 속삭이는 시간의 기쁨을 많이 빼앗아 갔지만, 그 대신 미래에 대한 희망이 더욱 커졌다. 그녀는 그들이 둘 다 불쾌하게 느끼는 사람들에게서 벗어나 펨벌리에서 보낼 시간과 그곳에서 펼쳐질 우아하고 안락한 가족 파티를 기대했다.

• 61장 •

베넷 부인은 두 명의 훌륭한 딸들을 결혼시키고 나서 어머니로서의 감정이 매우 행복한 날들을 보냈다. 그 후, 빙리 부인을 방문하고 다아시 부인에 대해 이야기하는 그녀의 자부심과 기쁨이 얼마나 컸는지는 충분히 짐작할 수 있을 것이다. 그녀의 가족을 위해서라도, 자녀들이 결혼을 잘 하면서 그녀의 진지한 바람이 성취되어 평생 동안 좀 더 지각 있고 친절하며 똑똑한 부인으로 살게 되었다고 독자들에게 전할 수 있다면 좋겠지만, 그렇지 못했다. 그리고 그것은 어쩌면 그녀의 남편인 베넷 씨에게는 다행일지도 모른다. 왜냐하면 그녀는 여전히 가끔 신경질적이며 변함없이 어리석었고, 베넷 씨의 특이한 성격은 그런 아내의 부족함과 함께 해야만 인생을 즐길 수 있었기 때문이다. 베넷 씨는 둘째 딸을 매우 그리워했다. 그녀에 대한 그의 애정은 다른 어떤 것보다 자주 그가 집을 떠나 있는 원인이 되었다. 그는 펨벌리에 가는 것을 좋아했고 특히 아무도 오리라고 예상치 않을 때 방문하는 것을 즐겼다.

빙리와 제인은 네더필드에 겨우 1년만 머물렀다. 너그러운 성품의 빙리와 친절한 제인이었지만 그녀의 어머니나 메리턴 사람들과 너무 가까이 지내는 것은 바람직하지 않았다. 빙리 누이들의 간절한 소망대로 그는 더비셔와 인접한 지역에 집을 구입했고 제인과 엘리자베스는 겨우 30마일 떨어진 곳에 살 수 있는 행복이 더해졌다.

키티는 물질적인 이점을 얻기 위해서라도 주로 두 언니와 시간을 보냈다. 그녀가 보통 알고 있던 사회보다 훨씬 우월한 상류 사회에서 그녀는 많은 성장을 했다. 그녀는 리디아만큼 다스리기 힘든 성격도 아니었고, 리디아의 영향에서 벗어나 적절한 관심과 관리를 통해 성급하고 무지하며 무미건조하던 단점들을 많이 고쳐 나갔다. 리디아가 사는 사회에서 받을 수 있는 나쁜 영향에서 조심스럽게 멀어졌다. 위컴 부인이 된 리디아가 무도회도 자주 있고 젊은 남자들도 많으니 놀러 오라고 몇 번씩이나 초대했지만, 그녀의 아버지는 결코 허락하지 않았다.

메리는 집에 남은 유일한 딸이었고, 베넷 부인은 혼자 앉아 있는 성격이 아니었기에 어머니가 사람들을 초대하거나 만나러 가는 데 늘 함께해야 해서 자신의 여가 시간을 포기해야 했다. 메리는 그렇게 세상 사람들과 더 많이 어울려야 했지만, 누군가 아침시간에 놀러 오면 여전히 자신의 도덕적인 설교를 늘어놓았다. 이제는 언니들의 아름다움과 자신의 외모를 비교당하고 굴욕을 느끼는 일이 없어졌기에, 그녀의 아버지는 메리가 이러한 변화에 큰 거부감 없이 적응했을 것이라고 생각했다.

한편 위컴과 리디아의 경우에는 제인과 엘리자베스의 결혼을 통해 큰 변화를 겪지 못했다. 위컴은 엘리자베스가 이제 그의 배은망덕함과 거짓됨에 대해 알게 되었겠지만 뭐 어쩌겠어 하며 받아들이는 태도를 취했고, 그 모든 것에도 굴하지 않고 다아시가 다시 자신의 운을 돋워줄 수 있다는 희망을 완전히 버리지 않았다. 엘리자베스의 결혼을 축하하며 보낸 리디아의 편지는 그 부부가 그러한 희망을 여전히 품고 있음을 보여주었다.

리지 언니에게

결혼 축하해, 언니. 내가 위컴을 사랑하는 반만이라도 언니가 다아시 씨를 사랑한다면 분명 행복할 거라 믿어. 언니가 이렇게 부자와 결혼하게 되어 마음이 정말 든든해. 한가할 때는 우리 생각도 해주길 바라. 위컴은 궁정에서 일할 자리가 생긴다면 아주 좋아할 것 같아. 우리는 약간의 도움이 없이는 생활비가 충분하지 않아. 연봉 300에서 400파운드 정도만 되는 자리라면 어떤 것이든 괜찮을 것 같아. 언니가 형부에게 부탁하기 싫다면 그렇게 하지 않아도 되고. 그럼 잘 지내.

사랑하는 동생이

엘리자베스는 이 같은 부탁이나 기대를 확실히 끊어내고 싶어 답장에서 단호히 선을 그었다. 하지만 할 수 있는 범위 내에서는, 어떻게든 자신만의 사적인 지출을 절약해 그들에게 종종 보내주었다. 위컴 부부는 사고 싶은 걸 참지 못하고 또 미래를 전혀 생각하지 않고 살기에 그 정도의 수입으로는 결코 충분히 살아갈 수 없다는 걸 엘리자베스는 분명히 알고 있었다. 그들은 새로운 곳으로 이사할 때마다 제인이나 엘리자베스에게 집세를 보태달라고 요청을 했다. 그들의 삶의 방식은 평화가 찾아오고 군인들이 모두 고향으로 돌아가게 되었을 때 더욱 불안정해졌다. 늘 저렴한 거주지를 찾아 이곳저곳으로 떠돌았고, 언제나 필요 이상의 돈을 쓰며 살았다.

아내에 대한 위컴의 애정은 곧 무관심으로 바뀌었고, 위컴에 대한 리디아의 애정은 그보다 조금 더 오래 유지되었을 뿐이었다. 하지만 그녀는 나이도 어리고 바르지 못한 품행을 지녔어도 결혼이 그녀에게 가져다준 모든 사회적 명성을 유지하고 있었다.

다아시는 결코 위컴을 펨벌리에 맞아들일 수 없었지만, 엘리자베스를 위해 그가 직업을 구하는 데 많은 도움을 주었다. 리디아는 가끔 남편이 런던이나 바스로 놀러 갔을 때 혼자 펨벌리를 방문했다. 그리고 제인 언니와 빙리 씨 집에는 남편과 함께 놀러 가곤 했는데 너무 오래 머무르다가 결국 빙리의 유쾌한 성격도 바닥이 나서 그만 가라는 암시를 은근히 받기도 했다.

빙리 양은 다아시와 엘리자베스의 결혼에 매우 상심했으나, 펨벌리에 계속 방문하는 게 더 좋겠다는 계산하에 모든 원한을 떨쳐 버리기로 했다. 조지아나를 더 좋아하게 되었으며, 다아시에게도 예전처럼 거의 똑같이 친절하게 대했다. 그리고 결혼한 엘리자베스에게는 그전에는 보이지 못한 예의를 다 갖추어 대했다.

　펨벌리는 이제 조지아나의 집이 되었고, 엘리자베스와 조지아나의 관계는 다아시가 원하던 대로 잘 이루어졌다. 그들은 서로가 바라는 대로 서로 좋아하고 잘 챙기며 지냈다. 조지아나는 엘리자베스를 세상에서 가장 높이 평가했지만, 처음에는 엘리자베스가 다아시에게 너무 활발하고 유쾌하게 말하는 방식에 놀라기도 했다. 다아시는 동생에게 항상 경외감을 불러일으켰고, 그 경외감이 거의 애정을 압도할 정도였지만, 이제 동생은 오빠도 공개적인 농담의 대상이 되는 것을 지켜보게 되었다. 조지아나는 그동안 몰랐던 것을 알게 되었다. 엘리자베스의 가르침을 통해 조지아나는 열 살이나 어린 여동생이 오빠에게는 절대 할 수 없는 그런 행동도 아내로서는 남편에게 자유롭게 할 수 있음을 알게 되었다.

　캐서린 부인은 조카의 결혼 소식에 매우 분노했다. 그녀는 그 결혼이 결정되었다는 소식을 받은 후, 그에 대한 답장에서 자신의 성격 그대로 진정한 분노를 다 표현했다. 매우 모욕적인 언사를 보냈고 특히 엘리자베스를 향한 비난은 너무 심했기 때문에 한동안 두 사람은 아무런 교류도 하지 않았다. 하지만 결국 엘리자베스의 설득으로 다아시는 받은 모욕을 무시하고 화해하기로 결심했고, 그의 이모님도 약간의 저항 끝에 그와 화해했다. 그녀의 분노는 결국 조카에 대한 애정과, 그의 아내가 어떻게 행동하는지 보고 싶은 마음으로 사그라들었고, 그녀는 비록 펨벌리가 신분이 낮은 안주인에 의해, 그리고 그녀의 삼촌과 숙모의 방문으로 인해 오염되었다고 생각했지만 결국 찾아가 보지 않을 수 없었다.

다아시 부부는 가디너 부부와는 항상 가장 친밀한 관계를 유지했다. 다아시와 엘리자베스는 그들을 진심으로 사랑했고, 그들이 엘리자베스를 데리고 더비셔로 여행 왔기 때문에 결국 둘이 맺어지는 데 큰 역할을 한 것에 대해 항상 깊은 감사의 마음을 가졌다.

작가 연보

1775년 12월 16일 영국 햄프셔주 스티븐턴이라는 작은 마을의 목사관에서 교구 목사인 아버지 조지 오스틴과 어머니 커샌드라 리 오스틴 사이에서 8남매 중 일곱째이자 둘째 딸로 태어나다.

1785~1786년 언니 커샌드라와 함께 버크셔주의 기숙학교에 입학하다. 철자법, 춤, 음악, 불어, 바느질 등의 교육을 받았으나 학비가 없어 중단하다. 이후 아버지, 오빠 제임스와 헨리로부터 지도를 받으며 주로 집에서 고전을 폭넓게 섭렵하다.

1787~1793년 희곡, 단편소설, 운문, 산문 등 다양한 습작을 하다. 이 시기에 쓴 글들은 사후에 세 권의 책으로 묶여 출간되다.

1794년 서간체 형식의 《엘리너와 메리앤》의 집필을 시작하다.

1795~1796년 아일랜드 출신의 톰 르프로이와 연애하다. 청혼을 받지만 르프로이 가족의 반대로 헤어지다. 이후 르프로이는 부유한 상속녀와 결혼하다.

1796년 《엘리너와 메리앤》을 탈고하다. 두 번째 소설 《첫인상》의 집필을 시작하다. 이 작품은 나중에 《오만과 편견》으로 수정되다.

1797년 8월 《첫인상》을 완성하다. 아버지가 런던의 출판업자 토머스 커델에게 원고를 보냈으나 출판을 거절당하다. 《엘리너와 메리앤》을 《이성과 감성》으로 개작하다.

1798년 《수전》의 집필을 시작하다. 나중에 《노생거 수도원》으로 수정되다.

1799년 《수전》이 완성되다.

1801년 아버지가 목사직에서 은퇴하고 장남인 제임스가 교구를 물려받은 뒤 부모님, 언니와 함께 서머싯주의 도시인 바스로 이사하다.

1802년 막대한 재산을 지닌 해리스 비그위더의 청혼을 수락했으나, 애정이 없는 결혼을 할 수 없다는 이유로 하루만에 결정을 번복하고 평생 독신으로 지내다.

1803년 오빠 헨리가 런던의 출판업자 벤저민 크로스비에게 《수전》 출판을 의뢰해 원고료로 10파운드를 받다. 크로스비가 이 소설을 출판하지 않자 판권을 되사오고자 하였으나 형편이 어려워 미루다가 1816년에서야 성공하다.

1804년 《왓슨 가 사람들》의 집필을 시작하다. 경제적으로 어려운 여주인공의 모습이 작가 자신의 상황과 너무 흡사하여 미루다가 결국 완성하지 못하다.

1805년 아버지가 사망하다.

1806년 어머니, 언니와 함께 바스를 떠나 약 3년 동안 사우샘프턴 지역의 친척, 친구 집을 전전하다.

1809년 부유한 귀족 가문에 입양된 오빠 에드워드의 도움으로 어머니, 언니와 함께 초턴의 작은 집으로 이사하다. 생을 마감할 때까지 이곳에 정착하여 여러 주요 작품들을 발표하다.

1811년 《맨스필드 파크》의 집필을 시작하다. 《이성과 감성》이 익명으로 출판되다. 서평은 대체로 호의적이었으며 인세 수입으로 경제적, 심리적 안정을 어느 정도 찾게 되다.

1813년 《오만과 편견》이 출판되다. 출판 즉시 호평을 받으며 작가적 명성을 얻다. 《맨스필드 파크》를 완성하다. 《오만과 편견》, 《이성과 감성》 재판을 찍다.

1814년 《맨스필드 파크》를 출판하다. 평론가의 반응은 별로 좋지 않았으나, 대중의 사랑을 받아 6개월 만에 초판이 매진되는 대성공을 거두다. 이로써 작가로서의 오스틴에게 가장 큰 수익을 얻게 해주다.

《에마》 집필을 시작하다.

1815년 후에 《설득》으로 수정되는 《엘리엇 가 사람들》 집필을 시작하다. 《에마》를 출판하다.

1816년 《맨스필드 파크》 재판을 찍다. 은행가였던 오빠 헨리의 파산으로 오스틴 집안의 재정 상태가 나빠지다. 《에마》는 대성공을 거두었으나 《맨스필드 파크》 재판의 반응이 좋지 않아 집안의 형편이 별로 나아지지 않다. 《설득》을 완성하다. 건강이 악화되기 시작하다.

1817년 1월부터 3월까지 《샌디턴》을 집필하다. 요양을 위해 언니와 윈체스터로 이사하다. 7월 18일 윈체스터에서 사망하여 윈체스터 성당에 묻히다. 12월 오빠 헨리가 《노생거 수도원》을 출판하다. 이때 헨리가 작가의 실명을 처음으로 밝히다.

1818년 오빠 헨리가 《설득》을 출판하다.

오만과 편견

초판 1쇄 인쇄 2025년 2월 19일
초판 1쇄 발행 2025년 2월 26일

지은이 제인 오스틴
옮긴이 최유경
펴낸이 이효원
편집인 음정미
마케팅 추미경
디자인 이용석(표지), 이수정(본문)
펴낸곳 올리버
출판등록 제395-2022-000125호
주소 경기도 고양시 덕양구 삼송로 222, 101동 305호(삼송동, 현대헤리엇)
전화 070-8279-7311   **팩스** 02-6008-0834
전자우편 tcbook@naver.com

ISBN 979-11-94381-21-1 04080
      979-11-89550-89-9 (세트)

* 값은 뒤표지에 있습니다.
* 잘못된 책은 구입하신 서점에서 바꾸어 드립니다.

* 도서출판 올리버는 탐나는책의 교양서 브랜드입니다.

올리버 세계교양전집 목록